U0505215

计/量/史/学/译/丛

主编 [法] 克洛德·迪耶博 Claude Diebolt
[美] 迈克尔·豪珀特 Michael Haupert

经济增长模式与测量

缪德刚 朱焕焕 译

格致出版社 上海人民出版社

图书在版编目(CIP)数据

经济增长模式与测量 /（法）克洛德·迪耶博，（美）迈克尔·豪珀特主编 ；缪德刚，朱焕焕译. — 上海 ：格致出版社 ：上海人民出版社，2023.12
（计量史学译丛）
ISBN 978-7-5432-3487-1

Ⅰ. ①经… Ⅱ. ①克… ②迈… ③缪… ④朱… Ⅲ. ①经济增长-经济模式-研究 ②经济增长-测量-研究 Ⅳ. ①F061.2

中国国家版本馆 CIP 数据核字(2023)第 125822 号

责任编辑 裴乾坤
装帧设计 路 静

计量史学译丛
经济增长模式与测量
[法]克洛德·迪耶博 [美]迈克尔·豪珀特 主编
缪德刚 朱焕焕 译

出 版	格致出版社 上海人民出版社 (201101 上海市闵行区号景路 159 弄 C 座)
发 行	上海人民出版社发行中心
印 刷	上海盛通时代印刷有限公司
开 本	720×1000 1/16
印 张	21
插 页	3
字 数	321,000
版 次	2023 年 12 月第 1 版
印 次	2023 年 12 月第 1 次印刷

ISBN 978-7-5432-3487-1/F·1524
定 价 96.00 元

中文版推荐序一

量化历史研究是交叉学科，是用社会科学理论和量化分析方法来研究历史，其目的是发现历史规律，即人类行为和人类社会的规律。量化历史研究称这些规律为因果关系；量化历史研究的过程，就是发现因果关系的过程。

历史资料是真正的大数据。当代新史学的发展引发了“史料革命”，扩展了史料的范围，形成了多元的史料体系，进而引发了历史资料的“大爆炸”。随着历史大数据时代的到来，如何高效处理大规模史料并从中获得规律性认识，是当代历史学面临的新挑战。中国历史资料丰富，这是中华文明的优势，但是，要发挥这种优势、增加我们自己乃至全人类对我们过去的认知，就必须改进研究方法。

量化分析方法和历史大数据相结合，是新史学的重要内容，也是历史研究领域与时俱进的一种必然趋势。量化历史既受益于现代计算机、互联网等技术，也受益于现代社会科学分析范式的进步。按照诺贝尔经济学奖获得者、经济史学家道格拉斯·诺思的追溯，用量化方法研究经济史问题大致起源于1957年。20世纪六七十年代，量化历史变得流行，后来其热度又有所消退。但20世纪90年代中期后，新一轮研究热潮再度引人注目。催生新一轮研究的经典作品主要来自经济学领域。在如何利用大数据论证历史假说方面，经济史学者做了许多方法论上的创新，改变了以往只注重历史数据描述性分析、相关性分析的传统，将历史研究进一步往科学化的方向推进。量化历史不是“热潮不热潮”的问题，而是史学研究必须探求的新方法。否则，我们难以适应新技术和海量历史资料带来的便利和挑战。

理解量化历史研究的含义，一般需要结合三个角度，即社会科学理论、量化分析方法、历史学。量化历史和传统历史学研究一样注重对历史文献的考证、确认。如果原始史料整理出了问题，那么不管采用什么研究方法，由此推出的结论都难言可信。两者的差别在于量化方法会强调在史料的基础上尽可能寻找其中的数据，或者即使没有明确的数据也可以努力去量化。

不管哪个领域，科学研究的基本流程应该保持一致：第一，提出问题和假说。第二，根据提出的问题和假说去寻找数据，或者通过设计实验产生数据。第三，做统计分析，检验假说的真伪，包括选择合适的统计分析方法识别因果关系、做因果推断，避免把虚假的相关性看成因果关系。第四，根据分析检验的结果做出解释，如果证伪了原假说，那原假说为什么错了？如果验证了原假说，又是为什么？这里，挖掘清楚“因”导致“果”的实际传导机制甚为重要。第五，写报告文章。传统历史研究在第二步至第四步上做得不够完整。所以，量化历史方法不是要取代传统历史研究方法，而是对后者的一种补充，是把科学研究方法的全过程带入历史学领域。

量化历史方法不仅仅“用数据说话”，而且提供了一个系统研究手段，让我们能同时把多个假说放在同一个统计回归分析里，看哪个解释变量、哪个假说最后能胜出。相比之下，如果只是基于定性讨论，那么这些不同假说可能听起来都有道理，无法否定哪一个，因而使历史认知难以进步。研究不只是帮助证明、证伪历史学者过去提出的假说，也会带来对历史的全新认识，引出新的研究话题与视角。

统计学、计量研究方法很早就发展起来了，但由于缺乏计算软件和数据库工具，在历史研究中的应用一直有限。最近四十年里，电脑计算能力、数据库化、互联网化都突飞猛进，这些变迁带来了最近十几年在历史与社会科学领域的知识革命。很多原来无法做的研究今天可以做，由此产生的认知越来越广、越来越深，同时研究者的信心大增。今天历史大数据库也越来越多、越来越可行，这就使得运用量化研究方法成为可能。研究不只是用数据说话，也不只是统计检验以前历史学家提出的假说，这种新方法也可以带来以前人们想不到的新认知。

强调量化历史研究的优势，并非意味着这些优势很快就能够实现，一项好的量化历史研究需要很多条件的配合，也需要大量坚实的工作。而量化历史研究作为一个新兴领域，仍然处于不断完善的过程之中。在使用量化历史研究方法的过程中，也需要注意其适用的条件，任何一种方法都有其适用的范围和局限，一项研究的发展也需要学术共同体的监督和批评。量化方法作为“史无定法”中的一种方法，在历史大数据时代，作用将越来越大。不是找到一组历史数据并对其进行回归分析，然后就完成研究了，而是要认真考究史料、摸清史料的历史背景与社会制度环境。只有这样，才能更贴切地把握所研究的因果关系链条和传导机制，增加研究成果的价值。

未来十年、二十年会是国内研究的黄金期。原因在于两个方面：一是对量化方法的了解、接受和应用会越来越多，特别是许多年轻学者会加入这个行列。二是中国史料十分丰富，但绝大多数史料以前没有被数据库化。随着更多历史数据库的建立并且可以低成本地获得这些数据，许多相对容易做的量化历史研究一下子就变得可行。所以，从这个意义上讲，越早进入这个领域，越容易产出一些很有新意的成果。

我在本科和硕士阶段的专业都是工科，加上博士阶段接受金融经济学和量化方法的训练，很自然会用数据和量化方法去研究历史话题，这些年也一直在推动量化历史研究。2013 年，我与清华大学龙登高教授、伦敦经济学院马德斌教授等一起举办了第一届量化历史讲习班，就是希望更多的学人关注该领域的研究。我的博士后熊金武负责了第一届和第二届量化历史讲习班的具体筹备工作，也一直担任“量化历史研究”公众号轮值主编等工作。2019 年，他与格致出版社唐彬源编辑联系后，组织了国内优秀的老师，启动了“计量史学译丛”的翻译工作。该译丛终于完成，实属不易。

“计量史学译丛”是《计量史学手册》(*Handbook of Cliometrics*)的中文译本，英文原书于 2019 年 11 月由施普林格出版社出版，它作为世界上第一部计量史学手册，是计量史学发展的一座里程碑。该译丛是全方位介绍计量史学研究方法、应用领域和既有研究成果的学术性研究丛书，涉及的议题非常广泛，从计量史学发展的学科史、人力资本、经济增长，到银行金融业、创新、公共政策和经济周期，再到计量史学方法论。其中涉及的部分研究文献已经在“量化历史研究”公众号上被推送出来，足以说明本套译丛的学术前沿性。

同时，该译丛的各章均由各研究领域公认的顶级学者执笔，包括 2023 年获得诺贝尔经济学奖的克劳迪娅·戈尔丁，1993 年诺贝尔经济学奖得主罗伯特·福格尔的长期研究搭档、曾任美国经济史学会会长的斯坦利·恩格尔曼，以及量化历史研讨班授课教师格里高利·克拉克。这套译丛既是向学界介绍计量史学的学术指导手册，也是研究者开展计量史学研究的方法性和写作范式指南。

“计量史学译丛”的出版顺应了学界当下的发展潮流。我们相信，该译丛将成为量化历史领域研究者的案头必备之作，而且该译丛的出版能吸引更多学者加入量化历史领域的研究。

陈志武

香港大学经管学院金融学讲座教授、

香港大学香港人文社会研究所所长

中文版推荐序二

马克思在1868年7月11日致路德维希·库格曼的信中写道："任何一个民族，如果停止劳动，不用说一年，就是几个星期，也要灭亡，这是每一个小孩都知道的。人人都同样知道，要想得到和各种不同的需要量相适应的产品量，就要付出各种不同的和一定数量的社会总劳动量。这种按一定比例分配社会劳动的必要性，决不可能被社会生产的一定形式所取消，而可能改变的只是它的表现形式，这是不言而喻的。自然规律是根本不能取消的。在不同的历史条件下能够发生变化的，只是这些规律借以实现的形式。"在任何时代，人们的生产生活都涉及数量，大多表现为连续的数量，因此一般是可以计算的，这就是计量。

传统史学主要依靠的是定性研究方法。定性研究以普遍承认的公理、演绎逻辑和历史事实为分析基础，描述、阐释所研究的事物。它们往往依据一定的理论与经验，寻求事物特征的主要方面，并不追求精确的结论，因此对计量没有很大需求，研究所得出的成果主要是通过文字的形式来表达，而非用数学语言来表达。然而，文字语言具有多义性和模糊性，使人难以精确地认识历史的真相。在以往的中国史研究中，学者们经常使用诸如"许多""很少""重要的""重大的""严重的""高度发达""极度衰落"一类词语，对一个朝代的社会经济状况进行评估。由于无法确定这些文字记载的可靠性和准确性，研究者的主观判断又受到各种主客观因素的影响，因此得出的结论当然不可能准确，可以说只是一些猜测。由此可见，在传统史学中，由于计量研究的缺失或者被忽视，导致许多记载和今天依据这些记载得出的结论并不可靠，难以成为信史。

因此，在历史研究中采用计量研究非常重要，许多大问题，如果不使用计量方法，可能会得出不符合事实甚至是完全错误的结论。例如以往我国历史学界的一个主流观点为：在中国传统社会中，建立在“封建土地剥削和掠夺”的基础上的土地兼并，是农民起义爆发的根本原因。但是经济学家刘正山通过统计方法表明这些观点站不住脚。

如此看来，运用数学方法的历史学家研究问题的起点就与通常的做法不同；不是从直接收集与感兴趣的问题相关的材料开始研究，而是从明确地提出问题、建立指标体系、提出假设开始研究。这便规定了历史学家必须收集什么样的材料，以及采取何种方法分析材料。在收集和分析材料之后，这些历史学家得出有关结论，然后用一些具体历史事实验证这些结论。这种研究方法有两点明显地背离了分析历史现象的传统做法：研究对象必须经过统计指标体系确定；在历史学家研究具体史料之前，已经提出可供选择的不同解释。然而这种背离已被证明是正确的，因为它不仅在提出问题方面，而且在解决历史学家所提出的任务方面，都表现出精确性和明确性。按照这种方法进行研究的历史学家，通常用精确的数量进行评述，很少使用诸如“许多”“很少”“重要的”“重大的”这类使分析结果显得不精确的词语进行评估。同时，我们注意到，精确、具体地提出问题和假设，还节省了历史学家的精力，使他们可以更迅速地达到预期目的。

但是，在历史研究中使用数学方法进行简单的计算和统计，还不是计量史学(Cliometrics)。所谓计量史学并不是一个严谨的概念。从一般的意义上讲，计量史学是对所有有意识地、系统地采用数学方法和统计学方法从事历史研究的工作的总称，其主要特征为定量分析，以区别于传统史学中以描述为主的定性分析。

计量史学是在社会科学发展的推动下出现和发展起来的。随着数学的日益完善和社会科学的日益成熟，数学在社会科学研究中的使用愈来愈广泛和深入，二者的结合也愈来愈紧密，到了20世纪更成为社会科学发展的主要特点之一，对于社会科学的发展起着重要的作用。1971年国际政治学家卡尔·沃尔夫冈·多伊奇(Karl Wolfgone Deutsch)发表过一项研究报告，详细地列举了1900—1965年全世界的62项社会科学方面的重大进展，并得出如下的结论：“定量的问题或发现(或者兼有)占全部重大进展的三分之二，占1930年以来重大进展的六分之五。”

作为一个重要的学科，历史学必须与时俱进。20世纪70年代，时任英国历史学会会长的历史学家杰弗里·巴勒克拉夫(Geoffrey Barractbugh)受联合国教科文组织委托，总结第二次世界大战后国际历史学发展的情况，他写道：“推动1955年前后开始的‘新史学’的动力，主要来自社会科学。”而“对量的探索无疑是历史学中最强大的新趋势”，因此当代历史学的突出特征就是“计量革命”。历史学家在进行研究的时候，必须关注并学习社会科学其他学科的进展。计量研究方法是这些进展中的一个主要内容，因此在“计量革命”的背景下，计量史学应运而生。

20世纪中叶以来，电子计算机问世并迅速发展，为计量科学手段奠定了基础，计量方法的地位日益提高，逐渐作为一种独立的研究手段进入史学领域，历史学发生了一次新的转折。20世纪上半叶，计量史学始于法国和美国，继而扩展到西欧、苏联、日本、拉美等国家和地区。20世纪60年代以后，电子计算机的广泛应用，极大地推动了历史学研究中的计量化进程。计量史学的研究领域也从最初的经济史，扩大到人口史、社会史、政治史、文化史、军事史等方面。应用计量方法的历史学家日益增多，有关计量史学的专业刊物大量涌现。

计量史学的兴起大大推动了历史研究走向精密化。传统史学的缺陷之一是用一种模糊的语言解释历史，缺陷之二是历史学家往往随意抽出一些史料来证明自己的结论，这样得出的结论往往是片面的。计量史学则在一定程度上纠正了这种偏差，并使许多传统的看法得到检验和修正。计量研究还使历史学家发现了许多传统定性研究难以发现的东西，加深了对历史的认识，开辟了新的研究领域。历史学家马尔雪夫斯基说：“今天的历史学家们给予‘大众’比给予‘英雄’以更多的关心，数量化方法没有过错，因为它是打开这些无名且无记录的几百万大众被压迫秘密的一把钥匙。”由于采用了计量分析，历史学家能够更多地把目光转向下层人民群众以及物质生活和生产领域，也转向了家庭史、妇女史、社区史、人口史、城市史等专门史领域。另外，历史资料的来源也更加广泛，像遗嘱、死亡证明、法院审判记录、选票、民意测验等，都成为计量分析的对象。计算机在贮存和处理资料方面拥有极大优势，提高了历史研究的效率，这也是计量史学迅速普及的原因之一。

中国史研究中使用计量方法始于20世纪30年代。在这个时期兴起的社会经济史研究,表现出了明显的社会科学化取向,统计学方法受到重视,并在经济史的一些重要领域(如户口、田地、租税、生产,以及财政收支等)被广泛采用。1935年,史学家梁方仲发表《明代户口田地及田赋统计》一文,并对利用史籍中的数字应当注意的问题作了阐述。由此他被称为"把统计学的方法运用到史学研究的开创者之一"。1937年,邓拓的《中国救荒史》出版,该书统计了公元前18世纪以来各世纪自然灾害的频数,并按照朝代顺序进行了简单统计。虽然在统计过程中对数据的处理有许多不完善的地方,但它是中国将统计方法运用在长时段历史研究中的开山之作。1939年,史学家张荫麟发表《北宋的土地分配与社会骚动》一文,使用北宋时期主客户分配的统计数字,说明当时几次社会骚动与土地集中无关。这些都表现了经济史学者使用计量方法的尝试。更加专门的计量经济史研究的开创者是巫宝三。1947年,巫宝三的《国民所得概论(一九三三年)》引起了海内外的瞩目,成为一个标志性的事件。但是在此之后,中国经济史研究中使用计量方法的做法基本上停止了。

到了改革开放以后,使用计量方法研究历史的方法重新兴起。20世纪末和21世纪初,中国的计量经济史研究开始进入一个新阶段。为了推进计量经济史的发展,经济学家陈志武与清华大学、北京大学和河南大学的学者合作,于2013年开始每年举办量化历史讲习班,参加讲习班接受培训的学者来自国内各高校和研究机构,人数总计达数百人。尽管培训的实际效果还需要时间检验,但是如此众多的中青年学者踊跃报名参加培训这件事本身,就已表明中国经济史学界对计量史学的期盼。越来越多的人认识到:计量方法在历史研究中的重要性是无人能够回避的;计量研究有诸多方法,适用于不同题目的研究。

为了让我国学者更多地了解计量史学的发展,熊金武教授组织多位经济学和历史学者翻译了这套"计量史学译丛",并由格致出版社出版。这套丛书源于世界上第一部计量史学手册,同时也是计量史学发展的一座里程碑。丛书全面总结了计量史学对经济学和历史学知识的具体贡献。丛书各卷均由各领域公认的大家执笔,系统完整地介绍了计量史学对具体议题的贡献和计量史学方法论,是一套全方位介绍计量史学研究方法、应用领域和既有研究成果的学术性研究成果。它既是向社会科学同行介绍计量史学的学术指导手册，也是研究者实际开展计量史学研究的方法和写作范式指南。

在此，衷心祝贺该译丛的问世。

李伯重

北京大学人文讲席教授

中文版推荐序三

许多学术文章都对计量史学进行过界定和总结。这些文章的作者基本上都是从一个显而易见的事实讲起,即计量史学是运用经济理论和量化手段来研究历史。他们接着会谈到这个名字的起源,即它是由“克利俄”(Clio,司掌历史的女神)与“度量”(metrics,“计量”或“量化的技术”)结合而成,并由经济学家斯坦利·雷特与经济史学家兰斯·戴维斯和乔纳森·休斯合作创造。实际上,可以将计量史学的源头追溯至经济史学的发端。19世纪晚期,经济史学在德国和英国发展成为独立的学科。此时,德国的施穆勒和英国的约翰·克拉彭爵士等学术权威试图脱离标准的经济理论来发展经济史学。在叛离古典经济学演绎理论的过程中,经济史成了一门独特的学科。经济史最早的形式是叙述,偶尔会用一点定量的数据来对叙述予以强化。

历史学派的初衷是通过研究历史所归纳出的理论,来取代他们所认为的演绎经济学不切实际的理论。他们的观点是,最好从实证和历史分析的角度出发,而不是用抽象的理论和演绎来研究经济学。历史学派与抽象理论相背离,它对抽象理论的方法、基本假设和结果都批评甚多。19世纪80年代,经济历史学派开始分裂。比较保守的一派,即继承历史学派衣钵的历史经济学家们完全不再使用理论,这一派以阿道夫·瓦格纳(Adolph Wagner)为代表。另一派以施穆勒为代表,第一代美国经济史学家即源于此处。在英国,阿尔弗雷德·马歇尔(Alfred Marshall)和弗朗西斯·埃奇沃斯(Francis Edgeworth)代表着“老一派”的对立面,在将正式的数学模型纳入经济学的运动中,他们站在最前沿。

在20世纪初，经济学这门学科在方法上变得演绎性更强。随着自然科学声望日隆，让经济学成为一门科学的运动兴起，此时转而形成一种新认知，即经济学想要在社会科学的顶峰占据一席之地，就需要将其形式化，并且要更多地依赖数学模型。之后一段时期，史学运动衰落，历史经济学陷入历史的低谷。第一次世界大战以后，经济学家们研究的理论化程度降低了，他们更多采用统计的方法。第二次世界大战以后，美国经济蓬勃发展，经济学家随之声名鹊起。经济学有着严格缜密的模型，使用先进的数学公式对大量的数值数据进行检验，被视为社会科学的典范。威廉·帕克(William Parker)打趣道，如果经济学是社会科学的女王，那么经济理论就是经济学的女王，计量经济学则是它的侍女。与此同时，随着人们越来越注重技术，经济学家对经济增长的决定因素越来越感兴趣，对所谓世界发达地区与欠发达地区之间差距拉大这个问题也兴趣日增。他们认为，研究经济史是深入了解经济增长和经济发展问题的一个渠道，他们将新的量化分析方法视为理想的分析工具。

"新"经济史，即计量史学的正式形成可以追溯到1957年经济史协会(1940年由盖伊和科尔等"老"经济史学家创立)和"收入与财富研究会"(归美国国家经济研究局管辖)举办的联席会议。计量史学革命让年轻的少壮派、外来者，被老前辈称为"理论家"的人与"旧"经济史学家们形成对立，而后者更像是历史学家，他们不太可能会依赖定量的方法。他们指责这些新手未能正确理解史实，就将经济理论带入历史。守旧派声称，实际模型一定是高度概括的，或者是特别复杂的，以致不能假设存在数学关系。然而，"新"经济史学家主要感兴趣的是将可操作的模型应用于经济数据。到20世纪60年代，"新""旧"历史学家之间的争斗结束了，结果显而易见：经济学成了一门"科学"，它构建、检验和使用技术复杂的模型。当时计量经济学正在兴起，经济史学家分成了两派，一派憎恶计量经济学，另一派则拥护计量经济学。憎恶派的影响力逐渐减弱，其"信徒"退守至历史系。

"新""旧"经济史学家在方法上存在差异，这是不容忽视的。新经济史学家所偏爱的模型是量化的和数学的，而传统的经济史学家往往使用叙事的模式。双方不仅在方法上存在分歧，普遍接受的观点也存在分裂。计量史学家使用自己新式的工具推翻了一些人们长期秉持的看法。有一些人们公认的观点被计量史学家推翻了。一些人对"新"经济史反应冷淡，因为他们认为"新"经济史对传统史学的方法构成了威胁。但是,另外一些人因为"新"经济史展示出的可能性而对它表示热烈欢迎。

计量史学的兴起导致研究计量史学的经济学家与研究经济史的历史学家之间出现裂痕,后者不使用形式化模型,他们认为使用正规的模型忽略了问题的环境背景,过于迷恋统计的显著性,罔顾情境的相关性。计量史学家将注意力从文献转移到了统计的第一手资料上,他们强调使用统计技术,用它来检验变量之间的假定关系是否存在。另一方面,对于经济学家来说计量史学也没有那么重要了,他们只把它看作经济理论的另外一种应用。虽然应用经济学并不是什么坏事,但计量史学并没有什么特别之处——只不过是将理论和最新的量化技术应用在旧数据上,而不是将其用在当下的数据上。也就是说,计量史学强调理论和形式化模型,这一点将它与"旧"经济史区分开来,现在,这却使经济史和经济理论之间的界线模糊不清,以至于有人质疑经济史学家是否有存在的必要,而且实际上许多经济学系已经认为不再需要经济史学家了。

中国传统史学对数字和统计数据并不排斥。清末民初,史学研究和统计学方法已经有了结合。梁启超在其所著的《中国历史研究法》中,就强调了统计方法在历史研究中的作用。巫宝三所著的《中国国民所得(一九三三年)》可谓中国史领域中采用量化历史方法的一大研究成果。此外,梁方仲、吴承明、李埏等经济史学者也重视统计和计量分析工具,提出了"经济现象多半可以计量,并表现为连续的量。在经济史研究中,凡是能够计量的,尽可能做些定量分析"的观点。

在西方大学的课程和经济学研究中,计量经济学与经济史紧密结合,甚至被视为一体。然而,中国的情况不同,这主要是因为缺乏基础性历史数据。欧美经济学家在长期的数据开发和积累下,克服了壁垒,建立了一大批完整成熟的历史数据库,并取得了一系列杰出的成果,如弗里德曼的货币史与货币理论,以及克劳迪娅·戈尔丁对美国女性劳动历史的研究等,为计量经济学的科学研究奠定了基础。然而,整理这样完整成熟的基础数据库需要巨大的人力和资金,是一个漫长而艰巨的过程。

不过,令人鼓舞的是,国内一些学者已经开始这项工作。在量化历史讲习班上,我曾提到,量化方法与工具从多个方面推动了历史研究的发现和创新。量化历史的突出特征就是将经济理论、计量技术和其他规范或数理研究方法应用于社会经济史研究。只有真正达到经济理论和定量分析方法的互动融合，才可以促进经济理论和经济史学的互动发展。然而，传统史学也有不容忽视的方面，例如人的活动、故事的细节描写以及人类学的感悟与体验，它们都赋予历史以生动性与丰富性。如果没有栩栩如生的人物与细节，历史就变成了手术台上被研究的标本。历史应该是有血有肉的，而不仅仅是枯燥的数字，因为历史是人类经验和智慧的记录，也是我们沟通过去与现在的桥梁。通过研究历史，我们能够深刻地了解过去的文化、社会、政治和经济背景，以及人们的生活方式和思维方式。

中国经济史学者在国际量化历史研究领域具有显著的特点。近年来，中国学者在国际量化历史研究中崭露头角，通过量化历史讲习班与国际学界密切交流。此外，大量中国学者通过采用中国历史数据而作出的优秀研究成果不断涌现。这套八卷本"计量史学译丛"的出版完美展现了当代经济史、量化历史领域的前沿研究成果和通用方法，必将促进国内学者了解国际学术前沿，同时我们希望读者能够结合中国历史和数据批判借鉴，推动对中国文明的长时段研究。

龙登高

清华大学社会科学学院教授、中国经济史研究中心主任

英文版总序

目标与范畴

新经济史[New Economic History，这个术语由乔纳森·休斯(Jonathan Hughes)提出]，或者说计量史学[Cliometrics，由斯坦·雷特(Stan Reiter)创造]最近才出现，它字面上的意思是对历史进行测量。人们认为，阿尔弗雷德·康拉德(Alfred Conrad)和约翰·迈耶(John Meyer)是这个领域的拓荒者，他们1957年在《经济史杂志》(*Journal of Economic History*)上发表了《经济理论、统计推断和经济史》(Economic Theory, Statistical Inference and Economic History)一文，该文是二人当年早些时候在经济史协会(Economic History Association)和美国国家经济研究局(NBER)"收入与财富研究会"(Conference on Research in Income and Wealth)联席会议上发表的报告。他们随后在1958年又发表了一篇论文，来对计量史学的方法加以说明，并将其应用在美国内战前的奴隶制问题上。罗伯特·福格尔(Robert Fogel)关于铁路对美国经济增长影响的研究工作意义重大，从广义上讲是经济学历史上一场真正的革命，甚至是与传统的彻底决裂。它通过经济学的语言来表述历史，重新使史学在经济学中占据一席之地。如今，甚至可以说它是经济学一个延伸的领域，引发了新的争论，并且对普遍的看法提出挑战。计量经济学技术和经济理论的使用，使得对经济史的争论纷纭重起，使得对量化的争论在所难免，并且促使在经济学家们中间出现了新的历史意识(historical awareness）。

计量史学并不仅仅关注经济史在有限的、技术性意义上的内容，它更在整体上改变了历史研究。它体现了社会科学对过往时代的定量估计。知晓奴隶制是否在美国内战前使美国受益，或者铁路是否对美国经济发展产生了重大影响，这些问题对于通史和经济史来说同样重要，而且必然会影响到任何就美国历史进程所作出的（人类学、法学、政治学、社会学、心理学等）阐释或评价。

此外，理想主义学派有一个基本的假设，即认为历史永远无法提供科学证据，因为不可能对独特的历史事件进行实验分析。计量史学对这一基本假设提出挑战。计量史学家已经证明，恰恰相反，通过构造一个反事实，这种实验是能做到的，可以用反事实来衡量实际发生的事情和在不同情况下可能发生的事情之间存在什么差距。

众所周知，罗伯特·福格尔用反事实推理来衡量铁路对美国经济增长的影响。这个方法的原理也许和历史的时间序列计量经济学一样，是计量史学对一般社会科学研究人员，特别是对历史学家最重要的贡献。

方法上的特点

福格尔界定了计量史学方法上的特征。他认为，在承认计量和理论之间存在紧密联系的同时，计量史学也应该强调计量，这一点至关重要。事实上，如果没有伴随统计和/或计量经济学的处理过程和系统的定量分析，计量只不过是另一种叙述历史的形式，诚然，它用数字代替了文字，却并未带来任何新的要素。相比之下，当使用计量史学尝试对过去经济发展的所有解释进行建模时，它就具有创新性。换言之，计量史学的主要特点是使用假说-演绎（hypothetico-deductive）的模型，这些模型要用到最贴近的计量经济学技术，目的在于以数学形式建立起特定情况下变量之间的相关关系。

计量史学通常要构建一个一般均衡或局部均衡的模型，模型要反映出所讨论的经济演进中的各个因素，并显示各因素之间相互作用的方式。因此，可以建立相关关系和/或因果关系，来测量在给定的时间段内各个因素孰轻孰重。

计量史学方法决定性的要素，与“市场”和“价格”的概念有关。即使在并未明确有市场存在的领域，计量史学方法通常也会给出类似于“供给”“需求”和“价格”等市场的概念，来对主题进行研究。

时至今日，假说-演绎的模型主要被用来确定创新、制度和工业过程对增长和经济发展的影响。由于没有记录表明，如果所论及的创新没有发生，或者相关的因素并没有出现会发生什么，所以只能通过建立一个假设模型，用以在假定的另一种情况下（即反事实）进行演绎，来发现会发生什么。的确，使用与事实相反的命题本身并不是什么新鲜事，这些命题蕴含在一系列的判断之中，有些是经济判断，有些则不是。

使用这种反事实分析也难逃被人诟病。许多研究人员依旧相信，使用无法被证实的假设所产生的是准历史（quasi history），而不是历史本身（history proper）。再者，煞费苦心地使用计量史学，所得到的结果并不如许多计量史学家所希冀的那般至关重大。毫无疑问，批评者们得出的结论是没错的：经济分析本身，连同计量经济学工具的使用，无法为变革和发展的过程与结构提供因果解释。在正常的经济生活中，似乎存在非系统性的突变（战争、歉收、市场崩溃时的群体性癔症等），需要对此进行全面分析，但这些突变往往被认为是外源性的，并且为了对理论假设的先验表述有利，它们往往会被弃之不理。

然而，尽管有一些较为极端的论证，令计量史学让人失望，但计量史学也有其成功之处，并且理论上在不断取得进步。显然，这样做的风险是听任经济理论忽略一整套的经验资料，而这些资料可以丰富我们对经济生活现实的认知。反过来说，理论有助于我们得出某些常量，而且只有掌握了理论，才有可能对规则的和不规则的、能预测的和难以预估的加以区分。

主要的成就

到目前为止，计量史学稳扎稳打地奠定了自己主要的成就：在福格尔的传统中，通过计量手段和理论方法对历史演进进行了一系列可靠的经济分析；循着道格拉斯·诺思（Douglass North）的光辉足迹，认识到了新古典主义理论的局限性，在经济模型中将制度的重要作用纳入考量。事实上，聚焦于后者最终催生了一个新的经济学分支，即新制度经济学。现在，没有什么能够取代基于成体系的有序数据之上的严谨统计和计量经济分析。依赖不可靠的数字和谬误的方法作出的不精确判断，其不足之处又凭主观印象来填补，现在已经无法取信于人。特别是经济史，它不应该依旧是“简单的”故事，即用事实来说明不同时期的物质生活，而应该成为一种系统的尝试，去为具体的问题提供答案。我们的宏愿，应该从“**理解**”(Verstehen)认识论(epistemology)转向“**解释**”(Erklären)认识论。

进一步来说，对事实的探求越是被问题的概念所主导，研究就越是要解决经济史在社会科学中以何种形式显明其真正的作用。因此，智识倾向(intellectual orientation)的这种转变，即计量史学的重构可以影响到其他人文社会科学的学科(法学、社会学、政治学、地理学等)，并且会引发类似的变化。

事实上，社会科学中势头最强劲的新趋势，无疑是人们对量化和理论过分热衷，这个特征是当代学者和前辈学人在观念上最大的区别。即使是我们同僚中最有文学性的，对于这一点也欣然同意。这种兴趣没有什么好让人惊讶的。与之前的几代人相比，现今年轻一代学者的一个典型特征无疑是，在他们的智力训练中更加深刻地打上了科学与科学精神的烙印。因此，年轻的科学家们对传统史学没有把握的方法失去了耐心，并且他们试图在不那么“手工式”(artisanal)的基础之上开展研究，这一点并不让人奇怪。

因此，人文社会科学在技术方面正变得更加精细，很难相信这种趋势有可能会发生逆转。然而，有相当一部分人文社会科学家尚未接受这些新趋势，这一点也很明显。这些趋势意在使用更加复杂的方法，使用符合新标准且明确的概念，以便在福格尔传统下发展出一门真正科学的人文社会科学。

史学的分支?

对于许多作者(和计量史学许多主要的人物)来说，计量史学似乎首先是史学的一个分支。计量史学使用经济学的工具、技术和理论，为史学争论而非经济学争论本身提供答案。

对于(美国)经济史学家来说，随着时间的推移，“实证”一词的含义发生了很大的变化。人们可以观察到，从“传统的历史学家”(对他们而言，在自己的论证中所使用的不仅仅是定量数据，而且还有所有从档案中检索到的东西）到（应用）经济学家（实证的方面包含对用数字表示的时间序列进行分析），他们对经验事实（empirical fact）概念的理解发生了改变。而且历史学家和经济学家在建立发展理论方面兴趣一致，所以二者的理论观点趋于一致。

在这里，西蒙·库兹涅茨（Simon Kuznets）似乎发挥了重要作用。他强调在可能确定将某些部门看作经济发展的核心所在之前，重要的是一开始就要对过去经济史上发生的重要宏观量变进行严肃的宏观经济分析。应该注意，即使他考虑将历史与经济分析结合起来，但他所提出的增长理论依旧是归纳式的，其基础是对过去重要演变所做的观察，对经济史学家经年累月积累起来的长时段时间序列进行分析给予他启迪。

因此，这种（归纳的）观点尽管使用了较为复杂的技术，但其与经济学中的历史流派，即德国历史学派（German Historical School）密切相关。可以说，这两门学科变得更加紧密，但可能在“归纳”经济学的框架之内是这样。除此之外，尽管早期人们对建立一种基于历史（即归纳）的发展经济学感兴趣，但计量史学主要试图为史学的问题提供答案——因此，它更多是与历史学家交谈，而不是向标准的经济学家讲述。可以用计量经济学技术来重新调整时间序列，通过插值或外推来确定缺失的数据——顺便说一句，这一点让专业的历史学家感到恼火。但是，这些计量史学规程仍旧肩负历史使命，那就是阐明历史问题，它将经济理论或计量经济学看作历史学的附属学科。当使用计量史学的方法来建立一个基于被明确测度的事实的发展理论时，它发展成为一门更接近德国历史学派目标的经济学，而不是一门参与高度抽象和演绎理论运动的经济学，而后者是当时新古典学派发展的特征。

库兹涅茨和沃尔特·罗斯托（Walt Rostow）之间关于经济发展阶段的争执，实际上是基于罗斯托理论的实证基础进行争论，而不是在争论一个高度概括和非常综合的观点在形式上不严谨（没有使用增长理论），或者缺乏微观基础的缺陷。在今天，后者无疑会成为被批判的主要议题。简而言之，要么说计量史学仍然是（经济）史的一个（现代化的）分支——就像考古学方法的现代化（从碳14测定到使用统计技术，比如判别分析）并未将该学科转变为自然科学的一个分支一样；要么说运用计量史学方法来得到理论结果，更多是从收集到的时间序列归纳所得，而不是经由明确运用模型将其演绎出来。也就是说，经济理论必须首先以事实为依据，并由经验证据归纳所得。

如此，就促成了一门与德国历史学派较为接近，而与新古典观点不甚相近的经济科学。

经济学的附属学科？

但故事尚未结束。（严格意义上的）经济学家最近所做的一些计量史学研究揭示，计量史学也具备成为经济学的一门附属学科的可能性。因此，所有的经济学家都应该掌握计量史学这种工具并具备这份能力。然而，正如“辅助学科”（anxiliary discipline）一词所表明的那样，如果稍稍（不要太多）超出标准的新古典经济学的范畴，它对经济学应有的作用才能发挥。它必定是一个复合体，即应用最新的计量经济学工具和经济理论，与表征旧经济史的制度性与事实性的旧习俗相结合。

历史学确实一直是一门综合性的学科，计量史学也该如此。不然，如果计量史学丧失了它全部的“历史维度”（historical dimension），那它将不复存在（它只会是将经济学应用于昔日，或者仅仅是运用计量经济学去回溯过往）。想要对整个经济学界有所助益，那么计量史学主要的工作，应该是动用所有能从历史中收集到的相关信息来丰富经济理论，甚或对经济理论提出挑战。这类“相关信息”还应将文化或制度的发展纳入其中，前提是能将它们对专业有用的一面合宜地呈现出来。

经济学家（实际上是开尔文勋爵）的一个传统看法是“定性不如定量”。但是有没有可能，有时候确实是“定量不如定性”？历史学家与经济学家非常大的一个差别，就是所谓的历史批判意识和希望避免出现年代舛误。除了对历史资料详加检视以外，还要对制度、社会和文化背景仔细加以审视，这些背景形成了框定参与者行为的结构。诚然，（新）经济史不会建立一个一般理论——它过于相信有必要在经济现象的背景下对其进行研究——但是它可以基于可靠的调查和恰当估计的典型事实（stylized facts），为那些试图彰显经济行为规律的经济学家们提供一些有用的想法和见解[经济学与历史学不同，它仍旧是一门法则性科学（nomological science）]。经济学家和计量史学家也可以通力合作，在研究中共同署名。达龙·阿西莫格鲁（Daron Acemoglu）、西蒙·约翰逊（Simon Johnson）、詹姆斯·罗宾逊（James

Robinson)和奥戴德·盖勒(Oded Galor)等人均持这一观点,他们试图利用撷取自传统史学中的材料来构建对经济理论家有用的新思想。

总而言之,可以说做好计量史学研究并非易事。由于计量史学变得过于偏重"经济学",因此它不可能为某些问题提供答案,比如说,对于那些需要有较多金融市场微观结构信息,或者要有监管期间股票交易实际如何运作信息的问题,计量史学就无能为力了——对它无法解释的现象,它只会去加以测度。这就需要用历史学家特定的方法(和细枝末节的信息),来阐述在给定的情境之下(确切的地点和时期),为什么这样的经济理论不甚贴题(或者用以了解经济理论的缺陷)。也许只有这样,计量史学才能通过提出研究线索,为经济学家提供一些东西。然而,如果计量史学变得太偏重"史学",那它在经济学界就不再具有吸引力。经济学家需要新经济史学家知晓,他们在争论什么,他们的兴趣在哪里。

经济理论中的一个成熟领域?

最后但同样重要的一点是,计量史学有朝一日可能不仅仅是经济学的一门附属学科,而是会成为经济理论的一个成熟领域。确实还存在另外一种可能:将计量史学看作制度和组织结构的涌现以及路径依赖的科学。为了揭示各种制度安排的效率,以及制度变迁起因与后果的典型事实(stylized facts),经济史学会使用该学科旧有的技术,还会使用最先进的武器——计量经济学。这将有助于理论家研究出真正的制度变迁理论,即一个既具备普遍性(例如,满足当今决策者的需求)而且理论上可靠(建立在经济学原理之上),又是经由经济与历史分析共同提出,牢固地根植于经验规律之上的理论。这种对制度性形态如何生成所做的分析,将会成为计量史学这门科学真正的理论部分,会使计量史学自身从看似全然是实证的命运中解放出来,成为对长时段进行分析的计量经济学家的游乐场。显然,经济学家希望得到一般性结论,对数理科学着迷,这些并不鼓励他们过多地去关注情境化。然而,像诺思这样的新制度主义经济学家告诫我们,对制度(包括文化)背景要认真地加以考量。

因此,我们编写《计量史学手册》的目的,也是为了鼓励经济学家们更系统地去对这些以历史为基础的理论加以检验，不过，我们也力求能够弄清制度创设或制度变迁的一般规律。计量史学除了对长时段的定量数据集进行研究之外，它的一个分支越来越重视制度的作用与演变，其目的在于将经济学家对找到一般性结论的愿望，与关注经济参与者在何种确切的背景下行事结合在一起，而后者是历史学家和其他社会科学家的特征。这是一条中间道路，它介乎纯粹的经验主义和脱离实体的理论之间，由此，也许会为我们开启通向更好的经济理论的大门。它将使经济学家能够根据过去的情况来解释当前的经济问题，从而更深刻地理解经济和社会的历史如何运行。这条途径能为当下提供更好的政策建议。

本书的内容

在编写本手册的第一版时，我们所面对的最大的难题是将哪些内容纳入书中。可选的内容不计其数，但是版面有限。在第二版中，给予我们的版面增加了不少，结果显而易见：我们将原有篇幅扩充到三倍，在原有22章的基础上新增加了43章，其中有几章由原作者进行修订和更新。即使对本手册的覆盖范围做了这样的扩充，仍旧未能将一些重要的技术和主题囊括进来。本书没有将这些内容纳入进来，绝对不是在否定它们的重要性或者它们的历史意义。有的时候，我们已经承诺会出版某些章节，但由于各种原因，作者无法在出版的截止日期之前交稿。对于这种情况，我们会在本手册的网络版中增添这些章节，可在以下网址查询：https://link.Springer.com/referencework/10.1007/978-3-642-40458-0。

在第二版中新增补的章节仍旧只是过去半个世纪里在计量史学的加持下做出改变的主题中的几个案例，20世纪60年代将计量史学确立为“新”经济史的论题就在其中，包括理查德·萨奇(Richard Sutch)关于奴隶制的章节，以及杰里米·阿塔克(Jeremy Atack)关于铁路的章节。本书的特色是，所涵章节有长期以来一直处于计量史学分析中心的议题，例如格雷格·克拉克(Greg Clark)关于工业革命的章节、拉里·尼尔(Larry Neal)关于金融市场的章节，以及克里斯·哈内斯(Chris Hanes)论及大萧条的文章。我们还提供了一些主题范围比较窄的章节，而它们的发展主要得益于计量史学的方法，比如弗朗齐斯卡·托尔内克(Franziska Tollnek)和约尔格·贝滕(Joerg Baten)讨论年龄堆积(age heaping)的研究、道格拉斯·普弗特(Douglas Puffert)关于路径依赖的章节、托马斯·拉夫(Thomas Rahlf)关于统计推断的文章，以及弗洛里安·普洛克利(Florian Ploeckl)关于空间建模的章节。介于两者之间的是斯坦利·恩格尔曼(Stanley Engerman)、迪尔德丽·麦克洛斯基(Deirdre McCloskey)、罗杰·兰瑟姆(Roger Ransom)和彼得·特明(Peter Temin)以及马修·贾雷姆斯基(Matthew Jaremski)和克里斯·维克斯(Chris Vickers)等年轻学者的文章，我们也都将其收录在手册中，前者在计量史学真正成为研究经济史的"新"方法之时即已致力于斯，后者是新一代计量史学的代表。贯穿整本手册一个共同的纽带是关注计量史学做出了怎样的贡献。

《计量史学手册》强调，计量史学在经济学和史学这两个领域对我们认知具体的贡献是什么，它是历史经济学(historical economics)和计量经济学史(econometric history)领域里的一个里程碑。本手册是三手文献，因此，它以易于理解的形式包含着已被系统整理过的知识。这些章节不是原创研究，也不是文献综述，而是就计量史学对所讨论的主题做出了哪些贡献进行概述。这些章节所强调的是，计量史学对经济学家、历史学家和一般的社会科学家是有用的。本手册涉及的主题相当广泛，各章都概述了计量史学对某一特定主题所做出的贡献。

本书按照一般性主题将65章分成8个部分。* 开篇有6章，涉及经济史和计量史学的历史，还有论及罗伯特·福格尔和道格拉斯·诺思这两位最杰出实践者的文稿。第二部分的重点是人力资本，包含9个章节，议题广泛，涉及劳动力市场、教育和性别，还包含两个专题评述，一是关于计量史学在年龄堆积中的应用，二是关于计量史学在教会登记簿中的作用。

第三部分从大处着眼，收录了9个关于经济增长的章节。这些章节包括工业增长、工业革命、美国内战前的增长、贸易、市场一体化以及经济与人口的相互作用，等等。第四部分涵盖了制度，既有广义的制度(制度、政治经济、产权、商业帝国)，也有范畴有限的制度(奴隶制、殖民时期的美洲、

* 中译本以"计量史学译丛"形式出版，包含如下八卷：《计量史学史》《劳动力与人力资本》《经济增长模式与测量》《制度与计量史学的发展》《货币、银行与金融业》《政府、健康与福利》《创新、交通与旅游业》《测量技术与方法论》。——编者注

水权)。

第五部分篇幅最大,包含12个章节,以不同的形式介绍了货币、银行和金融业。内容安排上,以早期的资本市场、美国金融体系的起源、美国内战开始,随后是总体概览,包括金融市场、金融体系、金融恐慌和利率。此外,还包括大萧条、中央银行、主权债务和公司治理的章节。

第六部分共有8章,主题是政府、健康和福利。这里重点介绍了计量史学的子代,包括人体测量学(anthropometrics)和农业计量史学(agricliometrics)。书中也有章节论及收入不平等、营养、医疗保健、战争以及政府在大萧条中的作用。第七部分涉及机械性和创意性的创新领域、铁路、交通运输和旅游业。

本手册最后的一个部分介绍了技术与计量,这是计量史学的两个标志。读者可以在这里找到关于分析叙述(analytic narrative)、路径依赖、空间建模和统计推断的章节,另外还有关于非洲经济史、产出测度和制造业普查(census of manufactures)的内容。

我们很享受本手册第二版的编撰过程。始自大约10年之前一个少不更事的探寻(为什么没有一本计量史学手册?),到现在又获再版,所收纳的条目超过了60个。我们对编撰的过程甘之如饴,所取得的成果是将顶尖的学者们聚在一起,来分析计量史学在主题的涵盖广泛的知识进步中所起的作用。我们将它呈现给读者,谨将其献给过去、现在以及未来所有的计量史学家们。

克洛德·迪耶博
迈克尔·豪珀特

参考文献

Acemoglu, D., Johnson, S., Robinson, J.(2005) "Institutions as a Fundamental Cause of Long-run Growth, Chapter 6", in Aghion, P., Durlauf, S.(eds) *Handbook of Economic Growth*, *1st edn*, *vol.1*. North-Holland, Amsterdam, pp. 385—472. ISBN 978-0-444-52041-8.

Conrad, A., Meyer, J.(1957) "Economic Theory, Statistical Inference and Economic History", *J Econ Hist*, 17:524—544.

Conrad, A., Meyer, J.(1958) "The Economics of Slavery in the Ante Bellum South", *J Polit Econ*, 66:95—130.

Carlos, A.(2010) "Reflection on Reflections: Review Essay on Reflections on the Cliometric Revolution: Conversations with Economic Historians", *Cliometrica*, 4:97—111.

Costa, D., Demeulemeester, J-L., Diebolt, C.(2007) "What is 'Cliometrica'", *Cliometrica*

1:1—6.

Crafts, N.(1987) "Cliometrics, 1971—1986: A Survey", *J Appl Econ*, 2:171—192.

Demeulemeester, J-L., Diebolt, C.(2007) "How Much Could Economics Gain from History: The Contribution of Cliometrics", *Cliometrica*, 1:7—17.

Diebolt, C.(2012) "The Cliometric Voice", *Hist Econ Ideas*, 20:51—61.

Diebolt, C.(2016) "Cliometrica after 10 Years: Definition and Principles of Cliometric Research", *Cliometrica*, 10:1—4.

Diebolt, C., Haupert M.(2018) "A Cliometric Counterfactual: What If There Had Been Neither Fogel Nor North?", *Cliometrica*, 12:407—434.

Fogel, R.(1964) *Railroads and American Economic Growth: Essays in Econometric History*. The Johns Hopkins University Press, Baltimore.

Fogel, R.(1994) "Economic Growth, Population Theory, and Physiology: The Bearing of Long-term Processes on the Making of Economic Policy", *Am Econ Rev*, 84:369—395.

Fogel, R., Engerman, S.(1974) *Time on the Cross: The Economics of American Negro Slavery*. Little, Brown, Boston.

Galor, O.(2012) "The Demographic Transition: Causes and Consequences", *Cliometrica*, 6:1—28.

Goldin, C.(1995) "Cliometrics and the Nobel", *J Econ Perspect*, 9:191—208.

Kuznets, S.(1966) *Modern Economic Growth: Rate, Structure and Spread*. Yale University Press, New Haven.

Lyons, J.S., Cain, L.P., Williamson, S.H.(2008) *Reflections on the Cliometrics Revolution: Conversations with Economic Historians*. Routledge, London.

McCloskey, D.(1976) "Does the Past Have Useful Economics?", *J Econ Lit*, 14:434—461.

McCloskey, D.(1987) *Econometric History*. Macmillan, London.

Meyer, J.(1997) "Notes on Cliometrics' Fortieth", *Am Econ Rev*, 87:409—411.

North, D.(1990) *Institutions, Institutional Change and Economic Performance*. Cambridge University Press, Cambridge.

North, D.(1994) "Economic Performance through Time", *Am Econ Rev*, 84(1994):359—368.

Piketty, T.(2014) *Capital in the Twenty-first Century*. The Belknap Press of Harvard University Press, Cambridge, MA.

Rostow, W.W.(1960) *The Stages of Economic Growth: A Non-communist Manifesto*. Cambridge University Press, Cambridge.

Temin, P.(ed)(1973) *New Economic History*. Penguin Books, Harmondsworth.

Williamson, J.(1974) *Late Nineteenth-century American Development: A General Equilibrium History*. Cambridge University Press, London.

Wright, G.(1971) "Econometric Studies of History", in Intriligator, M.(ed) *Frontiers of Quantitative Economics*. North-Holland, Amsterdam, pp.412—459.

英文版前言

欢迎阅读《计量史学手册》第二版，本手册已被收入斯普林格参考文献库（Springer Reference Library）。本手册于2016年首次出版，此次再版在原有22章的基础上增补了43章。在本手册的两个版本中，我们将世界各地顶尖的经济学家和经济史学家囊括其中，我们的目的在于促进世界一流的研究。在整部手册中，我们就计量史学在我们对经济学和历史学的认知方面具体起到的作用予以强调，借此，它会对历史经济学与计量经济学史产生影响。

正式来讲，计量史学的起源要追溯到1957年经济史协会和“收入与财富研究会”（归美国国家经济研究局管辖）的联席会议。计量史学的概念——经济理论和量化分析技术在历史研究中的应用——有点儿久远。使计量史学与“旧”经济史区别开来的，是它注重使用理论和形式化模型。不论确切来讲计量史学起源如何，这门学科都被重新界定了，并在经济学上留下了不可磨灭的印记。本手册中的各章对这些贡献均予以认可，并且会在各个分支学科中对其予以强调。

本手册是三手文献，因此，它以易于理解的形式包含着已被整理过的知识。各个章节均简要介绍了计量史学对经济史领域各分支学科的贡献，都强调计量史学之于经济学家、历史学家和一般社会科学家的价值。

如果没有这么多人的贡献，规模如此大、范围如此广的项目不会成功。我们要感谢那些让我们的想法得以实现，并且坚持到底直至本手册完成的人。首先，最重要的是要感谢作者，他们在严苛的时限内几易其稿，写出了质量上乘的文章。他们所倾注的时间以及他们的专业知识将本手册的水准提升到最高。其次，要感谢编辑与制作团队，他们将我们的想法落实，最终将本手册付印并在网上发布。玛蒂娜·比恩(Martina Bihn)从一开始就在润泽着我们的理念，本书编辑施卢蒂·达特(Shruti Datt)和丽贝卡·乌尔班(Rebecca Urban)让我们坚持做完这项工作，在每一轮审校中都会提供诸多宝贵的建议。再次，非常感谢迈克尔·赫尔曼(Michael Hermann)无条件的支持。我们还要感谢计量史学会(Cliometric Society)理事会，在他们的激励之下，我们最初编写一本手册的提议得以继续进行，当我们将手册扩充再版时，他们仍旧为我们加油鼓劲。

最后，要是不感谢我们的另一半——瓦莱里(Valérie)和玛丽·艾伦(Mary Ellen)那就是我们的不对了。她们容忍着我们常在电脑前熬到深夜，经年累月待在办公室里，以及我们低头凝视截止日期的行为举止。她们一边从事着自己的事业，一边包容着我们的执念。

克洛德·迪耶博
迈克尔·豪珀特
2019 年 5 月

作者简介

克洛德·迪耶博(Claude Diebolt)

法国斯特拉斯堡大学高等研究院。

福斯廷·佩林(Faustine Perrin)

法国斯特拉斯堡大学高等研究院。

亚历山德拉·M.德·普雷特(Alexandra M. de Pleijt)

英国牛津大学。

扬·卢滕·范赞登(Jan Luiten van Zanden)

荷兰乌得勒支大学历史与艺术史、经济史及社会史系。

格雷戈里·克拉克(Gregory Clark)

美国加利福尼亚大学。

加文·赖特(Gavin Wright)

美国斯坦福大学。

詹姆斯·福尔曼-佩克(James Foreman-Peck)

英国加的夫大学。

尼古拉斯·克拉夫茨(Nicholas Crafts)

英国沃里克大学全球经济竞争优势中心。

埃马努埃莱·费利切(Emanuele Felice)

意大利加布里埃尔·达纳齐奥大学哲学、教育学和计量经济学系。

马库斯·兰普(Markus Lampe)

奥地利维也纳经济贸易大学。

保罗·夏普(Paul Sharp)

丹麦南丹麦大学。

乔瓦尼·费德里科(Giovanni Federico)

意大利比萨大学经济管理系。

目　录

第一章

经济增长的计量史学分析

克洛德·迪耶博　福斯廷·佩林

摘要

本章介绍了长期经济增长的基础理论。在加洛尔和韦尔(Galor and Weil, 2000)关于人类历史发展三阶段的开创性论断的基础上,我们用现有理论对不同发展阶段进行了阐释。我们特别研究了传统经济增长理论和人口转型理论的预测方法和潜在机制。然后,我们借鉴了单一增长理论的相关性来解释和捕捉发展过程的潜在机制。最后,我们强调了将性别纳入长期经济增长研究的重要性。

关键词

经济史　经济发展　增长　人口转型　单一增长理论　性别

引　言 404

一直以来，工业化国家的长期生产潜力成为经济学界争论的核心。古典经济学家最早开始关注如何通过增长来提高社会福利。第二次世界大战以来，理论争执的焦点仍然是市场经济的长期稳定。后来，新古典主义思想通过索洛(Solow, 1956)的经济增长模型逐渐发挥影响力。它清晰地揭示了经济增长的许多原因，卡尔多(Kaldor, 1963)完美地将其总结为六个“典型事实”。与此同时，也许有些矛盾的是，科学界对增长和经济波动研究的兴趣消失了。这里主要有两个原因：第一，目光短浅的经济学家将注意力几乎完全转移到经济的短期变动上；第二，理论模型相对薄弱，无法解释不同增长模型尚未解释的问题。这在一定程度上解释了为什么战后的新古典主义理论不能令人满意。事实上，长期以来，经济学家们都在用外部因素解释经济增长[拉姆齐(Ramsey, 1928)模型除外，该模型最近才被重新发现]。此外，索洛的参考模型并没有提供任何方法来解释国际层面上增长率的差异。长期均衡理论认为，所有国家的经济都应以相同的外生技术进步率增长。同样，应当指出，收入水平与经济增长率之间存在系统性负相关关系的假设并非基于令人满意的实证检验。最后，不论是理论还是事实，尚无法完全证实趋同假说，该假说认为资本会从最富有国家转移到最贫穷国家。

然而，20 世纪 80 年代，卢卡斯(Lucas, 1988)和罗默(Romer, 1986, 1990)的论文吸引了经济学家们的注意力，新古典主义理论因此复兴，其首要目标是突破传统理论模型的弱点，同时回答新的问题，即经济可持续增长的决定因素是什么？技术进步本身能够增加社会福利吗？资本积累能带来人均收入的永久性增长吗？什么样的生产要素促成了可持续的经济增长：物质资本、环境资本、人力资本还是技术知识？市场经济保证长期增长的机制是什么？最后，在什么样的市场结构下，才能实现经济增长？对这些问题
的关注，使得经济增长的决定因素重新进入人们的视线，对影响经济的政策 405
及理论和实证分析都具有重要意义。

事实上，在过去的两个世纪里，西方世界经历了剧烈的经济、人口和文

化动荡，是历史上经济和人口结构变化的转折点。尽管在变化的时间和速度方面存在一些差异(Galor, 2012)，但西方国家在经济和人口转型方面表现出类似的模式。在工业革命之前，所有的社会都经历了一段很长的人均收入停滞不前、生育率高、物质资本优于人力资本的时期(Clark, 2005)。此后，西方国家经历了一次完全的逆转，人均收入高且持续，生育率低(Becker et al., 2012; Klemp, 2012)。人力资本成为一个重要的收入来源。

本章的主要目的是提出解释经济发展和经济增长的理论方法。经验性规律提出了许多问题：人口发展与经济转型之间是否存在相互作用，它们在经济从停滞向持续增长过程中发挥了什么作用？这种人口结构转型背后的潜在行为动力是什么？人口与生产力之间存在什么样的内在相互作用？如何解释人均收入空前增长？为什么经济可持续增长能够和人口结构转型同时发生？

为了更好地理解长期经济增长，本章提供了气候计量分析的理论基础，其结构如下：首先，我们在加洛尔与韦尔(Galor and Weil, 2000)的开创性工作的基础上，概述了人类发展历史上的三种基本制度的典型化事实。[①]第二，我们尝试用现有理论解释不同发展阶段，并简单验证了传统经济增长与发展理论以及人口转变理论的预测和潜在机制。第三，我们强调统一增长理论对解释和捕捉发展进程的基本机制的合理性，并提供了统一增长模式的一个例子，同时引入了一个关键的发展概念——两性平等水平。

406

发展过程中的典型化事实

西欧产出与人口增长的演变

人口统计行为学解释了过去200年西方国家发展过程中的一个重要的基本因素。为了更好地理解经济增长的演变，必须同时研究人口变化趋势

---

① 加洛尔和韦尔的开创性工作很快就得到了不少学者的拓展研究，包括 Jones, 2001; Lucas, 2002; Hansen and Prescott, 2002; Calor and Moav, 2002; Doepke, 2004; Calor, 2005; Cervellati and Sunde, 2005; Strulik and Weisdorf, 2008 等。

和经济发展。

图 1.1 展示了 1000 年至 2008 年的六个时期内西欧产出增长和人口增长联合演变的大致情况。前两个时期(1000—1500 年和 1500—1700 年)非常相似,人口增长率略高于产出增长率(分别约为 0.16%和 0.12%)。在 1700—1820 年这一期间,两者的平均年增长率都开始缓慢上升(分别为 0.41%和 0.15%),创造的财富被人口增长所吸收。在 1820—1870 年这一期间,收入与人口之间的这种正向关系依然存在,但逐渐变得不明显了。

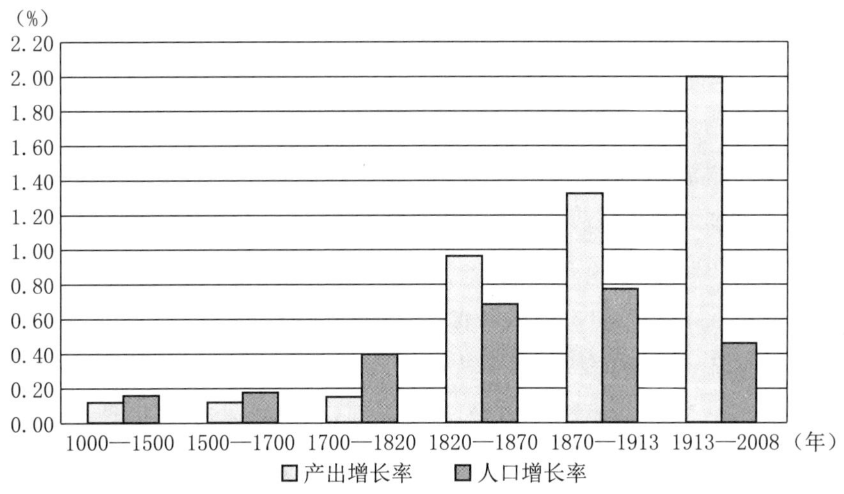

资料来源:Maddison, 2008。

图 1.1　西欧(30 个国家)地区人均国内生产总值和人口增长率

1820—1870 年,经济增长率急剧上升。人均国内生产总值增长率的起 407
飞与世界所有地区的人口增长率的上升有关(Galor, 2011)。然而,与产出增长相比,人口增长仍然相对有限。更准确地说,1820—1870 年,西欧人均国内生产总值的平均增长率从 1700—1820 年的 0.15%上升至 0.97%,而人口平均增长率从 1700—1820 年的 0.41%上升至 0.68%。如果我们将西欧整体与法国进行比较可以发现,法国的人口增长明显低于西欧整体水平,同期年均增长率为 0.42%。1870—1913 年,人口增长速度放缓(0.42%),而人均国内生产总值增长速度则进一步提高到 1.11%。最近一个时期(1913—2008 年)的特点是,人口与产出增长之间的关系出现了前所未有的逆转。人口增长率首次下降，人均国内生产总值增长率继续上升。人均国内生产总值年均增长率为2%，人口年均增长率下降到0.45%。最终，西欧经历了人口结构的转变与人均国内生产总值的持续增长同步。

发展过程的三个阶段

在麦迪森（Maddison，2008）的数据中，有几个重要的特性非常突出。人类历史可以分为三种基本模式：马尔萨斯时代、后马尔萨斯模式和现代增长模式。

停滞：马尔萨斯时代

麦迪森指出，在公元1—1000年，世界人均收入的平均水平在每年450美元左右波动，从那时起到18世纪末，这个数值达到每年约670美元。马尔萨斯时代人均收入近乎无变化的增长与人口平均增长率的演变有关（第一个千年为每年0.01%；1000—1500年为每年0.1%；1500—1820年为每年0.27%），从而使生活水平保持了相当强的稳定性。几千年来，经济停滞一直是人类历史的特征。在这一阶段，人口增长受到人均收入水平的正向影响。马尔萨斯时代人均收入近乎无变化的增长与人口的统一增长率有关，并没有导致生活水平的变化（Galor，2011）。由于技术水平没有显著变化，人均收入只能维持在一个较低的水平，人口规模保持相对稳定。

起飞：后马尔萨斯模式

19世纪初，西方国家从马尔萨斯式的停滞进入了起飞阶段。这种转变与工业化进程中的技术进步相伴，可能也与人力资本积累的刺激有关。①根
408 据麦迪森（Maddison，2008）的研究，我们注意到，人均产出增长率的世界平均值从1500—1820年的0.05%增长到了1870—1913年的0.54%，而在1870—1913年，每年平均增长率为1.3%。同样，世界人口平均增长率从1500—1820年的每年0.27%增加到1820—1870年的每年0.4%和1870—1913年的每年0.8%。因此，我们注意到，这一时期的特点仍然是收入与人

① 这一时期结束后，对教育的需求增加了。

口增长之间存在正相关关系。技术进步的加速导致人均产出增长率大幅度提高，从而使人口增长率出现了前所未有的提升。但是，不同地区的起飞时间不同。在欠发达国家，从20世纪初开始，经过一个世纪的延迟，才逐步实现了起飞。①西方国家人口的下降成为19世纪末所谓的后马尔萨斯模式终结的标志，而在欠发达国家，人口下降则发生在20世纪下半叶。

可持续增长：现代增长模式

在工业化第二阶段技术进步的加速与人力资本积累的相互作用下，以人均收入与人口增长之间关系的逆转为标志，经济转向了持续增长阶段。在过去的两个世纪，与人口转型现象相关的现代增长模式带来了西方国家人均收入的巨大差异(Galor，2011)。

从麦迪森的数据中可以看出，世界某些地区(西欧及其附属国家和东欧)人口增长率的逆转出现在19世纪末和20世纪初。西欧的人口增长率从1870—1913年的平均每年0.77%下降到1913—1950年的平均每年0.42%，而世界其他地区则继续增长。与此同时，世界人均国内生产总值增长速度不断加快，在1951—1973年达到年均2.82%的高峰。

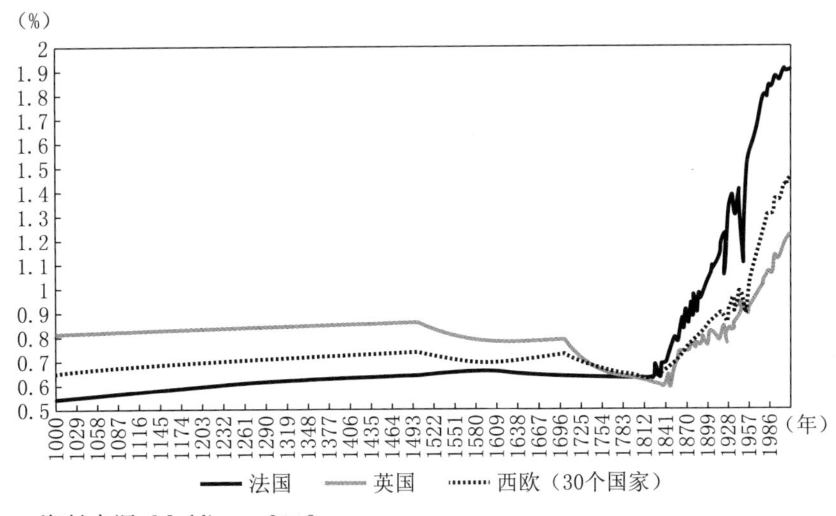

资料来源：Maddison，2008。

图1.2 1000—2008年法国、英国和西欧整体国家产出与人口增长率的比值

① 所谓“欠发达国家”，是指拉美、亚洲和非洲国家。

尽管工业化带来了大多数西方国家19世纪末的人口转型，但法国早了近一个世纪。图1.2对比了1000—2008年法国、英国和西欧国家整体的产出和人口增长的比值，在经历了几个世纪的稳定不变后，[①]法国、英国和西欧
409 国家整体几乎同时在19世纪的第一个十年突然出现了戏剧性的增长。

然而，法国在1891年人口与产出增长率的比值就达到了1，西欧其他国家在1953年达到这一比值，英国则在1968年才达到这一比值，法国人均国内生产总值相对于人口增长率比西欧其他国家快得多，且强度大得多。从这些发现中我们可以看出两个主要问题：为什么法国和其他西欧国家的人口和产出增长同时发生逆转？为什么法国的产出和人口增长率的比值比西欧其他国家增长得快？

主要挑战

正如前面提到的，经济增长和发展过程中出现了一些问题和疑点，这激起了计量史学家们对这一领域的兴趣。在经济增长和发展过程中发生了前所未有的动荡，人口结构的转变、从停滞到增长的转变和人均收入的巨大差异发生在世界不同地区和不同时期。许多谜团依然存在。当代增长理论家和计量史学家们需要加深他们对发展过程及经济突破马尔萨斯陷阱向持续增长过渡的驱动力和潜在决定因素的理解。

被讨论的主要问题（Galor，2005，2011）如下：

410 ● 什么能够解释人类历史上长达几个世纪的停滞？
- 什么因素能够解释某个经济体人均国内生产总值增长率的突然上升和其他经济体的持续停滞？
- 是什么引发了工业革命？为什么工业革命首先发生在英国？
- 什么因素可以解释人口与产出增长之间的关系？为什么收入与人口增长之间的正向关系在一些经济体中出现了逆转，而在另一些经济体中却没有出现逆转？
- 是什么力量驱动了人口结构的转型？为什么这一现象首先发生在法国？

① 法国的产出与人口增长的比值为0.6，英国约为0.8，西欧各国整体约为0.7。

- 是什么原因造成了过去两个世纪里世界各地人均收入的巨大差异？如果没有人口结构的转变，这种逆转会成为可能吗？

换句话说，哪些潜在的行为结构和技术结构，可以同时解释这些不同的发展阶段？此外，它们对发达国家和发展中国家的增长进程有何影响？

统一增长理论：理论背景

研究经济增长的计量史学家们所面临的主要挑战是利用经济学家、历史学家和社会学家的成果，为此前的一系列问题提供可靠的答案。增长理论学家们的任务是发展一个统一的增长理论，用以解释发展过程中三个不同阶段的不同特征。加洛尔与韦尔（Galor and Weil，1999，2000）首先提出了这一理论。[①]这个理论的目的是更好地理解使经济得以脱离马尔萨斯陷阱的驱动力，以及随之而来的持续增长。

传统经济增长理论

随着时间的推移，经济增长的理论和模型已经发生了很大的变化。内生 411
经济增长理论的出现是为了解释外生增长模型难以解决的技术进步问题。这两种模型本身借用了经典增长和停滞理论的一些基本元素。

马尔萨斯理论

经济史一直被马尔萨斯式的停滞所主宰。长期以来，解释经济增长与发展的理论都受到马尔萨斯主义和新古典主义的启发。马尔萨斯（Multhus，1798）在他的《人口原理》（*Essay on the Principle of Population*）一文中为人口增长影响长期经济发展的“悲观”观点辩护，这与工业革命之前的世界经济历史是一致的。马尔萨斯的思想可以概括为以下两个假设：（1）人口增长受生存手段的限制；（2）人口随着生计呈几何级数增长，而粮食产量则以算术级数增长。马尔萨斯提出的理论与工业革命前收入与人口动态变化的实

① 该术语由加洛尔（Galor，2005）首次提出。

践是相吻合的。根据这一理论,资源扩张的效应被人口增长所抵消,反映了人均收入在维持生计水平附近波动的现象。马尔萨斯认为,有两种类型的抑制因素能够降低维持生计的人口规模:现实性抑制因素和预防性抑制因素。现实性抑制因素是指通过饥饿、疾病或战争提高死亡率;预防性抑制因素是通过控制生育、堕胎、晚婚或独身来影响出生率。

如果技术和资源水平不发生变化,人口规模和人均收入将保持稳定。然而,技术进步和资源扩张会带来人口增长率的提高,最后导致人均收入水平的下降。尽管马尔萨斯理论具有捕捉停滞时代特征的能力,但其预测似乎与后人口转型时代和现代增长模式的特征不一致。19世纪末,自由主义经济学家,如勒鲁瓦-博利厄(Leroy-Beaulieu, 1913)发现,这个理论与现实相矛盾。他发现,人口流动正在放缓,产出增长则正在加速。因此,理论演变为人口增长遵循不同于产出增长的规律。博塞拉普(Boserup, 1965, 1981)明确地指出,人口压力将导致农业生产方式的重组。根据博塞拉普的说法,人口规模推动了经营模式的变化,而不是生存水平的变化。然后,技术进步可能使用以维持生计的生产水平一直超过人口增长。

马尔萨斯(Malthus, 1798)、斯密(Smith, 1776)、李嘉图(Ricardo, 1817)和后来的熊彼特(Schumpeter, 1934)等古典经济学家已经给出了现代增长理论中出现的基本要素,如人均收入与人口增长率之间的相互作用关系、技术进步的作用以及物质资本和人力资本的积累。

412 **新古典主义理论**

外生增长模型

与关于人口变迁之前的人口增长与生产之间关系的马尔萨斯理论相反,新古典增长模型主要集中关注现代增长阶段的增长过程。人口增长远不仅限于农业生产力,还受与丰富社会、文化和社会组织等有关的复杂社会经济文化现象的影响,这些现象促使家庭控制子女数量。增长模型只是逐渐开始整合这些因素。与马尔萨斯的方法相反,外生增长模型,如索洛(Solow, 1956)和斯旺(Swan, 1956)的理论,将人口增长作为外生变量处理,并假定人口行为与工资、收入和价格无关。如果没有技术进步,人均收入就会趋于一个与人口规模无关的稳定状态。索洛模型是基于这样的假设,即生产要素遵循报酬递减的规律。而规模收益假定为常数，并假定生产要素被所有国家有效利用。在一个拥有更多资本的经济体中，劳动生产率提高了。由于生产要素报酬递减，经济将达到一个点，即任何生产要素的增加都不会导致人均产出的增加。在新古典增长模型中，长期增长率是由仍然无法解释的(外生的)因素决定的，例如索洛模型中的技术进步率。

新家庭经济学

随着外生增长模型的进化，理论经济学的一个分支开始有条不紊地分析家庭决策，如消费、储蓄和劳动力供给。关于家庭行为及其对经济模型的影响的研究缺位，催生了一个新的研究分支，即所谓的“新家庭经济学”①。新家庭经济学将微观经济分析的范围扩大到了一个更宽泛的行为和人际交往领域，如人口行为、人力资本投资和代际转移。家庭生产和时间分配的(静态)模型很好地解释了家庭成员的性别分工和市场行为。其中早期的出版物包括贝克尔(Becker，1960)关于生育的研究、明瑟(Mincer，1962)关于女性劳动力供应的研究、贝克尔(Becker，1965)关于时间分配的研究。这些文献的主要假设是，机构和文化影响家庭决策(Folbre，1994)，这些决策是由家庭作为一个整体作出的。曼瑟与布朗(Manser and Brown，1980)引入了家庭(两性)讨价还价模型，考虑到了不同家庭成员的利益。他们的框架随后被基亚波里(Chiappori，1992)和伦德伯格与波拉克(Lundberg and Pollak, 413
1993)等人扩展。在新家庭经济学创立十年后，纳洛夫(Nerlove，1974)、拉津与本-齐翁(Razin and Ben-Zion，1975)和斯里尼瓦桑(Srinivasan，1988)建立了将人口行为与宏观经济演变联系起来的模型，以分析它们对一般均衡的影响。②

内生增长理论

内生增长模型是在20世纪80年代作为外生增长模型的扩展而发展起来的，目的是阐明技术进步是经济增长的内生因素(而不是外部因素)。第

---

① 具有讽刺意味的是，“经济学”的词源来自希腊语的 oíkos(家庭)和 nómos(秩序、技术)，指的是妥善管理家庭的技术。

② 在具有内生生育率的新古典增长模型框架内，作者试图确定最优人口增长率。

一个内生增长模型是由罗默(Romer, 1986)提出的,然后由卢卡斯(Lucas, 1988)、罗默(Romer, 1990)和巴罗(Barro, 1990)进行了扩展。这些理论都是围绕这样一个核心思想构建的:当人们认识到除了物质资本以外的其他要素(如人力资本)存在并且可以内生积累时,要素收益就不再递减。内生理论家确定了增长的四个关键因素:规模报酬、研发和创新(Romer, 1990; Grossman and hellman, 1991; Aghion and Howitt, 1992)、知识和人力资本(Lucas, 1988)与国家干预(Barro, 1990)。这些模型的结构是相同的。在引入一个新的积累因子来补偿资本积累收益的下降之后,内生增长成为可能。卢卡斯认为,经济增长的源泉在于人力资本的无限积累,并指出这种人力资本的无限增长是建立在技术和培训收益不降低及存在外部性的基础上的。在与罗默(Romer, 1990)一致的模型中,经济增长是一个研发生产函数,取决于分配给研究部门的人力资本份额。知识(创新)的积累是增长的源泉。其他模型通过假设新的积累要素的收益非递减这一类似机制,实现自我维持的增长。

AK 模型

内生增长模型最简单的版本是 AK 模型。这种模型消除了所有无法再生产,因而无法积累的固定因素,从而使得经济在没有规模收益或外部性的情况下,仍可实现内生增长。内生增长的本质在于利用可以积累的可再生性因素。这一核心假设使得资本回报率是恒定的这一观点成为可能。生产函数被表述如下:$Y=AK$,其中 A 是表示技术水平的外生参数;K 表示资本,包括人力资本、知识产权存量和金融资本。人力资本受制于积累,取代
414 了本质上不可再生的劳动力。因此,资本是一种包含所有积累因素的复合成分。不会降低的规模报酬保证了自我维持增长。

基于家庭的内生增长模型

受新家庭经济学文献和内生增长模型的启发,具有明确的家庭微观经济基础的增长模型得到了逐步发展(Barro and Becker, 1989; Becker et al., 1990; Ehrlich and Lui, 1991; Galor and Weil, 1996; Dahan and Tsiddon, 1998; Iyigun, 2000)。增长理论家对生育和增长相关机制的探索主要集中在现代(Barro and Becker, 1989; Barro and Sala-i-Martin, 1997; Becker et al., 1990; Moav, 2005; Tamura, 1994, 1996)。所谓的内生增长理论,将家

庭行为(作为一个单一的决策者)纳入考量,能够解释过去100年来发达国家增长过程的经验性规律。其目的是建立一个与人口转型的典型事实保持一致的具有微观经济理论基础的增长模型。

人口转型理论

人口结构的转变被认为在发展进程中发挥了关键作用。从理论角度看,人们提出了不同的因素来解释人口转变。贝克尔(Becker, 1960)认为人均收入的增加影响家庭收入和抚养孩子的机会成本。然而,这似乎不足以充分解释先前描述的经验性规律。为什么人口结构转型能够在人均收入差别很大的不同国家同时发生?为什么法国比其他国家更早实现人口结构转型?

一些研究者认为,随着工业化进程的推进,对人力资本的需求逐渐增加,是导致人口结构转型的主要原因,特别是在工业革命的第二阶段。通过将家庭作为一个单一的决策者,贝克尔的模型成功地解释了人口的转变,但是没有区分男女性别因素。贝克尔后来与他的同事们(Becker et al., 1990)建立了人力资本、生育率和经济增长之间关系的模型。在"单性别"的利他型父母模型中,生产率的提高会带来更高的工资,这有利于人力资本的增加,但反过来也会提高养育子女的机会成本。这一特性导致了两种局部稳态的存在:一种是子女多、人力资本少的马尔萨斯稳态,另一种是子女少、人力资本高的稳态。①在模型的解释中,他们认为女性劳动力的变化是隐性的。加洛尔和韦尔(Galor and Weil, 1999, 2000)提出了这样的观点:技术进步率 415
的提高将逐渐增加对人力资本的需求,促使父母注重对子女质量的投资,而不是数量。贝克尔等人(Becker et al., 2012)用1816年普鲁士的县级数据证明了教育和生育率之间存在负相关性。最终,随着技术进步率的提升,人力资本的积累将导致生育率的下降。

性别差距的缩小被认为是影响生育率的一个强化机制。加洛尔和韦尔(Galor and Weil, 1996)通过假设男性和女性有不同的能力,从事不同的工作,研究生育率、工资的性别差距和经济增长之间的关系。作者发现,在工

① 田村(音译 tamura, 1994)得到了同样的结果。

业化进程中，技术进步和资本积累正向影响女性的相对工资，这增加了抚养孩子的机会成本，最终导致生育率下降。因此，经济增长将有助于缩小性别方面的收入差距，从而进一步降低生育率并促进经济增长。在生育率内生的动态模型中，伊贡和沃尔什（Iyigun and Walsh，2007）研究了在家庭决策问题中，夫妻议价能力是如何引发生育率下降的。①德普克与特尔蒂特（Doepke and Tertilt，2009）从因果关系研究的相反方向出发，以一个包含了数量-质量权衡的儿童模型为基础，调查了在工业化进程中是什么经济力量推动了女性权利的提升。法尔康和苏亚雷斯（Falcão and Soares，2008）认为，人口结构转型增加了女性劳动力供给，缩小了男女工资差距。同时他们还指出，成年人寿命的延长可以提高人力资本的回报率，从而降低生育率。随后家庭生产需求的下降（最初专门由女性承担）增加了女性在劳动力市场上的供给时间，缩小了男女收入差距。德拉·克鲁瓦和范德·唐克特（de la Croix and Vander Donckt，2010）采用了家庭内谈判权力的概念（称为“福利权重”），分析了其福利权重的变化是如何影响人口结构和经济产出的。

生育率内生的新古典增长模型的发展为现代发达经济体的经济增长实践提供了合理的解释。尽管如此，它们并不能解释全球经济发展。它们无法解释发展过程中的一些最基本的特征。它们既没有解释近期人口增长与人均收入之间的负向关系，也没有解释人均收入对人口增长的正向关系，更没有解释触发人口结构转型的经济因素。这为新一代增长理论家打开了大门（Galor and Weil，2000；Jones，2001；Galor and Moav，2002；Hansen and Prescott，2002；Doepke，2004；Strulik and Weisdorf，2008），他们要接受这一挑战，建立一个适用于发展全过程的理论。

416

统一增长理论

统一增长理论是与发展全过程相一致的内生增长理论，用以阐释发达经

① 在本章中，作者不会着重讨论经济发展，也不会讨论可能会对长期增长造成影响的性别差距问题。

济体和欠发达经济体长期增长过程的经验证据。

理论基础

统一增长理论首先由加洛尔与韦尔(Galor and Weil，1999，2000)提出，加洛尔(Galor，2005，2010)进一步发展了该理论。统一增长理论试图在一个单一的框架内，解释从马尔萨斯时代向现代的过渡过程的主要特征，以及与之相关的大分流和人口转型现象。

统一增长理论将马尔萨斯经济学的主要特征融入一个人口规模与技术规模相联系的语境中。首先，技术进步和资本积累的增长抵消了马尔萨斯理论所强调的人口增长对人均收入的负面影响。正如加洛尔与韦尔(Galor and Weil，2000)所说的：

> 在马尔萨斯时代，动态系统必须达到所谓的马尔萨斯稳态才能平衡，但最终由于这一时代的潜在状态变量的变化，马尔萨斯稳态将内生性地消失，并将舞台留给现代增长模式。

加洛尔和韦尔(Galor and Weil，1999，2000)提出了这样一个观点：技术进步的加速逐渐增加了对人力资本的需求，促使父母投资于子女的质量而不是数量。最终，随着技术进步速度的增加，人力资本积累会导致生育率的下降。这引发了人口结构的转变和经济的持续增长。因此，该模型解释了经济从马尔萨斯式停滞向现代增长模式的转变。后来，结合了新机制的模型出现了。加洛尔和莫阿夫(Galor and Moav，2002)、拉格勒夫(Lagerlöf，2003)通过指出儿童素质先天/遗传偏好的存在，分享了类似的直觉。拉格勒夫(Lagerlöf，2003)基于一元家庭法，解释了高质量的偏好如何随着时间的推移而扩散，并产生更高的增长率和更低的生育率——将教育中性别歧视的变化视为外生的。切尔韦拉蒂和森德(Cervellati and Sunde，2005)引入了基于预期寿命、人力资本和技术进步的互补机制/渠道。施特鲁利克和魏斯多夫(Strulik and Weisdorf，2008)在一个简单的统一理论模型中，阐释了技术进步、死亡率、生育率和经济增长之间的相互作用。作者通过建立包含农业和工业两部门的分析框架，论证了生育率对两部门生产率和收入增长的不同反应。农业生产率提升和收入增加使粮食、商品的成本相对降低，进而导致养育儿童的成本相对降低，而相反地，工业生产率提升和收入增长，使
417 养育他们的成本相对提高。所有这些模型(以及我们的模型)的共同点是都以阶段变迁过程中的量质替代为核心。从实践检验来看，贝克尔等人(Becker et al., 2012)用1816年普鲁士的县级数据证明了教育与生育率之间存在显著的负相关关系。

统一增长理论的内生驱动因素，解释了经济中的人口结构转变，以及由此推动经济从停滞向持续增长的腾飞状态的机制。正如本章“引言”部分所强调的，西方国家经历了类似的经济和人口转型过程。这一基于四大关键要素(即马尔萨斯理论的基础、技术进步引擎、人力资本积累的起源和引发人口结构转型的力量)相互作用的理论似乎是符合现实规律的。该理论认为，技术进步的加速凸显了人力资本的重要性。人力资本需求的增加及其对人力资本积累的影响导致生育率下降和生活水平提高。

然而，有一个悖论依然存在，即法-英悖论(Chesnais, 1992)：为什么英国的人口转变发生得比较晚，而法国则比较早，但英国的经济发展却发生得较早，法国则比较晚。一个发展过程中的潜在因素被忽视了。

互补因素：女性赋权的作用

构建统一增长理论的初次尝试中，将发展过程中的其他核心决定因素排除在外。这就为计量学家和增长理论家敞开了大门，使他们能够揭示并探索从停滞到持续增长的转变的补充机制。其中一个例子就是性别机制。

与性别有关的问题已经成为劳动经济学①和经济史领域的中心问题(Goldin, 2006)。关于性别平等与经济发展之间关系的实证检验文献相当丰富(Schultz, 1995; Dollar and Gatti, 1999; Klasen, 2002; Knowles et al., 2002;等等)。然而，在经济增长领域的贡献仍然很少。几乎没有增长模型考虑性别在经济发展中的作用：加洛尔与韦尔(Galor and Weil, 1996)的研究基于性别能力不同的假设，拉格勒夫(Lagerlöf, 2003)将性别差异作为外生

① 值得注意的是，雅各布·明瑟(Mincer, 1962)的开创性研究对家庭经济分析的发展作出了贡献。

变量，以及后来的德·拉·克鲁瓦和范德·唐克特(de la Croix and Vander
Donckt, 2010)特别关注两性平等改善影响生育率的途径。他们是少数几位 418
将性别差异纳入增长模型的理论家。

加洛尔和韦尔(Galor and Weil, 1996)迈出了将性别问题纳入增长理论的第一步，从时间的角度探讨了生育率、工资性别差距和经济增长之间的关系。然而，该模型侧重于现代经济增长模式，并没有提供一个贯穿人类经济发展整个历史的全球分析框架。拉格勒夫(Lagerlöf, 2003)以一元家庭法建立了包含性别角色定型的模型，发现性别平等的提高可以解释人均收入和人口增长率的重要变化。然而，正如德·拉·克鲁瓦和范德·唐克特(de la Croix and Vander Donckt, 2010)所指出的那样，该模型并没有涵盖性别决策赋权的概念。

迪博尔特和佩林(Diebolt and Perrin, 2013b)研究了性别平等水平的提高所起的作用。他们认为，女性赋权是人口结构转型的起源，并促进了现代经济增长。更具体地说，他们建立了一个统一计量增长模型，解释了经济从停滞到持续增长过程中生育率、技术和人均收入之间的相互作用关系。该模型表明，性别赋权是人口和经济转型的一个关键因素。该理论特别指出以技能为导向的技术进步的加速，在提升两性平等水平方面产生了积极的外部性。工资和性别平等都是个人教育决策过程中的关键变量。更具体地说，高水平的性别平等会强化个人获得技术人力资本的动机。反过来，女性在教育时间和质量方面的投资选择增加了她们在人力资本方面的禀赋，并对后代获得技术教育产生积极影响。换句话说，技术进步、性别平等和技术人力资本改善会相互促进。最终，人口中足够多高技能人力资本的存在将促进经济的持续增长。在发展初期，技术进步率较低，对技术教育投资没有任何激励作用。因此，技术人才的比例很低，经济仍然处于教育水平低、生活水平低、性别平等水平低的马尔萨斯稳态均衡。假定技术进步为一代接一代的单调增长。因此，随着技术进步的发展，我们观察到了一个质的变化，即随之而来的收入效应触发了(暂时的)更高的生育率。经过很多代以后，技术教育投资(生产率提升)的回报增加——由技术进步的增加推动——使技术教育投资更有利可图，从而改善两性平等。因此，多稳态均衡使技能型人力资本和性别平等的动态系统具有多稳态均衡的特征。当性别足够平等,获得熟练人力资本的人数就大幅增加,促进经济快速发展,并进一步强化性别平等。由于教育投资(按时间单位计算)较高,增加了生育子女的机会成本,导致平均生育率下降;伴随着人力资本积累的人口结构转型随之发
419 生。最终,在发展的后期,性别趋于平等,技术人才的比例趋于最大化。经济具有现代增长稳态均衡的特征,生活水平高,性别平等高,生育率低。

结　语

统一增长理论已经发展成为外生模型和内生模型的替代理论,可以在一个单一的框架内阐释发展过程的主要特征。统一增长理论阐明了促进国家从马尔萨斯式停滞状态起飞并走向经济持续增长状态的驱动力。在马尔萨斯时代,经济仍然被困在稳固的产出水平上。在后马尔萨斯阶段,随着人口规模的增加,技术进步率加快,经济得以腾飞。在现代增长模式下,人均产出随着人口增长率和人力资本积累率的增加而增加(Galor and Weil, 2000)。人力资本积累的快速发展加快了技术进步,从而引发以生育率不断下降为特点的人口结构转型。统一增长理论认为,人口结构转型是经济从停滞到持续增长发展过程中"不可或缺的副产品"(Galor, 2011)。

未来,计量学在增长理论领域研究的目的是缩小人文学科(Geisteswissenschaften)和自然科学(Naturwissenschaften)之间的差距,即从历史的角度或理解的角度,转向经济的角度或解释的角度。更好的办法是,将事实和典型事实两种方法相结合,增加对发达经济体和发展中经济体过去、现在和未来经济和社会发展的了解(Diebolt, 2012; Diebolt and Perrin, 2013a)。

参考文献

Aghion, P. and Howitt, P. (1992) "A Model of Growth through Creative Destruction", *Econometrica* 60, pp.323—351.

Barro, R.J. (1990) "Economic Growth in a Cross Section of Countries", *Q J Econ*, 106(2), pp.407—443.

Barro, R.J. and Becker, G.S. (1989) "Fertility Choice in a Model of Economic Growth", *Econometrica* 57, pp.481—501.

Barro, R.J., Sala-i-Martin and Barro, X. (1997) "Technological Diffusion, Convergence, and Growth", *J Econ Growth*, 2(1), pp.1—26.

Becker, G.S. (1960) "An Economic Analysis of Fertility", in Becker, G.S. (ed.) *Demo-*

graphic and Economic Change in Developed Countries. Princeton. Princeton University Press, pp.209—240.

Becker, G.S. (1965) "A Theory of the Allocation of Time", *Econ J*, 75, pp.493—517.

Becker, G.S., Murphy K.M. and Tamura R. (1990) "Human Capital, Fertility, and Economic Growth", *J Polit Econ*, 98, pp.12—37.

Becker, S.O., Cinnirella, F. and Woessmann, L. (2012) "The Effect of Investment in Children's Education on Fertility in 1816 Prussia", *Cliometrica*, 6, pp.29—44.

Boserup, E. (1965) *The Conditions of Economic Growth*. Chicago: Aldine.

Boserup, E. (1981) *Population and Technological Change*. Chicago: University of Chicago Press.

Cervellati, M. and Sunde, U. (2005) "Human Capital Formation, Life Expectancy and the Process of Development", *Am Econ Rev*, 95, pp.1653—1672.

Chesnais, J.C. (1992) *The Demographic Transition: Stages, Patterns, and Economic Implications*. Oxford: Clarendon.

Chiappori, P.A. (1992) "Collective Labor Supply and Welfare", *J Polit Econ*, 100, pp.437—467.

Clark, G. (2005) "Human Capital, Fertility and Industrial Revolution", *J Eur Econ Assoc*, 3(2—3), pp.505—515.

Dahan, M. and Tsiddon, D. (1998) "Demographic Transition, Income Distribution, and Economic Growth", *J Econ Growth*, 3, pp.29—52.

De La Croix, D. and Vander Donckt, M. (2010) "Would Empowering Women Initiate the Demographic Transition in Least-developed Countries?" *J Hum Cap*, 4, pp.85—129.

Diebolt, C. (2012) "The Cliometric Voice", *Hist Econ Ideas*, 20(3) pp.51—61.

Diebolt, C. and Perrin, F. (2013a) "From Stagnation to Sustained Growth: the Role of Female Empowerment", *Am Econ Rev Pap Proc*, 103(3), pp.545—549.

Diebolt, C. and Perrin, F. (2013b) "From Stagnation to Sustained Growth: the Role of Female Empowerment", AFC working paper, WP2013-4.

Doepke, M. (2004) "Accounting for Fertility Decline during the Transition to Growth", *J Econ Growth*, 9, pp.347—383.

Doepke, M. and Tertilt, M. (2009) "Women's Liberation: What's in It for Men?" *Q J Econ*, 124(4), pp.1541—1591. 420

Dollar, D. and Gatti, R. (1999) "Gender Inequality, Income and Growth: are Good Times Good for women?" Policy research report on gender and development working paper series, n 1. Washington, DC: The World Bank.

Ehrlich, I. and Lui, F.T. (1991) "Intergenerational Trade, Longevity, and Economic Growth", *J Polit Econ*, 99, pp.1059—1129.

Falcão, B.L. and Soares, R.R. (2008) "The Demographic Transition and the Sexual Division of Labor", *J Polit Econ*, 116(6), pp.1058—1104.

Folbre, N. (1994) "Children as Public Goods", *Am Econ Rev*, 84(2), pp.86—90.

Galor, O. (2005) "From Stagnation to Growth: Unified Growth Theory", in Aghion, P. and Durlauf, S.N. (eds.) *Handbook of Economic Growth*, Vol. 1A. Amsterdam: North Holland, pp.171—293.

Galor, O. (2011) *Unified Growth Theory*. Princeton: Princeton University Press.

Galor, O. (2012) "The Demographic Transition: Causes and Consequences", *Cliometrica*, 6, pp.494—504.

Galor, O. and Moav, O. (2002) "Natural Selection and the Origin of Economic Growth", *Q J Econ*, 117, pp.1133—1191.

Galor, O. and Weil, D.N. (1996) "The Gender gap, Fertility, and Growth", *Am Econ Rev*, 86, pp.374—387.

Galor O. and Weil, D.N. (1999) "From Malthusian Stagnation to Modern Growth", *Am Econ Rev*, 89, pp.150—154.

Galor, O. and Weil, D.N. (2000) "Population, Technology, and Growth: from Malthusian Stagnation to the Demographic Transition and Beyond", *Am Econ Rev*, 90, pp.806—828.

Goldin, C. (2006) "The Quiet Revolution that Transformed Women's Employment, Education, and Family", National Bureau of Economic Research, working paper no.11953.

Grossman, G. and Helpman, E. (1991) "Trade, Knowledge Spillovers, and Growth", *Eur Econ Rev*, 35(2), pp.517—526.

Hansen, G.D. and Prescott, E.C. (2002) "Malthus to Solow", *Am Econ Rev*, 92, pp. 1205—1217.

Iyigun, M.F. (2000) "Timing of Childbearing and Economic Growth", *J Dev Econ*, 61, pp.255—269.

Iyigun, M.F. and Walsh, R.P. (2007) "Endogenous Gender Power, Household Labor Supply and the Demographic Transition", *J Dev Econ*, 82, pp.138—155.

421 Jones, C.I. (2001) "Was an Industrial Revolution Inevitable? Economic Growth over the very Long Run", *Adv Macroecon*, 1, pp.1—43.

Kaldor, N. (1963) "Capital Accumulation and Economic Growth", in Lutz, F.A. and Hague, D.C. (eds.) Proceedings of a conference held by the international economics association. London: Macmillan.

Klasen, S. (2002) "Low Schooling for Girls, Slower Growth for All? Cross-country Evidence on the Effect of Gender Equality in Education on Economic Development", *World Bank Econ Rev*, 16, pp.345—373.

Klemp, M. (2012) "Price, Wages and Fertility in Pre-industrial England", *Cliometrica*, 6, pp.63—78.

Knowles, S., Lorgelly, P.K. and Owen, P.D. (2002) "Are Education Gender Gaps a Brake on Economic Development? Some Cross-country Empirical Evidence", *Oxford Econ Pap*, 54(1), pp.118—149.

Lagerlöf, N.P. (2003) "Gender Equality and Long-run Growth", *J Econ Growth*, 8, pp.403—426.

Leroy-Beaulieu, P. (1913) *La Question de la Population*. Paris: F. Alcan.

Lucas, R.E. (1988) "On the Mechanics of Economic Development", *J Monet Econ*, 22, pp.3—42.

Lucas, R.E. (2002) *Lectures on Economic Growth*. Cambridge, MA: Harvard University Press.

Lundberg, S. and Pollak, R.A. (1993) "Separate Spheres Bargaining and the Marriage Market", *J Polit Econ*, 101(6), pp. 988—1010.

Maddison, A. (2008) "Statistics on World Population, GDP and per Capita GDP, 1-2008 AD", http://www.ggdc.net/maddison/Maddison.htm.

Malthus, T.R. (First published 1798, this edition 1992) *Essai sur le Principe de Population*, Vol.2. Paris: GF-Flammarion.

Manser, M. and Brown, M. (1980) "Marriage and Household Decision-making: a Bargaining Analysis", *Int Econ Rev*, 21(1), pp.31—44.

Mincer, J. (1962) "Labor Force Participation of Married Women: a Study of Labor Supply", in Lewis, H.G. (ed.) *Aspects of Labor Economics*. Princeton: Princeton University Press, pp.63—97.

Moav, O. (2005) "Cheap Children and the Persistence of Poverty", *Econ J*, 115(500), pp.88—110.

Nerlove, M. (1974) "Toward a New Theory of Population and Economic Growth", *J Polit Econ*, 84, pp.200—216.

Ramsey, F.P. (1928) "A Mathematical Theory of Saving", *Econ J*, 38(152), pp.543—559.

Razin, A. and Ben-Zion, U. (1975) "An Intergenerational Model of Population Growth", *Am Econ Rev*, 65, pp.923—933.

Ricardo, D. (First published 1817, English edition of 1821, this edition 1992) *Des Principes de l'Économie Politique et de l'Impôt*. Paris: GF-Flammarion.

Romer, P. (1986) "Increasing Returns and Long-run Growth", *J Polit Econ*, 94, pp.1002—1037.

Romer, P. (1990) "Endogenous Technological Change", *J Polit Econ*, 98, pp.S71—S102.

Schultz, T. P. (1995) "Investments in Schooling and Health of Women and Men: Quantities and Returns", in Schultz, T.P. (ed.) *Investment in Women's Human Capital*. Chicago: University of Chicago Press.

Schumpeter, J.A. (1934) *The Theory of Economic Development*. Cambridge: Harvard University Press.

Smith, A. (First published 1776, this edition 1991) *Recherches sur la Nature et les Causes de la Richesse des Nations*, Vol. 2. Paris: GF-Flammarion.

Solow, R.M. (1956) "A Contribution to the Theory of Economic Growth", *Q J Econ*, 70, pp.65—94.

Srinivasan, T. N. (1988) "Population Growth and Economic Development", *J Policy Model*, 10, pp.7—28.

Strulik, H. and Weisdorf, J. (2008) "Population, Food, and Knowledge: a Simple Unified Growth Theory", *J Econ Growth*, 13, pp.195—216.

Swan, T. W. (1956) "Economic Growth and Capital Accumulation", *Econ Rec*, 32(2), pp.334—361.

Tamura, R. (1994) "Fertility, Human Capital and the Wealth of Families", *Econ Theory*, 4, pp.593—603.

Tamura, R. (1996) "From Decay to Growth: a Demographic Transition to Economic Growth", *J Econ Dyn Control*, 20, pp.1237—1261.

第二章

1270—1820 年
前工业化时期的经济增长

亚历山德拉 · M.德 · 普雷特　扬 · 卢滕 · 范赞登

摘要

本章概述了大约1270年至1820年西欧前工业化时期经济增长的趋势、原因及现状。为此，本章引入了生活水平的衡量标准，即实际工资和人均国内生产总值。在黑死病之后的14世纪，低地国家和英格兰的实际工资在增加之后表现出或多或少的稳定性，而欧洲其他地方的实际工资则长期下降。从人均国内生产总值的估计数字来看，北海地区与欧洲大陆其他地区之间的这种“小分流”也很明显。在欧洲大陆，人均国内生产总值停滞或下降，而荷兰和英格兰则有很大的增长——它们在1750年比1500年富裕得多。在这个过程中有两个关键发展阶段。第一个是黑死病时期，由于劳动力和资本市场的良好运作，提高了北海沿岸国家的生活水平。第二个是黑死病之后，经济向前现代经济增长的转变时期。本章总结了1348年至1820年北海地区生活水平大幅度提高的原因，包括人力资本的形成和国际贸易。

关键词

前工业化时期的增长　小分流　工业革命　西北欧

引 言

英国工业革命可以说是世界历史上最重要的突破。经济史学家对工业革命的某些方面有着普遍的共识。例如，它代表了持续性技术突破的第一次出现。然而，对其发生的时间、地点和原因一直有争议。我们能否仅从 18 世纪的增长来解释工业革命，还是需要从更长的时间跨度来解释？增长是一种次国家/区域现象吗？“国家”是合适的分析单位吗？增长受不受“国家”边界的限制？“有效率”的制度是工业革命的主要原因呢，还是说需要考虑增长的其他重要决定因素？当研究对象从一个由马尔萨斯主义主导的经济体向一个拥有“现代经济增长”属性经济体的转变时，这些都是高度相关的问题，因为这些都发生在 18 世纪的英国。

本章概述了大约 1270 年至 1820 年西欧前工业化时期经济增长的趋势、原因及发展水平。讨论的第一个问题旨在说明前工业化时期经济增长所涉及的地区，这与“小分流”概念相关。大量证据——从艾伦（Allen，2001）的实际工资估计值研究开始，到新一代研究者对人均国内生产总值的系列估算（Bolt and van Zanden，2014；Fouquet and Broadberry，2015）——表明，1500 年至 1800 年，欧洲各国的经济水平存在差异。在黑死病之后的 14 世纪，西北欧，特别是低地国家和英格兰的实际工资在增加之后均表现出或多或少的稳定性，而东欧和南欧的实际工资则长期下降。在人均国内生产总值方面，北海地区与欧洲大陆其他地区之间也存在类似的差距：在欧洲大陆其他地区，人均国内生产总值停滞或下降，而荷兰和英格兰则有很大的增长，它们在 1750 年比 1500 年富裕得多（Broadberry et al.，2015；van Zanden and van Leeuwen，2012）。

从其他经济进步指标中也可以看出这种“小分流”。关于城市化的最新估计显示，北海地区的城市经济增长了，而欧洲其他地区的城市增长却放缓了（Bosker et al.，2013）。同样，1500 年至 1800 年这一期间，除了荷兰和英 425
格兰，几乎欧洲所有地方的政治体制发展（以欧洲议会的活动衡量）均有所下降（van Zanden et al.，2012b）。最后，对人均图书产量、识字率和计算能力的估算表明，北海地区的人力资本形成增长速度快于欧洲其他地区（Baten and van Zanden，2008；A'Hearn et al.，2009）。

1300 年至 1800 年，起源于北海沿岸地区的经济增长是一种国际现象。在这个地区，低地国家和英格兰构成了核心，但比利时、法国北部、德国西北部和苏格兰的部分地区可能也经历了增长。北海地区是强烈一体化的。例如，在中世纪晚期，英国为低地国家的纺织工业提供羊毛，而纺织工业是当时佛兰德斯地区大城市的主要就业来源。从 14 世纪到 15 世纪，佛兰德斯成为这个经济体系的城市核心——而英格兰则是其“边缘”。在 16 世纪，安特卫普接替佛兰德斯成为这个经济体的核心。1585 年以后，城市核心迁移到荷兰，带来了 17 世纪荷兰的“黄金时代”。1650 年后，伦敦逐渐取代阿姆斯特丹，成为西北欧商业网络的中心枢纽，城市核心转移到英国，因此，在 18 世纪，荷兰开始专门为英国市场提供牲畜产品，从而确认了其作为“新”边缘地带的角色。

上面提及的第二个问题是关于北海地区经济增长进程的起点和阶段划分的问题。根据人均国内生产总值的最新估算，可以将其划分为三个时期：黑死病之前（“典型的马尔萨斯经济”）、1347 年至 1820 年（仅限于北海沿岸地区的缓慢但持续的增长）和大约 1820 年之后（开始于英格兰并从那里蔓延到欧洲大陆其他地区的快速“现代”增长）。在解释从马尔萨斯经济向现代增长的转变时，有必要聚焦两次转变：“小分流”形成的中世纪晚期，以及 19 世纪早期——起源于英国并逐渐蔓延到欧洲其他地区的经典工业革命。

本章讨论的第三个问题是关于前工业化时期经济增长的原因。对于该问题，一直以来有许多解释。因为贸易的增长和由此带来的劳动分工的加速推动了经济的发展，它曾因此被称为“斯密型增长”。然而，关于其深层原因的讨论则侧重于从国家和/或家庭的相关机制以及人力资本形成角度解释其在这一过程中的作用。

关于欧洲前工业化时期增长的典型事实

当前，衡量欧洲经济长期增长的方法有两种。第一种方法是衡量实际工资变化。这种方法以艾伦(Allen，2001)的论文为代表，在那篇论文中，艾伦估算了从中世纪到一战期间欧洲九大城市男性的实际收入。第二种估算经济长期发展的方式是衡量人均国内生产总值。本节简要介绍艾伦对实际工 426
资的估算和最近出现的对人均国内生产总值的估算。对前工业化时期这两个经济增长指标的估算表明，1347年至1800年，欧洲经济增长出现了“小分流”。这一时期的增长主要集中在北海地区，尤其是荷兰和英格兰。在中世纪，北海地区就已经充满活力，当时佛兰德斯是欧洲西北部的中心城市。在黑死病冲击之后的一个半世纪里，它依然表现良好。在16世纪，荷兰的经济增长基本集中在南部地区，而在17世纪，经济增长中心迁移到了荷兰其他地区。在17世纪下半叶甚至17世纪早期，英格兰就开始处于领先地位。而与此同时，欧洲其他地区的生活水平则出现了下降(如意大利)或停滞不前(如西班牙)。

实际工资

首先，可以从实际工资水平看出北海地区和西欧其他地区之间的差异。艾伦(Allen，2001)找到了一种方法，估算了1400年至1914年欧洲九个主要城市的熟练和非熟练工人(建筑行业)的实际工资。图2.1是他对六个欧洲国家的估算结果，可以看出，在15世纪，整个欧洲的实际工资都相对较高，

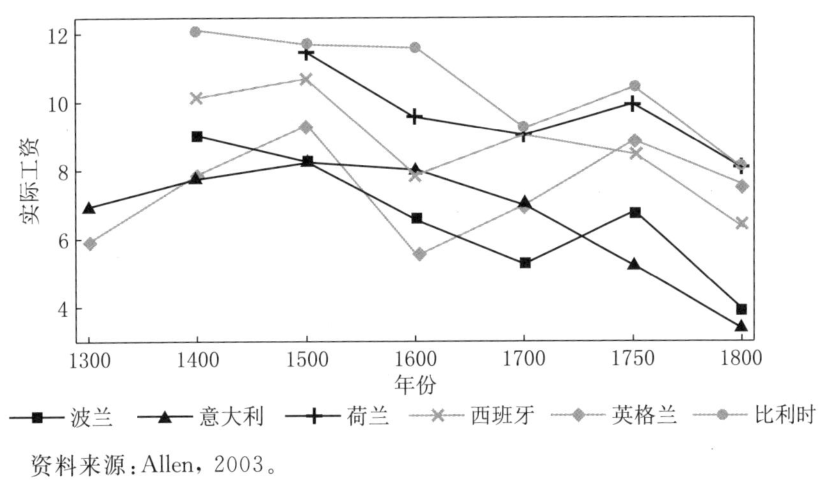

资料来源：Allen，2003。

图2.1　1300—1800年西欧国家实际工资

427 这可能归因于黑死病造成的劳动力短缺。然而，在黑死病之后的几个世纪里，北海地区（比利时、荷兰和英格兰）的生活水平都处于一个长期的稳定状态。而在欧洲的其他地区，则进入了长期的衰退状态并一直持续到18世纪末。根据艾伦（Allen，2001）的研究，"小分流"始于17世纪，当时英格兰（如伦敦）开始呈现上升趋势。帕穆克（Pamuk，2006）与范赞登（van Zanden，2009）认为"小分流"开始的时间更早。因为北海地区与欧洲其他地区之间的工资差异在15世纪下半叶就已经开始显现。

艾伦（Allen，2001）的工资序列受到了几方面的挑战。他的实际工资计算方法是将日工资乘以假定的每年工作天数（250天），以确定年收入。然后与一个四口之家（男人、女人和两个孩子）所需的预算进行比较，得出这些工资在不同时间和地点的购买力。这里关于衡量购买力的一篮子商品有两种版本。起初，艾伦构建了一个体面的一篮子商品，接近他所认为的现代欧洲早期的实际预算。但当这个一篮子商品与世界其他地区——如日本和中国——相比时，被证明过于慷慨，因此，他又构建了一个更朴素的一篮子商品，其中包含了生活所需的基本物品（Allen et al.，2011）。当然，这里的问题是任何生活标准都不能真实反映历史上所有国家的水平——这也许是因为它是某种平均水平，而不是针对某一具体国家的。这在任何大规模国际比较中都是不可避免的。也有人认为，每年的工作天数（250天）太多（Hatcher，2011；Stephenson，2018b），或者其所使用的工资数据不具有代表性（Malanima，2011；Stephenson，2018a）。此外，他使用的工资只涵盖男性，而对于女性过去的收入知之甚少。在一项开创性的研究中，汉弗莱斯和魏斯多夫（Humphries and Weisdorf，2015）估算了英格兰女性的实际收入，并尝试将这项研究扩展到整个西欧（de Plejt and van Zanden，2018）。

人均国内生产总值

过去，衡量经济增长的另一种方法是人均国内生产总值。自"新经济史"兴起以来，经济史学家一直在进行一项宏大的工程，重建过去一千年世界经济各部分的长期演变。西蒙·库兹涅茨（Simon Kuznets）在20世纪50年代和60年代（在科林·克拉克等人的研究基础上）通过绘制国内生产总值及其组成部分的长期发展图的方式，进行了第一次国际比较研究（Clark，

1940；Kuznets，1966）。后来，许多经济史学家继续进行这项工作。安格斯·麦迪森成为这项研究的中心人物，他发表了许多全球历史国民核算工作的综合报告（Maddison，2001）。这项工作现在由该领域专家合作建立的麦迪森项目继续推进，由格罗宁根大学（麦迪森项目基地）的学者负责协调，它综合了许多经济史学家的研究成果，将人口、就业结构、城市化率、名义工资、价格、实际工资、不同行业的产出以及其他许多来源的数据结合起来，估 428
算历史上各个国家的国内生产总值及其组成部分。有的研究成果是基于非常丰富的历史资料——近乎完整的人口普查，如诺曼征服后的英格兰《末日审判书》（*Domesday Book*）、1427年托斯卡纳灾难或1514年荷兰的资料。在其他情况下，必须用间接资料来估计实际收入的演变，例如，通过决定粮食需求的实际工资来估算。由于通过产出、需求和收入对国内生产总值的不同定义计算得到的实际产业和收入水平必须相同，因此可以对结果进行大量交叉检查，从而使估计更加可靠。

同时，麦迪森项目还对人均国内生产总值的估算进行了系统的比较，这种比较甚至可以追溯到（欧洲）中世纪，为我们认识经济向马尔萨斯停滞向现代增长的过渡提供了新的视角。在英格兰，布罗德贝里等人（Broadberry et al.，2015）对13世纪70年代到19世纪70年代以及《末日审判书》（1086年）那年的国内生产总值及其组成部分进行了估计。同样，范赞登和范莱文（van Zanden and van Leeuwen，2012）也整理了1347年至1807年荷兰的可比数据。同样的研究也在意大利（Malanima，2011）、西班牙（Alvarez-Nogal and Prados de la Escosura，2013）、法国（Ridolfi，2016）和瑞典（Krantz，2017；Schön and Krantz，2015）展开。这项研究的创新之处在于，它得出了14世纪以来的人均国内生产总值的年度估算值，相比用"旧"研究得到的若干基准估计值，这项研究使我们得以更加系统地分析经济增长的潜在趋势。现在，我们可以满怀信心地观察经济的停滞和长期趋势。

从人均国内生产总值来看，"小分流"也非常明显。1300年至1800年，实际人均国内生产总值的增长主要集中在北海沿岸的国家：佛兰德斯、荷兰和英格兰。1750年，即在工业革命开始之前，荷兰和英格兰的人均国内生产总值分别增加到相当于1990年的2 355美元和1 666美元（国际元），而1347年（就在黑死病到来之前）分别是876美元和919美元，1500年分别是

1 454 美元和 1 134 美元。与北海地区的情况相反，19 世纪以前，南欧和中欧没有发生经济增长（Bolt and van Zanden，2014；Fouquet and Broadberry，2015）。

关于小分流的起源特别有趣，因为在黑死病这一外源性冲击之后，英格兰和低地国家的实际收入虽没有回到鼠疫前的水平，但仍然比以前高很多（约 20%—40%），特别是荷兰，开始呈现出持续增长的趋势，导致其在接下来的 250 年里人均国内生产总值翻了一番（不考虑黑死病的影响）。英格兰的经济增长有些不同。1400 年到 1600 年，英格兰的实际收入在大约 1 000 美元的高位波动（而在 1347 年之前是 700—800 美元），直到 17 世纪后半叶才
429 开始真正起飞。人们对比利时的增长情况知之甚少，但比斯特（Buyst，2011）所做的少数几点估计表明，该国遵循了第三种模式。16 世纪初，其人均收入水平相当高，直到 16 世纪 60 年代至 70 年代还有所增长，但在 16 世纪末和 17 世纪，其人均国内生产总值出现了下降。在欧洲其他地区（例如西班牙），人口的崩溃并没有对实际收入产生类似的积极影响，正如下文将要讨论的那样，揭示了北海地区制度质量的一些内容。

人均国内生产总值序列清晰地表明，黑死病导致荷兰和英格兰/不列颠的收入正向增长。然而，一个相关的现象出现在北海地区动态发展过程中。16 世纪末和 17 世纪初，由于工业和第三产业活动流失到荷兰北部，比利时的人均国内生产总值出现下降。比利时人均国内生产总值的下降和荷兰的增加仅仅是同一进程的不同部分，在这一进程中，北海地区的城市核心从安特卫普迁移到阿姆斯特丹。城市核心的下一次转移，从阿姆斯特丹到伦敦，开始于大约 1670 年，并产生了类似的后果——英格兰开始增长，而荷兰则在一个相对较高的水平出现了停滞。

因此，每个国家有其不同的增长周期，但都经历了一段快速增长的阶段，在此之后（或之前）是长期的停滞。佛兰德斯在中世纪晚期蓬勃发展，但在 1560 年左右衰落；荷兰在其黄金时代（1585—1670 年）经历了最壮观的增长，但在 18 世纪逐渐放缓；最后，英格兰人的实际收入在 1670 年之后迅速
430 增长。瑞典或许可以被解释为一个（部分）属于北海地区，但在任何时候都没有成为该区域工业和商业核心的例子。

关于前工业化时期经济增长的解释

为什么黑死病导致了北海地区人均国内生产总值的增长，而欧洲其他地区却没有？1347 年到 1800 年，是什么造成了低地国家和英格兰前工业化时期的经济增长？这一部分简要概述了当时的发展水平。

黑死病

为了解释黑死病的影响，图 2.2 简要描述了 1347 年以前的“马尔萨斯式”经济。由布罗德贝里等人（Broadberry et al.，2015）重新估算的人均国内生产总值显示，在 1348 年之前经济没有增长。这种略微负面的趋势主要是由于发生在 13 世纪 80 年代和 14 世纪前十年的两次大危机，人口增长似乎也是重要因素。人口从 1250 年的 420 万增加到 1290 年的 480 万，在这一时期，人均国内生产总值呈下降趋势；13 世纪 80 年代的大危机之后，人口开始下降（1340 年降至 460 万左右），导致实际收入尽管经历了大波动期，如 14 世纪 20 年代的“大饥荒”时期，但基本稳定。简而言之，这种经济呈现出明

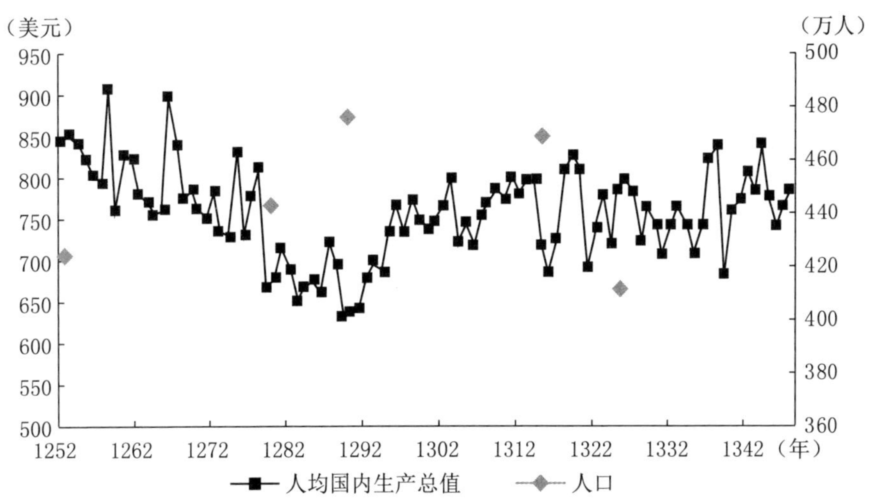

资料来源：Broadberry et al.，2015。

图 2.2　1252—1347 年英格兰人均国内生产总值和人口增长

431 显的马尔萨斯特征，在中世纪大繁荣的最后一个阶段(1080—1280年)，实际国内生产总值下降，而人口迅速增长；在13世纪80年代后，由于人口增长停滞，经济增长趋于稳定。然而，人均国内生产总值水平明显高于最低生活水平，特别是在13世纪初。在13世纪50年代，英格兰人均国内生产总值为800—850美元，至少是最低生活水平的两到三倍(300—350美元)，若以国际标准衡量则更高——如果人们相信最近对1000年前国内生产总值的估计(Bolt and van Zanden，2014)——只有较为富裕的古代经济体达到过类似的水平。

黑死病的冲击改变了一切。正如上一节所示，在黑死病之后，荷兰和英格兰的人均国内生产总值水平明显高于前一时期。英格兰从黑死病之前的平均714美元上升到1348—1500年的993美元。类似的情形也发生在荷兰。范赞登和范莱文(van Zanden and van Leeuwen，2012)对1347年的估计表明，荷兰从黑死病之前的876美元增加到之后的1 301美元。相反，在西班牙，人均国内生产总值几乎没有因人口下降而改变：1270年至1347年，人均国内生产总值从900美元下降到1347年至1500年的816美元。黑死病增加了意大利人的实际收入，但在那之后，在15世纪逐渐回落到黑死病前的水平。

为什么北海地区对黑死病造成的人口下降反应如此强烈，导致人均国内生产总值迅速地大幅增长？欧洲的人口减少了约三分之一到一半，使得相对价格发生了重大变化。工资上涨，资本和土地变得相对便宜，按照标准经济理论的预测，这影响了投入的相对组合。由于土地和资本的增加，劳动生产率提高，人均国内生产总值成比例增长。这解释了一个完全发达的市场经济体将如何应对这种危机。因此，北海地区的这种反应意味着它像一个市场经济体。换句话说，要素市场(劳动力、土地和资本市场)和产品市场显然已经发展到这样一种程度：黑死病能够对国内生产总值产生如此大的影响(van Bavel and van Zanden，2004)。

中世纪晚期的北海地区已经具有高度发达的要素市场的特征，这一观点已经在文献中得到证实。很大一部分人口——可能高达40%—50%——为了工资而劳动，无论是在农村还是城市(Dyer，1989)。也许农村劳动力市场比城市更发达(van Bavel，2006)。男性和女性都有工资收入，性别工资差距相对较小(女性的工资可能是男性的80%),这刺激了女性加入劳动力市场(van Zanden, 2011; Humphries and Weisdorf, 2015)。资本市场也很发达,特别是在低地国家,(尤其是1348年以后)利率很低(每年5%—6%),而且男性和女性同样会大规模参与资本市场(van Zanden et al., 2012a)。最后,在土地市场上,土地租赁变得越来越普遍,进一步提升了农业的商业化水平。总结起来,事实上北海地区的经济体对黑死病的冲击作出反应的方式 432
似乎植根于一种得到广泛应用的"密集"市场体制结构。

可以说,真正的问题是,为什么欧洲其他国家没有作出同样的反馈?简单的回答是因为它们没有形成类似的市场经济。阿尔瓦雷斯-诺加尔和普拉多斯·德拉埃斯科苏拉(Alvarez-Nogal and Prados de la Escosura, 2013)以西班牙为例,对该问题进行了研究,结果表明,西班牙1348年以后人均国内生产总值的下降是由于西班牙经济的"边缘"性质。1347年以前发展起来的市场体系由于人口的急剧减少已经不再能维持了。结果市场萎缩,商业化下降,导致人均国内生产总值下降。克兰茨(Krantz, 2017)对瑞典为什么也没有对黑死病作出同样的反馈给出了类似的解释。

然而,人口密度低、市场边缘化这两条理由并不能解释为什么意大利没有作出同样的反馈。根据马拉尼马(Malanima, 2011)的估计,意大利北部(实际上是指托斯卡纳地区,因为数据来自这一地区)的人均国内生产总值在1348年之后的20年里增长了约20%—30%,然后在15世纪的剩余时间里突然回到1348年前的水平。爱泼斯坦(Epstein, 1991, 2001)认为,城乡之间的不同制度约束有助于解释15世纪托斯卡纳经济的相对停滞。他指出,佛罗伦萨通过税收和其他制度限制农村参与市场并对其进行剥削。最近的研究似乎证实了这一观点:在托斯卡纳地区,收入在城市与乡村之间存在巨大的差距,农村劳动力和土地市场相对更不发达(van Zanden and Felice, 2017)。在15世纪迅速蔓延的分佃耕制(system of mezzadria)证实了这一事实,同时引人注目的是,农村劳动力市场极其落后。

总之,对黑死病冲击的不同反应是不同制度环境和经济体系的结果。其他关于黑死病对中世纪晚期的埃及和英格兰(Borsch, 2005)或中欧和西欧/英格兰(Brenner, 1989)的影响的比较研究,得出了类似的结论。北海地区的反应是属于比较特殊的,这得益于其发达的市场经济,使得人均国内生产总值可以过渡到一个较高的水平。这种特殊表现的深层次根源可能并不在于其具体的政治制度，因为北海地区与西欧其他地区之间并不存在很大的制度差异。整个西欧仍处于“封建”政治社会，在这种制度体系下，国王、亲王和公爵的权力受到独立城市（在欠发达国家的意大利北部）和教会综合权力（在拉丁西部地区都很强大）的共同限制。行会、宗教组织以及其他宗教与非宗教机构的民间组织在南部地区和北部地区没有本质区别。北海地区和西欧其他地区之间制度的“小分流”在16世纪甚至17世纪才出现，当时议会在欧洲西北部地区比欧洲其他地区拥有更大的权力，而后者出现了专制
433 主义（van Zanden et al.，2012b）。虽然政治制度可能促成了16世纪以后的经济增长阶段，但在黑死病之后的几个世纪里，这些制度似乎并没有发挥任何作用（de Plejt and van Zanden，2016）。

关于“小分流”的解释

比应对黑死病的外部冲击更重要的是，它开启了荷兰和英格兰前工业化经济增长的进程，并一直持续到18世纪末。据我们所知，这是世界历史上第一次一个地区经历如此持久的经济持续增长过程。为什么早在1800年之前，低地国家和英格兰就能够突破马尔萨斯经济的限制，并进入一个不断持续的经济增长过程？学者们提出了各种假设：制度变革（议会等社会政治制度和欧洲婚姻模式等人口制度）；海外贸易的影响，特别是跨大西洋贸易增长的影响（Allen，2003；Acemoglu et al.，2005）；人力资本形成的影响（Baten and Van Zanden，2008）。在本章，我们只能简单地回顾部分文献。

近代以前的经济增长被称为斯密型增长，亚当·斯密是第一个系统地分析这一过程的人，强调了国际贸易增长、城市化和专业化作为主要驱动力在这一过程中发挥的作用。与此相反，工业革命之后（以及期间）的经济增长则主要是由技术变革、新思想的产生以及科学的应用推动。在斯密模式中，结构变化对经济发展过程发挥了很大的作用（Broadberry et al.，2013）。作为一个整体，北海地区成功地通过提高附加值，占据了越来越多的国际服务业和制造业产出份额。在1300年，只有佛兰德斯的城市化水平较高，这主要归功于出口欧洲大部分地区的高度专业化的毛纺织业以及主要由布鲁日的商业中心提供的国际化服务。北海地区人均国内生产总值的起伏主要与

这些高附加值活动集中的空间变化有关——从佛兰德斯到安特卫普，再到阿姆斯特丹，再到伦敦。与此同时，因为服务的国际市场不断扩大，这些活动空间的相对规模不断扩大，到17世纪和18世纪，世界经济中的大部分与阿姆斯特丹和伦敦的中心枢纽有关。欧洲其他地区，特别是意大利北部和波兰，人均国内生产总值均有所下降(Malinowski and van Zanden, 2017)，这可能与这些活动集中在西北欧有关，托斯卡纳地区和威尼斯因此受到影响。

另一类有影响力的文献认为，正是因为西欧特殊的政治经济体制，特别是国家与代表社会利益的议会之间的权力的制衡，为欧洲经济的特定增长创造了良好的制度环境。这里有两种假说需要加以区分。一种强调光荣革 434
命是“专制主义”和某种形式的“议会”政府之间的分水岭，并认为光荣革命这一事件是18世纪工业革命爆发的主要原因(North and Weingast, 1989; Acemoglu and Robinson, 2012)。另一种认为，这些在1688年重新出现的制度有着更长的历史，这种根植于当时封建权力结构的亲王与其(有组织的)臣民之间的权力分享形式可以追溯到中世纪(van Zanden et al., 2012b)。这些文献的共同观点是，为了保护公民的财产权，君主必须受到约束。在拥有强大议会的共和制度下，财产权比在由专制国王统治的国家更加安全。例如，这意味着资本市场的利率降低了(Hoffman and Norberg, 1994)。克拉克(Clark, 1996)反驳了这一观点，他指出在1688年以前，几乎没有证据能表明私营业主存在明显的不安全感。

莫基尔(Mokyr, 2002, 2009)没有反驳制度高效对经济增长的重要性。然而，他认为，仅有高效的制度并不足以让经济起飞：工业革命是有利制度与一系列新“理念和信念”相互作用的结果。17世纪的科学革命引进了“有用的知识”，例如关于数学的知识，为“工业启蒙”奠定了基础。他将这种工业启蒙定义为“应用科学和实验方法的技术研究”(Mokyr, 2009:29)，并将科学革命与1760年的技术浪潮联系起来。换句话说，英格兰经济的起飞取决于人们了解和相信什么，这反过来影响了他们的经济行为。

同样一类具有影响力的文献表明，“现代经济增长”的根源应当在人口和经济变化的相互作用中寻找，这种变化影响到“质量-数量”的权衡(Becker, 1981; Galor, 2011)，一方面限制了生育率和人口增长，另一方面增加了人力资本的形成。中世纪晚期在北海地区出现的欧洲婚姻模式(European

Marriage Pattern, EMP)被认为是影响人口变化的关键因素,这种变化带来了教育投资的增长,而教育的对象多是来自较小家庭的孩子(DeMoor and van Zanden, 2010; Voigtländer and Voth, 2013)。这个机制的一个重要部分是提高了女性(和男性)的平均结婚年龄,这既限制了生育率,也增加了人力资本形成的机会。

然而,关于欧洲婚姻模式作用的解释并没有被普遍接受。从汉弗莱斯和魏斯多夫(Humphries and Weisdorf, 2015)收集的数据来看,在黑死病后的一个世纪里,未婚雇员的工资不如已婚妇女的工资增长得快。由此他们得出结论,女性推迟结婚是不合理的。丹尼森和奥格尔维(Dennison and Ogilvie, 2014)更加直言不讳地批判欧洲婚姻模式,因为他们没有发现婚姻
435 模式与早期现代欧洲经济之间的联系。但是随后,他们的研究结果就受到了挑战。卡米歇尔等人(Carmichael et al., 2016)认为,丹尼森和奥格尔维没有正确理解欧洲婚姻模式的概念,他们将重点放在了单身人口比例、女性结婚年龄和核心家庭比例上,然而其实应该将注意力放在婚姻如何对经济环境作出反应这一更广泛的背景上(Carmichael et al., 2016; Dennison and Ogilvie, 2016)。

统一增长理论以及相关文献指出了人力资本形成对一般经济增长的重要性,特别是从马尔萨斯式的停滞过渡到库兹涅茨式的"现代经济增长"(Galor, 2011)。从中世纪晚期开始,西欧的识字率、计算能力和学校教育普遍增长强劲,这也被归因于社会和宗教的变化,比如低地国家的"现代虔敬"(Akcomak et al., 2016)和宗教改革(Becker and Woessmann, 2009)。对英格兰来说,"第一次教育革命"已经被载入史册,它开始于15世纪,并一直持续到17世纪中叶(Hoeppner Moran, 1985; Orme, 2006)。但正如英格兰所表明的那样,其工业化本身与识字率的提高并没有明显的联系。现在越来越多的证据表明,在第一次工业革命爆发的地区(英格兰西北部),识字水平在这一过程的第一阶段出现了下降(Stephens, 1987)。尽管以国际标准衡量,18世纪英格兰的教育水平相对较高,但其实一直处于停滞不前的状态。这表明,人力资本的形成虽然可能在为工业化创造先决条件方面发挥了作用,但这一过程本身并不是由识字率和计算能力的提升所驱动的。莫基尔研究(Mokyr, 2005)以及迈森察尔和他共同发表的成果(Meisenzahl and Mokyr,

2012)指出,在工业化的这一阶段,重要的不是教育的整体水平,而是少数受过教育和训练有素的工程师和工匠的技能,他们在18世纪的创新浪潮中发挥了关键作用。

结　语

本章回顾了从黑死病到18世纪英格兰工业化开始这一阶段北海地区前工业化时期的发展过程。英格兰的工业化导致经济增长在1820年左右加速,这意味着在1347年至1820年,人均国内生产总值缓慢但持续的增长是前工业化时期经济增长的特点。关于这一过程的确切原因仍在继续争论,但是与国家和家庭组织有关的制度性因素的确在其中发挥了很大作用。人力资本的形成、有用的知识、启蒙运动以及国际贸易等,也在这场关于工业革命爆发的"先决条件"的辩论中占有突出地位。 436

参考文献

A'Hearn, B., Crayen, D. and Baten, J. (2009) "Quantifying Quantitative Literacy: Age Heaping and the History of Human Capital", *J Econ Hist*, 68(3), pp.783—808.

Acemoglu, A. and Robinson, J. (2012) *Why Nations Fail? The Origins of Power, Prosperity and Poverty*. New York: Crown.

Acemoglu, D., Robinson, J.A. and Johnson, S. (2005) "The Rise of Europe: Atlantic Trade, Institutional Change, and Economic Growth", *Am Econ Rev*, 95(3), pp.546—579.

Akcomak, I.S., Webbink, D. and ter Weel, B. (2016) "Why did the Netherlands Develop so Early? The Legacy of the Brethren of the Common Life", *Econ J*, 126, pp.821—860.

Allen, R.C. (2001) "The Great Divergence in European Wages and Prices from the Middle Ages to the First World War", *Explor Econ Hist*, 38(4), pp.411—447.

Allen, R.C. (2003) "Progress and Poverty in Early Modern Europe", *Econ Hist Rev*, LVI (3), pp.403—443.

Allen, R.C., Bassino, J.P., Ma, D., Moll-Murata, C. and van Zanden, J.L. (2011) "Wages, Prices, and Living Standards in China, 1738—1925: in Comparison with Europe, Japan, and India", *Econ Hist Rev*, 64, pp.8—38.

Alvarez-Nogal, C. and Prados de la Escosura, L. (2013) "The Rise and Fall of Spain (1270—1850)", *Econ Hist Rev*, 66(1), pp.1—37.

Baten, J. and van Zanden, J.L. (2008) "Book Production and the Onset of Modern Economic Growth", *J Econ Growth*, 13(3), pp.217—235.

Becker, G. (1981) *A Treatise on the Family*. Cambridge, MA: Harvard University Press.

Becker, S.O. and Woessmann, L. (2009) "Was Weber Wrong? A Human Capital Theory of Protestant Economic history", *Q J Econ*, 124, pp.531—596.

437 Bolt, J. and van Zanden, J.L. (2014) "The Maddison Project: Collaborative Research on Historical National Accounts", *Econ Hist Rev*, 67(3), pp.627—651.

Borsch, S.J. (2005) *The Black Death in Egypt and England*, Austin: University of Texas Press.

Bosker, M., Buringh, E. and van Zanden, J.L. (2013) "From Baghdad to London: Unraveling Urban Development in Europe, the Middle East, and North Africa, 800—1800", *Rev Econ Stat*, 95(4), pp.1418—1437.

Brenner, R. (1989) "Economic Backwardness in Eastern Europe in Light of Developments in the West", in Chirot, D. (ed.) *The Origins of Backwardness in Eastern Europe*. Berkeley: University of California Press, pp.15—53.

Broadberry, S.N., Campbell, B. and van Leeuwen, B. (2013) "When did Britain Industrialise? The Sectoral Distribution of the Labour Force and Labour Productivity in Britain, 1381—1851", *Explor Econ Hist*, 50, pp.16—27.

Broadberry, S.N., Campbell, B., Klein, A., Overton, M. and van Leeuwen, B. (2015) *British Economic Growth, 1270—1870*. Cambridge, UK: Cambridge University Press.

Buyst, E. (2011) "Towards Estimates of Long Term Growth in the Southern Low Countries, ca.1500—1846", Results presented at the Conference on Quantifying Long Run Economic Development, Venice, 22—24 March 2011.

Carmichael, S.G., de Pleijt, A.M., van Zanden, J.L. and de Moor, T. (2016) "The European Marriage Pattern and its Measurement", *J Econ Hist*, 76(1), pp.196—204.

Clark, C. (1940) *Conditions of Economic Progress*. London: Macmillan and Co.

Clark, G. (1996) "The Political Foundations of Modern Economic Growth: England, 1540—1800", *J Interdiscip Hist*, 26, pp.563—588.

De Moor. T. and van Zanden, J.L. (2010) "Girl Power: the European Marriage Pattern and Labour Markets in the North Sea Region in the Late Medieval and Early Modern Period", *Econ Hist Rev*, 63(1), pp.1—33.

de Pleijt, A.M. and van Zanden, J.L. (2016) "Accounting for the Little Divergence: What Drove Economic Growth in Preindustrial Europe, 1300—1800?" *Eur Rev Econ Hist*, 20(4), pp.387—409.

de Pleijt. AM and van Zanden, J.L. (2018) "Two Worlds of Female Labour: Gender Wage Inequality in Western Europe, 1300—1800", EHES Working Papers in Economic History, no.138.

Dennison, T. and Ogilvie, S. (2014) "Does the European Marriage Pattern Explain Economic Growth?" *J Econ Hist*, 74(3), pp.651—693.

Dennison, T.K. and Ogilvie, S. (2016) "Institutions, Demography, and Economic Growth", *J Econ Hist*, 76(1), pp.205—217.

Dyer, C. (1989) *Standards of Living in the Late Middle Ages; Social Change in England c. 1200—1520*. Cambridge, UK: Cambridge University Press.

Epstein, S.R. (1991) "Cities, Regions and the Late Medieval Crisis: Sicily and Tuscany Compared", *Past Present*, 130(1), pp.3—50.

Epstein, S.R. (2001) *Freedom and Growth: the Rise of States and Markets in Europe 1300—1750*. London: Routledge.

Fouquet, R. and Broadberry, S.N. (2015) "Seven Centuries of European Economic Growth and Decline", *J Econ Perspect*, 29(4), pp.227—244.

Galor, O. (2011) *Unified Growth Theory*. Princeton: Princeton University Press.

Hatcher, J. (2011) "Unreal Wages: Problems with Long-run Standards of Living and the 'Golden Age' of the Fifteenth Century", Unpublished manuscript, presented at the annual meeting of the Economic History Society.

Hoeppner Moran, J.A. (1985) *The Growth of English Schooling, 1340—1548: Learning,*

Literacy and Laicization in Pre-Reformation York Diocese. Princeton: Princeton University Press.

Hoffman, P. T. and Norberg, K. (1994) "Conclusion", in Hoffman, P. T. and Norberg, K. (eds.) *Fiscal Crises, Liberty, and Representative Government 1450—1789*. Stanford: Stanford University Press, pp.299—310.

Humphries, J. and Weisdorf, J. L. (2015) "The Wages of Women in England, 1260—1850", *J Econ Hist*, 72(2), pp.405—447.

Krantz, O. (2017) "Swedish GDP 1300—1560 a Tentative Estimate", Lund Papers in Economic History: General Issues, No.152.

Kuznets, S. (1966) *Modern Economic Growth: Rate, Structure, and Spread*. New Haven: Yale University Press.

Maddison, A. (2001) *The World Economy: a Millennial Perspective*. Paris: OECD Publishing.

Malanima, P. (2011) "The Long Decline of a Leading Economy. GDP in North Italy 1300—1911", *Eur Rev Econ Hist*, 15, pp.169—219.

Malinowski, M. and van Zanden, J. L. (2017) "Income and Its Distribution in Preindustrial Poland", *Cliometrica*, 11, pp. 1—30, (forthcoming).

Meisenzahl, R. and Mokyr, J. (2012) "The Rate and Direction of Invention in the British Industrial Revolution: Incentives and Institutions", in Lerner, J. and Stern, S. (eds.) *The Rate and Direction of Inventive Activity Revisited*. Chicago: University of Chicago Press, pp.443—479.

Mokyr, J. (2002) *The Gifts of Athena: Historical Origins of the Knowledge Economy*. Princeton: Princeton University Press.

Mokyr, J. (2005) "Long-term Economic Growth and the History of Technology", in *Handbook of Economic Growth*, Vol.1. Elsevier, Amsterdam, pp.1113—1180.

Mokyr, J. (2009) *The Enlightened Economy: an Economic History of Britain, 1700—1850*. New Haven: Yale University Press.

North, D. C. and Weingast, B. (1989) "Constitutions and Commitment: Evolution of Institutions Governing Public Choice in Seventeenth Century England", *J Econ Hist*, 49(4), pp.803—832.

Orme, N. (2006) *Medieval Schools: from Roman Britain to Renaissance England*. New Haven: Yale University Press.

Pamuk, S. (2006) "The Black Death and the Origins of the 'Great Divergence' across Europe, 1300—1600", *Eur Rev Econ Hist*, 11, pp.289—317.

Ridolfi, L. (2016) "The French Economy in the Longue Durée. A Study on Real Wages, Working Days and Economic Performance from Louis IX to the Revolution(1250—1789)", Dissertation IMT School for Advanced Studies, 438
Lucca, available at http://e-theses.imtlucca.it/211/1/Ridolfi_phdthesis.pdf.

Schön, L. and Krantz, O. (2015) "The Swedish Economy in the Early Modern Period: Constructing Historical National Accounts", *Eur Rev Econ Hist*, 16, pp.529—549.

Stephens, W.B. (1987) *Education, Literacy and Society, 1830—70: the Geography of Diversity in Provincial England*. Manchester: Manchester University Press.

Stephenson, J.Z. (2018a) "'Real' Wages? Contractors, Workers, and Pay in London Building Trades, 1650—1800", *Econ Hist Rev*, 71(1), pp.106—132.

Stephenson, J. Z. (2018b) "Looking for Work? Or Looking for Workers? Days and Hours of Work in London Construction in the Eighteenth Century", University of Oxford Discussion Papers in Economic and Social History, no.162.

Van Bavel, B.J.P. (2006) "Rural Wage Labour in the 16th-century Low Countries: an Assessment of the Importance and Nature of Wage Labour in the Countryside of Holland, Guelders and Flanders", *Contin Chang*, 21, pp.37—72.

Van Bavel, B. J. P. and van Zanden, J. L. (2004) "The Jump-start of the Holland Economy during the Latemedieval Crisis, c. 1350—c.1500", *Econ Hist Rev*, 57(3), pp.503—532.

Van Zanden, J.L. (2009) *The Long Road to the Industrial Revolution: the European Economy in a Global Perspective, 1000—1800. Global Economic History Series*, Vol. 1. Leiden: Brill.

Van Zanden, J.L. (2011) "The Malthusian Intermezzo: Women's Wages and Human Capital Formation between the Late Middle Ages and the Demographic Transition of the 19th Century", *Hist Fam*, 16, pp.331—342.

Van Zanden, J. L. and Felice, E. (2017) "Benchmarking the Middle Ages. XV Century Tuscany in European Perspective", CGEH Working Papers, No.81.

Van Zanden, J. L. and van Leeuwen, B. (2012) "Persistent but not Consistent: the Growth of National Income in Holland, 1347—1807", *Explor Econ Hist*, 49(2), pp.119—130.

Van Zanden, J.L., de Moor, T. and Zuijderduijn, J. (2012a) "Small is Beautiful. On the Efficiency of Credit Markets in Late Medieval Holland", *Eur Rev Econ Hist*, 16, pp.3—22.

Van Zanden, J.L., Buringh, E. and Bosker, M. (2012b) "The Rise and Decline of European Parliaments, 1188—1789", *Econ Hist Rev*, 65(3), pp.835—861.

Voigtländer, N. and Voth, H-J. (2013) "How the West 'Invented' Fertility Restriction", *Am Econ Rev*, 103(6), pp.2227—2264.

第三章

计量史学视角下的工业革命

格雷戈里·克拉克

摘要

英国工业革命见证了经济增长率从1800年前的近乎为零,提高到1860年现代英美水平的重要转变。本章详细介绍了生产率增长率的整体变化,同时也解释了资本积累如何导致更高的人均收入增长率,还详细说明了增长的部门来源。最后,本章尝试用包含制度、思想、人口和人力资本投资的生产函数解释这种经济的根本转变。

关键词

经济增长　工业化　工业革命

引　言 440

工业革命的故事我们已经了解了很多：工业的创新、公地的圈占、收费公路托拉斯、城市的发展、铁路的普及、人口和个体性。然而，本文关注的是工业革命的量化基础，以及从这种定量分析中我们能够学到什么。

第一个问题是这一时期宏观经济的整体增长率：人均产出、人均收入、人均资本存量、平均工资、资本回报率和土地租金。传统的产出估计方法是加总部门的产出：农业、工业、运输、服务和政府。[1]表 3.1 显示了基准年的估计数。然而，这种估计在某些领域仍然相当薄弱。[2]表 3.1 显示，在工业革命时期，以产出为基础的国内生产总值估计数比以劳动力、土地和资本等生产要素支出法为基础的估计数增长更快。要素支出法的基础是假定 1700—1870 年每名工人的工作时数不变。如果工业革命时期工作时间增加了，那么增长速度可能会比表 3.1 所示的要更快一些。然而，没有充分的证据表明这些年工作时间有任何实质性的增加。早在 18 世纪晚期，建筑工人每天的工作时间就被认为是 10 小时(Clark，2005)。

无论哪一系列数据能更准确地反映产出的增长，这些数据都能非常清楚地表明，在 18 世纪，经济增长缓慢，每年人均增长率低于 0.3%(可能只有 0.17%)，直到 19 世纪初才上升至接近现代增长率。但即使在经典工业革命时代的后期，人均产出增长率也只有现代经济典型增长率的三分之一左右。

工业革命早期的低增长率解释了为什么第一代政治经济学家对周围正在发生的经济可能性的重大转变没有任何想法。亚当·斯密的《国富论》(Smith，1776)、托马斯·罗伯特·马尔萨斯的《人口原理》(Malthus，

[1] 这里的贡献者包括迪恩与科尔的论文(Deane and Cole，1962)，克拉夫茨的作品(Crafts，1985)，克拉夫茨与哈利的文章(Crafts and Harley，1992)以及布罗德贝里等人的成果(Broadberry et al.，2014)。

[2] 这些估计往往假定农业产出大幅度增长，因此在工业革命期间，农业的效率增长相比经济整体来说是更快的。然而，来自价格、工资、土地租金和农业资本回报的证据并不支持这种乐观的评估。

1798)、大卫·李嘉图的《政治经济学及赋税原理》(Ricardo, 1821)或者詹姆斯·密尔的《政治经济学原理》(Mills, 1821)都没有包含任何表明工业革命释放了增长可能性的内容。事实上,直到19世纪80年代,“工业革命”这个术语才开始流行。

441 **表3.1　工业革命时期增长率的估算**

时　间	N[a]	实际国内生产总值[a]	实际国内生产总值/N[a]	NNI[b]	NNI/N
18世纪头十年	100	100	100	100	100
18世纪60年代	122	144	117	133	110
19世纪头十年	176	234	133	195	118
19世纪60年代	381	807	212	610	170

注:将1700—1709年所有数值定为基数100,N代表总人口,NNI代表国民净收入。a代表不列颠整体。b代表英格兰。
资料来源:Broadberry et al., 2014; Clark, 2010。

整体上,工业革命所代表的转变非常简单。现代经济中人均产出的增加主要有两个直接来源:人均劳动力资本的增加以及投入产出效率的提升。近似地,所有工业革命以来的增长都可以分解为:

$$g_y = ag_k + g_A \tag{3.1}$$

其中,g_y 表示单位劳动力每小时产出的增长率,a 表示资本在国民收入中的比重,g_k 表示单位劳动力资本存量的增长率,g_A 表示效率的增长率。工业革命开始以来,资本存量的增长大致与产出的增长保持一致。此外,资本在全部收益中的比例保持在四分之一左右。例如,图3.1显示了1750—2000年英格兰劳动力、资本和土地的收益占比。也就是说,现代人均收入增长中只有约四分之一直接来自物质资本,剩下的则得益于经济效率的稳定提升。

工业革命完全符合这种现代增长模式。事实上,如表3.2所示,工业革命期间,效率提升对经济增长的贡献比以往任何时候都大①。1760—1860年英格兰人均劳动力物质资本的增加在解释人均劳动力产出增长方面并不

① 这是因为在工业革命时期,人均耕地面积的减少拖累了产出的增长。然而1870年以来,土地收益在总收益中的份额变得很少,以至于其对产出增长的拖累已经微不足道。

重要。人均资本的增长速度低于人均产出的增长速度。因此,从现代经济增长之初,效率增长便占据了主导地位。

公式(3.1)表明,效率增长和物质资本积累是相对独立的增长来源。实际上,在市场经济中,两者之间存在着强烈的相关关系。效率大幅增长的经济体也是物质资本大幅增长的经济体。这两个增长来源之间有某种联系。

442

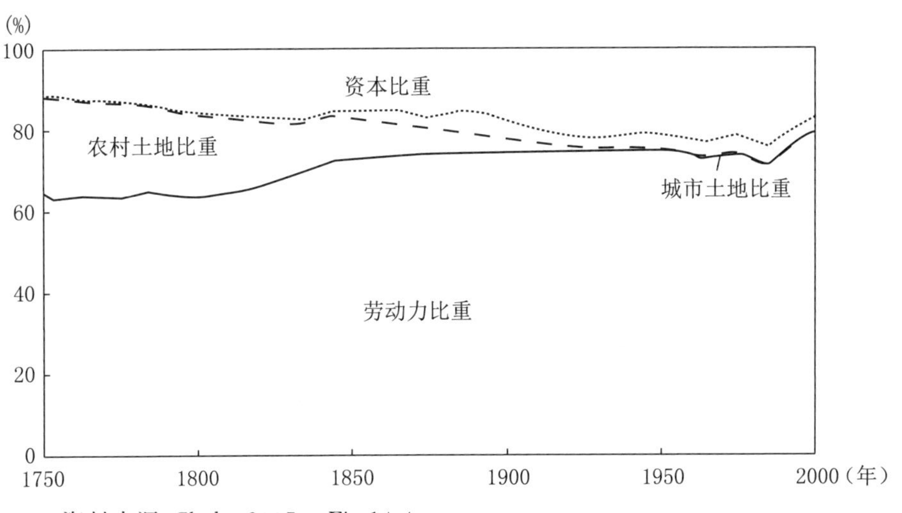

资料来源:Clark, 2007a: Fig.14.4。

图 3.1　1750—2000 年英格兰要素收益占比

表 3.2　1700 年以来英格兰/不列颠整体经济增长率

时　间	实际国内生产总值/N[a](%)	NNI/N[b](%/年)	效率(%/年)
18 世纪头十年—18 世纪 60 年代	0.26	0.16	0.11
18 世纪 60 年代—19 世纪头十年	0.32	0.18	0.37
19 世纪头十年—19 世纪 60 年代	0.78	0.60	0.58
19 世纪 60 年代—20 世纪头十年	2.14	—	—
20 世纪头十年—20 世纪 50 年代	1.68	—	—
20 世纪 50 年代—21 世纪头十年	2.60	—	—

注:假定 1700 年为基数 100, N 代表总人口,NNI 代表净国民收入。a 代表英国。b 代表不列颠整体。

资料来源:Broadberry et al., 2014; Clark, 2010。

一些经济学家，如著名的保罗·罗默，已经从理论上指出，这种相关性来源于物质资本积累，创造了投资者无法获得的巨大的外部收益(Romer,1986)。然而，要让这种解释奏效，每1美元的私人收益就必须有3美元的外部收益来自实物资本投资。但是大多数现代物质资本存量仍然是诸如房屋、商店、仓库、工厂、道路、桥梁、水和下水道系统等平凡的东西。我们预计这些类型的投资不会产生实质性的外部效益。因此，如果要将生产率的提高与此类物质资本存量的增长系统地联系起来，必须有另一种机制。

最合理的解释是，物质资本积累与效率提升之间的联系仅仅源于效率提升对提高资本边际产出的影响。自工业革命以来，在实际利率相对恒定的情况下，边际产出提升将吸引更多的投资。事实上，在大致符合柯布-道格拉
443 斯(Cobb-Douglas)生产函数的经济体中，效率提升将推动人均物质资本存量与人均产出等速增长，从而使得资本产出比保持不变。这是我们观察到的自工业革命以来的第一个规律。

因此，在更深层次上，所有现代增长似乎都源于这种无法解释的经济效率的提升，而经济效率是生产过程中知识积累的产物。在1780年之后，对这些知识的投资有所增加，或者说，在探索创新方面变得更加有效。

在工业革命之前，我们没有发现任何与此同类的效率提高的迹象。我们用人口增长率来衡量生产力的潜在增长率可知，从公元前10000年到1800年，在全球范围内都是这样。在这一时间段内，平均效率提高率约为每年0.01%或更低。我们之所以知道这一点，是因为我们可以假设，在工业革命之前，由于马尔萨斯陷阱，人均产出和人均资本长期不变。在这种情况下，根据如下公式，效率的任何收益都将被人口增长所吸收①：

$$g_A = c g_N \tag{3.2}$$

其中，c 表示土地在国民收入中所占的份额，g_N 表示人口增长率。因此，如果我们观察足够长的时间段，我们可以从人口增长率中估算出效率增长率。表3.3显示了上述指标的世界平均水平，可以看出，即使在工业革命之前的250年里，技术进步的潜在增速也总是极其缓慢。

① 详细解释参见Clark，2007a：379—382。

表 3.3　公元前 13000 年至 1800 年世界人口与技术进步

时　　间	人口(百万)	人口增长率(%)	技术进步率(%)
公元前 130000 年	0.1	—	—
公元前 10000 年	7	0.004	0.001
公元 1 年	300	0.038	0.009
公元 1000 年	310	0.003	0.001
公元 1250 年	400	0.102	0.025
公元 1500 年	490	0.081	0.020
公元 1750 年	770	0.181	0.045

资料来源:Clark, 2007a: Table 7.1。

然而,即使对于那些我们可以用要素的实际支付来衡量效率水平的经济体来说,1800 年之前技术进步的潜在增长率也是非常缓慢的。图 3.2 显示了从 1250 年到 2000 年英格兰的潜在增长率,计算公式如下:

$$A=\frac{r^{a}p_{k}^{a}w^{b}s^{c}}{p} \tag{3.3}$$ 444

其中,A 为经济效益指数,p 为产出价格指数,r 为资本实际回报率,p_k 为资本品价格指数,w 为实际工资指数,s 为土地租金指数。a、b 和 c 是每

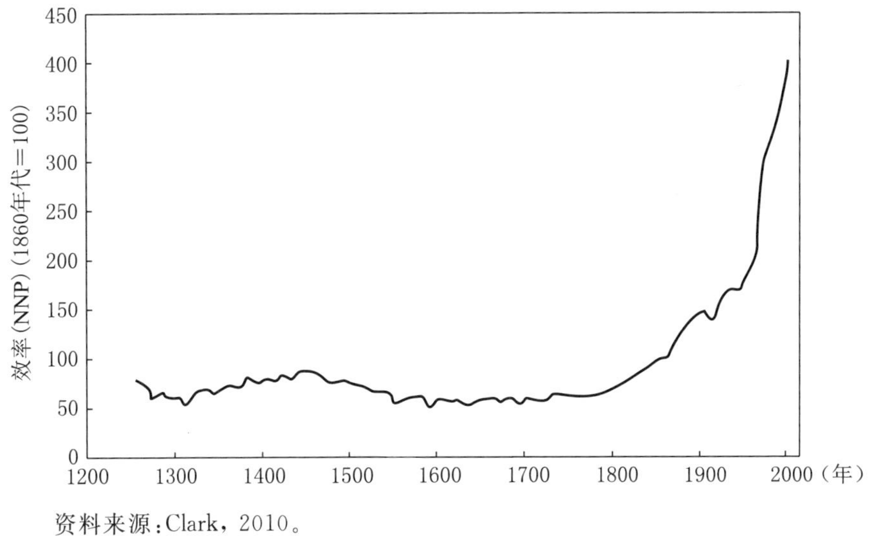

资料来源:Clark, 2010。

图 3.2　1250—2000 年英格兰经济效率的估算

种投入类型在国民收入中所占的份额。可以看到,令人惊讶的是,从 1250 年到 1800 年,英格兰的经济效率没有任何显著提高的迹象。只有在 1800 年左右,才出现了现代的效率稳步提高。在此之前,经济效率波动较大并在 1450 年达到顶峰,但此后几乎没有上升的趋势。

因此,工业革命似乎代表了世界历史上的一个独特突破,也是一个值得我们努力深入解释的事件,即为什么在 1800 年左右,英格兰关于生产效率的知识扩散速度如此之快?图 3.3 显示,生产率增长率的上升可以追溯到 18 世纪 80 年代至 90 年代,在这之前的 70 年里,平均年生产率增长率仅为每年 0.14%,按工业革命前的世界标准来看,增长速度很快,但从现代意义上来说却极为缓慢。总的来说,从 1780—1789 年到 1860—1869 年的年均生产率增长率为 0.58%,是现代标准的一半以上。

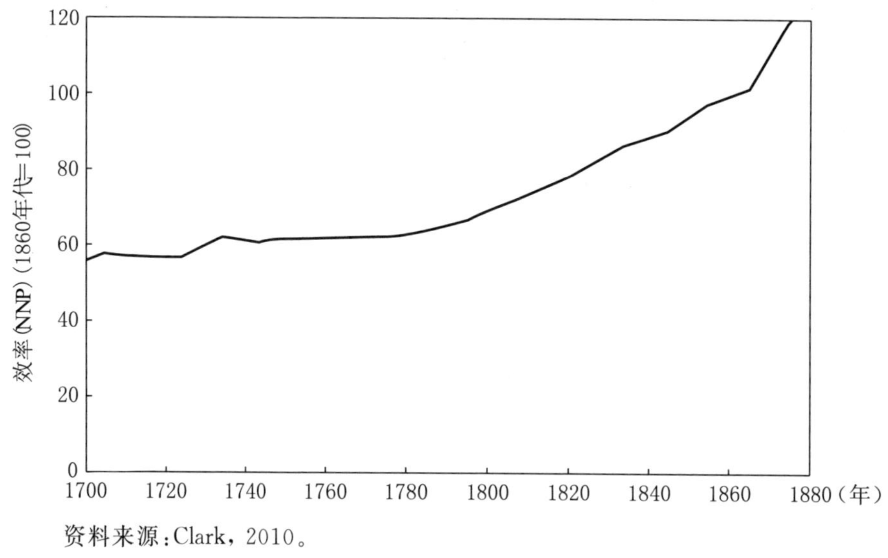

资料来源:Clark, 2010。

图 3.3　1700—1880 年英格兰效率水平

我们还知道,在这一时期,哪些部门对生产率的提高贡献最大。根据公式 3.3,我们可以计算出每个部门的效率增长率:

$$g_{A_j} = -g_{p_j} + a_j g_{r_j} + a_j p_{k_j} + b_j g_{w_j} + c_j g_{s_j} \tag{3.4}$$

其中,j 表示每个部门。为了按部门计算效率增长率,需要衡量每个部

门投入的资本、劳动力和土地，我们用 p_j 表示每个部门的产出价格。以煤
炭开采为例，我们需要知道资本、劳动力、土地、马饲料、砖块、坑木和蒸汽机 445
的投入比例。一个更可行的测算效率的方法是，p_j 只测量工业增加值，即单
位产出与投入之间的价值差额。

在这种情况下，国家生产率增长将通过下述公式将各个部门的生产率进步联系起来：

$$g_A = \sum \theta_j g_{A_j} \tag{3.5}$$

其中，g_{A_j} 代表部门生产率增长率，θ_j 代表 j 部门在整个经济体系中所占的比重。①结果如表 3.4 所示。

纺织业对生产效率提升的贡献率接近一半，达 43%。交通运输的改善，主要是铁路的引进，是第二大进步来源，贡献了 20%。具有讽刺意味的是，农业也贡献了将近 20%。尽管煤炭、钢铁行业在这一时期享有盛名并不断创新，且煤炭和钢铁产量也大幅增长，但它们本身的贡献却微乎其微。在表 3.4 未涵盖的经济体中有一半的生产率增长不大，平均每年不到 0.20%。

表 3.4 的分解已经展示出了一些事实。有些人认为工业革命是由一种 446
叫做蒸汽机的通用技术推动的。通用技术（General Purpose Technologies，
GPT）其实是一个相当模糊的概念，不同的人对其的定义并不完全相同。
我们可以粗略地将其认定为一种在整个经济体中被长期、广泛应用并在这
一过程中不断改进的创新（Bresnahan and Trajtenberg，1996）。多种通用技
术已经被甄别出来，如工业革命中的蒸汽动力、电力的引入以及最近的信息
革命。

---

① 另一种衡量部门生产率增长的方法是将投入的资本、劳动力和土地同等看待，效率提升可以表述为：

$$g_{A_j} = -g_{p_j} + a_j g_{r_j} + a_j p_{k_j} + b_j g_{w_j} + c_j g_{s_j} + d g_{m_j}$$

其中，d 表示投入在所有成本中的份额，m 是这种投入的价格。在这种情况下：

$$g_A = \sum \varphi_j g_{A_j}$$

其中，φ 是各行业销售额占国民收入的比重。$\sum \varphi_j > 1$ 是因为有些产出被用作其他行业的投入，而不是用于消费或投资。这种测量工业革命生产率进步的方法是由麦克洛斯基（McCloskey，1981）开创的。

表 3.4　工业革命效率提升来源(18 世纪 80 年代至 19 世纪 60 年代)

部　门	效率增长率(%)	增加值占比	国家效率增长率贡献(%/年)
纺织品	2.3	0.11	0.25
钢　铁	1.8	0.01	0.02
煤炭开采	0.2	0.02	0.00
运　输	1.5	0.08	0.12
农　业	0.4	0.30	0.11
确认预付款	—	0.51	0.49
整体经济	—	1.00	0.58

资料来源:Clark, 2007a: Table 12.1。

工业革命期间,蒸汽动力渗透到了英格兰的各个领域。它在煤矿开采、铁路运输和动力纺织等方面发挥了重要作用。从 1707—1712 年托马斯·纽科门(Thomas Newcomen)首次应用蒸汽机到 19 世纪 80 年代,蒸汽机在热效率和功率重量比方面都经历了漫长的改进过程。最早的蒸汽机热效率低至 0.5%,而 19 世纪 80 年代的蒸汽机热效率可达到 25%。蒸汽机能够取代风能、水能和动物能在运输、家庭供暖和制造业发挥作用,离不开化石能源在经济社会中的广泛应用。然而,表 3.4 中煤炭开采产量的上升表明,无论蒸汽动力在 19 世纪 60 年代后的整个经济生产率发展中起到什么作用,它对工业革命时期生产率提升的作用都很小。煤炭开采和钢铁冶炼对工业革命生产率的提升贡献很小,大部分工业生产率的提升并不是源于蒸汽机的应用(Clark and Jacks, 2007)。一直到 18 世纪末,大多煤矿只是用蒸汽机把煤和水从矿井中提取出来。但从技术上讲,马这种动力也可作为
447 替代品。因此,在 1765 年,位于英格兰东北部的沃克煤矿(Walker colliery),作为英格兰最深的煤矿,其煤炭依然是由八匹马驱动的起重机从矿井中提出来的。①

① 到 1828 年,纽卡斯特群岛四分之三的矿井仍然不到 600 英尺深(Clark and Jacks, 2007, Table 2)。

表 3.5 不同时期蒸汽动力缺位导致的煤炭开采成本增加

时　　间	卷扬机、泵机用煤的成本占比(%)	马力-小时/吨	成本上升(美元/吨)	成本上升(%)
1720—1759 年	6.0	1.6	0.4	1
1770—1799 年	4.4	2.0	5.3	14
1800—1839 年	4.9	4.8	12.2	20
1840—1869 年	3.0	2.9	6.2	10

资料来源:Clark and Jacks, 2007: Table 4。

表 3.5 计算了不同时期因煤炭短缺造成的成本增加。这里所用的方法是用最佳煤当量计算每吨煤炭开采中用于卷扬机和泵机所消耗的煤炭比重。然后将这些煤炭转化为每吨煤需要的马力-小时数,如表第三栏所示。与蒸汽动力相比,以马力提供动力的额外成本在第四栏中显示,生产成本增加的百分比在最后一栏中展示。这意味着,如果不在煤矿开采中引进和使用蒸汽动力,19 世纪的生产成本将上升 10%—20%。即使在工业革命后期,新蒸汽技术的缺乏也没有削弱工业。

即使在运输领域,大部分生产率的提升也得益于传统公路运输系统的改进、运河的开辟和帆船的改进。工业革命时期的纺织工厂,如果有必要,直到 19 世纪 60 年代依然可以将水车作为动力。只是与煤炭开采一样,在这种情况下,动力成本相比会更高,但动力成本在纺织工厂的总成本中也只占很小的份额。纺织业和农业生产率的提升可以解释大部分工业革命产生的原因。

在最近关于工业革命的探讨中,最引人注目的是 E.A.里格利和彭慕兰的著作,尽管表 3.4 已经显示煤炭开采并没有太多提升生产率的迹象,他们依然将煤炭作为生产率提升的关键因素(Wrigley, 1988; Pomeranz, 2000)。两人都认为,从自给自足的有机经济向依赖矿产资源的无机经济的转变是工业革命的核心。事实上,彭慕兰对工业革命的描述被一位评论家总结为"煤炭和殖民地"(Vries, 2001)。彭慕兰认为,与中国相比,英国在人口中心附近有可利用的煤炭储量,而不是创新潜力的差异,解释了英国的成功和中国的失败。虽然缺乏蒸汽动力不会对经济增长造成太大阻碍,但煤炭储量 448

的缺乏是否会阻碍工业革命的发展？

工业革命时期，煤炭产量大幅度增长。到19世纪60年代，它为家庭提供的电力相当于2 500万英亩林地每年的能源产量。这几乎相当于当时英格兰全部的农田。因此，如果英格兰只能依靠自己的能源供应，那么成本很快就会飙升，经济便会走上一条截然不同的道路。然而，在整个工业革命时期，仅波罗的海地区就有大量木材可供英格兰使用。到19世纪，波罗的海地区成为英国和荷兰的主要木材供应区。波罗的海沿岸地区以木材形式生产的能源，完全能够替代19世纪60年代由煤炭供应的所有家用能源。煤炭能源可能会更加昂贵，但19世纪60年代煤炭增加值也仅占英格兰国民收入的2%左右。但是17世纪到19世纪之间船运成本的下降意味着，木材燃料的成本不会比供给伦敦等地的国内消费者的本土煤炭能源成本高出太多。因此，能源成本提升对经济的影响较微弱，纺织、农业和运输业效率的提升在很大程度上也得到了保留。①

这个时代生产率发展的多样性使工业革命更加令人费解。纺织业的革命是通过机械创新而来的，这些创新可以归功于许多英勇的创新者：约翰·凯、理查德·阿克赖特、詹姆斯·哈格里夫斯、塞缪尔·克朗普顿、埃德蒙·卡特赖特和理查德·罗伯茨。但农业生产率的提升来自成千上万无名农民对产量的追求，这种生产率的提升主要是非机械的变化。在关于农业大革命的叙述对这种生产率提升的估算中，诸如杰思罗·塔尔，"萝卜头"汤森和亚瑟·扬等人并没有发挥什么作用。塔尔甚至并不知道产量提升的真正源泉(Wicker, 1957)。早在生于1674年的汤森开始种萝卜之前，萝卜轮作就已经于17世纪60年代引入了诺福克郡(Overton, 1985: Table 1)。除此之外，没有任何证据可证明汤森和扬所推动的新轮作制度可以提高产量。马克·奥弗顿通过研究17世纪遗留的谷物，发现在引进新轮作制度的农场中，粮食产量并没有比其他农场高(Overton, 1991:309—310)。扬多次宣称公共土地私有化和废止什一税等体制改革带来了生产率的提升。但事实上，圈地带来的效率提升微乎其微。尽管在1750—1830年英国有四分之一
449 的农田被围起来，但农业生产率的提升还不到1%。19世纪30年代什一税

① 详见Clark and Jacks, 2007。

改革带来的生产率提升效应更小(Clark，1998；Clark and Jamelske，2005)。

显而易见的是，从根本上讲，工业革命是由英格兰经济内部技术创新率的提升推动的。[①]这种上升，至少是对创新的兴趣，可以清晰地从英格兰专利统计中看出，如图 3.4 所示。显然，在 18 世纪 60 年代，在人们普遍认为经济生产率出现增长迹象之前，越来越多的创新者正试图前往伦敦申请专利。究竟是什么触发了这一过程呢?

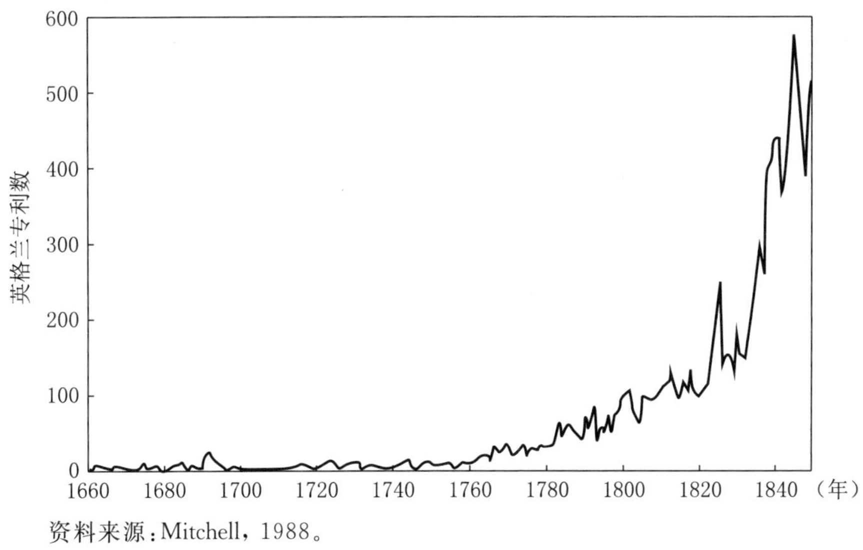

资料来源：Mitchell，1988。

图 3.4　1660—1851 年英格兰每年的专利数

荷兰问题

在解释为什么英格兰是第一个经历现代生产率增长的国家时，早期荷兰(1581—1795 年)的例子加深了这个谜团。在 1568 年叛乱开始后，北部省份佛兰德斯于 1581 年成功地从西班牙王国(哈布斯堡王朝)中获得独立。尽管与哈布斯堡王朝的军事斗争在 1648 年才结束，但这场战争的中断产生了一个经济增长与繁荣的荷兰黄金时代，这个时期跨越了 17 世纪。正如一位 450

① 这同样是莫基尔(Mokyr，2003，2012)的分析结果。

英国评论家在 1669 年所说：

> 几乎没有什么主题能够比这个小小国家的惊人进步更多地出现在学者的描述中……它已经发展到一个无限超越所有古希腊共和国的高度，在某些方面甚至不比这些后来伟大的君主制国家逊色多少。(Aglionby，1669：3—4)

荷兰经济的特点是国内劳动力、土地、资本和商品市场的基本自由。[①]荷兰也是一个非常开放的经济体，与波罗的海地区(谷物和原材料)、欧洲其他地区和亚洲有着广泛的贸易往来。政治制度保障了财产权、合同执行和劳动力自由流动。随着哈布斯堡势力重新占领根特、布鲁日和安特卫普，这些城市的新教徒，其中大多数是熟练的工匠和商人，则迁移到了荷兰北部地区。荷兰同时还欢迎来自伊比利亚半岛的犹太难民，不管是继续信奉犹太教还是新教，这些人都被视为他们国家的二等公民。

1595 年，荷兰独立后不久，荷兰商人便开始派遣船只前往东方从事在此之前一直被葡萄牙垄断的香料贸易。尽管因此与葡萄牙人发生了武装冲突，荷兰还是强行进入了这一行业。1600 年英国东印度公司(English East India Company)在东方贸易中建立了垄断特权后，荷兰于 1602 年成立了自己的东印度公司(the Vereenigde Oostindische Compagnie，VOC)。毫无疑问它在整个 17 世纪都是一个超级盈利的企业。作为反映其规模的一个证据是，1602—1800 年 VOC 公司招募了近 100 万人在亚洲从事贸易、水手和士兵的工作，而当时荷兰的人口也只有 200 万左右。为了追求香料贸易的利润，VOC 公司将印度尼西亚的主要岛屿都变成了它的殖民地，使得它的业务和利润都远远高于其主要竞争对手英国东印度公司。

到 1600 年，大量人才的流入使得荷兰在生活水平、科学、知识分子生活和艺术方面都成为欧洲领先的国家。荷兰西部的实际工资是欧洲最高的，

---

① 以下观点大多是来自德·弗里斯和范德伍德(De Vries and Van der Woude，1997)，在弗赖斯特和德·弗里斯的文章(Freist，2012，de Vries，2000)中也能找到。

这一领先地位一直保持到工业革命爆发。据德·弗里斯和范德伍德的估算，1660年荷兰的人均国内生产总值比英格兰高出30%（de Vries and van der Woude, 1997:710）。到17世纪中叶，荷兰大部分经济被贸易和工业占据，从事农业的劳动力只有不到40%。随着东方贸易的壮大，尽管劳动力成本很高，但凭借在船舶设计和船舶制造方面的技术创新，荷兰成了造船业巨头，拥有17世纪欧洲最大的海上船队。同样，尽管劳动力成本很高，荷兰仍 451
拥有巨大的纺织工业，还有许多以廉价泥炭燃料开发为基础的工业，如陶瓷（砖、瓦、陶器和黏土管）业、酿酒业和制糖业。

在荷兰，资本异常便宜，这点从政府债务、土地和住房的低回报率就能看出。①廉价的资本加上平坦的地势，使得荷兰得以建立一个连接所有主要城市的广泛运河系统。运河船舶将每小时往返于各大城市，就像现在航空公司在美国和欧洲主要目的地之间运送乘客一样（de Vries, 1978）。运河系统还为工业和城市地区提供了廉价的泥炭燃料。

贸易、工业和农业的发展推动了金融创新。阿姆斯特丹证券交易所成立于1602年，是世界上最古老的证券交易所。阿姆斯特丹银行成立于1609年，是现代世界各国中央银行的前身之一。

经济的繁荣和对来自欧洲各地人才移民的开放，使得17世纪的荷兰成为世界艺术和科学研究的中心。17世纪荷兰的平均教育水平与英格兰工业革命时期一样高，甚至更高。其中一个衡量标准是签署婚姻登记册的新郎和新娘的比例。表3.6显示了1620年前后、1700年和1800年的荷兰与1800年前后英格兰以及欧洲其他地区的识字率。17世纪，荷兰的隐含识字率已经至少与英格兰工业革命时期一样高。法国北部和德国北部的识字率则超过了工业革命时期的英格兰。

基于上述广泛的发展事实，让·德·弗里斯和埃德·范德伍德将他们1997年的著作命名为“第一次现代经济”（The First Modern Economy），并总结了这段历史。然而，尽管荷兰在上述所有方面都很现代化，但其仍然是前工业化的或前工业革命的经济体。尽管上述变化都具有重大意义，且与经济增长的繁荣相关，但黄金时代的荷兰在生产率提升方面并未取得任何突

① 1665年，荷兰政府将其长期债务利率降到了4%。

破。图 3.5 显示了 1500 年至 1799 年荷兰西部的实际工资，表明黄金时代的荷兰经济发展并没有伴随着实际工资的增长。这意味着荷兰的整体生产率在 1550—1650 年间几乎没有增长。其中，生产率水平是实际工资、实际土地租金和实际资本回报的加权平均，其权重等于这些因素在收入中所占的比重。①

452 **表 3.6　1800 年及以前的识字率**

地　区	年份	男性(%)	女性(%)
荷　兰	1620	60	37
荷　兰	1700	65	48
荷　兰	1800	75	60
英格兰	1800	60	40
法国北部	1800	71	44
德国北部	1800	85	44
比利时	1800	60	37

资料来源：de Vries and van der Woude, 1997：170—171, 314; Netherlands, Reis, 2005：202。

资料来源：基于德·弗里斯与范德伍德(de Vries and van der Woude, 1997：610—611)的工资序列，预算权重和生活成本如范赞登(van Zanden, 2008)描述。

图 3.5　1500—1799 年荷兰西部实际工资

① 见上述公式 3.3。

鉴于实际工资未能增加，工资占所有收入的一半甚至更多，且资本回报率下降，因此，即使这一时期实际土地租金上升，效率的总体提升也将非常微弱。荷兰经历了一个黄金时代，但并没有发生工业革命。

黄金时代的荷兰并没有经历一场工业革命，这表明大多数关于英国工业革命的解释是错误的。例如，罗伯特·艾伦提出，英国的工业革命是由18世纪英格兰的高劳动成本和低能源成本推动的，蒸汽机驱动的机器因而取代了手工劳动(Allen, 2009)。然而，我们看到在更早的200年前，荷兰的工资甚至比1780年的英格兰还要高，能源成本还要低，但荷兰并没有发生工业革命。

荷兰的例子尤其说明了工业革命是制度创新的产物。经济学派中有一个强大的现代学派是制度主义学派，它认为制度，无论是正式的还是非正式的，能解释大部分经济结果的差异，而且认为，早期社会中存在一系列阻碍经济增长的制度(见 Acemoglu et al., 2001, 2002, 2005; Acemoglu and Robinson, 2012; DeLong and Shleifer, 1993; Greif, 2006; North, 1981, 1994; 453
North and Thomas, 1973; North and Weingast, 1989; North et al., 2012; Rosenthal, 1992，等等)。①

道格拉斯·诺思(Douglass North)以及其他制度学派学者认为早期社会的共同特点是，政治权力并非源于民众选举。在前工业化社会中，统治者通常将其政治立场建立在暴力威胁上。事实上，民主与经济增长之间存在着正向的经验关联。当英国实现工业革命时，它已经是一个宪政民主国家，国王只是一个国家元首。美国自19世纪50年代甚至更早以前就是人均国内生产总值最高的国家，并且它也一直是一个民主国家。

任何社会的经济效率都要求通过制定产权规则来使经济产出最大化。在这种情况下，社会产出最大化下的产权规则与统治精英产出最大化下的产权规则可能出现脱节。事实上，诺思和其他学者指出，这类脱节在工业革命之前的所有社会中均出现过。最近这种观点再次被提及，即用旨在最大限度提高整个社会产出的包容性经济体制取代旨在确保统治集团收入的剥削性经济体制(Acemoglu and Robinson, 2012)。

---

① 我(Clark, 1996, 2007a, b)批判了这一观点。

尽管无法解释工业革命最基本的事实，这些理论却显示出惊人的持久性，其中一个就是将工业革命与 1688—1689 年间的光荣革命联系在一起。在阿西莫格鲁和罗宾逊最近被广为传阅的著作《国家为什么会失败》中有专门一章题为“英国 1688 年的政治革命如何改变了制度并引发了工业革命”(Acemoglu and Robinson，2012)。

光荣革命建立了英国的现代政治制度，这个制度从那时起就在一直不断地被修改，但没有发生根本性的变化。1689 年，新的政治制度使议会成为名义君主制英国的有效权力来源。

把政治发展置于工业革命核心的一个基本原因是，1688—1689 年的光荣革命对 1770 年之前(制度变革后差不多三代人的时间内)的经济效率并没有明显的影响(如图 3.6 所示)。图 3.6 不仅显示了这些年人均国民生产总值的水平，还清楚地表明，即使是 1642—1649 年内战期间(当时议会和国王处于战争状态)和 1649—1660 年的空位期，都与 17 世纪经济运行效率下降没有任何关系。

454

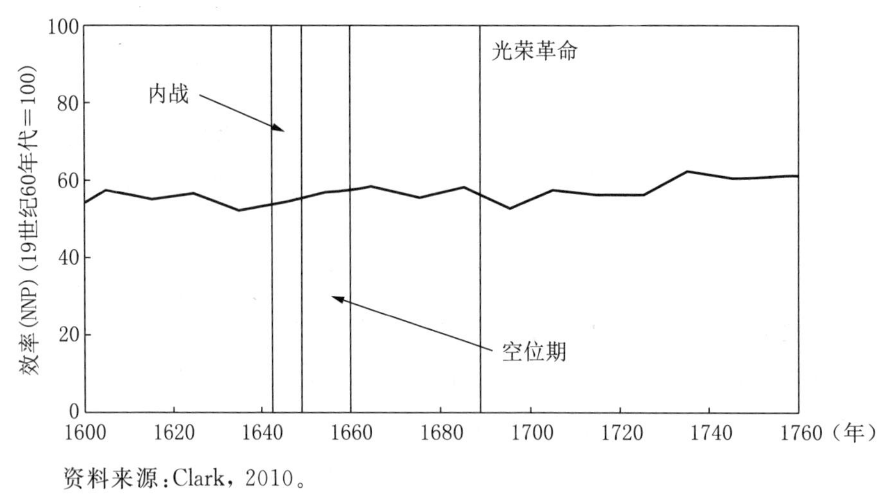

资料来源：Clark，2010。

图 3.6　1600—1770 年英格兰经济效率与政治变迁

此外，并没有迹象表明，光荣革命使得英格兰的私人投资的财产得到更好的保护。1689 年之后，私人资本在经济中的回报并没有偏离趋势(见 Clark，1996)。私人投资者似乎对政治变革漠不关心。1689 年后，政府债务的回报率大幅下降，到18世纪50年代已经下降至现代水平。这种下降无疑部分是由于1689年后政府强化征税权导致的。但是，几乎所有从这些税收中筹集到的资金都用于资助与法国长期斗争的英国海军，这场斗争直到1815年拿破仑在滑铁卢战败为止。因而几乎没有任何税收收入用于补贴创新、投资或教育。

我们确实看到，早在光荣革命或工业革命之前，社会就有稳定的代议性政治制度，如阿西莫格鲁和罗宾逊提到的包容性制度，但生产率却很少或根本没有进步。如上所述，1588—1795年的荷兰就是这样的一个政权。①虽然荷兰共和国的政治制度有其紧张、矛盾和周期性的不稳定，但领导层对城市和国家各级公民的需要作出了反应。市民本身主要是拥有财产的自由民。在大多数荷兰城市，你可以通过继承公民身份、娶一个公民的女儿、通过奖励或购买公民身份等形式成为公民。据估计，城市中大约一半的成年男性拥有公民身份，但大量农村人口基本上没有公民身份。②尽管镇议会不是像荷兰那样由公民正式选举产生的，它们也是从这个环境中抽调出来的，并受到诸如民兵等其他自由民组织的保护。因此，荷兰是一个典型的有产者民主国家，领导人尤其关心商人和制造业阶层的经济利益。

17世纪的荷兰只是许多欧洲早期赋予有产者选举权的社会之一。从 455
1223年到1797年，威尼斯是由公民和贵族代表组成的共和国，政策是为贸易和商业帝国发展需要而制定的。威尼斯发展成为地中海东部一个重要的贸易帝国，拥有克里特岛、塞浦路斯和达尔马提亚等殖民地和属地，并见证了玻璃等重要制造业的增长。但是，这些制度框架并没有反映在工业革命中所展现的那种持续的生产率进步上。

同样，汉萨同盟的自由城市也来自中世纪，当时的政策也强调贸易和商业的需要。例如，吕贝克在1226年就成为一个自由城市，但直到1937年才成为一个城邦。在1226年获得自由后，吕贝克建立了一个被称为“吕贝克法”的统治和政府体系，并扩展到许多中世纪汉萨同盟的其他波罗的海城市，如汉堡、基尔、但泽、罗斯托克和梅默尔。根据吕贝克法，城市由一个20

① 1581年荷兰《独立宣言》被认为是1776年美国《独立宣言》的前身。

② 详见Prak, 1997; van Zanden and Prak, 2006:121—122。

人委员会管理，该委员会从商人协会和其他城镇知名人士中任命自己的成员。因此，城市是由具有商业利益的领导人来管理的。虽然不是民主，但这是一个由利益集团组成的政府，它会促进商业和制造业的发展。在这样的统治下，汉萨城市通过大量的制造业企业从事造船、服装生产和贸易等变得富强起来。但同样，这与持续的技术进步也没有关系。①

知识产权

如果一般的产权不安全不能解释为什么工业革命迟迟没有发生以及为什么工业革命最终发生在英国的问题，那么更有效、更具体的解释是什么呢？难道原因仅仅在于所有早期社会都缺乏允许知识成为财产的制度吗？

在古罗马和古希腊，不存在你可以拥有思想或创新产权的概念。因此，在古罗马和古希腊社会中，当一位作者出版一本书时，没有任何法律或实践方法能够阻止著作的盗版。相反，任何人都可以免费复制手稿（在莎草纸卷上），这些抄袭者还可以随意修改和改变文本，以至于这些著作可以以新“作者”的名义重新印发。②人们普遍谴责这种盗版作品或盗用思想的不道德行为。但著作和发明并不被视为具有市场价值的商品。③人们通常认为，知识
456 产权的概念与中国封建社会的文化规范格格不入，中国第一部著作权法是1910年晚清时期在西方的压力下才出台的。然而其实在公元9世纪印刷术在中国普及后，就有一些对雕版印刷出版者的保护，只是在知识产权作为外来法律概念的情景中，这些似乎只是地方性的、特殊的保护（Ganea and Pattloch，2005：205—206）。

尽管古代欧洲人和中国人可能忽略了知识产权制度，但事实上，其早在工业革命之前就已经存在了。现代专利制度的雏形早在13世纪的威尼斯就已经存在了。到了15世纪，威尼斯开始定期颁发真正现代意义上的专利。

① 然而，对于为什么汉萨制度仍然不能算作现代增长所需要的制度，一些制度主义学者提出的论点，参见 Lindberg，2009。

② 在英格兰，这个问题至少持续到17世纪，出版商可以相当随意地盗版作者的作品。

③ 参见 Long，1991：853—857。

在 1416 年，威尼斯议会授予一个来自罗得岛的名叫弗朗西斯库斯·彼得里的外国人一种新型粉碎机的 50 年的专利权。到 1474 年，威尼斯专利法已经被编纂成法典。有证据显示，15 世纪的佛罗伦萨也有专利授予的实践。威尼斯人赋予创新成果以知识产权，对威尼斯著名的玻璃产业发展十分重要，这一举措在 16 世纪随着意大利玻璃工人向比利时、荷兰、英格兰、德国、法国和奥地利等其他国家的迁移而传播至这些国家。这些工人要求通过保护他们的贸易知识来作为在这些国家开辟生产活动的动力。因此，到了 16 世纪，所有主要欧洲国家，至少在特定的基础上，均给予创新者知识产权。它们希望通过这种方式吸引技术精湛的工匠移居过来。因此，正式专利制度的传播要比工业革命早至少 350 年。

尤其是荷兰，到 1590 年已经建立了一套运作完备的专利制度，尽管其人口稀少，但其专利发放速度却远远高于 17 世纪初期的英格兰。在荷兰黄金时期，其专利活动规模比 18 世纪大得多，但当时英格兰由于专利问题急剧上升，其专利流动已经大为减少(de Vries and van der Woude, 1997：345—348)。

因此，诺思及其研究伙伴认为，18 世纪英格兰专利制度所提供的产权保护优越性源于 1688—1689 年光荣革命之后所确立的议会高于国王的制度运作模式。1568—1603 年伊丽莎白一世统治时期引入专利制度，该制度由政府大臣监管。政治干预导致了对已经开发的技术的虚假垄断或对合法要求的否定。光荣革命之后，议会试图将专利监督权移交给法院来行使以避免这种情况。一般来说，只要没有其他当事人反对，法院就会批准任何专利注册。在 1791 年以前，没有一个欧洲主要国家拥有像英格兰那样正式的专利制度。但事实上，这种制度在资金和时间上都是出了名的昂贵，特别是当专利权人希望在苏格兰、爱尔兰以及英格兰同时得到保护时(Khan, 2008)。 457
申请必须得到伦敦的 7 家以及苏格兰和爱尔兰各 5 家的法院或政府机构的批准。申请依然甚至会因创新者在申请前已经出售过一台同类设备这样的技术性原因而被驳回。此外，如图 3.4 所示，虽然光荣革命使专利率短暂上升，但直到 18 世纪 60 年代，也就是光荣革命 75 年以后，专利率才呈现持续上升的态势。

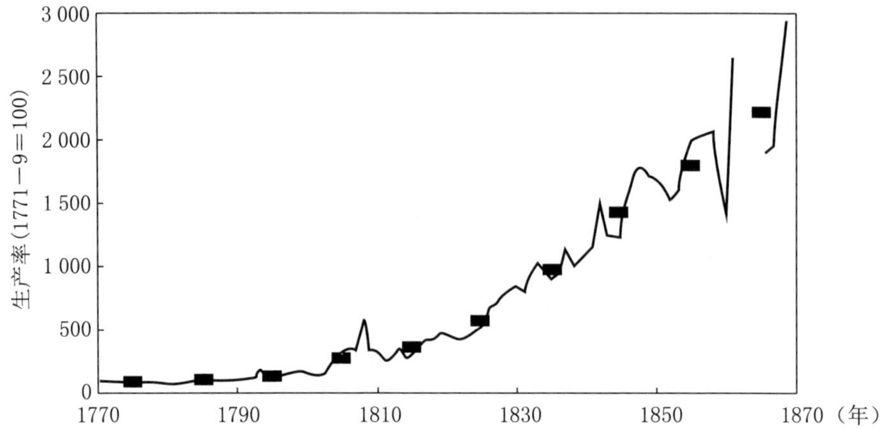

注:每个方格代表十年平均生产率。1862—1865年因棉花灾荒而剔除。
资料来源:棉布价格(Harley, 1998);劳动力成本、资本回报率(Clark, 2010)。

图3.7　1770—1869年棉纺织生产

另一个令人难以置信的关于知识产权的争论点是,在18世纪60年代及以后,英国创新者回报率增长的证据不足。例如,纺织业在工业革命时期处于技术变革的前沿。图3.7显示了以单位土地、劳动力和资本投入的棉花增加值衡量的棉布生产效率。从1770年到1869年,效率提高了22倍。然而,纺织业创新者的收益却微乎其微。例如,到19世纪60年代,仅棉纺织创新的价值,在英格兰每年就形成1.15亿英镑的额外产出。但这一额外产出价值中只有一小部分流入了创新者的手中。例如,表3.7显示了棉纺织品的主要创新者通过专利制度或其他创新手段所获得的收益。大多数专利提供的保护很差,创新者的主要收益是通过议会公共福利专案的申诉获得。此外,专利制度并未与政府干预相分离。原因在于,议会可以基于公共产品的角
458 度将专利权限延长到法定的14年以上,以充分奖励那些作出重大创新的人。詹姆斯·瓦特就是这种奖励模式的受益人。但是,就像过去一样,获得这种议会奖励取决于政治赞助。

从1770年到1870年,英格兰棉纺织品的生产率增长远远超过其他任何行业。但是,由于该行业的竞争性质和专利制度无力保护大多数技术进步,利润一直很低。棉织品是同质的。纱线和布料在批发市场出售,那里的质量差异很容易被买家察觉。相对于市场而言,棉纺织厂的有效规模一直很

表 3.7　工业革命中纺织品创新的收益

创新者	设　　备	结　　果
约翰・凯	飞梭,1733 年	因专利诉讼而贫困。房子于 1753 年被捣毁机器运动参与者破坏了。因贫困死于法国。
詹姆斯・哈格里夫斯	珍妮纺纱机,1769 年	专利被驳回。1768 年被捣毁机器运动参与者强迫驱离。1777 年死于济贫院。
理查德・阿克赖特	水力纺纱机,1769 年	1792 年去世时价值 50 万英镑。到 1781 年,其他制造商拒绝授予专利。1781 年后赚了大钱。
塞缪尔・克朗普顿	走锭精纺机,1779 年	不想申请专利。18 世纪 90 年代得到制造商的 500 英镑拨款,1811 年得到议会拨款的 5 000 英镑。
埃德蒙・卡特赖特神父	动力织布机,1785 年	专利毫无价值。工厂被捣毁机器运动参与者破坏了。1809 年得到议会拨款的 10 000 英镑。
理查德・罗伯茨	自动走锭精纺机,1830 年	专利收入几乎无法支付开发成本。1864 年死于贫困。

资料来源:Clark, 2007a: Table 12.2。

小。新加入者大量涌现。到 1900 年,英国大约有 2 000 家公司从事这个行业。企业通过雇用来自创新企业的熟练工人,来学习更好的技术。机器设计人员从运营中的公司那里学习改进的技术。因此,随着时间的推移,整个行业——资本货物制造商和产品推广商——在曼彻斯特地区越来越密集。到 1900 年,全世界 40%的棉制品产自曼彻斯特方圆 30 英里以内的地区。因此,这种技术进步的主要受益者最终成为两方:世界各地纺织品的消费者和纺织城镇集群的土地所有者,这些城镇从基本上毫无价值的农田变成了有价值的建筑工地。

该行业主要公司的利润率也提供了很好的证据,纺织业的大多数创新很快就从创新者那里流向其他生产者,而创新者却得不到任何回报。克尼克・哈利重构了工业革命早期一些比较成功的棉纺和纺织公司的利润率(Harley, 1998, 2010)。从 1796 年到 1819 年,"塞缪尔・格雷格及其合伙人"棉花纺纱厂的年平均利润为 11.7%,这与制造业等风险投资的正常商业

459 回报相当。考虑到这些年份中棉纺生产率的迅速提高，这表明无论引进什么创新，都会迅速地从一家公司传播到另一家公司。否则，像“塞缪尔·格雷格及其合伙人”这样的大公司就会获得比竞争对手更多的利润。

同样，从1801年到1810年，“威廉·格雷及其合伙人”公司每年的利润不到2%，这是一个负的经济利润率。棉纺行业的创新似乎是导致价格下跌的主要原因，几乎没有给正在进行创新的公司留下额外利润。从1777年到1809年，“理查德·霍恩比及其合伙人”公司从事的是手工织布行业，这个行业还没有任何基于技术进步的改变。然而，它的平均利润率为11.4%，与该行业创新企业的“塞缪尔·格雷格及其合伙人”公司一样高。

结论表明，棉织品的大量创新似乎并没有特别奖励创新者。只有少数人，比如阿克赖特和佩尔斯，变得非常富有。在英国，在1860—1869年经认证的留下50万英镑或更多遗产的379人中，只有17人从事纺织业，尽管在1760—1769年至1860—1869年这两个时间段之间，纺织业创造了经济中近一半的生产率增长(Rubinstein, 1981)。工业革命时期的经济在奖励创新方面极其糟糕。这就是为什么英国几乎没有什么基金会可以与美国的大型私人慈善机构和大学相匹敌——英国的创新者几乎没有得到什么回报。

在英国工业革命中，煤炭开采、钢铁和铁路等行业的创新也大致如此。例如，在工业革命时期，英格兰的煤炭产量激增。煤为家庭供暖，将矿石制成铁，为铁路机车提供动力。然而，还是无法与美国19世纪晚期的工业化过程中，石油、铁路和钢铁所创造的巨大财富媲美。

尽管工业革命时期的第一项重大创新由于行业的竞争性质，并没有带来多少超额利润，但第二项创新，即铁路，似乎提供了更多的可能性。铁路有内在规模经济。两个城市之间至少要建一条线路。一旦它被建立，竞争者要想进入，则必须至少建造第二条完整的线路。由于大多数城市都不能有效地支持多条线路盈利，因此由于排他性而获利似乎是可能的。

1830年利物浦-曼彻斯特铁路的成功——到19世纪40年代，这条铁路的股价已经是票面价值的两倍——激发了对铁路的长期投资。图3.8显示了从1825年到1869年英格兰铁路网络的快速增长，到那时，超过12 000英里的铁轨已经铺设在英格兰这一小片地区。这种投资和建设热情是如此高涨，以至于在1839年和1846年引发了所谓的“铁路狂热”(railway manias)。

但正如表 3.8 所示，进入市场的热潮迅速将利润率压低到非常温和的水平。到 19 世纪 60 年代，实际回报率，即实际投资的资本回报率，并不比非常安全的投资，如农田或政府债务高。虽然新的铁路线路最初往往具有地方垄断性质，但随着网络节点之间的额外连接增加，它们最终会不断相互竞争。

460

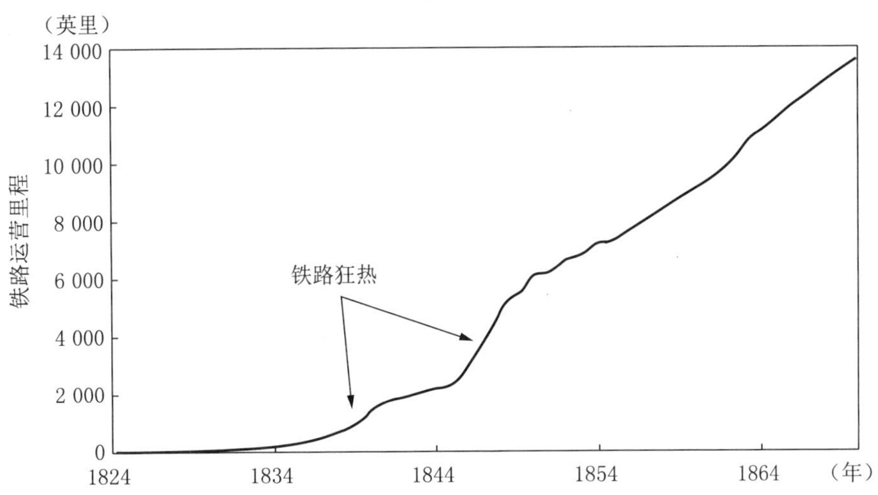

资料来源：Mitchell and Deane，1971：225。

图 3.8　1825—1869 年英格兰铁路建设

表 3.8　1860—1912 年英格兰铁路资本投资利润率

时　　间	回报率，英国(UK)(%)	回报率，大英帝国(British empire)(%)	回报率，国外线路(%)
1860—1869 年	3.8	—	4.7
1870—1879 年	3.2	—	8.0
1880—1889 年	3.3	1.4	7.7
1890—1899 年	3.0	2.5	4.9
1900—1909 年	2.6	1.6	4.4
1910—1913 年	2.6	3.1	6.6

资料来源：Clark，2007a：Table 14.7。

因此，举例来说，虽然大西部(Great Western)铁路可能控制了从伦敦到曼彻斯特的直达线路，但货物和乘客从东海岸到伦敦的行程则要依靠其他公司。利润再一次引发了模仿，这是不能排除的，任何超额的利润很快就被消除了。消费者再次成为主要受益者。正因为如此，在英国，不像在美国，只有很少的大学和主要的慈善机构是由私人捐助者资助的。[1]新的“工业神职人员”，即开发了英格兰煤田、铁路和运河的工程师，过着富裕但一般适度的生活。尽管他们的名字被载入史书——理查德·特里维西克、乔治·史蒂文森、罗伯特·史蒂文森、汉弗莱·戴维——但他们的事业所带来的社会回报却再一次所剩无几。火车的先驱理查德·特里西维克在1833年以贫民的身份去世。乔治·史蒂文森的贡献更大，他著名的“火箭”火车头在1829年的一次试验中，跑出了每小时15英里的速度（这在当时的陆地旅行中是
461 闻所未闻的速度）。但是，与他对铁路工程的巨大贡献相比，他在切斯特菲尔德的乡村别墅就微不足道了。但其他火车头公司也参与了这次著名的试验，很快，一群火车头制造商开始为铁路网供货。汉弗莱·戴维死时富有而显赫，但他从未为自己的煤矿安全灯申请过专利，而是免费为行业提供了这项创新。

工业革命时代的创新通常主要以降低价格的形式使消费者受益。随着煤炭产量的激增，面向消费者的实际价格稳步下降：18世纪的实际价格比19世纪60年代高出60％。在工业革命时期，英格兰的煤炭、钢铁和火车车厢都保持着高度的竞争力。专利制度对这些行业的大多数创新几乎没有提供保护，创新很快就从一个生产商流向了另一个生产商。

英格兰生产率下降最严重的纺织业，已成为世界各地纺织品的主要出口者，到工业革命时代结束时，约有一半的纺织品用于出口。因此，工业革命的大部分好处流向了国外。这意味着在工业革命时期，英格兰实际生活水平的增长要慢于国内生产总值的增长，因为国民支出的价格指数比国民产出的价格指数增长得更快。

关于上面所讨论的制度主义解释的一个引人注目的事情是，对于制度质量没有任何公认的度量标准。在物理科学中有一种信念，即对任何现象进行科学分析的基本要素是要有一个明确的、客观的、共享的测量系统。对于制度质量，没有统一的衡量标准。在这一标准上的制度主义者还停留在相

① 美国的工业化创造了更多的私人和家庭财富。

信燃素等早期理论的前科学世界。

思想与工业革命

为了寻找1800年的英格兰与1600年的荷兰或1800年的法国的不同之处，一些学者转向了文化。特别是，他们促进了思想对于孕育技术进步具有核心作用的认识。玛格丽特·雅各布支持的论点是，英国工业革命中技术进步的基础是应用牛顿科学的英国实业家、机械师和工程师。

> 事实摆在眼前，可以肯定的是，一些珍妮纺织机和纺锤制造商是半文盲，但总的来说，蒸汽和液压机的创造者、安装者和用户，运河的规划者和建设者——英国工业革命中的关键人物——都长于机械，并拥有一种独特的文化形象。(Jacob，2013:8)

同样，乔尔·莫基尔解释了1800年左右英格兰人的活力与1650年左右 462
荷兰人的停滞：

> 在17世纪和18世纪，帮助荷兰经济发展出前所未有的甚至是“令人尴尬的”财富的先进技术，仍然主要是工匠或应用工程师水平的传统的、实用主义的知识：机械师的聪明才智，精心设计的技术，但没有形成对更深层次的自然现象的认知基础。因此，技术进步进入了报酬递减阶段。(Mokyr，1999)

这种关于思想和文化形式的作用的命题本质上是难以检验的。举例来说，要衡量工业革命时期不同社会的教育水平很容易，但要衡量精英们接受过多好的牛顿科学思想的训练，或拥有多少力学原理基础，本质上就困难得多。

例如，雅各布对工业革命时期企业家和创新者的活动进行了详细的研究，展示了他们对机械原理的详细了解，以及在采用诸如蒸汽动力等技术时对细节的细致关注。汉弗莱·戴维就是这样一个典型的人物。他在远离主要教育中心的康沃尔长大，几乎没有接受过正规的科学教育，从未读完文法学校或上过大学。但他能够利用当地业余人士和专业人士的设备和图书馆自学，这些人把他置于他们的羽翼之下。因此，在他职业生涯的早期，他结识了詹姆斯·瓦特和韦奇伍德夫妇。虽然他没有从事煤炭工业的直接经验，但当被要求解决明火引起的地下沼气爆炸的问题时，他能够利用自己的科学经验，在 1815 年迅速创造出戴维灯。①

但与此同时，为了应对同样灾难性的地下爆炸，乔治·史蒂文森根据其他原理设计了一种安全灯。史蒂文森出身要卑微得多，在科学上也没有什么了不起的资历。他直到 18 岁才开始学习阅读。他是在一家煤矿当机工时学会技术的。但他后来成了一名成功的火车头设计师，后来设计了铁路信号灯，成为铁路时代之父。

在英国工业革命中，哪个人物更具有代表性：是沉浸于科学并受到启发的戴维，还是未受教育的实践者史蒂文森？牛顿科学文化或英国启蒙文化的支持者可以肯定地表明，那个时代的一些主要创新者是沉浸在机械科学和理性进步思想中的。但是，即使是对那些因为倾向于加入科学团体、发表文章和留下私人记录而获得了超出应有地位的个人来说，在大多数情况下也几乎不可能证明他们的工业成就是他们的科学兴趣的直接结果。因此，
463 从目前的资料来看，认为工业革命是 18 世纪英格兰一种特殊知识文化的产物的观点，在很大程度上是经不起检验的。

工业革命有多突然？是革命还是进化？

使得工业革命如此难以解释的一个原因是，大约 1800 年前后，各个经济体持续的、显而易见的效率进步突然出现。在这个时代，经济的所有其他因素似乎都在以一种非常缓慢的方式发展——在 1700 年至 1800 年，英格兰潜在的制度、政治和社会变量也发生了缓慢的变化，那么它们怎么会产生相对

① Jacob，2014：82—84，同样可以参见 Jacob，1997。

突然的工业革命呢？例如，图 3.9 显示了 1580—1920 年英格兰的识字水平。工业革命的确见证了男性识字率的小幅上升和女性识字率的大幅上升。但是，19 世纪末，在工业革命开始很久之后，识字率的提高幅度要大得多，也更为显著。对于男性来说，从 1650 年到 1800 年，识字率并没有明显提高。识字率的真实情况受这一时期经济中的许多潜在变量影响：工资、资本回报率、土地租金、运输成本、人口、预期寿命，等等。

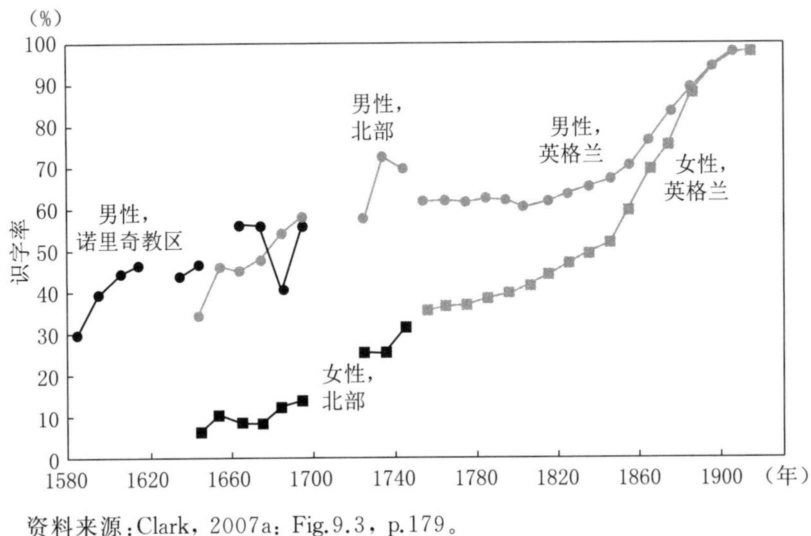

资料来源：Clark，2007a：Fig.9.3，p.179。

图 3.9　1580—1920 年英格兰识字水平

从经济的总体生产率水平来看，英格兰向现代增长过渡的速度之快似乎 464
与 1200 年至 1780 年的总体历史图景不符。在这一时期，英格兰是一个在教育、科学知识、航海和战争的技术能力以及音乐、绘画、雕塑和建筑方面都在不断进步的社会。1780 年的英格兰与 1250 年的英格兰已经大不相同，尽管主要以普通消费者的食物、衣服、住房、取暖和照明的消费量来衡量的生活水平，几乎没有什么变化。

造成这种不匹配的原因是，如上面在公式(3.4)中所指出的，国家生产率的增长将与个别部门的生产率提高相关联：

$$g_A = \sum \theta_j g_{Aj} \tag{3.6}$$

其中,g_{Aj}是按部门的生产率增长率,θ_j 是 j 在总体经济增加值中所占的份额。国家效率的提高是通过部门收益与该部门产出价值的加权来衡量的。因此,创新对国家生产率测量的影响在很大程度上取决于消费模式。

从国家层面看,1250—1780 年技术进步对生产率的影响微乎其微,因为购买这些商品的支出在前工业化经济中所占份额很小。例如,1450 年到 1600 年,印刷机使英格兰的纸质材料产量增加了 25 倍。这和 1770—1870 年棉布生产的巨大生产率增长相似。但在 17 世纪,用于印刷材料的花费在收入中所占的比例仅为 0.000 5,因此这种创新对全国范围内的生产率增长不值一提(Clark and Levin, 2001)。

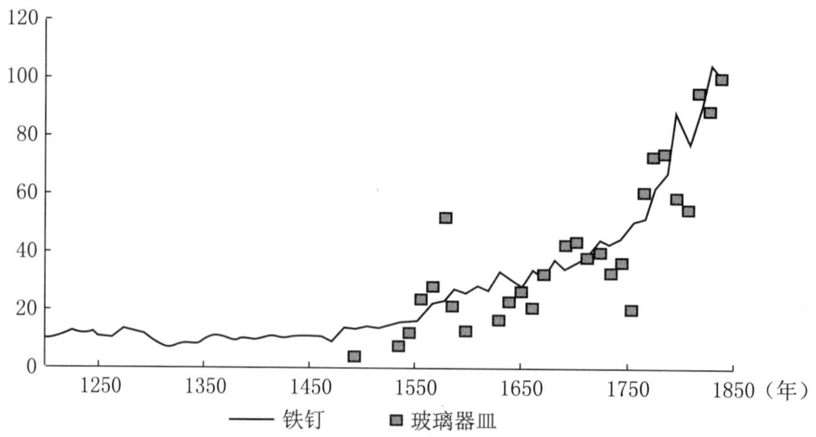

资料来源:Clark, 2010。

图 3.10 1250—1869 年间每十年钉子和玻璃器皿的生产率

我们可以在图 3.10 中看到,铁钉和玻璃器皿等制成品的生产在 1780 年以前也取得了显著的生产率进步。但是,这种效率的提高对国家生产率提高的贡献微不足道,因为在前工业化的英格兰,这些商品在总生产价值中所占的份额很小。铁钉的使用有限,而玻璃器皿只有最富有的群体才能享用。

465 此外,就许多通过技术进步提高生产效率的商品而言,没有统一的价格系列可供计算。例如,在 1250 年至 1780 年,英国等欧洲国家的军事技术取得了巨大进步。1780 年的步兵或者那个时期的海军舰艇将会把中世纪的同等力量的部队从战场上扫出去。1780 年的英国军队能很快击溃 1250

年的防御工事。而对于中世纪的大规模军队，1780 年的防御工事也是坚不可摧的。

例如，从中世纪的弩到 15 世纪晚期的火绳枪，再到 19 世纪的来复枪的演变见证了射击速度和射击威力的大幅提高。在 16 世纪，火绳枪只能维持每两分钟开一枪的速度(Shineberg，1971:65)。到 19 世纪早期的燧发枪，每分钟则能够开三枪(Townsend，1983:6)。但是，这一切都不会在传统的生产率衡量中得到反映。因为这些措施没有考虑到英国陆军和海军在这些年中已经变得更加暴力。

国家生产率的提升也没有考虑文学、音乐、绘画和新闻报纸质量等水平提升，这些数据也没有反映医学方面的进步，例如 1600 年至 1750 年孕产妇分娩死亡率降低了三分之一(Wrigley et al.，1997:313)。

这使得以经济领域中的创新和新思想数量计量的技术进步率，在工业革命取得突破之前便已长久增长成为可能。但是，在工业革命前的经济中，这些技术进步与大众消费需求之间的偶然性关联，造成了大约 1780 年技术中断的出现。假设在工业革命之前，创新是随机发生在不同的经济领域，例如枪支、火药、眼镜、玻璃窗、书籍、钟表、绘画、新建筑技术、航运和导航等领域的技术改进，但是非常偶然，所有这些创新都发生在小额支出领域。因此，在工业革命之前的那些时间里，经济中的技术动态变化不会在人均产出或者是生产率衡量中显现出来。

为了说明这一点，我们考虑一位消费者，假设他的品位接近现代大学教授的品位。与前工业时代的英格兰经济相比，他的消费更偏重于印刷材料、纸张、香料、葡萄酒、糖、工业品、火柴、肥皂和服装。根据他的消费情况，1250—1769 年的经济效率增长率与 1760—1869 年和 1860—2009 年相比会是什么样子？图 3.11 显示了结果，其中效率在垂直轴上作为对数尺度上的一个指标来进行度量，因此直线的斜率度量了效率增长率。现在，在 1300— 466
1770 年，一个大学教授消费的商品每年的效率增长率估计为 0.09%，紧随其后的是 1760—1870 年每年 0.6%的效率增长率和 1860—2010 年每年 0.9%的效率增长率。估计结果表明，在前工业化时期，效率进步仍然很缓慢，但在 1300—1870 年，效率提高了 50%以上。这仍然排除了上面讨论过的许多有益因素。因此，我们可以认为这一时期的经济正在经历一个从前工业时代增长率到现代增长率的更为漫长的过渡期(图 3.11)。

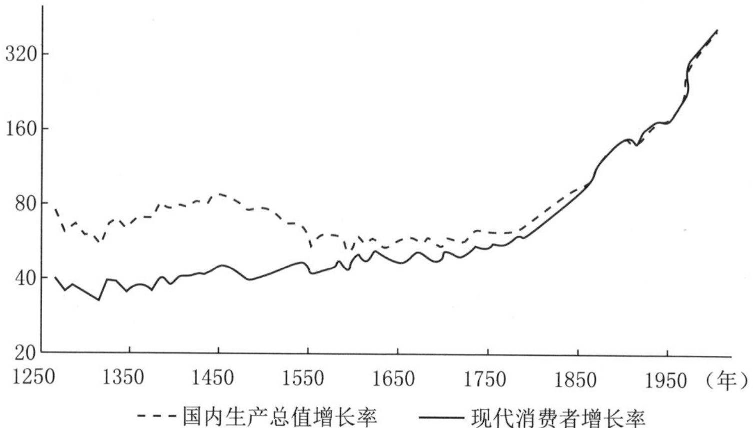

注:现代消费者的消费权重假定为前工业时代工人消费篮子的一半。另一半是由书籍(0.1)、制成品(0.1)、服装(0.1)、糖(0.03)、香料(0.03)、饮料(0.05)、火柴(0.05)、肥皂(0.02)和纸张(0.02)组成。

资料来源:Clark, 2010。

图 3.11　1250—2009 年以现代消费者的角度看英格兰经济效率

在这样的框架下,从中世纪或更早的时期开始,技术进步就已经具备了向更高水平过渡的可能性。我们可以把工业革命看作一场起源早于 1780 年的更具有进化意义的事件。我们也可以认为 17 世纪的荷兰在绘画等技术上已经取得了某些重大的进步,尽管这些进步在总体经济效率测量中没有留下什么痕迹。

人的变化

有两件事表明,我们或许应该把人的变化视为工业革命的源泉。第一,即使在中世纪的英格兰,创新也没有遭遇制度或社会障碍。中世纪的经济在很大程度上已经是一个相当自由放任的体系,税收适度,对技术变革几乎没有形成有效的宗教或社会障碍。第二是工业革命时期创新回报适度上升的迹象。如果创新的障碍没有改变,英格兰的经济回报依然适度,并不比 17

世纪的荷兰或18世纪的法国高，那么或许这种转变是由经济主体的愿望和能力的变化所驱动的。 467

也有证据表明，在1200—1800年，英格兰国内经济主体的行为发生了重大变化。其中有四个变化非常引人注目：潜在利率显著下降显示出的不耐烦程度的下降，识字率和计算能力的提高，人与人之间冲突的减少，以及工作时间的增加。与前工业化时代的标准相比，他们的识字率和计算能力都很高。即使是过去伟大的文明，如罗马帝国或意大利文艺复兴时期的城邦国家，其识字率和计算水平与工业革命前夕的西北欧相比也低得惊人。不过，虽然从上面表3.6中，我们可以通过识字率和计算能力将工业革命时期的英格兰与早期社会区分开来，甚至可以与1800年的日本和中国区分开来，但是我们不能用这些来解释为什么英格兰能够在许多西欧社会中脱颖而出，成为工业革命的发源地。

关于计算能力和识字率在工业革命中的作用，另一个值得注意的问题是，根据观察到的教育回报率，像英格兰这样的国家，在工业革命时期增加的投资不能解释更快的生产率增长率。因此，为了体现人力资本投资，我们可以将公式3.1修改为：

$$g_y = a_k g_k + a_h g_h + g_A \tag{3.7}$$

其中，a_h 是人力资本投资占收入份额，g_h 为人力资本存量的增长率。但如图3.9所示，1760—1860年英格兰人力资本存量增长率非常缓慢，每年不到0.4%。即使我们将工业革命时期，英格兰60%的工资收入中的三分之一归因于人力资本，这也将意味着人力资本投资每年仅提高了0.08%的收入增长率。如果人力资本处于工业革命的核心，那一定是因为人力资本投资具有显著的外部利益，正如卢卡斯(Lucas, 1988)所假设的那样。

我们发现了一些有趣的证据，表明在大多数早期经济体中，即使是富人的平均计算能力和识字率也低得令人吃惊。例如，一个罗马帝国的埃及富裕地主——伊西多鲁斯·奥勒留斯——在公元308—309年不到两年的时间里，不同的法律文件分别宣称他的年龄为37岁、40岁、45岁和40岁。很显然，伊西多鲁斯并不清楚对自己的实际年龄。其他资料显示他是个文盲(Duncan-Jones, 1990：80)。罗马上层社会成员也普遍不知道他们自己的真实年龄，在现存的墓碑上记载的他们的年龄声明就是证据。在年龄被准确记录的人口中，20%的被记录者的年龄记录在他们 5 岁或 10 岁时结束。我们可以构建一个分数变量 Z 来度量“年龄堆积”程度，其中 $Z=\frac{5}{4}(X-20)$，X 是年龄声明结束于 5 岁或者 10 岁的百分比。Z 度量的是不知道自己真实年龄的人的比例，在现代社会中，这与文化程度也有相当好的相关性。

468 **表 3.9　年龄堆积**

地　点	时间(年)	类型	数字盲率(%)
古罗马	1—300	全部	46
中世纪英格兰	1270—1370	地主	61
佛罗伦萨城镇	1427	城镇	32
佛罗伦萨属地	1427	农村	53
科夫堡，英格兰	1790	城镇	8
阿德利，英格兰	1796	农村	30

资料来源：Clark，2007a：Table 9.4，p.178。

在那些富有到可以在罗马帝国用刻有铭文的墓碑来纪念的人中，通常有一半人的年龄是未知的。年龄认知率确实与罗马帝国的社会阶层有关。超过 80%的公职人员的年龄似乎已经被他们的亲属所知道。我们还可以通过人口普查来了解年龄认知率的发展，如表 3.9 所示。其中最早的一些发生在中世纪的意大利，包括 1427 年著名的佛罗伦萨财产登记(catasto)。尽管当时的佛罗伦萨是世界上最富有的城市之一，也是文艺复兴的中心，但只有 68%的成年城市居民知道自己的年龄。中世纪英格兰人的年龄认知率更低。针对国王享有某些封建权利的土地的所有者的死后调查结果显示，只有 39%的案例中财产继承人的确切年龄是可知的。相比之下，1790 年对英格兰的多塞特郡科夫堡的人口普查显示，只有 8%的人不知道自己的年龄，那里 1 239 名居民中大部分是劳动者。1790 年，年龄认知率与社会阶层划分有关，地位较高的家庭拥有普遍知识，而穷人的年龄认知率较低。但科夫堡和埃塞克斯郡阿德利的穷人与罗马帝国的官员一样，对年龄有着相似的认知率。

罗马墓碑上的年龄记录呈现的另一个特点是，许多成年人的年龄似乎被大大夸大了。因此，尽管我们知道古罗马人的预期寿命大约在20—25岁之间，但墓碑上记录的死亡年龄往往高达120岁。例如，在北非的墓碑记录中，3%的死者享年100岁或以上(Hopkins, 1966:249)。这3%的人几乎都比记录中的年龄要小20—50岁。然而，他们的后代在记录这些神话般的年龄时并没有发现任何不可信之处。相比之下，科夫堡的人口普查记录显示的最高年龄为90岁，完全符合当时英格兰农村人口的预期寿命。

那么，为什么在工业革命之前的几个世纪里，教育水平有所提高呢？前面提到的从马尔萨斯停滞到现代增长的发展历程中许多经济模式的一个主题是，随着我们进入现代社会，家庭中出现了从追求子女数量到追求子女质量的转变，或至少是实现这种转变的渴望(例子参见 Galor and Weil, 2000; Galor, 2011)。这一主题的驱动因素是，通过对各个国家的横截面数据的观察发现，高收入、高学历的社会中，每个妇女生育的孩子很少。此外，在高收 469
入社会中，如在1890年到1980年这个期间，低收入家庭有更多的孩子。

这些理论在模拟英国工业革命的现实世界时面临着许多挑战。第一个挑战是，这些理论总是以孩子能够活到成年为前提。在大多数现代社会，儿童存活率很高，因此，在实践中，出生率和存活率几乎是相等的。但是在所有已知的前工业化社会，包括前工业化的英格兰，大量的儿童甚至活不过第一年。在这些情况下，区分出生的孩子和存活的孩子就变得非常重要。以出生率来衡量，马尔萨斯社会的生育率很高，平均每个妇女活到50岁，生育5个孩子。但是在这样的社会中，平均只有2个孩子能活到成年。

此外，由于在前工业化社会中未成活的儿童往往死得相当早，家庭儿童人数通常都在3个或3个以下。例如，1700—1724年在英格兰出生的1 000名儿童中，将近200人在6个月内死亡(Wrigley et al., 1997)。前工业革命时期的家庭看起来与美国20世纪五六十年代高增长时期的家庭十分相似。因此，前工业化时期的家庭和现代家庭一样，在子女数量和质量方面面临着非常相似的取舍。从某种意义上来说，从前工业化时期到现代社会，生育率没有发生任何变化。

该理论面临的第二个挑战是，在英格兰，妇女从高生育率向低生育率的转变并非发生在工业革命开始时，而是发生在100年后的19世纪80年代，即在生产率发生根本性改变之后,1880 年以前,英格兰生育率在总体水平上没有任何下降。①而恰恰相反的是,如图 3.12 所示,妇女的生育率和净生育率上升恰逢英国工业革命时期。

该理论面临的第三个挑战是,在工业革命前,英格兰净生育率与家庭财富或职业地位之间存在强烈的正向相关关系。例如,图 3.13 显示了 1520 年至 1879 年以 20 年为时间段划分的英格兰已婚男性立遗嘱时在世子女数量,整个样本根据三分位数分类法,遗嘱按照财富规模被划分为三类。财富最少的三分之一的样本死时财富仍超过中位数。如图 3.13 所示,他们的隐含净生育率与英格兰男性总体生育率相似。但 1780 年之前结婚的顶级富豪平均能有 3.5—4 个幸存子女。在前工业时期的英格兰,受教育程度最高、经济上最成功的男性是那些后代最多的人。将这些人与教区的出生记录进行
470 比对,结果表明,孩子存活数量上的这种优势主要是因为富人的妻子生育能力更强。她们的总生育率也同样较高。博贝格-法兹里奇(Boberg-Fazlic et al., 2011)对 1538—1837 年英格兰教区记录的总生育率所进行的独立研究证实了 1780 年前经济状况与生育率之间的这种正相关关系。

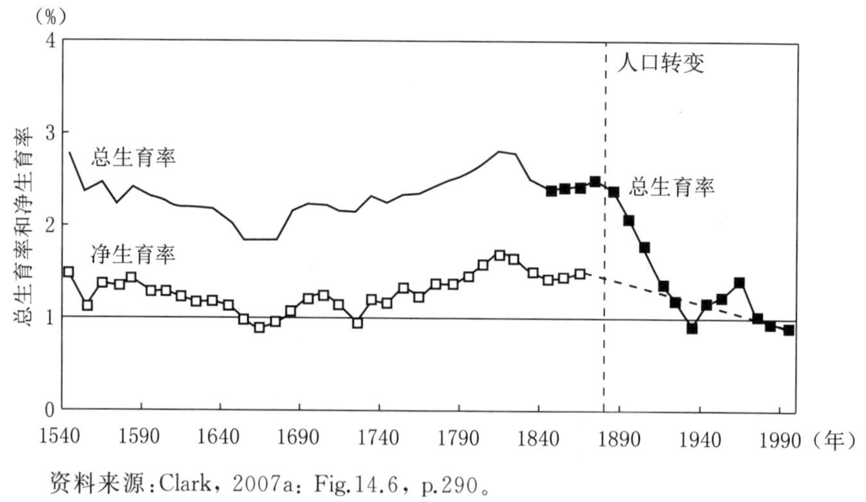

资料来源:Clark, 2007a: Fig.14.6, p.290。

图 3.12 1540—2000 年英国生育史

① 法国是唯一一个从 18 世纪后期开始出现生育率下降的国家,当然,就经济增长的开端而言,法国落后于英国。

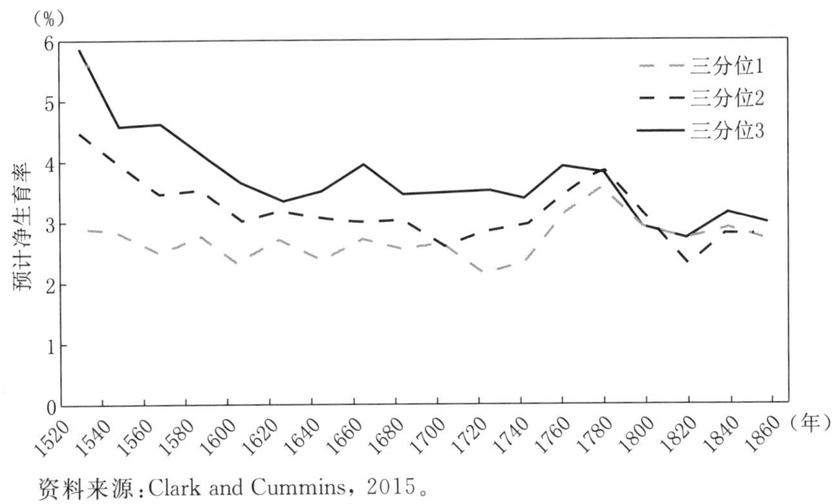

资料来源：Clark and Cummins，2015。

图 3.13　1520—1879 年按财富规模和婚姻组列的净生育率

对于 1780 年至 1879 年的婚姻来说，这种由富裕而受过教育的人形成的高生育率模式要弱得多。然而，在工业革命时期的大部分时间里，生育率与教育、地位或财富之间存在微弱的正相关关系。图 3.14 显示了这种模式的

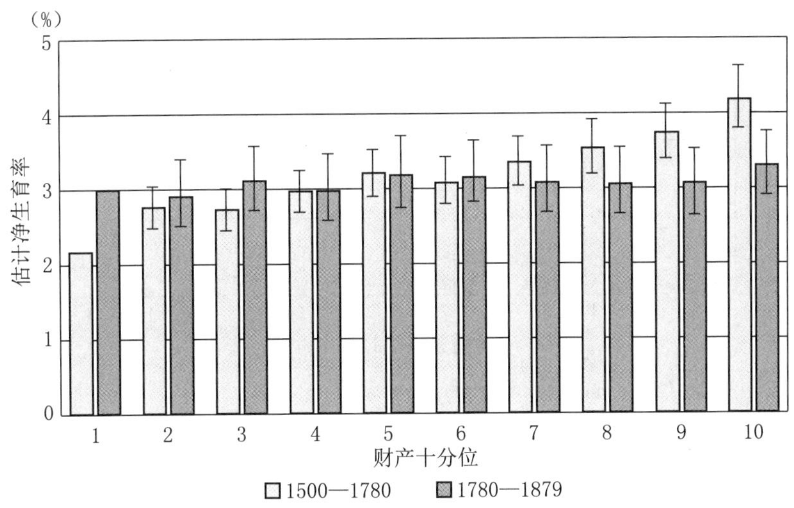

注：柱状图顶部的线条表示相对于资产收入最低的十分位数，各组的净生育率的 95%置信区间。所有资产均按照死亡年份的平均工资水平进行标准化(Clark，2010)。

资料来源：Clark and Cummins，2015。

图 3.14　1500—1779 年和 1780—1879 年按照财富十分位分类的婚姻净生育率

471 转变，按财富十分位数对已婚男性进行分组，工业革命时期英格兰的高总体生育率意味着即使是较富裕的家庭，其完整的家庭规模仍然很大。

英格兰总生育率水平的下降推迟到工业革命之后的事实，对那些试图通过子女质量与数量的权衡和人力资本水平不断上升来解释工业革命的理论来说，是一个巨大的挑战。因为这意味着，工业革命的推动者通常仍然来自比现代社会大得多的家庭。例如，图 3.15 显示了 1770 年至 1879 年英国富裕阶级的完婚家庭规模，这里的完婚家庭规模指的是有至少 21 岁的后代。虽然现代中产阶级的欧洲人或美国人平均只有一个或更少的兄弟姐妹，但是这种家庭规模显示，1900 年以前出生的中产阶级英格兰人平均有四个或更多的兄弟姐妹。在工业革命中取得突破的工程师和创新者，通常来自对于现代标准来说非常庞大的家庭。因此，用任何子女质量和数量的权衡来解释工业革命的尝试似乎都走进了一条死胡同。

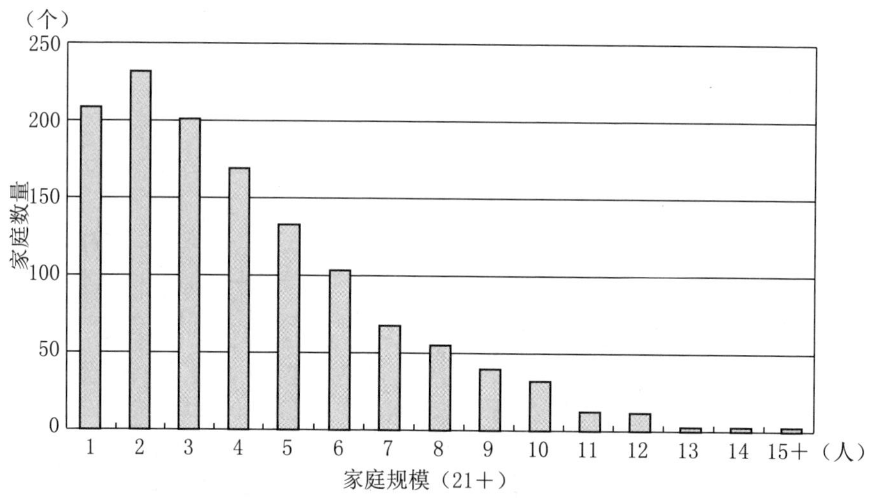

资料来源：Clark and Cummins，2015。

图 3.15　1770—1879 年英格兰上层阶级家庭人口分布图

工业革命繁荣时期的英格兰仍然有很多大家庭的原因之一可能是，没有迹象表明子女数量对他们孩了的质量有很大影响。对于这些较为富裕的家庭来说，衡量人力资本质量的一个标准就是他们是否就读于牛津大学或剑桥大学，尽管这仅限于男孩。因此，我们可以估计回归的系数，其中 *DOXB*

是就读牛津或剑桥大学的指标变量，t 是代际数，$Wealth$ 是死亡时的财富，N 472
是兄弟姐妹的数量。b_1 和 b_2 的估计值均为正且显著。本身就读于牛津大学或剑桥大学的富裕父亲更有可能生下就读于牛津大学或剑桥大学的儿子。但家庭规模的系数与 0 之间无显著差异。也就是说，在教育领域，没有迹象表明子女的数量与质量之间是可以进行比较和权衡的。

$$DOXB_{t+1}=a+b_1 DOXB_t+b_2\ln(Wealth)_t+b_3 N+e_t$$

寿命是衡量子女素质的另一个标准。例如，在这个样本中，在牛津大学或剑桥大学就读的儿子平均比不在这两所大学就读的儿子多活近 4 年。所以我们也可以估计家庭规模对寿命的影响，在这个例子中，我们也可以包括女儿。因此，我们估计回归系数：

$$AGE_{t+1}=a+b_0 DFEM_t+b_1 PAGE_t+b_2 N+e_t$$

其中，AGE 是子女死亡年龄（21 岁以上），$DFEM$ 是女儿死亡年龄，$PAGE$ 是父母死亡的平均年龄，N 是兄弟姐妹的数量。$PAGE$ 与 AGE 有显著相关性，但家庭规模对子女死亡年龄无显著影响。

我们衡量后代的最后一个标准是死亡时的财富规模。在这里，家庭规模确实发挥了一定作用。我们通过回归系数估计来估计家庭规模对财富的影响：

$$\ln W_{t+1}=b_0+b_1\ln W_t+b_2\ln N+b_3 DFALIVE+e_t$$

其中，N 代表家庭规模，W 代表财富，$DFALIVE$ 表示父亲在儿子死亡
时仍然活着，因此，这是一个控制变量，意味着儿子可以从父亲那里获得的 473
财富较少，这样的儿子往往也更年轻。在这些数据中，财富会随着年龄的增长而无变化递增，直到男性远远超过 60 岁。根据这个公式，b_2 是父亲留下的幸存子女数量的函数中儿子资产收入的弹性系数。N 表示样本中父亲和孩子的年龄从 1 到 17 不等。系数 b_1 表明父亲和儿子的财富与父亲家庭规模的大小有直接联系。

相对于财富规模来说，子女数量的系数是负值，且具有强烈的统计学意义。对于儿子来说，估计值是 -0.43。然而，它的绝对值远小于 -1。这意味着，虽然额外的子女减少了每个兄弟姐妹至死亡时所能获得的财富规模，但遗产不能成为决定这些子女死亡时财富规模的主要因素。富有的父亲往往

不完全依赖馈赠给孩子的实际预期的遗产来养育富有的孩子。

因此，在工业革命时代，我们发现受教育阶层的家庭规模仍然很大，但似乎对孩子没有什么影响，除了在他们死后财富被一定程度地稀释。因此，没有任何迹象表明，工业革命是由任何减少家庭规模和相应提高儿童素质的行为推动的。这场革命在很大程度上是在一个对于受教育人口而言平均家庭规模较大的社会中出现的。

在工业革命时期，英格兰的生育率从工业革命前水平过渡到现代生育率水平这一事实，对于那些试图在子女质量-数量框架内解释工业革命的人来说，是一个巨大的挑战。由于其中一些模式，如在最近几年发现的前工业化时期的英格兰财富与生育率之间的强正向相关关系，许多模型未能捕捉到生育率转变的根本特征（Clark and Cummins，2015；Boberg-Fazli et al.，2011）。

那么，如果家庭规模的变化并不重要，为什么1800年以后英格兰的经济主体更有效率呢？我曾（Clark，2007a）假定，1250—1800年，英格兰的富人生育率过高，这本身可能是改变前工业时代人口特征的一个因素。我们知道，纵观英国历史，孩子和他们的父母在经济上的成功有着密切的联系。那么，随着一代又一代的人口构成转向经济成功人士的子女，这是否会提高社会的总体经济能力呢？如果对这个问题进行充分的讨论，就会使我们脱离工业革命的这个具体问题。但这仍然是一个有趣的可能性，我们现在观察到的社会都有各自的深刻历史，一系列的社会条件在几千年中继续发挥作用并影响它们当前的可能性和能力。

结　语

工业革命仍然是历史上最大的谜团之一。一方面，变化是非常清晰和容易描述的。在经历了几千年的极端低速的技术发展之后，英格兰在工业革
474 命中向现代科技进步迈出了一大步。但是，为什么这个与延续了千年的模式截然不同的巨大变化会发生在欧洲边缘一个拥有600万人口的小岛上，直到今天仍然是个谜。经济学家试图从制度和激励机制的角度为这种变化

建立模型,但到目前为止,基本上没有成功。当时,制度上的变化以及由此产生的激励措施似乎对英格兰的转型没有起到多大作用。而这些变化也能推导出工业革命会发生在17世纪早期的荷兰这样的结论。也没有迹象表明,大约在1780年左右,潜在的经济参数会发生任何重大变化,从而导致个人行为的改变。

在工业革命之前的500年里,英格兰有明显的迹象表明,经济主体的基本行为发生了变化,这些变化可以解释技术进步速度的提高。例如,英格兰的基础利率从1300年的10%下降到1770年的4%。但是,是什么原因导致了这些变化仍然是个谜。这些变化发生在英格兰上层阶级家庭规模明显下降之前,因此它们并不代表现代增长理论家所钟爱的子女数量与质量权衡的理论。有一种有趣的可能性是,它们是工业革命前马尔萨斯人口统计制度固有逻辑的结果,该制度预测,任何在经济上取得成功的社会,在人口统计上也会取得成功。但是要解释英格兰的工业革命,必须证明这个过程在英格兰比其他社会更先进。这是一个有待研究的问题。例如,我们知道,在清朝的中国,类似的马尔萨斯人口统计过程正在发挥作用,但我们还不能确定其在中国的影响力是否低于英格兰。

因此,在工业革命首次出现250年后,它仍然是人类历史上一个巨大的谜题,是对未来几代计量史学研究人员的一个挑战。

参考文献

Acemoglu, D. and Robinson, J.A.(2012) *Why Nations Fail: the Origins of Power, Prosperity, and Poverty*. New York: Crown Publishers.

Acemoglu, D., Robinson, J.A. and Johnson, S. (2001) "The Colonial Origins of Comparative Economic Development: an Empirical Investigation", *Am Econ Rev*, 91, pp.1369—1401.

Acemoglu, D., Robinson, J.A. and Johnson, S. (2002) "Reversal of Fortune: Geography and Institutions in the Making of the Modern World", *Q J Econ*, 117, pp.1231—1294.

Acemoglu, D., Johnson, S. and Robinson, J.A. (2005) "The Rise of Europe: Atlantic Trade, Institutional Change and Economic Growth", *Am Econ Rev*, 95, pp.546—579.

Aglionby, W. (1669) "The Present State of the United Provinces of the Low-Countries as the Government, Laws, Forces, Riches, Manners, Customes, Revenue, and Territory of the Dutch in Three Books: Collected by W.A. Fellow of the Royal Society, London 1669", http://gateway.proquest.com/openurl?ctx_ver=Z39.88-2003&res_id=xri:eebo&rft_id=xri:eebo:image:64416.

Allen, R.C. (2009) *The British Industrial Revolution in Global Perspective*. Oxford: Oxford University Press.

475 Boberg-Fazlic, N., Sharp, P. and Weisdorf, J. (2011) "Survival of the Richest? Testing the Clark Hypothesis Using English Pre-industrial Data from Family Reconstitution Records", *Eur Rev Econ Hist*, 15(3), pp.365—392.

Bresnahan, T. F. and Trajtenberg, M. (1996) "General Purpose Technologies: Engines of Growth? " *J Econ Ann Econ*, 65, pp.83—108.

Broadberry, S., Campbell, B., Klein, A., Overton, M. and van Leeuwen, B. (2014) *British Economic Growth, 1270—1870*. Cambridge: Cambridge University Press.

Clark, G. (1996) "The Political Foundations of Modern Economic Growth: England, 1540—1800", *J Interdiscip Hist*, 26, pp.563—588.

Clark, G. (1998) "Commons Sense: Common Property Rights, Efficiency, and Institutional Change", *J Econ Hist*, 58(1), pp.73—102.

Clark, G. (2005) "The Condition of the Working-class in England, 1209—2004", *J Polit Econ*, 8 113(6), pp.1307—1340.

Clark, G. (2007a) *A Farewell to Alms: a Brief Economic History of the World*. Princeton: Princeton University Press.

Clark, G. (2007b) "A Review of Avner Greif's, Institutions, and the Path to the Modern Economy", *J Econ Lit*, 45, pp.727—743.

Clark, G. (2010) "The Macroeconomic Aggregates for England, 1209—2008", *Res Econ Hist*, 27, pp.51—140.

Clark, G. and Cummins, N. (2015) "Malthus to Modernity: Wealth, Status, and Fertility in England, 1500—1879", *J Popul Econ*, pp.3—29.

Clark, G. and Cummins, N. (2014) "The Child Quality-quantity Tradeoff and the Industrial Revolution", Working paper, University of California, Davis.

Clark, G. and Jacks, D. (2007) "Coal and the Industrial Revolution, 1700—1869", *Eur Rev Econ Hist*, 11(1), pp.39—72.

Clark, G. and Jamelske, E. (2005) "The Efficiency Gains from Site Value Taxes: the Tithe Commutation Act of 1836", Explor Econ Hist 42(2), pp.282—309.

Clark, G. and Levin, P. (2001) "How Different was the Industrial Revolution? The Revolution in Printing, 1350—1869", Working paper, University of California, Davis.

Crafts, N. F. R. (1985) *British Economic Growth during the Industrial Revolution*. New York: Oxford University Press.

Crafts, N.F.R. and Harley, C.K. (1992) "Output Growth and the Industrial Revolution: a Restatement of the Crafts-Harley view", *Econ Hist Rev*, 45, pp.703—730.

De Vries, J. (1978) "Barges and Capitalism: Passenger Transportation in the Dutch Economy, 1632—1839", *A.A.G. Bijdragen*, no.21. Wageningen.

De Vries, J. (2000) "Dutch Economic Growth in Comparative Historical Perspective, 1500—2000", *De Economist*, 148, pp. 443—467.

De Vries, J. and van der Woude, A. M. (1997) *The First Modern Economy. Success, Failure, and Perseverance of the Dutch Economy from 1500 to 1815*. Cambridge: Cambridge University Press.

Deane, P. and Cole, W.A. (1962) *British Economic Growth 1688—1959*. Cambridge: Cambridge University Press.

DeLong, B. J. and Shleifer, A. (1993) "Princes and Merchants: European City Growth before the Industrial Revolution", *J Law Econ*, 36, pp.671—702.

Duncan-Jones, R. (1990) *Structure and Scale in the Roman Economy*. Cambridge: Cambridge University Press.

Freist, D. (2012) "The 'Dutch Century'", in European History Online(EGO). Leibniz Institute of European History(IEG), Mainz.

Galor, O. (2011) *Unified Growth Theory*. Princeton: Princeton University Press.

Galor, O. and Weil, D.N. (2000) "Population, Technology and Growth: from Malthusian

Stagnation to the Demographic Transition and beyond", *Am Econ Rev*, 90, pp.806—828.

Ganea, P. and Pattloch, T. (2005) *Intellectual Property Law in China*, Vol.11, Max Planck Series on Asian Intellectual Property Law. New York: Kluwer.

Greif, A. (2006) *Institutions and the Path to the Modern Economy: Lessons from Medieval Trade*. Cambridge: Cambridge University Press.

Harley, C. K. (1998) "Cotton Textile Prices and the Industrial Revolution", *Econ Hist Rev*, 51(1), pp.49—83.

Harley, C.K. (2010) "Prices and Profits in Cotton Textiles during the Industrial Revolution", University of Oxford Discussion Papers in Economic History, #81.

Hopkins, K. (1966) "On the Probable Age Structure of the Roman Population", *Popul Stud*, 20(2), pp.245—264.

Jacob, M. (1997) *Scientific Culture and the Making of the Industrial West*. Oxford: Oxford University Press.

Jacob, M. (2013) "How to Think about Culture in Relation to Economic Development", Working paper, LSE.

Jacob, M. (2014) *The First Knowledge Economy: Human Capital and the European Economy, 1750—1850*. Cambridge: Cambridge University Press.

Khan, Z. (2008) "An Economic History of Patent Institutions", in Whaples, R. (ed.) EH. Net Encyclopedia. http://eh.net/encyclopedia/an-economic-history-of-patent-institutions/.

Lindberg, E. (2009) "Club Goods and Inefficient Institutions: Why Danzig and Lübeck Failed in the Early Modern Period", *Econ Hist Rev N Ser*, 62(3), pp.604—628.

Long, P. (1991) "Invention, Authorship, 'Intellectual Property', and the Origin of Patents: Notes towards a Conceptual History", *Technol Cult*, 32, pp.846—884.

Lucas, R. (1988) "On the Mechanics of Economic Development", *J Monet Econ*, 22, pp.3—42.

Malthus, T.R. (1798) *An Essay on the Principle of Population*. London: J. Johnson.

McCloskey, D.N. (1981) "The Industrial Revolution: 1780—1860, a Survey", in Floud, R. and McCloskey, D. (eds.) *The Economic History of Britain since 1700*. Cambridge: Cambridge University Press, pp.103—128.

Mill, J. (1821) *Elements of Political Economy*. London: Baldwin, Cradock and Joy.

Mitchell, B.R. (1988) *British Historical Statistics*. Cambridge: Cambridge University 476
Press.

Mitchell, B.R. and Deane, P. (1971) *Abstract of British Historical Statistics*. Cambridge: Cambridge University Press.

Mokyr, J. (1999) "The Industrial Revolution and the Netherlands: Why did it not Happen?" Prepared for the 150th Anniversary conference organized by the Royal Dutch Economic Association, Amsterdam, 1999.

Mokyr, J. (2003) "Long-term Economic Growth and the History of Technology", in Aghion, P. and Durlauf, S. (eds.) *Handbook of Economic Growth*. Amsterdam: Elsevier.

Mokyr, J. (2012) *The Enlightened Economy. An Economic History of Britain 1700—1850*. New Haven: Yale University Press.

North, D.C. (1981) *Structure and Change in Economic History*. New York: Norton.

North, D.C. (1994) "Economic Performance through Time", *Am Econ Rev*, 84(3), pp.359—368.

North, D.C. and Thomas, R.P. (1973) *The Rise of the Western World*. Cambridge: Cambridge University Press.

North, D.C. and Weingast, B.R. (1989) "Constitutions and Commitment: Evolution of Institutions Governing Public Choice in Seventeenth Century England", *J Econ Hist*, 49, pp.803—832.

North, D.C., Wallis, J.J. and Weingast, B.R. (2012) *Violence and Social Orders: a Conceptual Framework for Interpreting Recorded Human History*. Cambridge: Cambridge University Press.

Overton, M. (1985) "The Diffusion of Agricultural Innovations in Early Modern England: Turnips and Clover in Norfolk and Suffolk, 1580—1740", *Trans Inst Br Geogr N Ser*, 10(2), pp.205—221.

Overton, M. (1991) "The Determinants of Crop Yields in Early Modem England", in Campbell, B. M. S. and Overton, M. (eds.) *Land, Labour and Livestock*. Manchester: Manchester University Press, pp.284—322.

Pomeranz, K. (2000) *The Great Divergence: China, Europe and the Making of the Modern World Economy*. Princeton: Princeton University Press.

Prak, M. (1997) "Burghers, Citizens and Popular Politics in the Dutch Republic. Eighteenth Century", *Stud*, 30(4), pp.443—448.

Reis, J. (2005) "Economic Growth, Human Capital Formation and Consumption in Western Europe before 1800", in Allen, R.C., Tommy, B. and Martin, D. (eds.) *Living Standards in the Past: New Perspectives on Well-being in Asia and Europe*. Oxford: Oxford University Press, pp.195—226.

477 Ricardo, D. (1821) *On the Principals of Political Economy and Taxation*, 3rd edn. London: John Murray.

Romer, P.M. (1986) "Increasing Returns and Long-run Growth", *J Polit Econ*, 94, pp.1002—1037.

Rosenthal, J-L. (1992) *The Fruits of Revolution, Property Rights, Litigation and French Agriculture (1700—1860)*. Cambridge: Cambridge University Press.

Rubinstein, W.D. (1981) *Men of Property: the Very Wealthy in Britain since the Industrial Revolution*. London: Croom Helm.

Shineberg, D. (1971) "Guns and Men in Melanesia", *J Pac Hist*, 6, pp.61—82.

Smith, A. (1776) *An Inquiry into the Nature and Causes of the Wealth of Nations*. London: W. Strahan and T. Cadell.

Townsend, J.B. (1983) "Firearms Against Native Arms: a Study in Comparative Efficiencies with an Alaskan Example", *Arct Anthropol*, 20(2), pp.1—33.

van Zanden, J.L. (2008) "Prices and Wages and the Cost of Living in the Western Part of the Netherlands, 1450—1800", Working Paper, International Institute of Social History, Amsterdam. http://www.iisg.nl/hpw/brenv.php.

van Zanden, J. L. and Prak, M. (2006) "Towards an Economic Interpretation of Citizenship: the Dutch Republic between Medieval-communes and Modern Nation-states", *Eur Rev Econ Hist*, 10(2), pp.111—145.

Vries, P.H.H. (2001) "Are Coal and Colonies Really Crucial? Kenneth Pomeranz and the Great Divergence", *J World Hist*, 12(2), pp.407—446.

Wicker, E.R. (1957) "A Note on Jethro Tull: Innovator or Crank?" *Agric Hist*, 31(1), pp.46—48.

Wrigley, E.A. (1988) *Continuity, Chance and Change*. Cambridge: Cambridge University Press.

Wrigley, E. A., Davies, R. S., Oeppen, J.E. and Schofield, R.S. (1997) *English Population History from Family Reconstruction: 1580—1837*. Cambridge/New York: Cambridge University Press.

第四章

内战前的美国经济

加文 · 赖特

摘要

在内战前,美国的经济经历了一次快速的经济增长。计量经济学研究表明,不仅经济增长早于内战,而且在内战前几年,农业商业化、城市化、制造业的兴起和大量欧洲移民迁入等许多显著变化都是清晰可见的。本章回顾和总结了这一研究主题。这段历史的一个值得注意的方面是,增长和发展发生在两种不同的制度中:南方各州的奴隶经济和自由州的家庭农场、雇佣劳动经济。这个关于比较发展的实验一直以来也是计量经济学家关注的焦点,因此也为本章提供了第二个主题。

关键词

经济史　经济增长　内战前　交通　技术　奴隶制

引　言 480

从1789年的宪法到1861年的分裂危机，美国经济在内战爆发前的几十年里经历了加速增长，人均年增长率达到了1.7%。计量经济学研究不仅有助于确定这种增长是发生在内战之前，而且有助于确定增长过程的许多特征在内战前是显而易见的，如农业商业化、城市化、制造业的兴起、大规模欧洲移民迁入和新技术的迅速采用。本章回顾和总结了这段历史。因为道格拉斯·诺思1961年首次出版的《1790—1860年的美国经济增长》(*The Economic Growth of the United States, 1790—1860*)是历史计量学兴起的一个里程碑；事实证明，这本书有助于定义这些问题，并成为自那以来半个多世纪的学术成果的坚实基础。

美国内战前经济的一个显著特点是，在奴隶经济的南方各州和家庭农场雇佣劳动经济的北方自由州这两种截然不同的政权下，美国经济得到了增长和发展。虽然这两个地区在内战前都经历了快速的增长，但是它们之间的地理环境和投资模式却截然不同，这对后世有着重要的影响。这种比较经济发展的实验也是计量经济学家关注的重点，因此为本章提供了第二个主题。

1790—1860年国内生产总值的估计

编制长期历史的国民收入和产出估计数是计量史学最早和最重要的贡献之一。西蒙·库兹涅茨因在20世纪30年代发展现代国民收入账户框架而获得诺贝尔奖，他在随后的工作中将自己的估算延伸至1869年。罗伯特·E.高尔曼(Robert E. Gallman)曾是库兹涅茨的学生，他以1839年、1849年和1859年联邦人口普查中的商品生产(农业、采矿业和制造业)数据作为“主要”基准，并在州人口普查的基础上将这一系列数据延伸到其他年份(Gallman, 1960, 1966)。结果清楚地表明，高人均增长率在内战之前已经出现。

481 从1840年美国人口普查(报告1839年的经济数据)开始的全国农业和制造业调查,为高尔曼的数据提供了坚实的基础。早期的估计只能基于许多零碎的资料,使得保罗·戴维(Paul David)将这一时期称为“统计黑暗时代”(David, 1967)。戴维结合来自汤和拉斯穆森(Towne and Rasmussen, 1960)关于平均农业生产率的估值和斯坦利·莱伯戈特(Stanley Lebergott)关于农业劳动力的估计(Lebergott, 1964),并假设这两个部门的生产率在整个时期是不变的,从而构建了新的“推测”(conjectural)估计。研究结果显示,在1800年至1820年这个期间,经济增长很少或没有增长,而在随后的1820年至1840年这个期间,经济开始迅速增长。托马斯·韦斯(Weiss, 1992, 1993)编制的替代劳动力数据,以及肯尼思·索科洛夫(Sokoloff, 1986)关于制造业生产率增长的补充数据表明,从1800年至1840年,增长开始逐渐加速。

随后的文献对这些估计的基本证据和解释提出了一些问题。南希·福尔布雷和巴尼特·韦格曼(Folbre and Wegman, 1993)指出,肇始于库兹涅茨的国内生产总值的传统定义排除了家务、育儿和其他主要由妇女生产的(虽然不是完全)非市场产出,尽管妇女也对农场的市场化生产作出了贡献,却被按照惯例排除在劳动力之外。这些问题在这段历史时期尤为严重,因为当时农场是以家族企业的形式组织起来的,农产品的很大一部分并没有进入市场流通。因此,韦斯提出了两套农业生产率估计数据,一套是包括家庭制造和改进的“广义”产出估算数据,另一套是仅计算农产品市场价值的“狭义”估算数据。1800年,两者之间的差距为17.5%,到1900年,这一差距实际上已经基本消失。使用市场价值可以说是夸大了增长,因为一些扩张代表了从非市场到市场活动的资源转移。但是因为商业化本身就是促进增长的因素,所以两种选择都不是绝对“正确”的。值得注意的是,这两套数据都显示了1850年以后生产率的加速增长。

戴维(David, 1996)随后的一组估算结果给出了另一种解释,他摒弃了农业和制造业之间存在生产率“差距”的概念,认为这不适合早期美国土地丰富的情形。他按部门详细估算了劳动时间,结论显示,1800年至1840年,平均每年0.9%的增长率有一半以上是由于每年工作时间的增加:劳动力

"更努力地工作"，而不是"更聪明地工作"。

约瑟夫·H.戴维斯(Davis, 2004)为这一背景注入了新的实质性的证据，他编制了从 1790 年开始的美国工业生产年度指数。戴维斯利用了以前未曾开发的资源，如州检查记录和地方贸易组织报告等，总共从中收集了 43 个具有量化基础的采矿和制造业数据序列，大多数是全新的。其中，许多数据可以追溯到 1790 年，比如铜冶炼、火器、消防车、造船、报纸出版和管风
琴，而其他的则是后来才被纳入的。戴维斯指数显示，1790 年以来，该指数 482
几乎一直在增长。在估算人均国内生产总值时，它的直接价值相对有限，因为该指数衡量的是总产量而不是生产率，而且 1800 年非农业职位(仅部分被"工业生产"覆盖)在总就业中所占比例不到 25%。尽管如此，这一数据序列还是被用来估算基于基准日期的国内生产总值数据，并用此解释时间与经济活动波动之间的关系(如图 4.1)。即使是被不断收入指数列表(大概是因为开始生产或首次显著到足以计算)的新产业，如鲸油炼制(1793)、制盐(1797)、小麦面粉研磨(1798)、腌鱼(1804)、火药制造(1804)、羊毛长袜制造(1808)、猪肉包装(1809)，也在表明经济正不断发展。

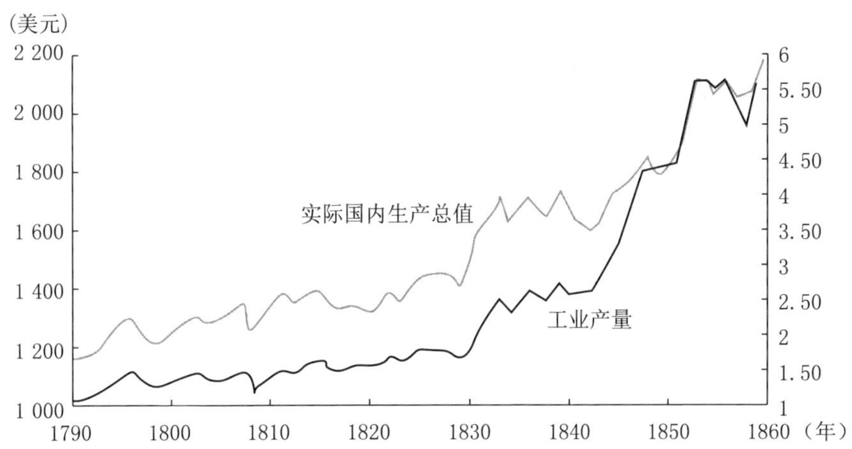

注：左轴为 1996 年的美元价格。右轴以 1849—1850 年定为基数 100，工业总产量除以居住人口。

资料来源：Carter et al., 2006: Series Ca11, Ca14, Ca19。原始资料来源于 Davis, 2004。

图 4.1　1790—1860 年实际人均国内生产总值和人均工业产量

最近一次重新估计内战前增长的成果是由彼得·H.林德特和杰弗里·G.威廉姆森作出的(Lindert and Williamson, 2016)。尽管几乎其他所有的估算都是直接或间接地从生产方面着手的,但林德特和威廉姆森却从收入方面入手构建新的数据,使用了古老的方法——“社会表”(social table),即社会各阶层如官员、商人、工匠、农场经营者和劳动者的平均工资。作者利用1798年的联邦税收评估结果估算1800年的收入,然后利用联邦人口普查得出1850年和1860年的新数据。因此,他们虽无法解决有关加速增长时机的争论,但新的估计证实了这一发现,即整个时期的人均国内生产总值都在强劲增长。事实上,他们估计的1800年至1860年的平均年增长率为1.42%,高于此前的任何估计,也高于这一时期任何其他国家的增长率。造成这些差异的原因尚不清楚,但谨慎行事是明智的,因为其他学者和其他国家的估计数不是用类似方法得出的,所以在概念上可能不具有可比性。一个谨慎
483 的结论是,林德特和威廉姆森证实了计量史学家的广泛共识,即美国的生产和人均收入在内战之前就已经在加速增长,这使美国走上了20世纪末成为世界霸主的道路。

拿破仑战争、禁运与1812年战争

在新宪法颁布后的3年内,美国大西洋沿岸地区的经济活动开始加速。将制度与经济变革联系起来的问题在于,主要的刺激因素是外部的:长期的欧洲冲突——拿破仑战争——的到来。在此期间,美国的海运商和造船商因国家的中立地位而获益。正如诺思所写的:“人们只需看看欧洲发生的事件,几乎就可以解释这些年来美国经济命运的每一次转折。”(North, 1961: 36)美国海外收入的增长主要来自运输贸易(航运服务)、造船和西印度群岛及其他热带地区货物的再出口(图4.2)。

计量史学家对诺思关于“1793—1808年是无与伦比的繁荣时期”这一论断进行了辩论(North, 1961:53)。克劳迪娅·戈尔丁和弗兰克·刘易斯(Goldin and Lewis, 1980)估计,这几年外国需求的激增平均为美国经济增长贡献了0.22个百分点。相比之下,唐纳德·亚当斯(Adams, 1980)指出,这

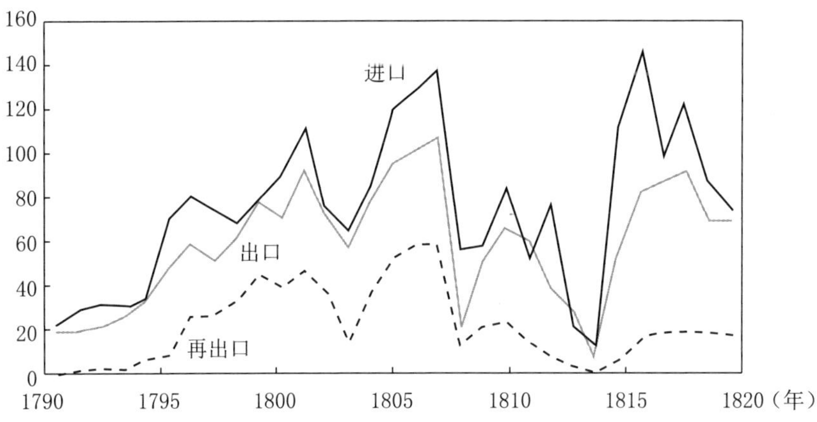

注：纵轴以百万美元为单位。

资料来源：美国历史统计，殖民时代至1970年（1975）：Series U190，192，193。

图4.2　1790—1820年美国航运贸易额

一时期的实际人均国内进口额没有持续增长，或许是因为航运能力供给不足造成的较高的货运费率，相当于对美国消费者征税。在缺乏可靠的年收入数据的情况下，这场辩论可能无法解决。但是，诺思也认为，沿海地区的繁荣促进了金融和城市基础设施的长期发展，为"1815年后的经济增长奠定了重要的基础"（North，1961：53）。例如银行和保险公司的崛起，其中大部分服务于航运业，或在城市人口增长的推动下建造仓库和收费公路。理查 484
德·西拉的研究（Sylla，1998）表明，资本市场在波士顿、纽约、费城和巴尔的摩活跃的时间远远早于之前的认知，在1797年至1811年出现了强劲的增长。很显然，航运的资本需求和城市增长是这一发展背后的重要推动力。

据我们所知，随着1807年12月杰斐逊禁运的实施，与交战国开放贸易的时代结束了，所有对外贸易均被禁止。为了维护美国在公海上的权利，美国在接下来的4年里达成了部分恢复贸易的协议，但沿海经济再也没有回到从前的辉煌，最终美国自己也在1812年6月加入了这场冲突，对英国宣战。从经济角度来看，15年的开放经济之后是8年的封闭经济，最严重的孤立出现在战争后期，当时英国封锁了整个美国海岸。戴维斯和欧文的研究（Davis and Irwin，2003）表明，美国工业生产的构成发生了根本性转变，从（已萎缩的）造船业等依赖贸易的行业，转向了国内的新生行业，如（蓬勃发展的）棉纺业。

约书亚·罗森布鲁姆(Rosenbloom, 2004)提出,美国内战前棉纺业的崛起,体现了一种"路径依赖"的历史过程,在这一过程中,与外国竞争中断的 8 年对此后很长时间都产生了持久的影响。工业增长的不连续性支持了这种解释:即使塞缪尔·斯莱特(Samuel Slater)在 1790 年就已经将阿克赖特的纺纱技术转移到了美国,但到 1807 年,美国依然只有 8 000 个纺纱锭子;这个数字在 1809 年跃升到 31 000 个,到 1815 年战争结束时已经达到 30 万个。尽管 1816 年英国进口产品的恢复对此带来了毁灭性的影响,但该行业的产能此后从未下降;几年之内,又恢复了增长。

对于本文来说,一个重要的问题是:在战后时期,该行业生存和发展的基础是什么?一组因素可以被归类为"学习":工人、管理人员和机器制造商在技能和经验上的获取。对此,我们几乎没有关于早期情况的详细知识,但我们可以知道有一项技术创新对后来纺织产业的成功至关重要:波士顿制造公司的商人弗朗西斯·洛威尔(Frances Lowell)雇用的机械师保罗·穆迪(Paul Moody)引进和完善了动力织布机。成立于 1813 年战争繁荣时期的 BMC 公司,它的商业战略体现了一种独特的美国特征:大资本化,在同一家企业中整合纺纱和织布,致力于长期生产编织粗糙但耐用的统一产品。该公司还在劳工政策上进行了创新,从新英格兰农村招募年轻的未婚女性,让她们住在按照"马萨诸塞州制度"建立并监管的宿舍里,为她们提供良好的居住环境。所有这些创新都可以理解为劳动力稀缺、资源丰富的英国技术对美国环境的适应。

485 要将这一案例作为"幼稚产业效应"的清晰例证,难点在于战后的竞争环境,这一环境也被新的保护性关税(始于 1816 年的关税)重塑——这是罗森布卢姆"路径依赖"案例的另一个方面。尽管新英格兰的代表们在战前支持自由贸易,但来自失败的纺织业主的抗议使他们中的许多人在那一年受到了保护。他们的代表之一便是弗朗西斯·洛威尔,他在制定每平方码 25 美分的进口货物"最低估价"方面发挥了重要作用。由于这一原则实际上构成了对由亚洲棉制成的亚洲布料的禁止性征税,因而赢得了一些南方选民的投票。因此,该行业在他们青睐的产品线上获得了数年的喘息空间(Temin,1988)。19 世纪 20 年代,随着新兴的地区专业化模式愈加清晰,关税进一步提高,将昔日的重商主义拥护者(如丹尼尔·韦伯斯特)推入保护主义阵营。1828 年的“可憎的关税”和 1832 年的废奴危机明确表明，关税已成为地区冲突的一个主要问题。

运输革命

伴随着结算和市场的迅速扩大，运输成本的急剧下降成为内战前经济的一个显著特征。这一现象在道格拉斯·诺思的解释中至关重要，他称其为“最普遍的影响……农业从早先的自给自足向市场导向型转变”（North，1961：143）。20 世纪 50 年代，随着经济历史学家试图为我们这个时代追求发展项目的国家探索美国的经验教训，人们对政府在促进这种“内部改善”方面的作用产生了兴趣。哥伦比亚大学的卡特·古德里奇（Carter Goodrich）应该被视为计量史学的创始人之一，因为他的学生 H.杰罗姆·克兰默（H. Jerome Cranmer）和哈维·H.西格尔（Harvey H. Segal）用收集到的统计数据跟踪运河投资的流向，并估算这些投资对经济的好处（Cranmer，1960；Goodrich，1961）。这就是阿尔伯特·菲什洛（Fishlow，1965）和罗伯特·福格尔（Fogel，1964）的两本关于具有里程碑意义的铁路的书籍的文化背景（福格尔的书主要是关于战后经济的，因此不会在这里评论）。

收费公路

早在 19 世纪 20 年代和 30 年代的大型运河工程开始之前，就有了改善交通的动力。从 18 世纪 90 年代开始，一个被称为“收费公路”（turnpike）的交通网络在北部和中部各州纵横交错，这些公路大多是由各州特许的公司建造的。1800 年，这样的公司有 70 多家，到 1830 年增加到了 800 家，涵盖 1.1 万多英里的公路，公司市值占到这些州所有商业公司的四分之一到二分之一。从经济的角度来看，这些公司有一个显著的特点是，尽管它们是被特 486
许为以营利为目的的企业，但几乎所有企业都处于亏损状态。进入竞争性行业的经营者遭遇亏损并不罕见，原因可能是过于乐观的预期或激烈的竞争。但当数百家公司从事一项业务，并有确凿的亏损记录时，人们就会得出这样的结论：它们肯定知道自己在做什么。尽管前景不利，但在受影响地区，股票认购通常是有广泛基础的。丹尼尔·克莱恩(Klein，1990)描述了收费公路的推广者如何说服社区成员投资，声明农民、商人和土地投机商的共同利益，以克服搭便车问题。这些模式说明了让托克维尔(Tocqueville)印象深刻的美国"合作精神"，同时也印证了维布伦(Veblen)对美国城镇是"利益相关者"之间共谋的描述，这些利益相关者的社会凝聚力因其房地产价值的共同利益而强化。与人口更密集的英国相比，这些交通投资的"间接好处"在美国要重要得多(Bogart and Majewski，2008)。

运河

收费公路扩大了市场范围，但它们无法克服这一时期经济地理学的一个基本事实：陆上运输方式与水路运输方式之间吨英里费率的巨大差异可以到达 10 至 30 倍(Carter et al.，2006：Vol.4；2006：781)。这一差距导致了对运河的需求，即开凿"人工河流"以扩大国家自然水道。这些规模较大的项目通常超出了地方政府的管辖范围，因此州政府在 1815 年后的时代起了带头作用，从纽约长达 363 英里的伊利运河开始，经由哈得孙河将五大湖与大西洋连接起来。伊利运河始建于 1817 年，开通于 1825 年 11 月 4 日，是交通运输史上一个决定性的转折点，到 1840 年，多达 100 个类似项目和 3 000 英里的运河航道动工(Goodrich，1961)。

约翰·沃利斯和巴里·温格斯特(Wallis and Weingast，2018)认为，州政府在内战前扮演了重要角色，因为联邦政府被锁定在一个"中立无为"(Equilibrium impotence)的位置：美国宪法规定在人口基础上征收直接税，因此联邦政府无法建立一个"受益税"(benefix taxation)系统，即成本由从交通项目中获益最多的地区承担的税收模式，因而，联邦政府的基础设施支出往往是分布在全国各地的小型项目，如灯塔、河流和港口。相比之下，各州政府(面临相似地区的竞争问题)则采用了协调税收和收益的方案。例如，1817 年，纽约设立了一项特殊的"运河税"，如果需要额外资金来偿还州债券，可以向运河沿岸的县征收。1826 年的俄亥俄州和 1836 年的印第安纳州都制定了新的从价房产税，以便更公平地分摊负担，使这些负担能够与州项目导致的土地价值增加更紧密地结合起来。沃利斯(Wallis，2003)指出，印第安纳州庞大的运河、铁路和收费公路系统是紧随公共财政的这种变化而建立起来的。

这种政治经济学分析不应被理解为支持美国运河网络建设是有效的这 487
一论点。没有哪个州能够像纽约州那样，通过伊利项目的成功，创造足够的收入来较快地偿还债券——后来，州政府在很多内陆县铺设运河，故而造成了浪费。在1839—1843年的萧条时期，五分之一的运河投资都遭遇了代价高昂的失败，导致了一波政府债券的违约浪潮。至于那些幸存下来的，也没有逃过直到19世纪40年代依然在继续的运河废弃大潮，这是因为铁路兴起了。然而，尽管存在这些缺陷，运河在很多方面仍把国家推上了经济发展的道路。李·克雷格(Craig et al., 1998)表明，1850年，靠近运河或河流的地段优势使土地价值每英亩提高了2.68美元，这一结果在之前沃利斯(Wallis, 2003)对印第安纳州的研究中得到了证实。西格尔(Segal, 1961)采用实验-对照法和双重差分法，指出与非运河县相比，运河县的移民和职业更快地转移到了商业和制造业。安德鲁·科尔曼(Coleman, 2012)利用纽约和联邦的人口普查数据，建立了一个从1825年到1845年的家庭调查小组，证实了接近运河的农场家庭减少了家庭作坊的布料生产，而更喜欢商业活动和工厂制造的产品。科尔曼还补充了一个有趣的细节，运河地区的新居民的家庭作坊生产活动比久居居民要低。然而，这些久居的居民最终还是模仿了他们的邻居，把家庭作坊生产降低到类似的水平。

西部河流上的蒸汽船

作为一项助益从陆路运输到水路运输转变的创新，蒸汽船从根本上减少了逆流运输的时间和成本(Carter et al., 2006: Vol.4; 2006:878—880)。蒸汽机和蒸汽船都不是美国人的发明，但是从1807年罗伯特·富尔顿(Robert Fulton)在哈得孙河上成功的商业客运服务开始，内河水路上的蒸汽船成为美国的特色。富尔顿和他的合伙人罗伯特·利文斯顿(Robert Livingston)在1812年获得了路易斯安那州的特许经营权，但在最高法院在吉本斯诉奥格登案(Gibbons vs. Ogden, 1824)中确认联邦对州际贸易的独家授权之前，这被证明是不可执行的。因此，在竞争力的驱动下，新奥尔良到路易斯维尔的往返时间从1815—1819年的30天缩短到了1860年的11.7天。海特斯(Haites et al., 1975)估计，1815—1860年，西部河流汽船全要素生产率年均增长4.6%—5.5%。

蒸汽船变得更快、更便宜,但也更危险。保罗·帕斯科夫(Paskoff, 2007)记录了1821年到1860年美国各水域发生的1 166起沉船事件。随着1838年和1852年的两次致命爆炸事件被广泛报道,联邦政府颁布了一系列法规,但效果并不明显。随着商业的不断发展,虽然损失的绝对数量和吨位都在增加,但损失率却明显下降了。海特斯等人将河运的效率提高几乎完全归功于私营企业,而帕斯科夫则为联邦政府依据河流和港口法规建立的
488 旨在清除障碍和避免其他自然灾害的支持体系提供了一个有说服力的案例。这种相对成功不仅提高了安全性,而且通过减少损失、鼓励增加船舶尺寸和蒸汽船寿命,促进了全要素生产率的增长。与内战前交通革命的几乎所有阶段一样,私营部门的主动性和公共部门的支持共同发挥了重要作用。

铁路

相对于后来的几十年来说,美国内战前的铁路里程很短,仅占整个19世纪铁路总里程的六分之一。然而,正如阿尔伯特·菲什洛1965年出版的经典著作所述,这一数字超过了当时其他任何一个国家,甚至超过了世界所有其他国家的总和,其影响是变革性的。通过深入挖掘行业记录资料和政府资料,菲什洛收集了铁路产出、收入、资本支出、就业和利润的详细的最新估算数据,并将这些数据用于解决基本的历史问题。其中包括铁路运输服务的直接利益、前向和后向联系,以及铁路对国内商业区域模式的影响。

或许最有影响力的章节是菲什洛对约瑟夫·熊彼特格言的批评,即内战前的铁路建设"意味着先于需求的建设是对这句格言最大胆的接受"(Fishlow, 1965:165)。菲什洛将这一论断重申为"一种初始的不均衡,随着时间的推移会……通过需求表中的诱导转移而自我修正"(Fishlow, 1965:166),他开发了一系列测试:事前投资的风险溢价、事后利润,以及构建顺序和政府援助的模式。每一次测试,他都发现假设失败了。在19世纪50年代,铁路首先进入那些人口密度和小麦产量都高于其邻居的县。大多数公司从一开始非常容易盈利;小部分的铁路线通常一完工就会在农民的欢呼声中开始通车。最能说明问题的是,在这一时期,政府援助主要来自基层而

不是州或联邦，即来自那些渴望修建新铁路线又担心被绕过的乡镇和县。如果铁路是在需求出现之前修建的，那么这些社区的积极动员和宣传作用就与人们所期望看到的完全相反。

然而，还有一个复杂的因素，菲什洛称之为“预期定居”的现象。当铁路修到时，定居者可能已经在某地等待，但是他们对地点的选择在很大程度上受到了对铁路路线期望的影响。基于该因素对土地价值影响的预期，农民投机者们想赶在竞争对手之前“抢先一步进入”。这种考虑破坏了经验检验背后的简单概念化，即可以基于时间序列来回答问题的观念。正如菲什洛所写：“因此，从更广泛的意义上说，铁路应该是一个领先行业……（但）这种解释将我们带离一个简单的熊彼特式世界。事实上，它几乎完全颠覆了这
个模型：铁路建设的受益者没有扮演铁路投资者甚至国家的英雄角色，而是 489
展示了远见的关键属性”（Fishlow，1965：166，197）。

随后的许多计量经济学研究都在关注与内战前铁路有关的问题。最近的一项研究使用了基于数字化的历史旅游指南建立的地理信息系统（GIS）数据库，使作者能够更精确地确定铁路的位置和时间。阿塔克等人（Atack et al.，2010）采用差异比较法对铁路县和非铁路县进行了分析，结果显示铁路的建设对人口密度影响并不大，但对城市化影响很大。为了进行稳健性检查，作者使用了基于早期（铁路建设前）潜在运输路线的政府调查的变量。之后阿塔克又和马戈一起（Atack and Margo，2011）扩展了这种方法，用来证明铁路建设对农业改良和农田价值的影响。

请注意，这些问题与菲什洛的不同。菲什洛的问题是，铁路是否在其具有商业可行性之前就建成了，也就是说，它们是否在动态意义上促成了定居，而后来的学者则着手确定铁路对经济结果的“处理”效应。他们的方法是在铁路沿线寻找“可信的外生变量”，为此目的，铁路位置地理上的内生性是一个需要通过测量来修正的偏差来源。事实上，第一阶段的 IV 回归证实了菲什洛所描述的内生性——使 DID 系数向下偏移——但这些文章的目的是消除这种影响，而不是分析它。菲什洛不会对这些新结果感到惊讶，他一直认为内战前的铁路是革命性的。

阿塔克等人（Atack et al.，2014）在他们的计量经济学研究过程中更接近于捕获菲什洛的动态性。这些作者将 GIS 数据库与银行普查相结合，探

讨了铁路建设和银行等级的具体时间。他们首先表明铁路倾向于连接现有的金融商业中心,但紧接着,新的银行很快(1—3 年内)会随着铁路建设而进入。他们的结论是,“金融和实际因素相互作用,使经济发展进入良性循环”(Atack et al., 2014:943)。更深层次的含义是,从收费公路时代到铁路时代,改善交通运输的本质是基本相似的。

农业生产率增长

由于内战前的绝大多数劳动力是从事农业的,因此经济的整体加速增长必然会导致农业生产率的提高。威廉·N.帕克(William N. Parker)扩展了美国农业部使用的一种方法,通过将每个劳动者的产量分解为每英亩的劳动力需求(区分收割前、收割中和收割后的劳动力)和每英亩产量,他估算出了单个作物的生产率(individual crop)。结果清楚地表明,机械化是生产率提升的主要来源,其表现是劳动者人均英亩数的增加(Parker and Klein, 1966)。尽管这项研究试图追踪从 1840 年到 1910 年的长期生产
490 率增长,但很明显,在美国内战之前,机械化和扩大种植面积的趋势就已经开始了。

在计量史学中讨论最广泛的研究之一是保罗·戴维关于伊利诺伊州内战前机械收割机扩散的分析(David, 1966)。虽然奥贝德·赫西(Obed Hussey)和塞勒斯·麦考密克(Cyrus McCormick)发明的机器早在 1833 年或 1834 年就已经可以使用了,但它们直到 19 世纪 50 年代中期才被广泛采用。戴维对这种滞后 20 年的现象的解释是,大多数中西部谷物农场的可收割面积太小,无法证明购买收割机的固定成本是合理的。根据 1849—1853 年的要素价格,戴维估计收割机盈利的临界值为 46.5 英亩,而伊利诺伊州的农场在 1850 年平均只有 15 或 16 英亩的小麦、燕麦和黑麦。然而,在 1850 年到 1860 年这一期间,由于农民家庭继续开垦土地,收割面积增加了。而到 19 世纪 50 年代的繁荣时期,随着收割机价格的下降和收割工人工资的上升,收割面积的临界值也降低了。阈值下降和农场规模上升的横向分布产生了在扩散研究中常见的 s 型采用模式(sigmodial adoption pattern)。

几十年来的批评几乎修改了这种说法的所有部分。艾伦·奥姆斯特德(Olmstead, 1975)表明阈值计算对参数假设高度敏感,因此适当的调整几乎使估计的交叉点增加了一倍。杰里米·阿塔克和弗雷德·贝特曼从1860年的人口普查中选取了近1.2万个农场作为样本,计算了一个临界值范围,发现当年只有41 000台收割机或15万台收割-除草两用机有利可图(Atack and Bateman, 1987)。然而,奥姆斯特德指出,麦考密克出售的收割机中,多达四分之一是由两名或两名以上的个人共同购买的,这表明共享协议并非不可行。奥姆斯特德对采用滞后的解释是,20年来收割机的性能和可靠性得到了显著提高。奥姆斯特德和罗德(Olmstead and Rhode, 1995)提出了新的证据,这些证据是基于1 000多名收割机购买者与人口普查手写档案相匹配得出的。他们的数据显示,尽管购买收割机的相对倾向随着谷类作物种植面积的增加而增加,但在特定阈值下,这种模式绝不是间断的。作者进一步对阈值概念进行了更彻底的质疑,他们从农场日记中得知,个体经营者通常在农忙期从邻居那里获得帮助,在其他时间提供自己的劳动力作为交换。按照这种观点,有效使用机械化设备与其说是自给自足的农户的微观选择,不如说是一项社区活动,反映了与收费公路运动类似的合作准则。

关于机械化的争论远比采用收割机的具体时间重要。这场争论的焦点是自由州和蓄奴州农业之间的对比特征。正如海伍德·弗莱西格(Fleisig, 1976)所提出的,奴隶制的一个基本特征是为个体农场提供弹性的劳动力供给,允许它们在没有机械化的情况下扩大种植面积和生产。相比之下,自由劳动力稀缺且不可靠,长期合同在法律上无法强制执行。奥姆斯特德和罗德(Olmstead and Rhode, 1995)的研究表明,农民(在寻找劳动力时)并不局限于自己的家庭成员,但这一证据并不否认更广泛的观察,即在没有奴隶制 491
的情况下,土地面积不可能以雇佣劳动力为基础无限扩大。正如弗莱西格所指出的,奴隶制下农场的规模远远超出了自由州的范围,规模较大的自由州农场在农具和机器方面有更多的投资。

可以肯定的是,棉花农场和小麦农场没有直接可比性,因为这些作物在季节和技术上都有很大的不同。然而,我们可以将北方州的小麦农场与蓄奴的弗吉尼亚州小麦农场进行比较。尽管人们普遍认为奴隶劳动并不适合种植小麦,但事实上,在弗吉尼亚州肥沃的山谷和皮德蒙特地区,奴隶劳动和小麦种植是紧密相连的，以至于詹姆斯·欧文(Irwin, 1988)发表了一篇名为“探索小麦与弗吉尼亚皮德蒙特地区奴隶制的关系”(Exploring the Affinity of wheat and Slavery in Virginia Piedmont)的论文。欧文的数据显示，在该地区，奴隶制与小麦种植业的联系比与烟草种植业更紧密，奴隶工作的小麦农场比同类农场的规模更大，产量也更高。一个看似合理的解释是，奴隶主在收获繁忙期几乎可以调动所有的圈养劳动力。一位曾经的奴隶回忆道：“约翰·法伦斯大约有150个仆人，他不需要什么特别的家仆。因此他把所有人都安排到农场里，包括女人。农场里种植的大部分是小麦，男人会挥舞着镰刀，带着篮子，而女人则跟在后面码放庄稼”(Wright 2006:119)。从这个角度来看，奴隶制和机械化在扩大经济作物种植面积方面可相互替代。

生产率增长的生物资源

奥姆斯特德和罗德在2008年出版的《创造丰饶：生物创新和美国农业发展》(*Creating Abundance: Biological Innovation and American Agricultural Development*)一书中，对机械化作为生产的唯一驱动力的观念提出了一个更为根本的挑战。随着时间的推移，土地产量相对稳定，这使得许多经济学家推断农民很少用心改良作物，但奥姆斯特德和罗德的研究表明，情况远非如此。1840年的一项调查发现，纽约州种植着41种小麦；1857年，俄亥俄州农业委员会确认了那些年份种植的小麦多达111种。多样性的一个原因是种植的地理中心在不断变化，产生了对适应新地理气候区域的新品种的需求。即使在特定产地，当地的植物也会受到病原体(如锈菌和其他真菌)和害虫(如麻蝇、谷粒蠓和虎蛉)的无情攻击。保持土地产量的稳定本身就是一项需要持续努力的生产性成就——作者称这种现象为“红心皇后的诅咒”，以刘易斯·卡罗尔(Lewis Carroll)笔下的角色命名，因为她曾宣称：“在这里，你要全力奔跑，才能保持在原地。”奥姆斯特德和罗德利用他们对生物创新的估计，对帕克和克莱因关于生产率增长来源的观点进行了修正，但来源更广泛的信息显示，当投入以复杂的方式相互作用时，这种核算会产生误导。

奥姆斯特德和罗德(Olmstead and Rhode, 2008b)将他们的生物学主题

扩展到内战前的棉花经济。经济历史学家早就注意到棉花产量相对于奴隶 492
劳动力的增长，但这个简单的比率既反映了作物组合和棉花地理位置的变化，也反映了真正的生产率增长。根据142个种植园的记录，奥姆斯特德和罗德建立了一个1801年到1862年的采摘率的面板数据集，结果表明有四倍的增长，或每年2.3%的增长率。可以肯定的是，采摘并不是棉花种植中唯一重要的劳动，但在大多数时间和地方，采摘棉花似乎一直是一项强迫性的劳动。两位作者认为，这种生产率增长背后的主要推动力是新型棉花种子的出现和传播，主要是19世纪20年代从墨西哥进口的棉花种子，以及后来的杂交品种。这些新品种在对抗植物病害（如“锈叶病”）和破坏性昆虫（如棉铃虫和其他棉花害虫）的不利影响的同时，大大提高了棉绒与种子的比例。这一证据证实，棉农和他们的北方同行一样具有创业精神和敏锐的头脑。这并没有削弱南方经济增长的很大一部分是由于向优质棉田转移的论断，但作者辩称，这些自然优势被技术变革所增强，这些技术变革既有利于采摘，又存在区域差异。这一新的定量证据在计量史学家和“新资本主义历史学家”（Olmstead and Rhode, 2018）之间正在进行的辩论中发挥了重要作用。

制造业与美国技术

在内战前的经济中，最引人注目的是制造业的崛起。根据高尔曼（Gallman, 1966）的说法，从1815年之前制造业的最低水平开始，到1859年制造业产出增长到占全国商品产出的30%以上，大约占国内生产总值的20%。更令人印象深刻的是，许多行业到19世纪中叶都展现了新颖的技术，在1851年的伦敦大水晶宫世博会上吸引了国际社会的注意。在19世纪50年代，至少从一个案例（小型武器）中，可以看到技术跨越大西洋向东流动，引发了关于美国制造新体系的讨论。

经济史学家从美国工业革命的开端对其进行了分析，但定量的证据却缺乏系统性和可靠性。肯尼思·索科洛夫（Sokoloff, 1986）取得了突破性进展，他使用了1820年制造业普查的数据、1832年麦克莱恩报告以及1850年和1860年制造业普查的样本(见Atack et al.,2006),估算了1820—1860年东北部地区制造业企业的劳动生产率和全要素生产率数据(表4.1),结果显示,所有13个行业的生产率都出现了正增长,在40年间平均每年增长2.2%至2.5%。这些数字表明,在19世纪50年代,生产率增长加速,尤其是靴子和鞋子、木工、铁、面粉加工、烟草和羊毛。索科洛夫提出,随着时间的推移,生产率会发生演变,从早期阶段的组织变革(如工厂的出现和雇用妇女),到体现新技术的先进资本设备的加速发展。

493 **表4.1 1820—1860年特定制造业劳动生产率的增长率(每年百分比)**

	1820—1850年	1850—1860年	1820—1860年
靴子/鞋子	1.0—1.2	4.4—5.2	2.0—2.1
车厢/马具	1.8—2.0	2.7	3.7
棉纺织品	2.3—3.5	1.9—2.9	2.2—3.3
家具/木制品	1.9—2.7	3.8—6.2	2.9—3.0
玻璃制品	3.7	−0.7	2.5
帽子	2.1—2.3	3.0—3.4	2.4—2.5
铁	0.5—0.7	4.6—4.6	1.5—1.7
酒	0.5—1.9	2.0—5.3	1.7—1.9
面粉/谷物磨坊	−0.4—0.4	1.6—3.8	0.6—0.7
纸	6.0—6.2	−1.2—4.0	4.3—5.5
皮革	1.7—3.0	−1.7—0.4	1.2—1.7
烟草	0.1—1.0	6.3—8.1	2.1—2.4
羊毛织品	1.3—2.3	4.4—7.0	2.7—2.8
加权平均	[1.8]—2.3	3.2—[3.2]	[2.2]—2.5

注:这些数字是每名等值工人实际增加值指数的年平均变化百分比。估计数的范围反映了根据可靠数据得出的数字和根据综合数据得出的数字之间的差异。括号中显示了少于13个行业(受缺失值影响)的平均值。

资料来源:Sokoloff,1986:698。

这些新技术的特点是什么?哈巴库克(Habakkuk,1962)提出的论点认为,美国生产商开发了节省劳动力、增加资本的技术,以应对普遍的劳动力短缺。论证太长,在此无法进行全面重述,但人们普遍认为,哈巴库克的简单双因素框架不足以捕捉美国技术的显著特征。取而代之的是，出现了一系列可识别的特征，将美国和英国的制造业实践区分开来。一些例子包括：

(1) 相对于资本和劳动力，美国更多地使用自然资源。在内战前，美国的机器和产品大多是用木材制造的，美国成为木工技术的早期领导者(Rosenberg, 1976)。布兰查德车床(Blanchard lathe)就是一个很好的例子，它发明于1818年，用于制造枪托，但随着时间的推移，它被用于制造其他不规则形状器件，如鞋楦、帽模、辐条和桨。

(2) 使用专用机械长期生产标准化商品(Ames and Rosenberg, 1968)。这些产品非常符合美国消费者的实用品位，且美国消费者收入分配的相对平等。

(3) 从机器速度到工作节奏的强度来看，美国的制造过程比欧洲的同类产品运行得更快(Field, 1983)。资本存量的大量使用预示了以后时代的"高吞吐量"生产系统。

(4) 美国制造商在总体上并不一定会用资本代替"劳动力"，而是在 494
机器的辅助下用非熟练工替代熟练手艺人。早期的美国工厂严重依赖妇女和儿童，随后依赖移民(Goldin and Sokoloff, 1982)。高流动性和工作更替是常态，这是对机械化的回应。

这些特点和其他特点可以被认为是欧洲技术对美国环境的适应。关键的发展在于，美国形成了一个本土的技术社区，其成员虽追求个人目标，但共同塑造了一个新的技术和实践体。美国的技术进步是一种网络现象，在较长一段时间内展开，但在内战前就已经形成和发展。

网络关系并不适于采用计量分析。这一领域的经典著作出自内森·罗森堡(Rosenberg, 1963)，他描述了专业机床公司是如何从与早期纺织厂相关的机械车间中分离出来，将它们的技能应用到不同的新兴行业中——缝纫机、机车、蒸汽机、水轮机、自行车，最后是汽车。尽管罗森堡的论文受邀在收入与财富研讨会上提交，但由于没有数字，它被从会议论文集中删除了！然而，这篇随后发表在《经济史杂志》(*Journal of Economic History*)上的文章，被形容为科技史上“有史以来最具影响力的一篇文章”。罗森堡所称的“技术融合”——将共同的技术原理应用到广泛的工业领域——今天可能会被重新定义为金属加工和机械制造的通用技术。然而，同样重要的是，在罗森堡的描述中，机床公司为其积累的知识和专业技能积极推广并寻找新的市场。

技术计量史学专业的学生经常使用专利数据。肯尼思·索科洛夫和佐里纳·卡恩(Sokoloff and Khan, 1990)认为，与英国相比，美国的专利制度促进了“发明的民主化”，并加速了内战前后期生产率的变化。英国的专利制度费用昂贵、行政烦琐、精英至上，而美国的专利则便宜，而且惠及的人群更广泛。特别是在1836年专利改革后，审查制度被恢复，“世界上第一个现代专利制度”建立(Khan, 2005:53)，美国的人均专利率超过了英国。根据罗斯·汤姆森(Thomson, 2009)的数据，1790年至1865年间，美国获得专利的个人多达36 000人。

专利申请率是衡量技术进步的一个非常不完美的标准。不仅许多发明获得了专利但从未使用，而且许多重要的发明没有获得专利。彼得拉·莫泽(Moser, 2005)对1851年伦敦水晶宫世博会的研究发现，只有11%的英国展品和16%的美国展品获得了专利。专利申请率因行业不同而显著不同，最高的是机械行业，为36.4%。汤姆森发现，在1853年的纽约水晶宫世博会上的专利申请率更高：五分之三的美国展品申请了专利，其中比例最高
495 的是用于收割、木工、运输和制造枪支的专门机器。在考察国际模式时，莫泽认为，专利法可能影响了技术变革的方向，而不是速度。但是，在这个时代，许多类型的创新都无法申请专利(比如种子品种)，保密是其他许多领域(比如化学品和染料)相对于专利的可行替代选择。

尽管存在局限性，但专利数据已被证明对追踪发明者和技术之间的网络模式是非常有用的。汤姆森(Thomson, 2009)研究了纺织机械师和蒸汽机创新者之间错综复杂的影响关系，而迈耶(Meyer, 2005)则展示了机械师和工程师的创新中心集群和迁移路径的地图。汤姆森利用专利证据证明了19世纪30年代的一种转变，即从自主工业发明转变为通过机床传递的交叉联系，这在很大程度上证实了罗森堡的说法。专业机械的复杂供应链、熟练机械师的高度流动性和跳槽现象，都与硅谷等现代“知识经济”集群有着明显

的相似之处。尽管硅谷体现的仍是地理上的高度集中，但内战前的知识网络也是将技术和工业从东北地区扩散到中西部地区的一种手段，中西部地区甚至在内战前就发展出先进的制造业部门。

奴隶制南方和自由北方的经济增长

内战之前，南方和北方地区都出现了加速的经济增长。在诺思看来，棉花贸易是整个经济的主要推动力。他写道：

> 棉花之所以具有战略意义，是因为它是国内和国际贸易相互依存结构中的主要自变量。对西部食品和东北部服务业和制造业的需求主要依赖于棉花贸易的收入……棉花是市场规模扩张和随之而来的经济扩张的最重要的影响因素……棉花发挥了主导作用。（North，1961：67—68，194）

这种分析被新资本主义史的研究者们重新提起，他们努力证明奴隶制对美国发展的中心作用。但它在很大程度上被计量史学研究所否认。

借鉴当时的南方报纸、铁路报告和期刊，黛安娜·林德斯特伦证实了菲什洛的发现，即南方为进口食品只提供了有限的市场："南方下层阶级对面粉和玉米的需求不足以吸收南方地区上层阶级这些产品的产出，更不用说作为西部地区的主要出口地了"（Lindstrom，1970：113）。造成这种模式的原因是，大多数棉花种植园在食物方面是自给自足的，种植大量的玉米来作为奴隶劳动一年的固定成本，并饲养猪来养活居民。具有里程碑意义的帕 496
克-高尔曼样本包括了1860年的人口普查手写档案中的5 229个农场，可以专门用来检验诺思的区域间贸易假说（Parker and Gallman，1992，样本描述详见Parker，1970）。根据样本，高尔曼得出结论，"大型种植园作为一个群体生产的粮食超过了满足其需求的数量"（Gallman，1970：20），"种植棉花的南方大型种植园正试图在基本粮食方面实现自给自足"（22），不出所料地实现了这一目标。综上所述，证据驳斥了"西部地区食品市场的增长与南方棉花经济的扩张有关”的说法(North, 1961:68)。

作为东北地区工业制成品的市场,南方在1812年战争后的一段时间内就占据了相当重要的地位,但却从未占据主导地位,而且随着时间的推移,它的地位逐渐减弱。劳伦斯·赫布斯特(Herbst, 1978)使用捕获-再捕获法分析了来自纽约的沿海贸易,估计在1839年,北方制造业产出中只有不到16.4%流向了南方,其中只有一小部分归因于激增的棉花出口。林德斯特伦(Lindstrom, 1978)在对费城地区经济发展的研究中发现,在1840年之前,制造商很少在遥远的市场上销售产品,而当他们这样做的时候,这些市场通常是在东部。远距离的贸易随着时间的推移而增长,但主要是沿东西向的路线。运输革命加速了西部的定居和商业化,这两者共同构成了美国制造业需求增长的主要部分。奴隶制南方和纽约货币市场之间的金融联系无疑是非常重要的。但是,早在棉花变得重要之前,北方的金融中心就已经很活跃并出现增长了(Sylla, 1998)。对北方资本家来说,西部铁路的投资机会至少和南方奴隶种植园一样有吸引力。简而言之,自由州有自己的增长动力,而南方基本上是外围地区。

如果这两种体系的特征越来越不同,人们的注意力就会转移到它们的相对经济表现上。令人惊讶的是,经济史学家多年来一直在讨论这个问题,从某种意义上说,这种交流可以追溯到美国内战前。北方的批评人士指出,南方在城镇、交通、制造业、人口增长和教育方面远远落后。南方的辩护者指出,奴隶制度避免了资本主义许多不吸引人的特征(如大城市、工厂和大规模移民),同时创造了自由州居民梦寐以求的巨额财富。计量史学的讨论主要围绕着理查德·伊斯特林(Easterlin, 1961)提出的一套地区收入估算方法展开。数据显示,1840年,南方的人均收入仅为全国平均水平的四分之三,而南大西洋和中东部地区的平均收入还不到东北部地区的一半。从1840年到1860年,南方整体迅速增长,但这种激增在很大程度上要归因于人口从低收入的东南部向高收入的西南中心区转移,后来又受到了世界棉花需求飙升的推动。诚然,如果只考虑自由人口的收入,南方的人均收入水平看起来会更有利,但除以总人口后的数据,则更适合评估奴隶制对地区长期发展的影响。

林德特和威廉姆森(Lindert and Williamson, 2016)最近使用了他们的 497
“社会表”方法来进行新的地区收入估算。虽然所得到的数据与关于产出方面的数据没有明显的可比性,但对于了解相对区域收入的模式而言,仍然可以提供一定信息。林德特和威廉姆森的叙述中有一个有趣的特点,那就是南方的长期相对衰落。南部地区在内战后的经济崩溃中首当其冲,在1800年至1860年间,南部地区的人均收入年增长率仅为0.9%,而新英格兰地区为1.94%,中大西洋地区为1.66%。作者并没有将这种相对的下滑直接归因于奴隶制,而是归因于该地区贫穷白人阶级的出现,这加剧了自由人口的不平等。由于在这种新的提法中,区域表现的组成部分尚不清楚,其对现行解释的重要性仍有待确定。

另一种方法是放弃不稳定的当前收入的估计数据,转而追踪有形财富的积累情况,这可以被视为对未来资产收入流的市场估值。内战前的经济增长很大程度上是来自随着定居点和商业发展而获取的土地资本收益。尽管这个潜在的动态运动在全国范围内大概是相似的,但是不同地区之间有一个主要的不同:南方人可以以奴隶财产的形式积累财富,而北方人则不能。1860年,奴隶的价值几乎占到南方所有有形财富的一半。

艾丽斯·汉森·琼斯(Jones, 1980)基于遗嘱认证记录的研究表明,截至1774年,北方和南方殖民地的实际人均非人类财富(不动产、牲畜、设备以及生产者和消费者商品的存货)基本是相等的(Wright, 2006)。然而,南方在总财富方面更胜一筹,总体上高出20%,人均财富高出近40%。在当时,还不能说奴隶劳动的使用阻碍了殖民时期南方的经济发展。

75年后,北方和南方的人均财富总量几乎相等,这与林德特和威廉姆森的发现一致,即北方在这一时期的增长速度更快。在19世纪50年代棉花繁荣的十年中,根据这一标准,南方以18%的比例领先(表4.2)。如果把奴隶
的价值计算在内,南方是最富有的地区。然而,请注意,在这两个时段中,南 498
方在人均非奴隶财富方面远远落后,这一指标更好地显示了奴隶制废除后这些地区的经济状况。1850年的南北比率为55%,1860年人口普查时达到顶峰,为61%。这些比率与战后时代普遍存在的区域人均收入比率没有太大差别。

表 4.2　1850 年和 1860 年的区域财富

	1850 年		1860 年	
	北方	南方	北方	南方
物质财富(10 亿美元)	4 474	2 844	9 786	6 332
奴隶价值(10 亿美元)	—	1 286	—	3 059
非奴隶价值(10 亿美元)	4 474	1 559	9 786	3 273
人均财富(美元)	315	316	482	569
人均非奴隶财富(美元)	315	174	482	294
自由人人均非奴隶财富(美元)	315	266	482	449
自由人人均财富(美元)	315	483	482	868

资料来源:Wright，2006:60。

也许比综合比率更能说明问题的是，一项计算显示，1860 年每个奴隶主的财富超过 2 000 美元，是北方人平均财富的四倍多。相比之下，没有奴隶的南方白人的平均财富还不到北方白人的一半。这一讨论忽略了无形的财富形式，比如教育，这一指标只会加剧地区之间的差异——对奴隶和自由人口来说都是最明显的。这样看来，南方落后的根源，肯定存在于内战前。

结　语

计量经济学研究清楚地表明，在南北战争前，就国家生产和人均收入的综合衡量而言，经济增长在加速。蓄奴地区和自由地区共享了这一增长，但经济变化的组成部分和方向却日益分化。在自由州，经济增长的特点是在交通运输、人口招募、农业商业化和机械化方面的广泛投资，以及具有适应美国国情的独特技术的制造业中出现，并且随着时间的推移，从东北传递到中西部。实行奴隶制的南方在扩大棉花生产和为奴隶主创造财富方面非常成功。但该地区在经济发展的其他方面落后，使其在内战和废奴之后难以继续取得进展。

参考文献

Adams, D.R. (1980) "American Neutrality and Prosperity, 1793—1808: a Reconsideration", *J Econ Hist*, 40, pp.713—737.

Ames, E. and Rosenberg, N. (1968) "The Enfield Arsenal in Theory and History", *Econ J*, 78, pp.827—842.

Atack, J. and Bateman, F. (1987) *To Their Own Soil: Agriculture in the Antebellum North*. Ames: Iowa State University Press.

Atack, J. and Margo, R.A. (2011) "The Impact of Access to Rail Transportation on Agricultural Improvement: the American Midwest as a Test Case", *J Transp Land Use*, 4, pp.5—18.

Atack, J., Bateman, F. and Weiss, T. (2006) "National Samples from the Census of Manufacturing: 1850, 1860, and 1870", Inter-University Consortium for Political and Social Research, Ann Arbor.

Atack, J., Bateman, F., Haines, M. and Margo, R.A. (2010) "Did Railroads Induce or Follow Economic Growth? Urbanization and Population Growth in the American Midwest, 1850—1860", *Soc Sci Hist*, 34, pp.171—197.

Atack, J., Jaremski, M. and Rousseau, P. L. (2014) "American Banking and the Transportation Revolution before the Civil War", *J Econ Hist*, 74, pp.943—986.

Bogart, D. and Majewski, J. (2008) "Two Roads to the Transportation Revolution: Early Corporations in the United Kingdom and the United States", in Costa, D. and Lamoreaux, N. R. (eds.) *Understanding Longrun Economic Growth: Geography, Institutions and the Knowledge Economy*. National Bureau of Economic Research. Chicago: University of Chicago Press.

Carter, S.B., Gartner, S.S., Haines, M. R., Olmstead, A.L., Sutch, R. and Wright, G. (eds.)(2006) *Historical Statistics of the United States, Earliest Times to the Present: Millennial Edition*. New York: Cambridge University Press.

Coleman, A. (2012) "The Effect of Transport Infrastructure on Home Production Activity: Evidence from Rural New York, 1825—1845", Motu working paper 12-01. Motu Economic and Policy Research, New Zealand.

Craig, L.A., Palmquist, R.B. and Weiss, T. (1998) "Transportation Improvements and Land Values in the Antebellum United States: a Hedonic Approach", *J Real Estate Financ Econ*, 16, pp.173—189.

Cranmer, H.J. (1960) "Canal Investment, 499
1815—1860", in Parker, W.N. (ed.) *Trends in the American Economy in the Nineteenth Century*. Princeton: Princeton University Press.

David, P.A. (1966) "The mechanization of Reaping in the Ante-bellum Midwest", in Rosovsky, H. (ed.) *Industrialization in Two Systems: Essays in Honor of Alexander Gerschenkron*. New York: John Wiley and Dons.

David, P.A. (1967) "The Growth of Real Product in the United States before 1840: New Evidence, Controlled Conjectures", *J Econ Hist*, 27, pp.151—195.

David, P.A. (1996) "Real Income and Economic Welfare Growth in the Early Republic or, another Try at Getting the American Story Straight", *Discussion Papers in Economic and Social History*, vol 5. Oxford: University of Oxford.

Davis, J.H. (2004) "An Annual Index of U.S. Industrial Production, 1790—1915", *Q J Econ*, 119, pp.1177—1215.

Davis, J. H. and Irwin, D. A. (2003) "Trade Disruptions and America's Early Industrialization", NBER working paper no. 9944. National Bureau of Economic Research, Cambridge.

Easterlin, R.A. (1961) "Regional Income Trends, 1840—1950", in Harris, S.E. (ed.) *American Economic History*. New York: McGraw-Hill.

Field, A.J. (1983) "Land Abundance, Interest/Profit Rates, and Nineteenth-century American and British Technology", *J Econ*

Hist, 43, pp.405—431.

Fishlow, A. (1965) *American Railroads and the Transformation of the Antebellum Economy*. Cambridge, MA: Harvard University Press.

Fleisig, H. (1976) "Slavery, the Supply of Agricultural Labor, and the Industrialization of the South", *J Econ Hist*, 36, pp.572—597.

Fogel, R.W. (1964) *Railroads and American Economic Growth: Essays in Econometric History*. Baltimore: Johns Hopkins University Press.

Folbre, N. and Wagman, B. (1993) "Counting Housework: New Estimates of Real Product in the United States, 1800—1860", *J Econ Hist*, 53, pp.275—288.

Gallman, R.E. (1960) "Commodity Output, 1839—1899", in Parker, W. N. (ed.) *Trends in the American Economy in the Nineteenth Century*. Princeton: Princeton University Press.

Gallman, R. E. (1966) "Gross National Product in the United States, 1834—1909", in Conference on Research in Income and Wealth (ed.) *Output, Employment, and Productivity in the United States after 1800*. New York: Columbia University Press.

Gallman, R.E. (1970) "Self-sufficiency of the Cotton Economy of the Antebellum South", in Parker, W. N. (ed.) *The Structure of the Cotton Economy of the Antebellum South*. Washington, DC: The Agricultural History Society.

Goldin, C.D. and Lewis, F.D. (1980) "The Role of Exports in American Economic Growth during the Napoleonic Wars, 1793—1807", *Explor Econ Hist*, 17, pp.6—25.

500 Goldin, C. D. and Sokoloff, K. (1982) "Women, Children, and Industrialization in the Early republic", *J Econ Hist*, 42, pp. 741—774.

Goodrich, C. (ed.) (1961) *Canals and American Economic Development*. New York: Columbia University Press.

Habakkuk, H. J. (1962) *American and British Technology in the Nineteenth Century*. Cambridge: Cambridge University Press.

Haites, A.F., Mak, J. and Walton, G.M. (1975) *Western River Transportation: the Era of Early Internal Development, 1810—1860*. Baltimore: Johns Hopkins University Press.

Herbst, L.A. (1978) *Interregional Commodity Trade from the North to the South and American Economic Development in the Aantebellum Period*. New York: Arno Press.

Irwin, J. (1988) "Exploring the Affinity of Wheat and Slavery in the Virginia Piedmont", *Explor Econ Hist*, 25, pp.295—322.

Jones, A.H. (1980) *Wealth of a Nation to be: the American Colonies on the Eve of the Revolution*. New York: Columbia University Press.

Khan, B.Z. (2005) *The Democratization of Invention: Patents and Copyrights in American Economic Development, 1790—1920*. New York: Cambridge University Press.

Klein, D.B. (1990) "The Voluntary Provision of Public Goods? The Turnpike Companies of Early America", *Econ Inq*, 28, pp. 788—812.

Lebergott, S. (1964) *Manpower in Economic Growth: the American Record since 1800*. New York: McGraw-Hill.

Lindert, P. H. and Williamson, J. G. (2016) *Unequal Gains: American Growth and Inequality since 1700*. Princeton: Princeton University Press.

Lindstrom, D. L. (1970) "Southern Dependence upon Interregional Grain Supplies: a Review of the Trade Flows, 1840—1860", in Parker, W.N. (ed.) *The Structure of the Cotton Economy of the Antebellum South*. Washington, DC: The Agricultural History Society.

Lindstrom, D.L. (1978) *Economic Development in the Philadelphia Region, 1810—1850*. New York: Columbia University Press.

Meyer, D. (2005) *Networked Machinists: High-technology Industries in Antebellum America*. Baltimore: The Johns Hopkins University Press.

Moser, P. (2005) "How Do Patent Laws Influence Invention? Evidence from Nineteenth-century World's fairs", *Am Econ Rev*, 95, pp. 1214—1236.

North, D.C. (1966) *The Economic Growth of the United States, 1790—1860*. New York: W.W. Norton, First published 1961.

Olmstead, A.L. (1975) "The Mechanization of Reaping and Mowing in American Agriculture, 1833—1870", *J Econ Hist*, 35, pp.327—352.

Olmstead, A.L. and Rhode, P.W. (1995) "Beyond the Threshold: an Analysis of the Characteristics and Behavior of Early Reaper Adopters", *J Econ Hist*, 55, pp.27—57.

Olmstead, A.L. and Rhode, P.W. (2008a) *Creating Abundance: Biological Innovation and American Agricultural Development*. New York: Cambridge University Press.

Olmstead, A.L. and Rhode, P.W. (2008b) "Biological Innovation and Productivity Growth in the Antebellum Cotton Economy", *J Econ Hist*, 68, pp.1123—1171.

Olmstead, A.L. and Rhode, P.W. (2018) "Cotton, Slavery and the New History of Capitalism", *Explor Econ Hist*, 67, pp.1—17.

Parker, W.N. (ed) (1970) *The Structure of the Cotton Economy in the Antebellum South*, Washington, DC: The Agricultural History Society.

Parker, W.N. and Gallman, R.E. (1992) "Southern Farms Study, 1860", Inter-University Consortium for Social and Political Research, Ann Arbor.

Parker, W.N. and Klein, J.L.V. (1966) *Productivity Growth in Grain Production in the United States, 1840—60 and 1900—10. in Output, Employment and Productivity in the United States after 1800*. New York: Columbia University Press.

Paskoff, P.F. (2007) *Troubled Waters: Steamboat Disasters, River Improvements, and American Public Policy, 1821—1860*. Baton Rouge: Louisiana State University Press.

Rosenberg, N. (1963) "Technological Change in the Machine Tool Industry, 1840—1910", *J Econ Hist*, 23, pp.414—443.

Rosenberg, N. (1976) *Perspectives on Technology*. Cambridge: Cambridge University Press.

Rosenbloom, J.L. (2004) "Path Dependence and the Origins of Cotton Textile Manufacturing in New England", in Farnie, D.A. and Jeremy, D.J. (eds.) *The Fibre that Changed the World: the Cotton Industry in International Perspective, 1600—1990s*. Oxford: Oxford University Press.

Segal, H. (1961) Cycles of canal construction. in Goodrich, C. (ed.) *Canals and American Economic Development*. New York: Columbia University Press.

Sokoloff, K.L. (1986) "Productivity Growth in Manufacturing during Early Industrialization: Evidence from the American Northeast, 1820—1860", in Engerman, S.L. and Gallman, R.E. (eds.) *Long-term Factors in American Economic Growth*. Chicago: University of Chicago Press.

Sokoloff, K. and Zorina Khan, B. (1990) "The Democratization of Invention during Early Industrialization: Evidence for the United States, 1790—1846", *J Econ Hist*, 50, pp.363—378.

Sylla, R. (1998) "U.S. Securities Markets and the Banking System, 1790—1840", *Fed Reserve Bank St. Louis Rev*, 80, pp.83—98.

Temin, P. (1988) "Product Quality and Vertical Integration in the Early Textile Industry", *J Econ Hist*, 48, pp.891—907.

Thomson, R. (2009) *Structures of Change in the Mechanical Age: Technological Innovation in the United States, 1790—1865*. Baltimore: The Johns Hopkins University Press.

Towne, M.W. and Rasmussen, W.D. (1960) "Farm Gross Product and Gross Investment in the Nineteenth Century", in Parker, W.N. (ed.) *Trends in the American Economy in the Nineteenth Century*. Princeton: Princeton University Press.

Wallis, J.J. (2003) "The Property Tax as a 501

Coordinating Device: Financing Indiana's Mammoth Internal Improvement System, 1835—1842", *Explor Econ Hist*, 40, pp.223—250.

Wallis, J.J. and Weingast, B.R. (2018) "Equilibrium Federal Impotence: Why the States and not the American National Government Financed Economic Development in the Antebellum Era", *J Public Financ Public Choice*, 33, pp.19—44.

Weiss, T. (1992) "U.S. Labor Force Estimates and Economic Growth, 1800—1860", in Gallman, R.E. and Wallis, J.J. (eds.) *American Economic Growth and Standards of Living before the Civil War*, Chicago: University of Chicago Press.

Weiss, T. (1993) "Economic Growth before 1860: Revised Conjectures", in Weiss, T. and Schaefer, D. (eds.) *American Economic Development in Historical Perspective*. Stanford: Stanford University Press.

Wright, G. (2006) *Slavery and American Economic Development*. Baton Rouge: Louisiana State University Press.

第五章

欧洲长期经济增长中的经济-人口相互作用

詹姆斯·福尔曼-佩克

摘要

计量史学证实了马尔萨斯的前工业经济模型很好地描述了大部分人口经济历史：生产率的提高增加了人口数量，但人口的增加又压低了工资。西欧的婚姻模式，即女性第一次结婚的年龄较晚，是促成马尔萨斯理论均衡的因素之一，这一模式通过限制生育来延缓生活水平的下降。人口转型和从马尔萨斯经济向现代经济增长的转型催生了本章研究的许多计量史学模型。一类流行的模型是，数个世纪以来的低死亡率增加了对人力资本投资的回报或偏好，从而使技术进步最终加速。这一举措最初提高了出生率，使得人口增长加速。18 世纪末的法国是生育率下降最早、最严重的国家。到 19 世纪 30 年代，法国婚姻生育率的下降与生育孩子机会成本的日益增长相一致。欧洲其他国家直到 19 世纪末才开始效仿。主要集中在漫长的 19 世纪的经济和移民之间的相互作用，已经被纳入自然增长和经济密切相关的计量史学模型。欧洲人移居海外的趋势推高了工资，而接受移民的经济体的工资却降低了。

关键词

人口结构转型　经济增长　马尔萨斯经济　移民

引　言 504

在工业革命和现代经济增长开始之前的大部分历史时期，生活水平一直处于停滞状态，或者在战争、饥荒、瘟疫和气候变化的影响下周期性地下降或上升。在没有技术或社会变革的情况下，人口也趋向于长期的平衡。人口转型是对社会秩序从一种向另一种转变的程式化描述。在第一阶段，死亡率和生育率很高，人口大致稳定。在第二阶段，死亡率下降，但生育率没有下降；因此，人口爆炸。在第三阶段，生育率下降，使人口开始稳定在一个高得多的水平上(Chesnais, 1992)。计量史学分析(不一定以这一名称命名)试图通过将生育率和人力资本积累解释为家庭决策的结果，将这些人口变化与经济发展联系起来，这些决策在他们的环境中是合理的，但也会影响他们环境的演变方式。这样做的目的是对从低生活水平的“马尔萨斯主义”经济向人均产出上升的经济的转变进行建模。

一个国家的人口不仅可能受到自然增长——生育率高于死亡率——的潜在影响，还可能受到移民的影响。对历史学家来说，简单地确定历史上的人口数量一直是一个重大挑战，因为移民的规模几乎是未知的，主要被当作解释出生率、结婚率和死亡率估计偏差的一个来源。但从 19 世纪开始，随着政府的有效控制和对统计的兴趣上升，可用的移民数据变得可得。在这一领域，计量史学分析主要集中于第一次世界大战前跨越大西洋的大规模迁移。因为最近发表的一项调查(Hatton, 2010)，关注的焦点是通过建模找到人口流动和自然增长的人口变化之间的共性。

这些主题很重要，因为一个经济体的人口规模和质量对其军事和经济成功乃至生存至关重要。人口是征税的基础和征兵的来源。一些经济体在不同时期都认为自己人口过剩，并鼓励对外移民。另一些经济体则认为其人口稀少，并推行外来移民或家庭友好政策。不管是过去还是现在，民族或族裔群体的自然增长都可能是社会紧张的一个根源，移民也是如此；回应之一是对移民施加法律限制，这种压力并没有消失。

1601 年的《济贫法》很不寻常地承认了国家对部分困难人口的责任。在 505

欧洲其他地方，对这些人的救济主要由慈善机构或宗教组织承担。一个在18世纪晚期困扰着英国社会思想家的问题，至今仍困扰着一些人：如果国家对低收入家庭给予财政支持，这会不会鼓励贫困和增加人口？一个相关的政策问题是："鼓励或允许移民是否会降低本地工资并减少就业，以及鼓励移民是否会提高本地工资并增加就业机会？"

在下面的研究中，"数据"一节讨论了计量史学使用的文献的来源和数据；"人口、自然增长与经济"一节在一个简单的马尔萨斯模型框架下介绍了关于人口自然增长的文献；"人口转型与经济增长"一节考察了向现代经济增长转变的可能方式；"移民与经济"一节将马尔萨斯框架扩展到对移民的计量史学研究；"识别和估计"一节分析了从历史数据推断有关参数所采用的方法；"时间序列分析"一节概述了最近一些使用时间序列数据的研究中所使用的独特方法。

数　据

计量史学能研究到什么程度，实质上取决于现有证据的性质。在这方面，久远的数据通常比较近期的数据更有问题。多年来，人们一直致力于解释人口和经济变量的历史进程，并取得了一些令人惊讶的结果。多年来，公元301年戴克里先皇帝的《最高价格法》使得将罗马人的生活水平与中世纪和现代社会的生活水平进行比较成为可能(Allen，2009)。在克拉克(Clark，2005)对从1209年开始的英国实际工资(涉及建筑工人、煤矿工人和农业工人)年度序列的研究中提到的索罗尔德·罗杰斯(Rogers，1866)、贝弗里奇(Beveridge，1939)、费尔普斯-布朗和霍普金斯(Phelps-Brown and Hopkins，1955，1956，1981)的作品，也同样引人瞩目。英国人的实际工资在1209年明显高于1800年，而在1450年，比这两个时期都高。

瑞典关于实际工资的数据显示了更为极端的对比，表明缺乏技能的劳动者在中世纪晚期比在19世纪中期情况更好。大约1540年之后，斯德哥尔摩的实际工资趋势是下降的，因此到1600年，实际工资比1540年低了约40%(Söderberg，2010)。欧洲其他地方也出现了这种显著下降(Allen，2001)。

不列颠和荷兰与南欧的不同之处在于，前两个国家在 19 世纪中期恢复了 1450 年的峰值，而南欧则没有。与瑞典的数据系列一样，从 1500 年开始的德国实际工资序列也来源于建筑工人的工资(Pfister et al., 2012)。但德国的经历却不尽相同，因为三十年战争给人口带来了毁灭性打击造成了劳动力短缺。在 17 世纪上半叶的战争时期，德国的实际工资上涨了 40%。到 17 506
世纪下半叶前段，工资已经上升到 16 世纪初的水平。

上述工资序列均指男性的收入。汉弗莱斯和魏斯多夫(Humphries and Weisdorf, 2015)构建了 1260 年至 1850 年英国女性的临时工资和合同工资指数，这些指数显示出了与男性工资不同的模式。在 14 世纪和 15 世纪的劳动力短缺时期，妇女的年薪由于规章制度的限制而比男性的要低，这降低了人们推迟结婚和降低生育率的动机。已婚妇女可以通过丈夫进入收入更高的男性劳动力市场，从而获得更高的临时工资。当工业化开始对劳动力市场产生强烈影响时，这两类女性就业的地位发生了逆转。不能履行年度合同的女性表现不佳，增加了已婚女性对有收入的男性的依赖。

可能最能反映技能水平的一系列人力资本指标虽然更为零碎，但重要性并不逊色。识字程度、图书产量、百科全书的用户数量和年龄都被列为指标(A'Hearn et al., 2009; Baten and van Zanden, 2008; Squicciarini and Voigtländer, 2015)。大多数指标的特点是，它们的数据在近代欧洲早期国民收入开始持续增长之前有强烈上升的趋势。这可能就是为什么艾伦(Allen, 2003)发现识字因素对以工资衡量的经济发展没有影响，尽管这种影响可能被与城市化的紧密联系所掩盖，他确实认为这种联系很重要。在法国，文盲率在 1720 年到 1880 年间从 65%急剧下降到 5%(Diebolt and Perrin, 2013a)。

税收调查或退税记录，私人或国家人口普查，以及军事、民政或宗教目的的清单，都为建立人口、生育率和死亡率的估计提供了原始资料。①

现存最著名的早期欧洲人口和资产普查资料也许要数 1086 年的英格

① 在解释这些材料时，必须认识到，汇总的数据可能会对在更细分的信息源中明显存在的关系产生掩盖作用(Brown and Guinnane, 2007)。典型的，如普林斯顿生育项目(例如，Coale and Watkins, 1986)因为从过度汇总的数据中得出错误的推论而受到批评。

兰人口普查成果《末日审判书》了。普鲁士在1725年进行了一次官方的全国人口普查(Wilke, 2004),随后瑞典在1749年也进行了一次官方的全国性人口普查。到19世纪初,各国政府开始定期进行人口普查;1801年,法国和英国进行了第一次官方人口普查。但是在16世纪到19世纪,通过聚集和家庭重组,教区对洗礼、婚姻和死亡的登记成为欧洲人口统计的关键来源。

家庭重建研究需要对个人从出生、结婚、生育子女到死亡的全过程进行追踪。把一个教区内的这些个体的重建汇总起来,可能能够测量预期寿命、结婚年龄、生育能力和其他指标。而其缺点包括不能将同一个体不同区域
507 登记的情况纳入考虑,因为人口迁徙降低了登记的连续性,并由于记录员的工作经验不足或者出于宗教原因使得相当一部分人口可能没有被纳入登记。即使移民和非移民的人口学特征相似(Ruggles, 1992),对来自其出生地的移民的平均结婚年龄和预期寿命的估计也可能会产生偏差。只有那些在出生地结婚的人才会被纳入家庭重建研究中。晚婚更有可能发生在移民之后,因此被系统地排除在数据之外。早夭在重建研究中比例会偏高,因为那些活得更长、有时间迁移的人将死在其他地方,并被忽略。

在法国、西班牙和意大利,高质量的教区登记有很高的存活率记录。瑞典和芬兰逐户登记的居民名单包含了宗教、阅读能力和17世纪的移民记录等补充信息(Flinn, 1981)。里格利和斯科菲尔德(Wrigley and Schofield, 1981)通过对404个英格兰国教教区的洗礼、婚姻和葬礼登记册进行家庭重建研究,确定了英格兰最早从1541年开始的死亡率和生育率。①里格利和斯科菲尔德还利用教区登记处的数据通过"反推法"来计算人口。②这种方法将先前发生的"事件"纳入考量,对1871年人口普查的年龄结构进行以5年为间隔的追溯和修订。由于1813年以前的登记册中没有写明死亡年龄,因此死亡人数是按模型死亡率表对各年龄组进行计算得出。

① 剑桥大学的研究团队还发表了一份基于26个英格兰教区的更详细的分析报告(Wrigley et al., 1997)。

② 李和安德森(Lee and Anderson, 2002)认为,考虑到国际移民,由此得出的人口估计结果是不准确的,但它客观体现了除移民之外的人口数量。

14 世纪和 15 世纪饥荒和瘟疫导致的高死亡率对西欧来说是一个关键的人口事件。[1]1315—1317 年的欧洲大饥荒以及随后发生在英格兰的牛羊瘟疫和干旱(Dodds, 2004; Stone, 2014)、1348 年的黑死病,使得人口急剧减少。此外,鼠疫在 1361 年和 1369 年卷土重来,破坏性稍有减弱。在瑞典,1300 年至 1413 年,人口从 110 万下降到不足三分之一。直到 17 世纪中期,人口才开始恢复,人口的持续增长则直到 17 世纪后期才开始(historical statistics.org)。在英格兰,人口出现大幅下降,并可能持续到 15 世纪中叶。在达勒姆地区,租户数量表明,到 14 世纪末,人口下降到黑死病前水平的 45%,什一税证据表明,产出也出现了类似的崩溃(Dodds, 2004)。克拉克(Clark, 2007)根据工资数据计算出了对英格兰总人口具有广泛的可比性的结论。托斯卡纳地区的人口下降显然更为严重;1244 年到 1404 年之间,皮斯托亚乡村的人口下降到不到以前水平的三分之一,城市人口下降到一半的水平(Herlihy, 1965)。在德国,17 世纪早期的三十年战争是一场类似的 508
死亡危机,使人口减少了一半以上(Pfister and Fertig, 2010)。

人口、自然增长与经济

最初,文献调查者围绕马尔萨斯(Malthus, 1970)的基本框架,提出了一个双方程模型。这样可以解释大多数的计量史学问题及相关文献。马尔萨斯关于经济与人口关系的理论的重要性,使他赢得了罕见的赞誉,他的名字在他死后成为一个形容词。因此,他的工作是对人口与经济相互作用进行历史调查的自然开端。

马尔萨斯的行为像一个真正的社会科学家,把经验证据和理论结合起来。在其他数据来源中,他利用亚历山大·冯·洪堡(Alexander von Humboldt)对西班牙裔美国人人口行为的观察,并间接地将美国人口普查数据与欧洲人口统计数据进行对比。事实证明,马尔萨斯关注的是在几乎没有多余

[1] 关于这个事件的影响的影像解读,请参阅英格玛·伯格曼的《第七封印》(*The Seventh Seal*)。

的土地可供耕种的情况下，人口增长的几何级数与食物增长的算术级数的最好的情况。在美洲，由于土地充足，人口每 25 年翻一番，而在欧洲的丘陵或山区，如瑞士或威尔士，由于“积极的”或“预防性”因素，人口几乎没有增加。

一些因素能缩短自然寿命；它们包括贫穷、饥荒、瘟疫、大城市（由于工作、生活和休闲方式引起的高死亡率）和战争。从 14 世纪到 17 世纪，黑死病是西欧最大的杀手。此后，防疫条例将其控制住。接着斑疹伤寒和天花占据了主导地位（Flinn，1981：Chap.4）。随着黑死病的严重程度和频率的下降，城市化也有助于提升死亡率。1500 年，伦敦人口估计有 4 万，巴黎人口估计有 10 万，但到 1700 年，这两个城市的人口都超过了 50 万（de Vries，1984）。另一种类型的死亡因素是连续两次或两次以上的收成不足，如 1697 年的芬兰或 1846 年的爱尔兰。糟糕的交通基础设施和高昂的食品运输成本意味着这些危机可能是局部的，但 1315—1317 年的欧洲大饥荒是个例外。即使在没有战争的情况下，军队的调动也可能产生死亡危机。因为疾病的传播、庄稼和牲畜的毁坏，以及乱军的劫掠，德国的三十年战争对平民来说和黑死病一样致命。

预防性因素对有效出生率存在影响；对马尔萨斯来说，这些因素包括推迟结婚年龄、“非自然的激情”和堕胎。这些因素的某种组合将人口限制在长期定居地区的固定土地资源上。随后的研究（Hajnal，1965）表明，在马尔萨斯写作之时以及之前的几个世纪，女性首次结婚年龄大大推迟到平均 25
509 岁左右确实是西欧的普遍现象（de Moor and van Zanden，2010）。此外，这种习俗是西欧独有的。在其他地方，平均结婚年龄要低一些。在西欧，“克制”的传统理由是需要积累或获得足够的资源，以便为已婚夫妇建立一个独立的家庭。在欧洲，另一种形式的预防性因素，或称为“道德约束”，按世界标准来看是不寻常的，那就是可能有 10%或更多的女性从未结过婚。再加上社会对非法行为的限制——使非法行为的发生可能被控制在 2%—5%的水平，这些“道德约束”限制了人口增长，使人口规模低于应有的普遍水平。克拉夫茨和艾尔兰（Crafts and Ireland，1976）利用英格兰的数据表明，在 18 世纪晚期，结婚年龄增加 3 岁至少可以使人口增长率减半。

马尔萨斯认为，有一项政策将刺激更多的人口，并削弱独立性，那就是根据家庭子女数量的增加而提高《济贫法》的补助金。他认为，如果劳动者知道没有政府的救济可以依靠，那么酒吧和大家庭的吸引力就会减少。博耶(Boyer, 1989)对英格兰教区的横截面回归确实表明，不仅更高的工资与高生育率有关(弹性为 0.4)，而且子女补贴也刺激了更多的生育；与那些不支付补贴的教区相比，为第三个孩子支付补贴的教区生育率要高出 25%。博耶检验了胡泽尔(Huzel, 1980)的观点，即补贴制度更可能是对人口增长的反应，同时指出，与此相反，补贴制度对出生率是外生的。

另一方面，凯利和奥·格拉达(Kelly and O'grada, 2014)证实，积极的因素的消失与系统性贫困救济的引入相吻合。他们援引马尔萨斯本人作为权威依据，认为政府的行动有助于打破粮食歉收和大规模死亡之间的联系。在欧洲大陆，没有济贫法，困境中的男人和女人不能指望像英格兰那样的救济，这对经济发展产生了深远的影响(Solar, 1995)。他们不愿断绝与土地的联系，成为工业革命的劳动力。

马尔萨斯不仅发现了长期均衡，即人口和工资的稳定状态，而且指出了人口和工资存在周期的可能性。“人口过剩”压低货币工资，推高食品价格。实际工资的下降阻碍了结婚，因此人口增长停滞或下降。但低工资有利于种植业扩张和对已经耕种土地的改良，直到实际工资随着对劳动力的强劲需求的恢复而恢复，人口也恢复增长。

“这种摆动……即使是最敏锐的头脑，也很难计算它的周期。”(Multhus, 1970: 77)

例如，这些摆动可以用来模拟对死亡率冲击的应对，这显示了马尔萨斯模型的一个关键特征。作为“确定性校准”的一种方式，它们展示了在近年来的人口-经济交互作用模型中被证明是很流行的(尽管使用的是更复杂的模型)一条进路。在马尔萨斯过程的一个程式化离散时间模型中，相关的单个周期可
能至少是 15 年，但也可能会翻倍。由于劳动力边际产量递减和固定的可用 510
土地的减少①，当期的工资(w_t)随着当期人口(P_t)下降而下降(P_t 将劳动力带入市场而下降)。其中 u_t 为均值为 0 的随机扰动项，a 和 b 为参数：

① 在实践中，西欧耕地面积随着人口的增加而略有扩大，因为生产力较低的土壤得到了利用。布罗德贝里等人(Broadberry et al., 2015: Table 2.10)估计，在英格兰，耕地面积仅在 1836 年超过了 1290 年的中世纪峰值，而那时的人口是早期的数倍。

$$w_t = a - bP_t + u_t \qquad a, b > 0 \tag{5.1}$$

这种关系的最有力证据也许是14世纪鼠疫疫情中，欧洲人口经历的可怕死亡率，这种死亡率将英格兰等地的工资提高到直到19世纪才再次出现的水平(Clark, 2005)。[①]普菲斯特等人(Pfister et al., 2012)研究从1500年开始的德国史，发现17世纪中叶之前的人口与实际工资之间存在着强烈的负相关关系，这可能反映了这种关系。根据李和安德森(Lee and Anderson, 2002)的估计，b 的合理估值是0.5(假设替代弹性约为1，劳动在国民收入中的份额为0.5[②])。艾伦(Allen, 2003)利用从1300年开始到1800年结束的跨欧洲国家的面板数据，通过土地-劳动力比率来衡量人口在这类方程中的影响。当公式(5.1)中参数 a 是城市化和农业全要素生产率的函数时，他估计弹性为0.4。克拉夫茨和米尔斯(Crafts and Mills, 2009)使用从1540年以来的英格兰时间序列数据，估计 b 的弹性要高得多，为0.95[与李和安德森(Lee and Anderson, 2002)的估计 $b=1$ 相比]。与艾伦的估计值不同的一个原因可能是时间序列方法捕捉到的短期关系不如从面板数据得到的长期系数反应灵敏。另一个可能的原因是，艾伦在他的模型中包括了更广泛的解释变量，而可以用人口来解释的工资变化更少了。克拉夫茨和米尔斯还发现，当 a 大于1 800时，按照里格利和斯科菲尔德的实际工资序列计算，技术进步的年平均速度为0.75%，而如果使用克拉克的更广泛的基础序列计算时，技术进步的年平均速度为0.4%。切尔韦拉蒂和森德(Cervelatti and Sunde, 2005)通过区分由熟练劳动力需求和非熟练劳动力需求产生的两种工资来扩展公式(5.1)，迪博尔特和佩林(Diebolt and Perrin, 2013a)也采用了这种方法。

511 人口与工资之间的第二种关系则完全不同。由于较高的工资鼓励早婚，又由于孩子是“正常物品”(预防性因素的减少)，当期的人口 P_t 会与前一时期的工资一起增加；随着家庭收入的增加，越来越多的孩子成为人们向往的

① 西班牙似乎是西欧的一个例外(Alvarez-Nogal and Prados de la Escosura, 2013)。

② 将 W 定义为 $\log w$，p 定义为 $\log P$(劳动力)，边际生产率为 $W=a-0.5(p-q)$，其中 q 为产出对数，要素投入间替代弹性为1，另一个假设是，在劳动力市场上应该存在近乎完美的竞争。

情景。[①]和对出生的影响一样，在低生活水平下，更高的工资减少了过早死亡的促进性因素。

目前，促进性因素和预防性因素在理论上是没有区别的；两者及其净效果可能取决于工资水平。[②]其中 v_t 为均值为 0 的随机扰动项，c、d 为参数：

$$P_t = c + dw_{t-1} + v_t \qquad c,\ d > 0 \tag{5.2}$$

艾伦（Allen，2003）估计了现代早期欧洲的长期方程，发现荷兰、英格兰和威尔士的系数 d 为正，但在他的样本中，其他欧洲国家没有长期反应。以 1540—1870 年 14 个欧洲国家生育率对工资反应的中位数来区分出生率与死亡率对工资影响的不同，从公式 5.2 估计得到弹性为 0.14，其中英格兰为 0.12（Lee and Anderson，2002：Table 2）。英格兰的死亡率弹性下降到 0.076，欧洲其他地区的死亡率可能更高，可能为 0.16。这些数字意味着英国人口对工资的反应是正向的。从长远来看，系数 d 可能趋于无穷大，因此，在生产率提高之后，工资最终会回到某种通常的维持生存的水平。这与阿什拉夫和加洛尔（Ashraf and Galor，2011）的发现是一致的。[③]

另一种衡量工资的方法是食品价格（与工资成反比），这种方法的优点是年人口数量、出生率和死亡率具有外生性。1740 年以后，法国的食品价格并没有对死亡率作出反应，这大概比英国晚了一个世纪（Weir，1984）。法国的婚姻对价格冲击的反应比英国要快，但是到了 19 世纪，法国的这种预防性因素正在减弱。在 18 世纪的瑞典，黑麦价格上涨 15%，第二年死亡率至少上升 3%（Bengtsson，1993）。两个世纪以来，瑞典也展示了预防性因素的证据，较高的黑麦价格降低了结婚率和生育率。

拉格洛夫（Lagerlof，2003）假设 v_t（在上面的公式 5.2 中）主要受死亡率

---

① 实际上，这种关系可能存在较长的滞后期，从而延长了下文讨论的周期性。自相关冲击或扰动具有同样的效果。

② 当出生率和/或死亡率受工资影响，正如李（Lee，1973）的研究，那么公式 5.2 解释了人口的变化，并且公式的右边应该增加一个 $-p_{t-1}$。为了简单起见，这里没有展现这种修改。

③ 亚瑟·刘易斯（Lewis，1954）提出了劳动力无限供给的经济发展模型，尽管在该模型中，劳动供给的弹性完全来自移民，而不是自然增长。

冲击影响，其在打破马尔萨斯均衡中起着关键作用。他还从对幸存儿童、人力资本和商品的偏好函数的家庭优化中得出了一个类似于公式 5.2 的公式。这一课题是由笔者（Foreman-Peck，2011）提出的，我认为儿童死亡率的下降
512 理论上会减少目标生育率，但会增加预期的家庭规模和人口。纵观整个 19 世纪晚期的欧洲和英格兰，较低的死亡率实际上与较低的出生率有关。

由公式 5.1 和公式 5.2（代入工资），并假设扰动项取其均值，我们得到了 P 的一阶差分方程：

$$P_t + bdP_{t-1} = c + ad \tag{5.3}$$

给定初始条件，基准年人口为 P_0，我们可以解出差分方程：

$$P_t = \frac{c+ad}{1+bd} + \left(P_0 - \frac{c+ad}{1+bd}\right)(-bd)^t$$

右边的第一个分量是特解。在极限情况下，这是总体的稳态值。右边的第二个项是特征根等于 $-bd$ 的互补函数。人口在每个周期都会在稳态（特解）附近振荡，直到它收敛到均衡水平（只要 $|bd|<1$）。

描述与人口相对应的工资的公式是：

$$w_t + bdw_{t-1} = a - bc \tag{5.4}$$

这个工资差分方程的解为：

$$w_t = \frac{a-bc}{1+bd} + \left(w_0 - \frac{a-bc}{1+bd}\right)(-bd)^t$$

较高的生活水平是通过较大的 a 值和较低的 c 值、b 值或 d 值来实现的。较高的结婚年龄会通过降低 c 和 d 来降低人口。以 c 的增长来衡量的外源性人口增长，拉低了工资。这可能是由于死亡率下降，正如布斯金等人（Boucekkine et al.，2003）在用威尼斯 1600—1700 年和日内瓦 1625—1825 年的死亡率表校准模型时所假定的那样。这一时期的防疫条例据说在减少欧洲鼠疫暴发方面取得了惊人的成功（Chesnais，1992：141）。相反，如果城市化对提高全国死亡率具有足够的重要性（Voigtländer and Voth，2013b），则 c 将下降，工资将上升。里格利和斯科菲尔德（Wrigley and Schofield，1989：475）认为，在 1820 年之后的半个世纪里，城市化人口比例的快速增长

在很大程度上导致了英格兰人预期寿命的显著提高[尽管这是在福特(Voth)所研究的时期之后]。

确定性校准通常选择参数 $a-d$ 的值,以便模型能够跟踪研究者感兴趣的历史序列。更有野心的是,研究者可以采用已经估计的参数值。根据校正 $a=1$, $b=0.8$, $c=1$, $d=0.8$,系统收敛到的工资稳定状态为 $w^*=0.12$, 513
人口 $P^*=1.097$。马尔萨斯过程的动态可以利用 Excel 电子表格①并重新安排系统显示如下:

$$P_t+0.64P_{t-1}=1.8$$

$$w_t+0.64w_{t-1}=0.2$$

从数值 1 开始,图 5.1 显示了人口和工资在非常大的初始冲击下的逆向波动,人口减少,工资提高。图中显示了 $w^*=0.12$ 和 $P^*=1.097$ 的收敛性,在 10 个周期内非常接近,这意味着时段可能是 150 年或 300 年(在没有

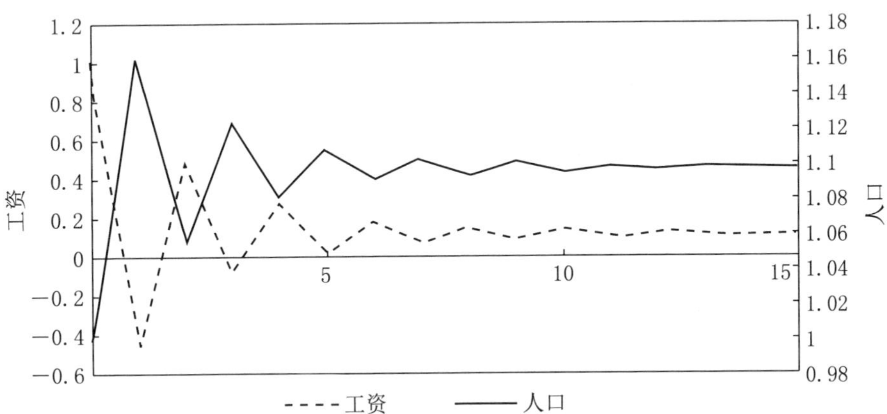

图 5.1 模拟马尔萨斯周期

① 在比如单元格 A1 和 A2 中输入群体差分方程的参数(本例分别为 0.64 和 1.8)。用从零开始的序列填充一列(比如 B 列),并用每个后续单元格增加一列。将 P_t 的列分配到 B 的旁边。第一个值取决于要考虑的冲击。作为一个积极的冲击,在这里使用任何大于 1.097 的数字。因此,在 C 列第一个单元格输入 1 对人口将是一个负冲击。在单元格 C2 中,输入“a1*c1+a2”并填写 C 栏。这个系列在第一时期高于均衡水平,在第二时期低于均衡水平。可以通过改变分配给单元格 A1 和 A2 的参数来研究方程。

其他冲击的情况下,如果每个周期是 15 年或 30 年)。最初的水平可以被认为代表了一种促进性的死亡率冲击,如英格兰的 14 世纪和 15 世纪或德国的三十年战争,在这些阶段,人口减少,工资提高。

总之,这个简单的动态模型的两个特点是非常持久的振荡和工资与人口的反向变动。这是一个回归到人口和工资均衡状态的稳态系统。理论周期是否现实存在?李(Lee, 1993)认为,在宏观经济水平上,内稳态只是一种较弱的背景力量。大约 250 年的欧洲周期主要是由外生的、可能是自相关的
514 冲击驱动的。另一方面,有很多证据表明,在历史的大部分时间里,存在稳定的符合马尔萨斯均衡的工资和人口水平(Ashraf and Galor, 2011)。从各个国家来看,土地生产力和技术水平在 1 世纪至 16 世纪影响着人口密度,而土地生产率和技术对人均收入的影响几乎为零。

人口转型与经济增长

这种马尔萨斯均衡可以被定义为人口与经济相互作用的第一阶段。欧洲转型的第二阶段指的是 18 世纪和 19 世纪,当时人口普遍强劲增长;实际工资最终不再下降,并在适当的时候开始上升。最后一点意味着技术变革的步伐在加快,表现在公式 5.1 参数 a 的增加(可能还有参数 b 的下降)。马尔萨斯预测,随着出生率的上升,技术进步将被更多的人口吸收。但是实际工资在这个阶段并没有下降,因为生产率的进步抵消了报酬递减的人口增长。

李和安德森(Lee and Anderson, 2002)将一个经济体的"人口吸收率"定义为在实际工资不下降的情况下,人口能够增长的速度。这取决于相对于 c(在公式 5.2 中)的增长。在不同的国家,平衡可能会在不同的时间发生变化。在 18 世纪的英格兰,人口的强劲增长不再使工资降低。在德国,工资与人口规模的负相关关系(公式 5.1)在 18 世纪比 16 世纪弱;劳动力边际产量的下降不那么明显,18 世纪初劳动力需求显著增加(Pfister et al., 2012)。德国的劳动生产率在 19 世纪 10 年代末和 20 年代初经历了一次强烈的正向冲击,并在随后的几十年里继续以较弱的速度增长。持续的经济增长早在

德国工业化开始之前，也就是19世纪的下半叶前段就开始了。法国例外论提出了技术变革加速以外的解释；18世纪90年代，法国普遍存在的婚姻生育控制证据（降低了 c 和 d）比英格兰的类似证据的出现早了近100年（Weir，1994）。

在统一增长理论（Galor and Weil，2000）的一个版本中，人口增长推动了技术进步，抵消了报酬收益递减。该解释可以扩展到将市场扩大因素纳入，如欧洲发现美洲大陆-斯密增长（参见 Acemoglu et al.，2005）。有利于提高儿童质量的自然选择效应的（Galor and Moav，2002）累积也会有类似的结果，提高技术进步，或增加 a。

与之相对的，长期死亡率的下降可能会引发抵消性行为。儿童存活的机会越高，就需要出生率越低，才能达到理想的最终家庭人数。而且，由于夭折儿童所导致的投资损失会减少，所以更大规模的家庭可以被承担。除非 515
促进性或预防性因素的干预，否则结果将最终是随着人口的增加而工资降低（Doepke，2005）。

然而，预期寿命的延长可以提高人力资本的投资回报率，因为在更长的时期内，收益会增加。最终，积累可以触发技术进步的加速（Boucekine et al.，2003；Lagerlof，2003；Cervellati and Sunde，2005）。或者，更高的儿童存活率可能会增加"儿童质量"的亲代投入（Foreman-Peck，2011）。在后一种情况下，假设女性结婚年龄越大，就越要通过提高对"孩子质量"的投资以实现更高的人力资本积累。假设识字率是衡量儿童素质和人力资本的指标之一，该假设得到以下发现的支持：在欧洲，25岁至29岁单身女性的比例与整个欧洲的文盲率呈负相关关系，这与受教育程度有关。此外，1885年英国各郡的文盲率与结婚年龄呈负相关。在1870年至1910年期间，在跨欧洲的生产函数中，除去先前的入学率，识字率似乎提高了产出。

后来，有关女性第一次婚姻这一预防性因素对西欧突破马尔萨斯均衡的贡献一直存在争议（Dennison and Ogilvie，2014；Carmichael et al.，2016）。结婚年龄问题的另一个假设连锁反应是，14世纪和15世纪的死亡率冲击导致男性工资增加，从而将需求转向肉类，进而鼓励了牧场的扩张，牺牲了种植业。据推测，牧场更有利于提高妇女的工资，从而延缓妇女结婚年龄和降低生育率（voigtländer and Voth，2013a）。但是英格兰女性的工资似乎并不符合这种模式(Humphries and Weisdorf, 2015)。女性晚婚的第三个作用是给女性广泛赋能,据称这导致了经济发展(de Moor and van Zanden, 2010)。

对公式(5.3)的检查表明,如果 a 不断增加,则第二阶段的转变就会发生,然后人口将最终“起飞”。这同样适用于工资差异方程。图 5.2 显示了由叠加在马尔萨斯人口周期上的线性时间趋势所代表的持续技术进步的影响。最初,没有明显的影响;对最初冲击的周期性反应也是相似的。第六阶段之后,人口持续增长,但很明显,时间趋势的强弱决定了突破何时发生。

下一阶段,第三阶段的生育率转变被解释为一种创新——关于避孕的信息的传播——或者是一种调整,对影响偏好和选择的动机及结构因素的变化作出的反应(Carlsson, 1966)。后者包括新的经济条件,如禁止或限制童工、增加童工成本、文化变革、收入增加和死亡率下降。死亡率降低可以通过降低实现既定目标所需的生育次数,从而降低存活儿童的费用或价格,进而扩大目标家庭的规模。但是,死亡率的下降也可能导致生育率的下降,原因很简单,为了达到一个既定的完整家庭规模,需要减少生育。

516

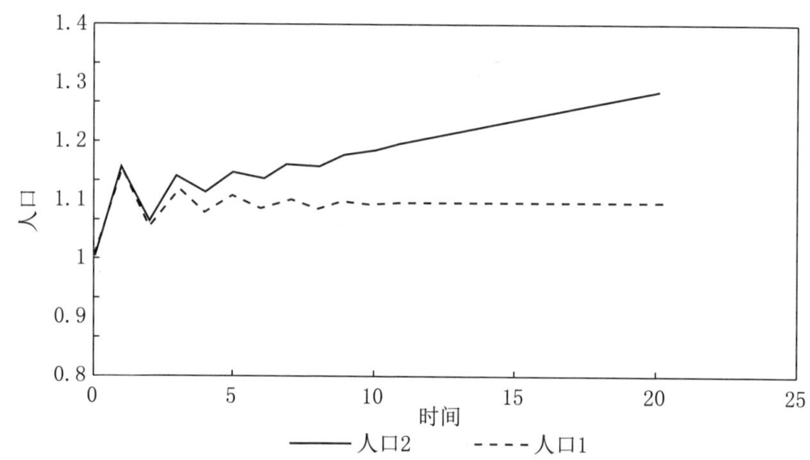

图 5.2　人口在马尔萨斯周期中的突变

加洛尔(Galor, 2012)认为,人力资本需求的增加是生育率转变的主要触发因素。在简单模型中,人力资本需求的增加源于技术进步,体现为 a 的不断增加,这就必须不断提高实际工资。由于实际工资在增长,生养孩子的机会成本也将上升。这可能会降低 d,即人口对工资的反应。d 下降的其他原因包括上述原因。当 $d=0$ 时,人口停止增长。然而,工资将继续以 a 的增长速度增长。“人口结构转型”将在第三阶段 d 和 c 下降的时候完成。

1830 年以后，法国人的行为与调整与此是一致的；生活水平的提高降低了对孩子的需求，结婚年龄的略微提高伴随着婚姻生育率的下降（Weir，1984）。生活水平不是导致生育率下降的唯一因素（Diebolt and Perrin，2013a，b）。女性赋权增加了女性投入在教育上的时间，生育率因此下降。1881 年至 1911 年期间，法国女性识字率与生育率下降有关。在巴伐利亚州的大部分地区，与法国不同的是，直到 1900 年以后，生育率才开始持续下降，当时生养孩子的机会成本明显上升（Brown and Guinnane，2002）。作为衡量女性非农就业机会的指标，纺织业的就业显著降低了生育率，女性的工资也提高了。相反，在主要依靠家庭劳动的小农场生活的妇女更有可能生育更多的孩子。关于英格兰生育率的下降，察纳托斯和西蒙斯（Tzannatos and Symons，1989）发现，收入对生育率的影响是积极的，但被女性时间成本的上升所抵消——这与女性的教育（以及隐含的工资）密切相关。

比利时的生育率在 1919 年投票支持社会主义、自由主义和共产主义的团体中较早下降，在向罗马天主教会缴纳复活节会费的团体中较晚下降（Lesthaeghe，1977）。这些经验表明，意识形态和意识形态变化在生育率下降方面发挥了作用，促使人们愿意采用更有效的避孕措施（Crafts，1984； 517
Bhattacharya and Chakraborty，2017）。克拉夫茨（Crafts，1984）认为，避孕药物的价格越便宜，人们对它的理解越广泛，那么非法生育率和合法生育率就越低。然后，假定非婚生育被认为是一种间接的避孕成本的衡量标准。该方法表明，生育的经济选择模式可以综合“创新”和“调整”过程，将避孕成本（广义）纳入采用节育技术的决策中。

移民与经济

马尔萨斯体系还提供了一个概念性的框架来评估由欧洲移民引起的劳动力/人口增长的影响。随着 19 世纪国际经济的日益增长，数百万人从欧洲航行到大西洋彼岸开始新生活。这些由移徙引发的爆发性增长使吸收移民的建筑活动的增加相对滞后，也引发了比单纯的自然增长所支持的经济增长更快(更广泛)的经济增长。许多计量史学研究文献关注的是移民原籍国的“推力”,或目的地的“拉力”(Thomas, 1973; Hatton and Williamson, 1998, 2006; O'Rourke and Williamson, 1999; Hatton, 2010)。

欧洲人定居地区发生的当期技术冲击(可能是铁路建设),增加了劳动力需求(参数 a 增加了),并提高了工资:

$$w_t = a - b \cdot P_t + u_t \tag{5.5}$$

更高的工资最终意味着(“拉动”)更多的移民,从而导致接受地区人口增加:

$$P_t = c + d \cdot w_{t-1} + v_t \tag{5.6}$$

这与过去用来表示马尔萨斯经济的模型是一样的,但到了19世纪后期,大西洋经济快速扩张,参数 a 不断上升。实际工资与经济增长呈正相关。在没有受到正向冲击的地区,劳动力和资本的供应减少,因为其他地区将获得更好的回报。在繁荣地区,为充分利用技术而建设基础设施所需的时间意味着劳动力和资本的流动将持续数年,直到各地区之间的边际收益再次平衡(考虑到非金钱差异和移民成本),或发生其他冲击。

帕里·刘易斯(Lewis, 1960)提出了一种用出口经济展现这一过程的早期计量校准周期模型。移民迁入地区出口“煤炭”(帕里·刘易斯想到的是19世纪晚期的威尔士,但在今天,这个词可能会被“可贸易货物”所取代)。此外,经济系统中有一个“建筑业”部门[“非贸易(资本)货物”]。当国外的
518 情况导致出口需求波动或以特定模式增长时,这种周期和增长就会在建筑业中反映出来。此外,如果外源性人口压力(“推力”)导致移民潮,那么建筑业也会出现类似的波动。这种内生循环具有强大的阻尼,但内生迁移会降低阻尼的强度。

人口冲击(来自原籍国的“推力”)以及技术冲击促进了各区域之间独特的反向循环。①一个恰当的例子是拿破仑战争的“婴儿潮一代”(c 的上升),正是托马斯(Thomas, 1973)坚持认为的,引发了“饥饿的40年代”的那代

---

① 这两种冲击都可以被归类为源于供应方面的冲击,并且与实际商业周期理论相一致,被归类为“实际”而非“货币”冲击。

人。欧洲的马尔萨斯主义压力迫使移民来到美国；资本倾向于追随他们，美国的住房需求也随之上升(尽管与积极的技术冲击相反，移民迁入国的实际工资相对于其本来的水平有所下降)。

在某种程度上，移民是对本土劳动力的补充，工资将会上涨。更有可能的是，正如上面假设的那样，一些人(比如技术工人)的工资会上涨，而另一些人的工资会下降——如果移民没有技术技能的话。随着移民流入的资本越多，他们推动的经济增长就越强劲，对工资的负面影响也就越小。泰勒和威廉姆森(Taylor and Williamson，1997)计算得出，如果在1870年之后没有大规模移民流入的话，1910年阿根廷的实际工资会高出27%，澳大利亚会高出17%，美国会高出9%。19世纪普遍存在的铁路创新是技术上的重大转变，移民扩大了对产出的影响，同时以马尔萨斯式的方式减少了人均产出(Foreman-Peck，1991：87—88)。移民对工资的反应越敏感，稳定状态下的人均产出就越低。

在输出国，移民作为一种积极的抑制手段，部分替代了死亡率，比如19世纪40年代的爱尔兰和德国。在马尔萨斯经济中，移民迁出只是为更高的自然增长创造了空间。另一方面，在新古典经济增长模型中，外生人口增长和储蓄率不变(在马尔萨斯框架中 $d=0$)的情况下，人均产出和工资都会因人口外迁而提高。1870年至1910年间，人口外迁解释了瑞典各县工资增长的一半(Ljungberg，1997)。泰勒和威廉姆森(Taylor and Williamson，1997)估计，在没有人口外迁的情况下，爱尔兰的实际工资会降低24%，意大利会降低22%，而英国和德国的实际工资只会降低5%和2%。

我们讨论的双方程模型中的移民限制与马尔萨斯关于根据1601年《济贫法》减少儿童补贴的预测具有类似的效果。它们降低了人口对更高工资的反应(降低了公式5.6中的 d 值)。从美国内战结束到20世纪20年代，欧洲移民为美国国内从南部各州向北部和西部城市的移民提供了强大的竞争力。因此，20世纪20年代美国对移民的限制有利于来自南方的黑人移民，欧洲竞争者的减少使其从中获益(Thomas，1973；Williamson，2005)。① 519

① 威廉姆森(Williamson，2005)还讨论了1970年以后，由于移民的竞争，黑人地位恶化的必然结果。

在欧洲移民迁出国家，美国移民限制政策的影响是不那么良性的。欧洲的农业保护主义是由无法迁移到美国的冗余劳动力推动的，这些劳动力被雇用种植补贴作物（Thomas，1973）。移民也被转移到加拿大和南美，促进了那里的产出。

识别和估计

大多数计量史学文献不可避免地涉及如何获取或估计所青睐模型的参数值。如果可以在时间序列数据中发现工资和人口之间的关联，原则上它可以反映由上面讨论的模型中的一个或两个方程所描述的关系。如果没有进一步的信息，就不能从估计的关系中推断出参数 a、b、c 和 d 的值；原始方程也不能确定。

如果可以区分影响一个方程而不影响另一个方程的冲击或变量，那么就有机会确定参数。鼠疫造成的死亡率冲击可能会影响人口对工资的反应（公式 5.6），但不会影响公式 5.5。在这种情况下，工资对人口外生转移的影响，就可以追溯到公式 5.5 中的参数 b。

克拉克（Clark，2007）和沙伊德尔（Scheidel，2010）使用这一原理来构造或推断人口数量。沙伊德尔观察到，罗马帝国公元 2 世纪的安东尼瘟疫和公元 6 世纪的查士丁尼瘟疫都与埃及较高的实际工资有关，由此他推断，在这些情况下，埃及人口一定大幅下降。克拉克（Clark，2007）根据公式 5.5 重建了英格兰 1200 年以来的人口变化趋势，该成果显示英格兰人口在 1300 年左右达到 600 万的峰值。这是一个由农业工资上涨推导出 14 世纪死亡危机造成的人口短缺的例子。

在前工业化社会，由于模型之外的原因，歉收可能会降低实际工资；它们是公式 5.5 中的一个外生冲击 u_t。如果是这样，它们可以用来确定人口反应（公式 5.6）。更高的食品价格外生性地降低了实际工资的价值，其对人口变化的影响，特别是通过结婚率的变化造成的影响，也可被评估出来。在这种情况下，滞后反应是一个主要的潜在问题，因为当人口作出反应时，与歉收相混淆的其他冲击将会打击经济。

根据这一条件，如果工资下降而人口增长，则主要冲击必然是人口上的（公式 5.6）。如果工资和人口都下降，则主要冲击是技术上的，如收成不佳。但这种分类的作用仅限于区分主导冲击，而不是解释人口和工资的变化有多大程度是由哪一种冲击引起的。 520

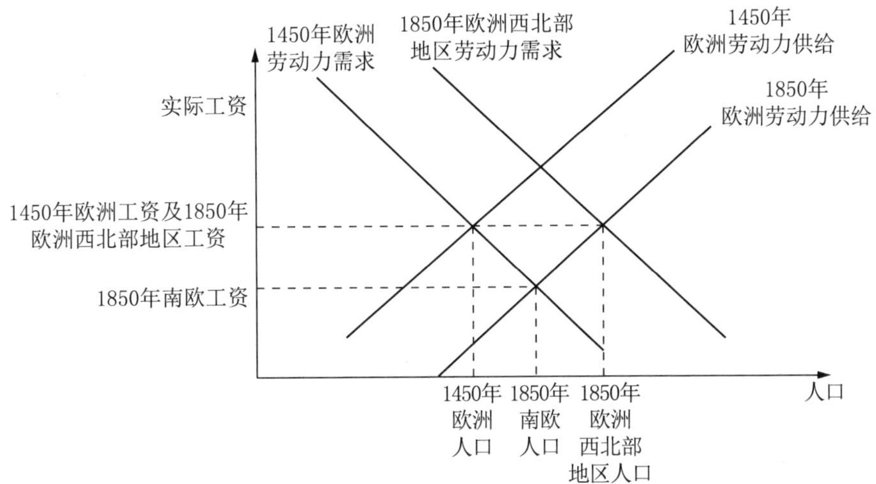

图 5.3　艾伦（Allen, 2001）对 1450—1850 年欧洲分流的解释

在用双方程模型解释早期现代欧洲的工资变化时，出现了一个识别问题的例子。与 1450 年相比，欧洲西北部城市的实际工资在 1850 年趋于增长，或者至少没有下降。但是在南欧和东欧，他们确实几乎没有例外地减少了。如图 5.3 所示，艾伦（Allen, 2001）的解释是，这是由于欧洲西北部地区——尤其是英国和荷兰——的经济发展更为活跃。原则上，这种差异可能是由于南欧更强的外源性人口增长（图中“劳动力供给”向右移动更多），而经济发展速度相似，扩大了对劳动力的需求。除了相反的定性证据外，荷兰和英国的人口增长相对于西班牙或意大利更强劲，这表明了更大的劳动力需求变化。但我们不能断定南欧没有技术进步，只能断定南欧的技术进步比西北部少。

在当时的人口-经济相互作用下，产生了更多可供识别的变量。就迁徙模型而言，必须指出，人口是一种存量，人口移动是一种增加存量的流量，其方式与出生相同。泰勒和威廉姆森（Taylor and Williamson, 1997）对 1870 年至1910年大西洋经济中的国际移民是如何改变工资的问题作了量化分析。他们估计劳动力需求(公式5.5),并利用许多研究对参数估计进行校准。他们假设移民是国家人口或劳动力的外生因素,因此改变了公式5.6,从而识别公式5.5。工资的变化可以从这段时期内由于移民而引起的人口或劳动力的变化中找到。

521 时间序列分析

估计已确定的经济-人口模型的计量替代方法通常与时间序列分析有关。特别是,预防性和促进性冲击的研究使用了向量自回归模型(VAR)和脉冲响应函数。研究者为解决识别的困难,引入向量自回归模型用于寻找任何真正的外生变量。假设模型中每个变量的过去值对这些变量的当前值有潜在的影响。在双方程模型中,可以估计出以下方程,尽管滞后时间比列出的要长:

$$w_t = a + bP_{t-1} + cw_{t-1} + u_t$$

$$P_t = g + dw_{t-1} + fP_{t-1} + v_t$$

这个方程组可以被认为不受限制地包含了几个结构模型,例如,最初的方程只允许过去的工资对人口产生影响,而现在,过去的人口也会产生影响。

残差 u_t 和 v_t 代表了无法解释的人口和工资的移动,反映了外生冲击的影响(即出现在假设模型之外的冲击)。这些残差现在是影响基本结构模型内生变量的各种外部冲击的总和。因此,如果不对方程进行变换,就不能从残差中得到经济解释。如果向量自回归模型内的内生变量的变动反映了外生冲击或创新的影响,向量自回归模型就可以用来检验这些冲击。可以通过对向量自回归模型设置识别限制来解除不同的冲击及其之间的影响。

然后,推导出的脉冲响应函数可以给出出生率和死亡率(以及人口)对工资的脉冲响应。如果一个变量对工资的冲击有反应,我们可以把后者称为前者的"原因"。这种因果关系可以通过追踪某些工资或其他变量的创新或冲击的方式来研究。

在这类脉冲响应分析中，一个有争议的假设是，一次冲击只发生在一个变量中。如果不同变量的冲击相互独立，这种假设可能是合理的。埃克斯坦等人(Eckstein et al., 1984)在瑞典1749—1860年的早期人口-经济向量自回归研究中为此目的使用了天气变量。天气冲击会影响其他变量，但其本身不受工资或人口冲击的影响。

在利用里格利和斯科菲尔德的人口统计数据以及费尔普斯-布朗-霍普金斯(Phelps-Brown-Hopkins)工资数据的基础上，尼科利尼(Nicolini, 2007)发现，在英格兰，与马尔萨斯模型相反，促进性因素在17世纪消失了，预防性因素在1740年前消失了。在德国，普菲斯特等人(Pfister et al., 2012)发现，从1500年开始到17世纪中叶，人口和实际工资之间存在强烈的负相关关系。根据英格兰的数据，莫勒和夏普(Moller and Sharp, 2008)估计通过婚姻发生作用的预防性因素是非常重要，但同意尼科利尼关于促进性因素是不重要的观点。他们认为，人口的增长可以通过扩大市场规模来提高收入。 522

克拉夫茨和米尔斯(Crafts and Mills, 2009)认为，18世纪末工资不再是"马尔萨斯式"的，此后工资增长强劲。他们坚持认为，像德国那样的预防性因素在17世纪中期之后就不存在了，但与莫勒和夏普不同的是，他们没有使用一个总的婚姻变量。人口增长是由每年约0.5%的劳动力需求增长所允许的。克拉夫茨和米尔斯没有发现人口规模和技术进步之间存在正反馈的迹象，这与统一增长模型的假设相反(Galor and Weil, 2000)。对于瑞典，埃克斯坦等人(Eckstein et al., 1984)在他们的向量自回归模型中加入了更多的变量，尽管时间比英格兰的数据短。它们包括婴儿死亡率、农作物指数以及天气变量。正如马尔萨斯所假设的那样，埃克斯坦等人估计，一般作物指数或实际工资的积极创新会在数年内提高生育率，并在同一时期内降低新生儿和非新生儿死亡率。

在早期阶段，理论讨论中指出的一些关键变量不能作为连续时间序列使用。一个例子是驱动技术进步的人力资本积累，这是许多模型的重要组成部分(Boucekkine et al., 2003; Cervelatti and Sunde, 2005; Lagerlof, 2003; Galor and Weil, 2000; Foreman-Peck, 2011)。解决这个问题的一种方法是卡尔曼滤波(Lee and Anderson, 2002)。这可以用(最初的)双方程马尔萨斯模型来说明——该模型已被证明可以围绕稳态人口和实际工资产生均衡。

技术进步或人力资本积累实际上改变了马尔萨斯模型中劳动力需求方程的参数 a。李和安德森建立了包含扰动项 u_t 和 v_t 的变动以及参数 a 和 c 的移动速率的模型。为了说明目的，最简单的方法就是再引入一个方程来解释未观测到的 H(人力资本)，例如，通过一个扰动项(全部包含在下面的 ε_t 中)反映其他未测量的因素。

$$w_t = a + H_t - bP_t + u_t$$

$$P_t = c + dw_{t-1} + v_t$$

$$H_t = f_t + gH_{t-1+\varepsilon_t}$$

在这个系统方程中，所有变量都是内生的；由于没有外生变量，所以每个内生变量只能用滞后项和扰动项来求解。第二步是使用该系统进行预测，从基准周期 $t=0$ 开始，假设 $u_0 = v_0 = e_0 = 0$。所有六个参数(a—g)的起始值都必须是公设的。第三步是根据“新”数据更新预测。将 w_1 和 P_1 的估计值与 w_1 和 P_1 的实际值以及选择的六个参数的新值进行比较，以最大限度地提高其可能性。

这个过程对于每一阶段都是重复的。当得到所有模型参数的最佳估计时，人力资本的影响可以从 f 和 g 的值以及假设的实际工资的单位效应中
523 推断出来。李和安德森(Lee and Anderson, 2002)的参数估计与克拉夫茨和米尔斯的向量自回归模型(如上所述)非常相似。我和周鹏(Foreman-Peck and Zhou, 2018)使用了一种与此相关的方法来描述 14 世纪末英格兰女性结婚年龄的大幅上升，以及随后几个世纪对人力资本积累的影响。与卡尔曼滤波不同，我们的方法不依赖于对扰动项的假设分布，而只要求变量具有一阶矩和二阶矩①。但对我们而言，最重要的是，它利用所有可用的信息使我们能够估计不同长度时间序列的经济-人口模型；实际工资序列可以追溯到 1209 年，它提供了比从 1541 年开始的死亡率和出生率，以及更短的独身和结婚年龄序列更多的观察样本。

① 系数不像卡尔曼滤波和卡尔曼增益那样通过观测更新。相反，递归系统通过所有的观察来得到一个系数向量，最小化变量的实际值和预测值之间的距离的平方。

结　语

马尔萨斯的前工业化经济模型中，生产率提高会带动人口增长，但更高的人口会压低工资，似乎很好地描述了人口/经济史的大部分内容。西欧的婚姻模式——女性初婚年龄较晚——会通过限制生育来减缓生活水平的下降。另外，疾病、战争或营养不良等提升死亡率的促进性因素，限制了长期定居的农牧业人口，尽管这些定居地区的出生率很高。当时的生活水平在很大程度上取决于当期发生的死亡率冲击。引发马尔萨斯经济周期的原因可能是滞后，比如生育率对工资的反应，但冲击也许更有可能是驱动因素。

由于有充分的证据表明，人口（或自然增长）会对更高的工资作出反应，正如马尔萨斯所担心的那样，类似于英国1601年《济贫法》的补贴政策很可能会鼓励受补贴人群的生育。有迹象表明，这种情况已经发生，“社会安全网”打破了歉收与死亡率之间的联系，从而减少了过早死亡。

人口转型和从马尔萨斯经济到现代经济增长的转型吸引了许多计量史学家为之建立模型，但迄今为止还没有就这一过程达成共识。在最具活力的欧洲经济体中，人口增长最为迅速，因此生育限制显然不是关键。然而，西欧婚姻模式与经济发展的联系，加上马尔萨斯对人口与资源平衡的重要性的强调，表明两者之间应该存在某种联系。到19世纪末，欧洲出现了一种趋向东方的模式，那种模式的死亡率比西方模式高，结婚年龄比西方模式 524
低。从统计上讲，死亡率可以解释生育率，而生育率则解释了结婚年龄，这种解释在英国和欧洲都适用。由于反应的滞后，时间序列的行为是相当不同的。法国的生育控制始于18世纪末，比欧洲其他国家都要早。在生育率下降之前的一个世纪，其他欧洲人口迅速增长，养育儿童成本上升，时间的机会成本增加（其中，养育儿童是最花时间的）。

经济与人口迁移之间的相互作用已被模拟为与自然增长和经济密切相关的计量结构。在区分因果联系和偶然联系时，也会出现类似的问题。然而，即使在同一时期有大量数据可用的情况下，最近的学术文献历史的关注点也有所不同。尽管关注自然增长的文献一直关注许多世纪以来平衡和增长，但大部分计量史学移民文献关注的是19世纪后期欧洲的大迁徙。与长时段研究相比，这些研究得出了明确而常规的结果：来自欧洲的移民推高了工资水平，而接收移民的经济体的工资水平却下降了。因此，移民限制政策如果有效的话，也必然对工资产生同样的影响。就所有涉及的经济体而言，如果移徙是资源分配方面的改进，那么总产出就会增加，但不清楚这些收益是如何在移民迁出的经济体和移民迁入的经济体之间分配的。

参考文献

Acemoglu, D., Johnson, S., and Robinson, J. (2005) "The Rise of Europe: Atlantic Trade, Institutional Change and Economic Growth", *Am Econ Rev*, 95, pp.546—579.

A'Hearn, B., Baten, J., and Crayen, D. (2009) "Quantifying Quantitative Literacy: Age Heaping and the History of Human Capital", *J Econ Hist*, 69(3), pp.783—808.

Allen, R.C. (2001) "The Great Divergence
525 in European Wages and Prices from the Middle Ages to the First World War", *Explor Econ Hist*, 38, pp.411—447.

Allen, R.C. (2003) "Progress and Poverty in Early Modern Europe", Econ Hist Rev 56(3):403—443.

Allen, R.C. (2009) "How Prosperous were the Romans? Evidence from Diocletian's Price Edict(A.D. 301)", in Bowman, A. and Wilson, A. (eds.) *Quantifying the Roman Economy: Methods and Problems*. Oxford: Oxford University Press.

Alvarez-Nogal, C. and Prados de la Escosura, L. (2013) "The Rise and Fall of Spain (1270—1850)", *Econ Hist Rev*, 66 (1), pp.1—37.

Ashraf, Q. and Galor, O. (2011) "Dynamics and Stagnation in the Malthusian Epoch", *Am Econ Rev*, 101(5), pp.2003—2041.

Baten, J. and Van Zanden, J. L. (2008) "Book Production and the Onset of Modern Economic Growth", *J Econ Growth*, 13 (3), pp.217—235.

Bengtsson, T. (1993) "A Re-interpretation of Population Trends and Cycles in England, France and Sweden, 1751—1860", *Hist Mesure*, 8, pp.93—115.

Beveridge, W. (1939) *Prices and Wages in England from the Twelfth to the Nineteenth Century*. London: Frank Cass, 1965.

Bhattacharya, J. and Chakraborty, S. (2017) "Contraception and the Demographic Transition", *Econ J*, 127(606), pp.2263—2301.

Boucekkine, R. de la Croix, D. and Licandro, O. (2003) "Early Mortality Declines at the Dawn of Modern Growth", *Scand J Econ*, 105(3), pp.401—418.

Boyer, G.R. (1989) "Malthus was Right after all: Poor Relief and Birth Rates in Southeastern England", *J Polit Econ*, 97, pp.93—114.

Broadberry, S., Campbell, M.S., Klein, A., Overton, M. and van Leuween, B. (2015) *British Economic Growth 1270—1870*. Cambridge: Cambridge University Press.

Brown, J. and Guinnane, T. W. (2002) "Fertility Transition in a Rural, Catholic Population: Bavaria, 1880—1910", *Popul Stud*, 56(1), pp.35—49.

Brown, J.C., and Guinnane, T.W. (2007) "Regions and Time in the European fertility Transition: Problems in the Princeton Project's Statistical Methodology", *Econ Hist Rev*, 60(3), pp.574—595.

Carlsson, G. (1966) "The Decline of Fertility: Innovation or Adjustment Process", *Popul Stud*, 20, pp.149—174.

Carmichael, S. G., De Pleijt, A., Van Zanden, J. L. and De Moor, T. (2016) "The European Marriage Pattern and its Measurement", *J Econ Hist*, 76(1), pp.196—204.

Cervellati, M. and Sunde, U. (2005) "Human Capital Formation, Life Expectancy, and the Process of Development", *Am Econ Rev*, 95(5), pp.1653—1672.

Chesnais, J. C. (1992) *The Demographic Transition: Stages, Patterns and Economic Implications; a Longitudinal Study of Sixty-seven Countries Covering the Period 1720—1984*. Oxford: Clarendon.

Clark, G. (2005) "The Condition of the Working Class in England, 1209 to 2004", *J Polit Econ*, 113(520), pp.1307—1340.

Clark, G. (2007) "The Long March of History: Farm Wages, Population, and Economic Growth, England 1209—1869", *Econ Hist Rev*, 60(1), pp.97—135.

Coale, A. J. and Watkins, S. C. (eds.) (1986) *The Decline of Fertility in Europe*. Princeton: Princeton University Press.

Crafts, N. F. R. (1984) "A Time Series Study of Fertility in England and Wales, 1877—1938", *J Eur Econ Hist*, 13(4), pp.571—590.

Crafts, N. F. R. and Ireland, N. J. (1976) "A Simulation of the Impact of Changes in the Age at Marriage before and during the Advent of Industrialization in England", *Popul Stud*, 30, pp.495—510.

Crafts, N. F. R. and Mills, T. C. (2009) "From Malthus to Solow: How did the Malthusian Economy Really Evolve?" *J Macroecon*, 31, pp.68—93.

de Moor, T. and van Zanden, J. L. (2010) "Girl Power: the European Marriage Pattern and Labour Markets in the North Sea Region in the Late Medieval and Early Modern Period", *Econ Hist Rev*, 63(1), pp.1—33.

de Vries, J. (1984) *European Urbanization, 1500—1800*. London/Cambridge, MA: Methuen/Harvard University Press.

Dennison, T. and Ogilvie, S. (2014) "Does the European Marriage Pattern Explain Economic Growth?" *J Econ Hist*, 74, pp.651—693.

Diebolt, C. and Perrin, F. (2013a) "From Stagnation to Sustained Growth: the Role of Female Empowerment", AFC working paper nr 4.

Diebolt, C. and Perrin, F. (2013b) "From Stagnation to Sustained Growth: the Role of Female Empowerment", *Am Econ Rev Papers Proc*, 103(3), pp.545—549.

Dodds, B. (2004) "Estimating Arable Output Using Durham Priory Tithe Receipts, 1341—1450", *Econ Hist Rev*, 57(2), pp.245—285.

Doepke, M. (2005) "Child Mortality and Fertility Decline: does the Barro-Becker Model Fit the Facts?" *J Popul Econ*, 18, pp.337—366.

Eckstein, Z., Schultz, T. P. and Wolpin, K.I. (1984) "Short-run Fluctuations in Fertility and Mortality in Pre-industrial Sweden", *Eur Econ Rev*, 26(3), pp.295—317.

Flinn, M. W. (1981) *The European Demographic System 1500—1820*. Harvester, Brighton.

Foreman-Peck, J. (1991) "Railways and Late Victorian Economic Growth", in Foreman-Peck, J. (ed.) *New Perspectives on the Late Victorian Economy: Essays in Quantitative Economic History*. Cambridge: Cambridge University Press, pp.1860—1914.

Foreman-Peck, J. (2011) "The Western European Marriage Pattern and Economic Development", *Explor Econ Hist*, 48(2), pp.292—309.

Foreman-Peck, J. and Zhou, P. (2018) "Late Marriage as a Contributor to the Industrial Revolution in England", *Econ Hist Rev*, 526
71(4), pp.1073—1099.

Galor, O. (2012) "The Demographic Transition: Causes and Consequences", *Cliometrica*, 6, pp.1—28.

Galor, O. and Moav, O. (2002) "Natural Selection and the Origin of Economic Growth", *Quart J Econ*, 117(4), pp.1133—1191.

Galor, O. and Weil, D.N. (2000) "Population, Technology and Growth: from the Malthusian Regime to the Demographic Transition and Beyond", *Am Econ Rev*, 90(4), pp.806—828.

Hajnal, J. (1965) "European Marriage Patterns in Perspective", in Glass, D. V. and Eversley, D.E.C. (eds.) *Population in History: Essays in Historical Demography*. London: Edward Arnold.

Hatton, T.J. (2010) "The Cliometrics of International Migration: a Survey", *J Econ Surv*, 24(5), pp.941—969.

Hatton, T.J. and Williamson, J.G. (1998) *The Age of Mass Migration: Causes and Economic Impact*. New York: Oxford University Press.

Hatton, T.J. and Williamson, J.G. (2006) *Global Migration and the World Economy: Two Centuries of Policy and Performance*. Cambridge, MA: MIT Press.

Herlihy, D. (1965) "Population Plague and Social Change in Rural Pistoia, 1201—1430", *Econ Hist Rev*, 18(2):225—244.

Historicalstatistics.org. "The Population in Sweden within Present Borders 4000 BC-2004 AD", www.historicalstatistics.org/htmldata6/index/html. Accessed 29 May 2014.

Humphries, J. and Weisdorf, J. (2015) "The Wages of Women in England 1260—1850", *J Econ Hist*, 75, pp.405—447.

Huzel, J.P. (1980) "The Demographic Impact of the Old Poor Law: more Reflexions on Malthus", *Econ Hist Rev*, 33(3), pp.367—381.

Kelly, M. and Ó Gráda, C. (2014) "Living Standards and Mortality since the Middle Ages", *Econ Hist Rev*, 67(2), pp.358—381.

Kydland, F.E. and Prescott, C. (1982) "Time to Build and Aggregate Fluctuations", *Econometrica*, 50(6), pp.1345—1370.

Lagerlof, N-P. (2003) "Mortality and Early Growth in England, France and Sweden", *Scand J Econ*, 105(3), pp.419—439.

Lee, R.D. (1973) "Population in Preindustrial England: an Econometric Analysis", *Quart J Econ*, 87, pp.581—607.

Lee, R.D. (1993) "Accidental and Systematic Change in Population History: Homeostasis in a Stochastic Setting", *Explor Econ Hist*, 30, pp.1—3.

Lee, R.D. and Anderson, M. (2002) "Malthus in State Space: Macroeconomic-demographic Relations in English history, 1540 to 1870", *J Popul Econ*, 15, pp.195—220.

Lesthaeghe, R.J. (1977) *The Decline of Belgian Fertility 1800—1970*. Princeton: Princeton University Press.

Lewis, W.A. (1954) "Economic Development with Unlimited Supplies of Labour", *Manch School*, 22, pp.139—151.

Lewis, P.J. (1960) "Building Cycles: a Regional Model and Its National Setting", *Econ J*, 70(279), pp.519—535.

Ljungberg, J. (1997) "The Impact of the Great Emigration on the Swedish Economy", *Scand Econ Hist Rev*, 44, pp.159—189.

Malthus, T.R. (1798/1830/1970) *An Essay on the Principle of Population*. London: Pelican.

Møller, N.F. and Sharp, P. (2008) "Malthus in Cointegration Space: a New Look at Living Standards and Population in Pre-industrial England", Discussion papers, Department of Economics, University of Copenhagen, pp.8—16.

Nicolini, E. A. (2007) "Was Malthus Right? AVAR Analysis of Economic and Demographic Interactions in Pre-industrial England", *Eur Rev Econ Hist*, 11(1), pp.99—121.

O'Rourke, K. H. and Williamson, J. G. (1999) *Globalization and History: the Evolution of a Nineteenth-century Atlantic Economy*. Cambridge, MA: MIT Press.

Pfister, U. and Fertig, G. (2010) "The Population History of Germany: Research Strategy and Preliminary Results", Max Planck Institute for demographic research working paper no. 35.

Pfister, U., Riedel, J. and Uebele, M. (2012) "Real Wages and the Origins of Modern Economic Growth in Germany, 16th to 19th

Centuries", EHES working paper nr 17.

Phelps Brown, E. H. and Hopkins, S. V. (1955) "Seven Centuries of Building Wages", *Economica*, 22, pp.195—206.

Phelps-Brown, E. H. and Hopkins, S. V. (1956) "Seven Centuries of the Prices of Consumables Compared with Builders' Wage Rates", *Economica*, 23, pp.296—314.

Phelps-Brown, E. H. and Hopkins, S. V. (1981) *A Perspective of Wages and Prices*. New York: Methuen.

Ruggles, S. (1992) "Migration, Marriage and Mortality: Correcting Sources of Bias in English Family Reconstitutions", *Popul Stud*, 46, pp.507—522.

Scheidel, W. (2010) "Roman Real Wages in Context", Princeton/Stanford working papers in classics.

Söderberg, J. (2010) "Long-term Trends in Real Wages of Labourers", chapter 9 of *Historical Monetary and Financial Statistics for Sweden Exchange Rates Prices and Wages*. Stockholm: Riksbank, pp.1277—2008.

Solar, P. (1995) "Poor Relief and English Economic Development before the Industrial Revolution", *Econ Hist Rev*, 48(1), pp.1—22.

Squicciarini, M. P. and Voigtländer, N. (2015) "Human Capital and Industrialization: Evidence from the Age of Enlightenment", *Quart J Econ*, 130(4), pp.1825—1883.

Stone, D. (2014) "The Impact of Drought in Early Fourteenth Century England", *Econ Hist Rev*, 67(2), pp.435—462.

Taylor, A.M. and Williamson, J.G. (1997) "Convergence in the Age of Mass Migration", *Euro Rev Econ Hist*, 1, pp.27—63.

Thomas, B. (1954/1973) *Migration and Economic Growth: a Study of Great Britain and the Atlantic Economy*. Cambridge: Cambridge University Press. 527

Thorold Rogers, E. (1866) *A History of Agriculture and Prices in England*. Oxford: Clarendon.

Tzannatos, Z. and Symons, J. (1989) "An Economic Approach to Fertility in Britain since 1860", *J Pop Econ*, 2, pp.121—138.

Voigtländer, N. and Voth, H-J. (2013a) "How the West 'Invented' Fertility Restriction", *Am Econ Rev*, 103(2013), pp.2227—2264.

Voigtländer, N and Voth, H-J. (2013b) "The Three Horsemen of Riches: Plague, War, and Urbanization in Early Modern Europe", *Rev Econ Stud*, 80(2), pp.774—811.

Weir, D.R. (1984) "Life under Pressure: France and England, 1670—1870", *J Econ Hist*, 44, pp.34—65.

Weir, D. R. (1994) "New Estimates of Nuptiality and Marital Fertility for France, 1740—1911", *Popul Stud*, 48, pp.307—331.

Wilke, J. (2004) "From Parish Register to the 'Historical Table': the Prussian Population Statistics in the 17th and 18th Centuries", *Hist Family*, 9, pp.63—79.

Williamson, J. G. (2005) "The Political Economy of World Mass Migration: Comparing Two Global Centuries", American Enterprise Institute, Washington, DC.

Wrigley, E.A. and Schofield, R.S. (1981/1989) *The Population History of England, 1541—1871: a Reconstruction*. London: Arnold.

Wrigley, E.A. and Davies, R.S., Oeppen, J.E. and Schofield, R.S. (1997) *English Population History from Family Reconstitution 1580—1837*. New York: Cambridge University Press.

第六章

计量史学视角下欧洲经济增长的黄金时代

尼古拉斯·克拉夫茨

摘要

本章对 20 世纪 50 年代至 70 年代初期,即所谓的西欧经济增长的“黄金时代”的计量史学研究进行了考察;对阿布拉莫维茨、艾肯格林、杰诺西和金德尔伯格提出的几个解释当时的快速增长的假说进行了研究。本章强调了增长绩效的跨国差异,并对其解释进行了探讨。要进一步了解黄金时代,就必须考虑随后增长放缓的原因。本章得出的结论是,在过去 30 年中,这一领域的研究取得了实质性进展,这些进展得到了新增长经济学思想的启发。

关键词

追赶增长　增长回归　相对经济衰退　社会能力　技术一致性

引 言 530

本章的重点是研究西欧经济增长的“黄金时代”，这一时期从20世纪50年代早期持续到70年代中期。计量史学家对这一时期的回顾性分析直到20世纪80年代后期才真正开始，很显然，这是建立在应用经济学家早期工作的基础上的。当时，人们对增长经济学兴趣的复苏，给这一历史研究带来了巨大的刺激。增长经济学产生了可能具有吸引力的新理论思想，以及更为注重实证的观点，这一观点最初尤其值得注意，因为它强调了与追赶和趋同有关的问题。

迄今为止，主流的增长理论一直被新古典增长模型所主导，在这类模型中，长期生产率增长是外生技术变化的结果，投资率的变化只影响人均产出水平，而不是其增长率。20世纪80年代出现的内生增长模型的主要特点是，它们将长期增长率作为基于微观经济基础的投资决策(与资本的广义概念有关)的结果。我们发现了两种不同类型的模型，一种是假设没有报酬递减和资本积累的AK增长模型，另一种是认为技术进步是追求利润的投资的结果的内生创新模型。前一种类型的两个著名变体是罗默(Romer, 1986)和卢卡斯(Lucas, 1988)的研究成果，前者基于物质资本的不断回报，后者则认为内生增长可能是人力和物质资本积累相结合的结果，人力资本积累会产生外部性。后一种类型的两个著名变体是格罗斯曼和赫尔普曼(Grossman and Helpman, 1991)的质量阶梯方法和阿吉翁和豪伊特(Aghion和Howitt, 1992)的熊彼特增长模型。这两类模型的共性在于，认为设计良好的制度和供给侧政策可以通过对投资和创新激励的影响而产生积极的增长率效应，而不像新古典增长模型中那样只有水平效应。

20世纪80年代，随着新数据集的出现，对经济增长的实证分析也在改变，尤为引人瞩目的一个早期版本是对经合组织经济体长期实际收入水平的估计(Maddison, 1982)和一个大大改进了的版本，即佩恩表(Summers and
Heston, 1984)。这些数据允许进行更复杂的国际比较，并为大规模增长回 531
归理论的发展提供了基础。鲍莫尔(Baumol, 1986)和德隆(de Long, 1988)

对此的早期贡献在于讨论了历史记录是否显示了发达国家收入水平趋同的普遍经验。“条件 β-趋同”(Barro, 1991)和“追赶和趋同的社会能力”(Abramovitz, 1986)等概念是在试图检验制度和政策在增长结果中发挥的作用时出现的。

早在 20 世纪 80 年代,就有一些优秀的经济史教科书使用传统方法对二战后欧洲经济增长进行了描述,例如,范德维的著作(van der Wee, 1986)。历史学也对著名的黄金时代进行了解释,包括金德尔伯格(Kindleberger, 1967)和奥尔森(Olson, 1982)的作品。在这种背景下,计量史学的贡献主要体现在三个方面。第一,基于改进的测量技术和更好的概念框架,它提供了更好的跨国和跨时期增长绩效比较。第二,它对以前未被正式评估过的假设进行了统计检验。第三,对于制度和政策在支撑黄金时代和解释各国增长结果差异方面的作用,它发展出了更为复杂的思考方式。

两个(相关的)问题是这个主题的核心,即,“什么解释了西欧黄金时代经济的快速增长”,以及“为什么在黄金时代之后,西欧经济增长放缓得如此明显”。第一个问题已经产生了大量的研究论文,但无法达成完全的共识,而第二个问题仍然相对未得到计量史学家的考察。在每一种情况下,都可以通过考虑各国增长绩效的差异以及相对成功和失败的关系来获得重要的见解。

增长表现

表 6.1 列出了增长的基本数据,这些数据是基于安格斯·麦迪森的原始工作,特别是其建立的以 2010 年购买力平价衡量的实际国内生产总值水平。有几点需要注意。第一,对欧洲国家来说,黄金时代的实际人均国内生产总值(Y/P)和劳动生产率(Y/HW)的增长率要比其后快得多。1950—1973 年的中位数为 3.62%、年均增长率为 4.58%,而 1973—1995 年的中位数为 1.76%、年均增长率为 2.54%。第二,黄金时代欧洲经济增长率的中位数 Y/P 和 Y/HW 远远高于同时期的美国,但是从 1973 年到 1995 年,尽管欧洲的劳动生产率继续以比美国更快的速度增长,但实际

表 6.1　实际人均国内生产总值和每小时工作量的最初水平和随后的增长率（1990 国际元和%/年） 532

(a) 1950—1973 年

	实际人均国内生产总值，1950 年	实际人均国内生产总值增长率，1950—1973 年		每小时工作量，1950 年	每小时工作量增长率，1950—1973 年
瑞　士	9 064	3	瑞　士	9	3
丹　麦	6 943	3	英　国	8	3
英　国	6 939	2	丹　麦	7	3
瑞　典	6 769	3	荷　兰	7	4
荷　兰	5 996	4	瑞　典	7	4
比利时	5 462	4	比利时	7	4
挪　威	5 430	3	挪　威	5	5
法　国	5 186	4	法　国	5	5
联邦德国	4 281	5	联邦德国	4	6
芬　兰	4 253	4	意大利	4	6
奥地利	3 706	5	芬　兰	4	5
意大利	3 502	5	奥地利	4	6
爱尔兰	3 453	3	爱尔兰	3	4
西班牙	2 189	6	葡萄牙	3	6
葡萄牙	2 086	5	西班牙	2	6
希　腊	1 915	6	希　腊	2	6
美　国	9 561	2	美　国	12	3

人均 GDP 却没有增长。在黄金时代，收入水平的追赶速度很快，但之后就并非如此。第三，在每个时期，欧洲国家人均国内生产总值的最初水平和随后的增长率之间存在明显的逆相关关系，因此在这个特殊情况下，数据显示无条件的 β 收敛，我和托尼奥洛（Crafts and Toniolo，2008）的回归研究证实了

(b) 1973—1995 年

	实际人均国内生产总值，1973 年	实际人均国内生产总值增长率，1973—1995 年		每小时工作量，1973 年	每小时工作量增长率，1973—1995 年
瑞　士	18 204	1	瑞　士	18	1
瑞　典	14 018	1	瑞　典	18	1
丹　麦	13 945	2	荷　兰	18	2
联邦德国	13 152	2	比利时	17	3
荷　兰	13 081	2	法　国	16	3
法　国	12 824	2	丹　麦	16	3
比利时	12 170	2	联邦德国	16	3
英　国	12 025	2	挪　威	15	3
挪　威	11 324	3	意大利	15	2
奥地利	11 235	2	英　国	15	2
芬　兰	11 085	2	奥地利	13	2
意大利	10 634	2	芬　兰	12	3
西班牙	7 661	2	葡萄牙	10	2
希　腊	7 655	1	西班牙	10	4
葡萄牙	7 063	2	希　腊	9	1
爱尔兰	6 867	3	爱尔兰	8	3
美　国	16 689	2	美　国	21	1

这一点。①在黄金时代，年收敛率略高于 2%，但随后放缓至 1.5%左右。第四，在黄金时代，英国和爱尔兰的表现都不佳，因为它们的增长速度明显低于初始收入和生产率较高的国家。就英国而言，有证据表明，到 1973 年，英国的人均实际 GDP 和劳动生产率水平已低于许多其他欧洲国家，这进一步印证了近年来英国“增长失败”的初步判断。

① 我们的研究结果表明，这在 1950 年以前是不适用的。

(c) 1995—2007 年 533

	实际人均国内生产总值，1995 年	实际人均国内生产总值增长率，1995—2007 年		每小时工作量，1995 年	每小时工作量增长率，1995—2007 年
挪　威	21 591	2	比利时	30	1
瑞　士	20 660	2	挪　威	30	2
丹　麦	20 350	2	法　国	29	2
荷　兰	18 697	2	丹　麦	28	1
法　国	18 318	2	荷　兰	27	2
比利时	18 270	2	意大利	24	0
奥地利	18 096	2	德　国	24	2
英　国	17 955	3	瑞　典	23	3
瑞　典	17 848	3	英　国	23	2
意大利	17 228	1	奥地利	23	2
德　国	17 127	2	芬　兰	23	3
芬　兰	16 112	4	瑞　士	22	2
西班牙	13 132	3	西班牙	22	0
爱尔兰	12 662	5	爱尔兰	17	4
葡萄牙	11 614	2	葡萄牙	14	1
希　腊	10 321	4	希　腊	12	3
美　国	24 712	2	美　国	28	2

注：1973 年后的爱尔兰数据是基于国民生产总值。
资料来源：The Conference Board，2016。

表 6.2 使用了一个标准的新古典增长会计框架，以相同的方式处理每个国家的数据，对劳动生产率增长的来源进行了校准，从而不仅允许在西欧国家之间，而且允许在黄金时代后期和随后的时间段之间进行比较。在快速追赶的黄金时代，资本深化和全要素生产率（*TFP*）的增长都对劳动生产率的增长作出了巨大贡献。然而，在大多数情况下，全要素生产率增长的贡献更大，而且在劳动生产率增长非常快的国家，与增长较慢的国家之间的差

异，更多是由于全要素生产率增长而不是资本深化。

534 **表 6.2　1960—1990 年劳动生产率增长率的贡献(%/年)**

	1960—1970 年				1970—1990 年			
	H/L	K/L	TFP	Y/L	H/L	K/L	TFP	Y/L
奥地利	0.18	2.39	2.9	5.47	0.22	1.32	1	2.54
比利时	0.42	1.36	2.33	4.11	0.18	0.96	1.38	2.52
丹　麦	0.13	2.15	1.25	3.53	0.24	0.82	0.02	1.08
芬　兰	0.37	1.66	2.64	4.67	0.62	0.98	0.9	2.5
法　国	0.29	2.02	2.62	4.93	0.36	1.28	0.84	2.48
联邦德国	0.23	2.1	2.03	4.36	0.4	0.79	0.69	1.88
希　腊	0.26	3.63	4.45	8.34	0.5	1.24	0.06	1.8
爱尔兰	0.22	1.78	2.21	4.21	0.38	1.47	1.18	3.03
意大利	0.36	2.39	3.5	6.25	0.32	0.98	1.22	2.52
荷　兰	0.74	1.43	0.89	3.06	0.25	0.72	0.65	1.62
挪　威	0.48	1.18	1.8	3.46	0.7	0.9	0.84	2.44
葡萄牙	0.35	2.05	3.99	6.39	0.44	0.9	1.01	2.35
西班牙	0.38	2.45	3.73	6.56	0.37	1.54	1.13	3.04
瑞　典	0.19	1.34	2.4	3.93	0.36	0.67	0.27	1.3
瑞　士	0.4	1.4	1.37	3.17	0.3	0.72	−0.38	0.64
英　国	0.17	1.45	1.24	2.86	0.32	0.83	0.74	1.89

注：估计是针对整个经济的，劳动生产率是根据每个工人来衡量的。增长是基于柯布-道格拉斯生产函数的假设，其中 $Y=AK^{\alpha}(HL)^{1-\alpha}$，其中 H 是劳动力的平均教育水平，A 是 TFP，即全要素生产率，K 是资本，L 是劳动。这就可以推导出以下关于劳动生产率增长来源的表达式：$\Delta\ln(Y/L)=\alpha[\Delta\ln(K/L)]+(1-\alpha)[\ln(H/L)]+\Delta\ln A$。

资料来源：Bosworth and Collins，2003。

当全要素生产率增长像欧洲黄金时代那样迅速时，可以预期，低效率(包括配置效率和生产效率)的减少将在很大程度上发挥作用。麦迪森(Maddison，1987)在一项略带猜测性的研究中认为，大部分索洛剩余通常归因于劳动质量、资源配置的改善、生产要素利用效率的改变、技术差距的缩小和规模经济等的结合，只留下少量“无法解释”的部分，或许反映了技术的变革。麦迪森列出的欧洲黄金时代全要素生产率快速增长的组成部分与传统经济史大体一致，但是精确量化确实非常困难，而且在细节上也没有达成共识。①

表 6.2 显示，黄金时代之后西欧劳动生产率增长放缓，反映了每个国家 535
资本深化和全要素生产率增长的下降，但后者通常更为重要。1960—1970 年和 1970—1990 年这两个时期，资本深化贡献的非加权平均每年减少 1.00 个百分点，而全要素生产率增长的非加权平均每年减少 1.75 个百分点，这主要是由于上文提到的暂时性因素的销蚀。南欧国家全要素生产率增长的急剧下降反映了这一点。

如何解释欧洲经济增长的黄金时代?

本章的这一部分考察了计量史学家试图解释为什么二战后早期的经济增长比此前或此后要快得多这一问题。这项工作大多需要对经济史的早期假设进行检验。重点将主要放在具有跨国视角的研究上，但最后将审查其对理解英国增长失败的影响。

杰诺西假说

所谓的杰诺西假说的传统思想是基于杜姆克(Dumke, 1990)对杰诺西的成果(Janossy, 1969)的解释，如图 6.1 所示。②其基本观点是，二战后欧洲经济体的产出水平非常低(C)，随后的一段超级增长时期，产出首先恢复到战前水平(CD)，之后继续以高于正常水平的速度增长(DE)，直到恢复正常的增长速度(E)。很显然，各国在 C 点低于趋势的程度上有所不同，因此在重建和超级增长的范围方面也有所不同，联邦德国常常被视为一个极端的观察

① 应该指出的是，数据包络分析的结果也有力地支持了这样的说法，即在欧洲的黄金时期，全要素生产率的增长是由随着时间的推移要素使用效率的提高推动的(Jerzmanowski, 2007)。

② 这张图表体现了一种趋势-平稳的社会。可以说，杰诺西本人是相信趋势线分割的，即每个时期的劳动生产率增长都是由人力资本投资支撑的，详见沃尼约的作品(Vonyo, 2008)。

对象，因此是一个解释经济奇迹的很好的候选对象。这种分析提出了两个问题，计量史学文献已经解决了这两个问题：第一，重建对经济增长的贡献有多大？第二，观察欧洲国家回到先前的增长趋势的研究路径是否正确？

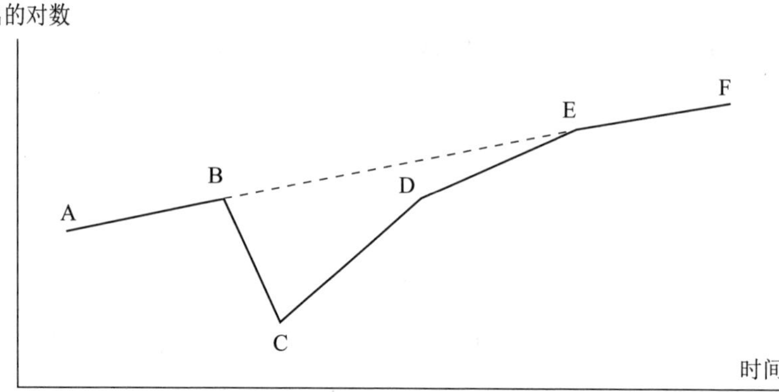

注：AF 表示长期趋势线；AB 表示战前产出水平；BC 表示战争对产出的冲击；CE 表示重建期总长度；CD 表示恢复到战前水平；DE 表示重新向趋势线靠近；EF 表示重建后的产出水平。

资料来源：Dumke，1990。

图 6.1　杰诺西假说

自杜姆克(Dumke，1990)的一篇开创性论文以来，重建贡献的问题一直通过可能被称为增广的无条件收敛回归(augmented unconditional convergence regression)来解决。这种方法中对人均实际国内生产总值增长与初始的人均收入水平进行回归，衡量实际产出水平与 20 世纪 40 年代末趋势产出水平趋势估计数之间差距的指标(通常称为“差距”)，以捕捉诸如欧洲或经合
536 组织经济体重建的效果和农业劳动力比例。杜姆克(Dumke，1990)估计了一个这种类型的公式来解释 1950—1980 年横截面的平均增长率。他发现，重建工作在统计学上普遍重要，但在经济上并不重要，其影响在这段时期内只占增长的 5%左右。然而，对于联邦德国来说，重建确实占了其增长与平均增长结果之间差异的很大一部分，并且构成了对传统 β 趋同的补充。

艾肯格林和里奇尔随后发表的一篇论文(Eichengreen and Ritschl，2009)重复了关于联邦德国的这些发现，但认为战争结束时的产出缺口以及 20 世纪 50 年代的重建效应比杜姆克想象的要大一些。他们强调，这在很大程度

上解释了那个十年中全要素生产率极其迅速的增长。①特明(Temin，2002)对欧洲国家在20世纪50年代到90年代每十年的增长估计了一个类似的方程，但该方程只关注平均增长表现。他们发现，重建只对1950—1960年产生统计上显著的积极影响，但此后就没有了。沃尼约(Vonyo，2008)进一步发展了这种方法；他的创新包括将劳动力增长作为一个独立变量并采用面板数据进行估计。他的研究结果总结于表6.3。他发现，重建效应一直持续到20世纪80年代，在整个黄金时代，重建效应在经济上具有重要意义。但他的研究结果也值得注意，因为他强调，瑞典和瑞士没有体现重建红利。

表6.3　重建对实际人均国内生产总值增长的贡献(%/年) 537

	1950年代	1960年代	1970年代	1980年代
奥地利	2.18	1.6	1.02	0.44
比利时	0.73	0.53	0.34	0.15
丹　麦	0.77	0.56	0.36	0.16
芬　兰	1.39	1.02	0.65	0.28
法　国	1.22	0.89	0.57	0.25
德　国	3.15	2.31	1.47	0.64
意大利	1.48	1.09	0.69	0.3
荷　兰	0.71	0.52	0.33	0.14
挪　威	0.39	0.29	0.18	0.08
瑞　典	−0.03	−0.02	−0.01	−0.01
瑞　士	−0.86	−0.63	−0.4	−0.17
英　国	0.51	0.38	0.24	0.1
未加权的平均	0.97	0.71	0.45	0.2

注：由两个方程的面板估计得出，其中一个方程的增长与初始收入、劳动力增长、差距×时间和国家固定效应相关，另一个方程的固定效应与差距相关。差距是指1948年潜在产出与实际产出之间的比例差，潜在产出是根据1920年至1938年的平均年增长率从1938年的水平推算出来的。通过在两个方程中加入差距的估计影响，得到重建的贡献。

资料来源：Vonyo，2008。

① 艾肯格林和里奇尔(Eichengreen and Ritschl，2009)估计联邦德国在1950—1960年的全要素生产率增长为每年5.39%，从他们的讨论中推断，每年多达3.5个百分点可能是由于重建似乎是合理的。

显然，杰诺西强调重建是战后初期增长的一个重要因素，而不仅仅是常规的追赶式增长，这一点在计量史学家中得到了一定的支持。同样显而易见的是，不同国家之间重建的影响差别很大。这意味着，要对黄金时代的增长表现进行国际比较，应该试图规范重建的差别范围，特别是如果涉及联邦德国的话。鉴于特明和沃尼约提出的不同结果，应该谨慎对待20世纪80年代重建对增长的影响，仍然是重要的说法。

第二个问题与欧洲长期增长的趋势平稳性有关，克拉夫茨和米尔斯使用时间序列计量经济学方法对其进行了研究(Crafts and Mills, 1996)。他们认为，"纯粹杰诺西假说"意味着，要想恢复正常增长，实际人均国内生产总值在黄金时代结束前必须回到1914年前的趋势增长率。他们发现，在他们的样本中，所有欧洲国家的增长过程都可以被建模为分割的趋势平稳过程。在此基础上，他们能够拒绝"纯粹杰诺西假说"，但丹麦除外。以西班牙、瑞典和瑞士为例，一种"改良杰诺西假说"不能被忽视，即黄金时代之后，它们的增长率回到了1914年前的趋势增长率(但处于更高收入水平的轨道上)。
538 这意味着，在黄金时代的末期，除了丹麦以外，所有欧洲国家的实际人均国内生产总值都高于根据1914年以前的趋势推断出来的预测值。这正是阿布拉莫维茨(Abramovitz, 1986)或麦迪森(Maddison, 1982)的读者所期望的，因为他们强调的是1950年后前所未有的快速追赶式增长的本质。

宏观经济稳定

人们普遍认为，布雷顿森林体系时期与黄金时代相类似，是一个宏观经济波动相对温和的时期(参见表6.4)，有人认为这为战后快速增长提供了一个非常有利的环境(Boltho, 1982)。显然，重要的是，与两次世界大战之间的金本位制有关的灾难性政策错误不应重演，这种错误导致20世纪30年代金本位集团国家失去了10年。在资本控制和银行严格监管的时代，银行业危机的消失似乎也是这些年来的一个积极特征，最近的经验已经强调了这一点。最后，石油输出国组织(OPEC)的油价冲击直到20世纪70年代才成为现实。话虽如此，一些重要的事项还是需要注意。

第一，波动性会损害经济增长的假设已经发生了一定程度的反转。其中一个原因是，与模型预测的相反，更大和更频繁的商业周期波动可以促进增长，例如，提高生产率活动的机会成本会在衰退中下降（Aghion and Saint-Paul, 1998），且在实证工作中发现了相互矛盾的结果。然而，大量证据相当清楚地表明，意想不到的波动、不确定性或创新与增长预测方程的差异对投资和增长产生了负面影响（Bloom, 2014; Rafferty, 2005; Ramey and Ramey, 1995），这意味着良好的宏观经济环境可能得益于黄金时代的长期增长。

表 6.4　实际国内生产总值增长：七国集团成员国在四个宏观经济时期的平均增长率（%/年）

	平均值	标准差
1881—1913 年（黄金时代标准）	1.5	3.7
1919—1938 年	1.2	6.8
1946—1970 年（布雷顿森林体系时期）	4.2	2.7
1974—1989 年	2.2	2.3

资料来源：Bordo, 1993。

第二，二战后世界经济的重建基于布雷顿森林协议（Rodrik, 2000），该协议在寻求贸易自由化的同时，严格限制了国际资本的流动。这意味着一种新的宏观经济三难选择，即优先考虑独立货币政策以保留管理国内经济的余地，而不是资本的有效配置。在 20 世纪 50—60 年代的黄金时代，平均经常账户头寸占国内生产总值的比例处于历史最低水平（1960—1973 年为 1.3%），在用于预测投资/国内生产总值的横断面费尔德斯坦-堀冈（Feldstein-Horioka）回归中，1946—1972 年间储蓄/国内生产总值系数为 0.92（Obstfeld 539
and Taylor, 2004）。这就限制了国内储蓄的增长。

第三，成功地防范银行业危机必然会导致“正常年份”的增长放缓。金融监管降低了银行资产负债表中的杠杆率，并肯定意味着更高的资本成本，因为众所周知，莫迪利安尼-米勒（Modigliani-Miller）抵消是不完美的（Miles et al., 2013）。资本控制也提高了资本成本，对经济增长产生了不利的影响（Voth, 2003）。这一时期的特征是旨在将资本存量调整到最优水平的高成本，以及出现在联邦德国和英国的高托宾 Q 值（Crafts and Mills, 2005）。总的来说，这表明投资和增长受到监管环境的限制，但目前没有研究量化总体影响。

结构性变化

在黄金时代的初期，一些（但不是全部）欧洲经济体的农业生产率很低，例如，1950年西班牙和意大利分别有49%和42%的就业机会出现在农业领域，而英国只有5%。金德尔伯格（Kindleberger，1967）认为，在某些情况下，快速增长可以用关于工业部门劳动力的弹性供应的刘易斯双重经济模型来解释。特明（Temin，2002）发现，20世纪六七十年代将农业劳动力的初始份额这一要素增加到无条件收敛增长回归模型中，产生了统计学上的显著影响，但此后就不显著了。他只是认为，这反映了纠正资源分配不当所带来的生产率增长。

衡量就业结构变化对劳动生产率增长贡献的传统方法"转移-份额"法，是计算总劳动生产率增长减去基于初始就业份额的部门内部生产率增长率的加权平均数，例如麦迪森的论著（Maddison，1987）便采用这种方法。然而，这是假设部门内生产率增长率不受劳动力转移的影响。但是，如果农业部门中存在剩余劳动力（Kindleberger，1967）和/或制造业部门规模的扩大使规模经济得以实现（Kaldor，1966），那么情况就不会是这样，因为其中一个部门内生产率增长率会提高，甚至两个部门都会提高。计量史学家所面临的问题是如何评价这种额外的贡献。

布罗德贝里（Broadberry，1998）提出了解决这些问题中第一个问题的方法。他建议，在一个衰退的部门，例如农业，应该使用一种修正的转移-份额计算方法。其中，实际的劳动生产率增长率应该用一个反实际的劳动生产率增长率来代替，这个增长率是由实际产出增长减去国家劳动力的增长而得到。表6.5报告了这一方法的结果，并将其与若干欧洲经济体使用正统方法得到的结果进行了比较。不出所料，若使用布罗德贝里的方法，结构变化的贡献要大得多，而且在意大利和西班牙表现得尤为明显。然而，我们必须承认，虽然对剩余劳动力的一些修正可能是合理的，但这只不过是一种粗略的、现成的方法。

表 6.5　1950—1973 年结构变化对劳动生产率增长的贡献(%/年) 540

	传统测量	布罗德贝里测量
丹　麦	0.24	1.10
英　国	−0.12	0.31
瑞　典	0.00	0.60
荷　兰	−0.31	0.29
法　国	0.00	0.52
联邦德国	0.18	0.77
意大利	0.83	1.77
西班牙	0.80	1.77

注:传统的方法认为结构变化的贡献等于 $\Delta A_o/A_o - \sum \Delta A_i/A_i \times A_i/A_o \times S_i$,其中 A 是劳动生产率,S 是就业份额,下标 o 和 i 分别代表整个经济和部门 i(Nordhaus, 1972)。布罗德贝里(Broadberry, 1998)对此进行了修正,以便在部门衰退的情况下,用全国总体劳动力增长率而不是部门增长率来衡量劳动生产率的增长。

资料来源:Crafts and Toniolo, 2008。该成果的作者们根据范阿尔克(van Ark, 1996)的数据,采用布罗德贝里的方法,使用三个部门(农业、工业、服务业)的分组方法得出估计数,农业被认为是衰退的部门。

关于制造业规模经济的证据也远不能令人满意。卡尔多的观点基于他对凡登定律的信仰,他将其解释为在制造业中,劳动生产率的增长率和就业率的增长率之间存在正相关。这可以反映各种规模经济的来源,包括边做边学(learning by doing)的模式。总的来说,这些文献对凡登定律的有效性持相当怀疑的态度,而且在任何情况下,大多数经济学家会寻找更具体的估计方程来试图推断规模经济的存在。①20 世纪 70 年代和 80 年代欧洲工业的计量经济学调查的证据实际上有些混杂(Caballero and Lyons, 1990; Henriksen et al., 2001),可能表明经验各不相同。

关于黄金时代的结构性变化,最好的例子是意大利,该国经历了劳动力从农业向工业的重大转移,并能够通过将大幅低估的汇率维持大约 20 年来

① 马加乔和麦康比(Magacho and McCombie, 2017)最近的一篇综述表明,该主张将被主流增长经济学家所否定。麦迪森(Maddison, 1987)将黄金时代的索洛剩余中的一小部分归因于规模经济,他假设规模经济占国内生产总值增长的 3%,但这只是一个猜测。

扩大制造业的国际贸易。罗西和托尼奥洛(Rossi and Toniolo, 1996)利用莫里森(Morrison, 1988)首创的修正增长会计方法,发现了战后时期规模经济显著的证据。根据罗德里克(Rodrik, 2008)提出的方法,迪尼诺等学者(Di Nino et al., 2013)估计,在一个国内劳动力流动强劲、工资增长低于贸易产品劳动生产率增长的经济体中,劳动力价值的低估对国内生产总值增长的贡献为每年0.6%—1.2%。把这些因素放在一起,我们就可以给出一个关于意大利经济增长的描述,这与卡尔多和金德尔伯格的读者所期望的非常相似。

541 马歇尔计划与欧洲经济共同体

欧洲经济的重建不仅需要投资,还需要政策改革。黄金时代的闻名不仅因为布雷顿森林体系,也因为马歇尔计划和欧洲共同市场。后二者都促进了欧洲经济一体化,而这正是本章的重点。

就短期静态效应而言,贸易自由化可以提高配置效率和/或生产效率,即在现有成本的情况下,生产要素的配置更有效或生产成本更低。由于自由贸易增加了产品市场的竞争(通过增加实际或潜在的进入者),它可能产生双重影响,市场力量降低和价格-成本利润率下降,而公司的经理则被迫将成本降低到可行的最低限度(减少了委托-代理问题)。从长期动态效应来看,内生增长模型认为,经济一体化有可能导致经济增长率上升。在一个基本的AK模型中,如果投资(或更宽泛地说是资本存量的增长率)的反应是积极的,那么报酬递减就不会侵蚀这种初始效应的趋势,因此会对增长产生"永久的"影响。也许更有道理的是,如果经济一体化带来了更大的市场和/或更多的市场竞争,这可能会提高创新速度和全要素生产率增长率。即使如此,在一个可能更现实的(半内生的)增长模型中,贸易自由化对增长率的影响将是一种短暂现象,反映了向更高的产出水平而不是更快的趋势增长的转变。

增长回归可以用来估计欧洲经济一体化对收入增长的影响。在这方面最有用的是巴丁格的论著(Badinger, 2005),他对欧盟15国在1950年至2000年的一体化水平分别进行了指数测算,并在采用适当控制的面板回归环境中考察了其与增长和投资的关系。同时将关贸总协定自由化和欧洲贸易协定纳入考虑的一体化指数显示,1950年的保护主义在1958年至1975年这一时期,被消除了55%,到2000年这一数字稳步上升到87%。回归的结果是,一体化变化本身对增长是积极的,但一体化水平没有影响,一体化通过投资产生了一半至四分之三的影响,其余的影响来自全要素生产率的变化。整个欧盟 15 国的国内生产总值估计比 1950 年后没有经济一体化的情况下高出 26%,并在 21.6%(瑞典)与 28.9%(葡萄牙)之间小幅波动。1975 年之前的快速自由化对收入水平产生的高峰效应将使这一时期的增长率每年提高约 1%——令人印象深刻,但在快速追赶式增长时期(Crafts and Toniolo, 2008),增长率仅为西欧的四分之一左右。巴丁格(Badinger, 2005)的结果意味着,欧洲经济一体化已经对收入水平产生了相当大的影响,但并没有对增长率产生永久性的影响。这相当于拒绝了内生增长假说,并且与使用双重差分法对近 542
期贸易自由化影响的调查相一致(Estevadeordal and Taylor, 2013)。[①]

1948—1951 年,马歇尔计划的一个重要援助项目是从美国向西欧转移 125 亿美元,并向受援国提供资金,这些资金平均每年约占其国内生产总值的 2%。[②]它通过贸易自由化加速了欧洲的一体化,同时附加的条件也促进了有利于增长的市场化改革,从而降低了布雷顿森林协议的成本。正如德隆和艾肯格林(de Long and Eichengreen, 1993)所强调的,与其说是施舍,马歇尔计划更是一个沿着"华盛顿共识"路线的"结构调整计划"——而且是"有史以来最成功的"——它成功地通过提高生产率增长,引领欧洲远离阿根廷的命运,也就是说,远离基于保护主义的内向型发展战略。

特别是,每个国家都与美国签署了双边条约,承诺它们遵守金融稳定和贸易自由化的政策,而欧洲经济合作组织(OEEC)则提供"有条件的援助"以支持西欧内部的多边支付协议;1950 年,受援国必须成为欧洲支付同盟(EPU)的成员。这一直持续到 1958 年,那时欧洲内部贸易是 1950 年的 2.3 倍,一项引力模型分析证实,欧洲支付同盟对贸易水平有很大的积极影响[③]。

马歇尔计划的成功之处在于,它打破了平衡,支持促进生产率增长的市

---

① 埃斯特瓦奥尔达尔和泰勒指出,降低资本货物关税,从而提高资本与劳动力的比率,是贸易自由化产生积极影响的核心因素;关于适用于欧洲黄金时代的类似论点,见库贝与桑奇斯的成果(Cube and Sanchis, 2009)。

② 更多关于它如何工作的细节可以在笔者 2013 年的著作(Crafts, 2013)中找到。

③ 参见艾肯格林的论著(Eichengreen, 1993),其中也包含对欧洲支付联盟逻辑和机制的详细描述。

场化结构性改革，而不是借助直接刺激的手段①。这种分析可以通过思考三缺口模型来发展(Bacha, 1990)。该模型解释，援助可以通过放松储蓄、外汇或财政限制产生积极的增长效应。艾肯格林和于藏(Eichengreen and Uzan, 1992)对这种类型进行了分析。1948—1951 年，相当于平均国内生产总值的 2%的资金流入的直接影响使增长率提高了 0.3 个百分点。

欧洲经济共同体(简称“欧共体”)的建立大大促进了贸易。1958 年，欧共体由 1957 年签署《建立欧洲经济共同体条约》和《建立欧洲原子能共同体条约》(统称《罗马条约》)的六个国家组成。②签署国承诺在欧洲各国人民之
543 间奠定“日益紧密的联盟”的基础，条约第二条承诺成员国之间组成关税联盟，建立共同市场，并促进政策协调。欧共体在 1968 年建立了关税联盟，但共同市场的建立花了更长的时间，需要等待《单一欧洲法令》(Single European Act)的出台。该法令涉及贸易的非关税壁垒，开放服务贸易和结束资本管制，从 1992 年才开始(不完全)实施。即使如此，六个国家之间的贸易成本下降(表 6.6)相对较快。巴尤米和艾肯格林(Bayoumi and Eichengreen, 1995)使

表 6.6 贸易成本

	德国-法国	德国-意大利	西班牙-法国	英国-法国	英国-意大利	英国-挪威
1929 年	0.99	1.10	1.18	1.00	1.22	0.87
1938 年	1.33	1.12	2.26	1.21	1.54	0.98
1950 年	1.12	1.27	1.55	1.22	1.36	0.98
1960 年	0.91	1.01	1.52	1.22	1.25	0.91
1970 年	0.73	0.79	1.24	1.10	1.21	0.90
1980 年	0.55	0.61	0.89	0.74	0.86	0.69
1990 年	0.53	0.56	0.74	0.70	0.84	0.77
2000 年	0.61	0.66	0.70	0.75	0.90	0.88

注：贸易成本是使用引力模型推断出来的，包括政策性和非政策性贸易壁垒；1929—1938 年的估计数与 1950—2000 年的估计数并无严格可比性；包含西班牙的

① 1959 年西班牙的改革表明，在接下来的 15 年里，西班牙的经济增长率每年提高 1 个百分点(Prados de la Escosura et al., 2011)。

② 六个创始成员是比利时、法国、联邦德国、意大利、卢森堡和荷兰。

估计数是1939年的，而不是1938年的。

资料来源：数据来自Jacks et al.，2011，由丹尼斯·诺维(Dennis Novy)慷慨提供。

用引力模型估计，1956—1973年，欧共体原六个成员国之间的内部贸易每年增长3.2%，这意味着，根据弗兰克尔和罗默(Frankel and Romer，1999)估计的贸易量与收入之间的弹性，到1970年，欧共体成员国收入水平会提高4—8个百分点(Eichengreen and Boltho，2008)。

社会能力和技术一致性

这些概念是阿布拉莫维茨和戴维(Abramovitz and David，1996)解释黄金时代的核心。他们强调赶超式增长不是自动的，而是取决于“社会能力”和“技术一致性”。他们的方法是一种有条件的趋同，并指出，在第二次世界大战之前，缺乏社会能力和技术一致性已经阻碍了欧洲的发展，但这些限制增长的因素在20世纪50年代和60年代大大减少了(Nelson and Wright，1992)。技术一致性体现在领先者的技术在跟随者国家的成本效益，而这种成本效益可能因要素价格或市场规模的差异而受到削弱。社会能力是指吸收新技术的能力。吸收能力的基础是教育、技能和经济能力，包括组织效能、适当的商业模式和培训。然而，除此之外，社会能力取决于制度、经济政策和它们所暗含的激励结构，而这些结构会影响创新和投资的盈利能力。

根据强有力的证据，在第二次世界大战后，技术转移到欧洲的速度显著 544
增加。马德森(Madsen，2007)估计了一个全要素生产率受高科技产品知识进口影响的模型，并得出结论，这在减少全要素生产率差距方面发挥了重要作用。科明和霍比恩(Comin and Hobijn，2010)调查了技术扩散过程，发现新技术的采用滞后时间变短了。然而，这些研究并没有说明提高社会能力和技术一致性的相对重要性。

捷尔兹曼诺夫斯基(Jerzmanowski，2007)为技术一致性提供了最好的证据。他设计了一种方法，将全要素生产率差距分解为部分由于效率低下(与生产函数的距离)和部分由于技术低下(由于美国技术的不当而导致生产函数较差)。他的结果(表6.7)表明，1960年全要素生产率差距仍然很大，但主要是由于效率低下，而不是技术差距。随后，到 1985 年，这些效率差距大幅缩小，这在很大程度上促成了欧洲的追赶。这一方面证实了改善资源配置的重要性，另一方面也证实了美国的技术水平与战后早期的西欧是一致的。

表 6.7　1960 年全要素生产率分解为效率和技术进步两个部分(美国=1.00)

	全要素生产率	效率	技术进步
奥地利	0.60	0.64	0.94
比利时	0.65	0.64	1.01
丹　麦	0.69	0.68	1.01
芬　兰	0.62	0.60	1.04
法　国	0.72	0.71	1.01
希　腊	0.49	0.57	0.86
爱尔兰	0.51	0.55	0.93
意大利	0.67	0.71	0.94
荷　兰	0.77	0.74	1.04
挪　威	0.54	0.63	0.86
葡萄牙	0.57	0.66	0.87
西班牙	0.64	0.74	0.86
瑞　典	0.73	0.72	1.01
瑞　士	1.05	1.00	1.05

注：全要素生产率=效率×技术进步。
资料来源：Jerzmanowski，2007。

当阿布拉莫维茨(Abramovitz，1986)提出社会能力的概念时，他指出，没有人知道社会能力是什么意思，也没有人知道如何衡量它。从那以后，这个领域已经取得了很大的进展。焦尔切利(Giorcelli，2017)提供了一个重要的例子，说明在马歇尔计划的支持下，管理培训提高了意大利的吸收能力。她将受赞助访问美国并学习美国管理实践的经理与被排除在该项目之外的对照组的公司业绩进行比较，发现在过去的 15 年里，前者的生产率相对于后者增长了52.3%。这篇论文指出,管理质量对于实现新技术的潜力非常重要,特别是在布鲁姆和范里宁(Bloom and van Reenen, 2007)的研究背景 545
下,提出管理的改进可能有助于增强战后欧洲的社会能力。这是一个需要进行更多研究的领域。

在制度和激励结构方面,当阿布拉莫维茨第一次提出社会能力的概念时,当时流行的观点是奥尔森(Olson, 1982)提出的制度僵化理论。简而言之,这一理论认为,随着时间的推移,在没有战争和入侵等冲击的情况下,民主国家往往会出现寻租利益集团的激增,这些利益集团会对经济增长起到制约作用。这种观点的逻辑是,第二次世界大战及其余波极大地放宽了对一些国家的限制,尤其是联邦德国。这个假设已经产生了大量由经济学家和政治家探索的包含了跨国证据的文献,总的来说,都支持了奥尔森的观点(Heckelman, 2007)。然而,欧洲经济史学家显然对此持怀疑态度。在最典型的例子中,艾肯格林和里奇尔(Eichengreen and Ritschl, 2009)总结了一篇强调制度连续性而不是变革性的文献。科宁和霍比恩(Comin and Hobijn, 2011)开发了一种简洁的检验方法,用以研究二战后新技术采用滞后的变化,无论这种新技术采用是否面临与之竞争的旧技术,这种方法均可适用。他们发现,在没有竞争性旧技术的情况下,新技术采纳所需的时间下降了13年,反之则增加了5年。奥尔森假说的预测正好相反。

评估体制和政策环境对增长的影响的另一种方法是使用经济自由指数。经济上自由的国家拥有受保障的产权、有效执行的合同、稳定的价格、较低的贸易壁垒以及主要通过市场分配的资源。由于数据的限制,研究者在增长回归规范中纳入经济自由变量,分析审查了1975年后的发展实践。总体而言,关注内生性问题的论文(De Haan and Sturm, 2000; Kacprzyk, 2016)为经济自由水平或其提升促进经济增长的假设提供了一些支持。最近,普拉多斯·德拉埃斯科苏拉(Prados de la Escosura, 2016)开发了一个表征经济自由的历史指数,这个指数可以让这个假说在更早的时期得到验证。表6.8显示了西欧经济自由的一般增加趋势;除希腊和挪威外,所有国家1960—1964年与1935—1939年的情况都是如此。这些数据似乎可以为阿布拉莫维茨和戴维(Abramovitz and David, 1996)的观点提供进一步的支持,即认为社会能力的提高是黄金时代的重要组成部分。

表 6.8　经济自由指数(0—10)

	1935—1939 年	1950—1954 年	1960—1964 年	1970—1974 年
奥地利	6.2	6.5	8.5	8.6
比利时	7.4	8.0	8.4	8.0
丹　麦	8.1	7.9	8.5	8.5
芬　兰	7.2	6.6	8.1	8.2
法　国	6.7	7.1	7.3	8.0
德　国	5.9	7.9	9.2	8.8
希　腊	7.3	6.1	7.2	5.8
爱尔兰	7.7	8.1	8.6	8.2
意大利	5.9	7.2	8.1	7.8
荷　兰	8.2	7.6	8.5	8.5
挪　威	8.3	7.5	8.0	7.7
葡萄牙	6.7	6.7	6.9	6.5
西班牙	3.0	5.4	6.2	6.3
瑞　典	8.4	8.0	9.1	8.5
瑞　士	8.0	8.9	9.0	8.9
英　国	7.8	7.9	8.2	8.1

资料来源：Prados de la Escosura，2016。

高投资与最低工资限制合作均衡

解释战后西欧社会能力增长的最引人注目的假设是艾肯格林提出的
(Eichengreen，1996)，他认为成功地利用追赶机会的高投资率是由成功的社
546 会契约推动的，这种契约支持了工人的工资调节机制，以换取企业的高投
资。为了实现这种合作均衡，需要解决时间不一致问题。在有工资限制的
情况下，资本家可以违背他们的投资承诺，转而提高股息。另一方面，如果
投资增加，那么工人可以放弃工资限制，并试图将利润占为己有。“社团主
义”的安排提供了督促资本家合规的机制，并集中工资谈判，以保护高投资

企业,防止工人群体搭便车。一项博弈论分析表明,高投资和适度工资的合作均衡的核心基础是,双方都有耐心,从长远角度看待自己的决定带来的回报,并有理由预期这些回报将是可观的(Cameron and Wallace, 2002)。

表 6.9 记录了劳资关系制度的演变。与 1925 年相比,在 1950 年,归类为“社团主义”或“新社团主义”的国家更多,其特征是在工资谈判中进行统一协调,而较少地进行分散的集体谈判。吉尔摩(Gilmore, 2009)在一项增长-回归研究中发现,在 1975 年之前,协调工资谈判可能对投资和增长有相当强的积极影响,但在随后的时期没有发现这种积极影响。这些结果支持了艾肯格林的假说。但这并不是实现快速追赶式增长的唯一途径,这一点在早些时候金德尔伯格所青睐的刘易斯二元经济模型中就已经明显体现出来。例如,在意大利,至少在 20 世纪 60 年代末之前,工业部门的弹性劳动力供应抑制了工资增长,并支撑了高投资(Crafts and Magnani, 2013)。

表 6.9 劳资关系制度的分类 547

	1925 年	1950 年	1963 年	1975 年
社团主义	A, D, E	A, B, DK, N, NL, S	A, B, DK, N, NL, S	A, B, CH, D, DK, N, NL, S
集体谈判				
新社团主义	CH	CH, D	CH, D	FIN
分散协调	B, DK, N, NL, S, UK	IRL, UK	IRL, UK	IRL, IT, UK
对抗式	F, FIN, IRL	FIN, F, IT	FIN, F, IT	E, F, P
威权制	IT, P	E, P	E, P	

注:A=奥地利;B=比利时;D=德国;DK=丹麦;E=西班牙;FIN=芬兰;F=法国;IRL=爱尔兰;IT=意大利;N=挪威;NL=荷兰;P=葡萄牙;S=瑞典。

资料来源:Crouch, 1993。

要实现限制工资的高投资合作均衡,需要对未来的丰厚回报保持耐心和乐观,而不仅仅是协调谈判,那么这种平衡可能是相当脆弱的。正如卡梅伦与华莱士(Cameron and Wallace, 2002)所指出的,黄金时代的经济环境有利于这一结果,而动荡的 20 世纪 70 年代则不然。在一个资本流动受限、汇率固定、工人议价能力薄弱、生产率增长空间巨大的社会里,合作均衡更有可能出现。这种说法更适合描述 20 世纪 50 年代，而不是 70 年代。

英国经济的相对衰退

对英国黄金时代的简要回顾是很有启发性的。正如前面所描述的，与其他欧洲国家相比，英国经济增长相对缓慢。1950 年已经萎缩孱弱的农业部门等事实，在一定程度上反映了英国的追赶余地十分有限。尽管特明(Temin, 2002)提出了相反的主张，但是原因远不止这些。因此，虽然杰诺西和金德尔伯格的假设与英国的情况相关，当然也可以预测英国的经济增长低于联邦德国和意大利(例如参见表 6.3 和 6.5)，但是这些模型中没有一个可以预测英国在欧洲劳动生产率排名中的下滑，即从 1950 年的第二位滑落到 1973 年的第十位。被超越意味着某种可以避免的失败，尽管过分简单化的增长回归可能看起来并非如此，但被超越似乎本可避免。案例研究的方法使得计量史学家能够获得更深入的见解，特别是关于社会能力所扮演的角色。

英国没有像欧洲其他国家那样实现劳资关系的转变，而这意味着经济增长将受到相当大的影响。当不可能制定有约束力的合同时，无论是工会的缺失，还是强大社团主义工会运动的缺失，都比英国的特殊制度影响深远。这一点可以借助艾肯格林模型或它用以纳入内生创新的扩展从而得到很方便的理解。在英国，通常不可能通过社团主义的协议来支持投资和创新，因为议价是由多个工会或代表公司全体劳动力的谈判代表实施的，他们无法
548 内化工资限制的好处。这使得沉没成本投资面临着“拖延”问题。①在霍尔和索斯凯斯(Hall and Soskice, 2001)的术语中，英国是“自由市场经济”，而“协调市场经济”是艾肯格林模型的基础。

从 20 世纪 50 年代到 70 年代，劳资关系改革失败是英国政府的一个主要缺点。在这个时期，人们不断努力通过非正式的社会契约说服有组织的

---

① 在内生创新框架中，当一名成功的创新工人利用他的议价能力获取一部分利润时，就会出现“滞后”现象。这降低了创新的动力，从而降低了增长率。工会参与讨价还价越多，利润就越少。如果具有约束力的合同阻止了重新谈判，或者没有联盟，又或者如果单个联盟达到了合作均衡，那么问题就可以消除。有关正式的模型和经验证明，请参阅 Bean and Crafts, 1996。

劳工接受工资调节机制，不仅仅是为了鼓励投资，更是为了让间战期创伤之后的政治家们认为在不引起通胀的同时保持低失业率对于选举成功而言，是至关重要的。在最坏的情况下，这相当于允许工会事实上能够“否决”经济改革，当然也阻碍了劳资关系改革。无论如何，由“战后共识”形成的英国供给侧政策在几个方面对增长都没有帮助。①其中包括一种边际税率很高的税收制度，坦齐(Tanzi, 1969)在他的研究报告中将其描述为最不利于经合组织国家增长的税收制度；由于英国将 20 世纪 30 年代的保护主义保留到 60 年代，错过了贸易自由化带来的好处(Oulton, 1976)；一项着眼于发明而非扩散的错误技术政策(Ergas, 1987)；一种无效的实物补贴投资(Sumner, 1999)和通过补贴保护境况不好的产业从而减缓了结构变化(Wren, 1996)的产业政策；以及关税政策(Greenaway and Milner, 1994)。

黄金时代英国经济的一个主要特征是产品市场竞争力的弱化，虽然这种竞争力曾在 20 世纪 30 年代得到了发展并强化。竞争政策在很大程度上是无效的，保护主义一直持续到 20 世纪 60 年代，而且市场力量巨大。有证据表明，在黄金时代(Crafts, 2012)，弱竞争与制度(特别是劳资关系和公司治理体系)相互作用，损害了英国的生产率表现。由于竞争不力而产生的租金，工会努力讨价还价所造成的人员配置过剩，这些恶果在竞争加剧的 20 世纪 80 年代表现出来(Machin and Wadhwani, 1989)。尼克尔等人(Nickell et al., 1997)估计，对于没有外部主要股东能够控制经理人的公司(这是当时英国大公司的标准)，超常利润从 5%增加到 15%，将使全要素生产率降低 1 个百分点。

这一切都证明阿布拉莫维茨(Abramovitz, 1986)对社会能力的强调是 549
正确的。它也超越了前面讨论的增长回归方法所能达到的程度，前面讨论的方法既强调了竞争的重要性及其与制度的相互作用，但也表达了历史对制度改革和政策选择的重要限制。案例研究方法可以更深入地分析增长业绩优劣的根本原因。

① “战后协商一致意见”的概念应指在假定的政治限制下被高级政治家和公务员认可的一套政策(Kavanagh and Morris, 1994)。这意味着高度的政策趋同，但并不意味着保守党和工党在意识形态上的趋同(Hickson, 2004)。

如何解释黄金时代之后的经济大放缓?

20 世纪 70 年代初之后,整个欧洲的经济增长明显放缓。黄金时代的结束有许多不可避免的方面,包括快速增长过程中的一些因素的耗尽,如战后重建,劳动力在农业中重新获得就业的机会降低,技术差距缩小,以及投资报酬递减。此外,美国自身也经历了生产率增长放缓。总而言之,追赶式增长的空间大大减少了,尽管并没有完全消除。资本深化,特别是全要素生产率增长对劳动生产率增长的贡献大幅下降(参见表 6.2)。生产率增长放缓有一些不可避免的原因,直到 20 世纪 90 年代,尽管欧洲国家普遍不断缩小与美国之间的生产率差距,但很明显,生产率表现在黄金时代之后本可以更好。无论如何,对计量史学家来说,解释这种生产率增长的过度放缓是未来值得研究的一个项目,但除此之外,后来的经验可以为黄金时代的增长提供进一步的洞察。

不完全的追赶

追赶式增长的过程通常需要一系列持续进行的改革,这些改革有可能在某一时刻使现代化下一阶段的政治经济情况变得非常困难。正如现代增长经济学所强调的(Aghion and Howitt, 2006),能够激励远离前沿经济体的制度和政策选择,与鼓励靠近前沿经济体的制度和政策选择,在许多方面存在差异。特别是在后一种情况下,激烈的产品市场竞争和高质量教育变得更加重要。随着国家变得更加先进,强大的创造性破坏能力变得更加重要(Acemoglu et al., 2006)。随着新技术的出现,制度和政策可能需要改革(Abramovitz, 1986)。然而,作出必要的调整可能需要面临诸多问题——例如历史问题,而且只能通过缓慢而不完全的方式实现,进而使追赶式增长受阻。可以说,在黄金时代之后,欧洲国家需要进行改革,以便为之后的增长阶段做好准备,但在实现这一转变方面进展缓慢(Eichengreen, 2007)。

随着国家越来越接近前沿,生产率增长的性质发生了变化,其中一个重要方面是制造业在经济中的比重下降,而服务业的比重上升。这通常会直接导致经济增长放缓，因为制造业生产率的增长速度通常超过服务业。这也意味着，供给侧政策和制度必须支持不同类型的经济。这些问题反映在 550
表 6.10 中。正如人们所预料的那样，在黄金时代之后，欧洲国家经历了制造业对生产率增长贡献的大幅下降。然而，此外，服务业的贡献也令人失望，到 20 世纪末，欧洲无法追赶上美国在市场服务业生产率方面的显著增长。

表 6.10　1950—2005 年各市场部门劳动生产率的贡献率（%/年）

	欧盟			美国		
	1950—1973 年	1980—1995 年	1995—2005 年	1950—1973 年	1980—1995 年	1995—2005 年
劳动生产率增长率						
制造业	5	3.2	2	2.7	2.1	2.9
市场服务业	3.1	1.6	1	2.2	1.6	3.2
信息和通信技术产品	N/A	4.9	6.5	N/A	5.9	10
对全劳动生产率的贡献率						
制造业	1.81	0.89	0.48	0.98	0.52	0.58
市场服务业	0.85	0.58	0.44	0.96	0.69	1.57
信息和通信技术产品	N/A	0.33	0.42	N/A	0.52	0.81

注：1980—2005 年的贡献为（增加值百分比×生产率增长），1950—1973 年为（就业百分比×生产率增长）。1950—1973 年间“欧盟”由 8 个国家（丹麦、法国、联邦德国、意大利、荷兰、西班牙、瑞典和英国）组成，1980—2005 年间由 10 个国家（奥地利、比利时、丹麦、芬兰、法国、联邦德国、意大利、荷兰、西班牙和英国）组成。1950—1973 年，信息和通信技术产品包括在制造业和市场服务业中。

资料来源：Timmer et al.，2010；van Ark，1996。

不同技术时代的社会能力

20 世纪五六十年代，在福特主义制造时代，意大利繁荣，英国挣扎，但在 20 世纪末的信息和通信技术革命中，情况恰恰相反。这既表明社会能力取决于环境，也表明在传播新技术方面的持续成功可能需要改革。这些问题中的每一个都需要计量史学的研究。

1995 年之后，美国生产率的加速增长是由信息和通信技术支撑的。对大多数国家来说，信息和通信技术对经济增长的主要影响来自其作为一种新型资本设备形式的扩散，而不是通过信息和通信技术设备导致的全要素生产率增长。这意味着，欧洲有很大的机会大幅提高生产率。然而，信息通信技术资本深化对劳动生产率增长贡献的增长估计表明，欧洲国家在开发这种新型通用技术的潜力方面通常远不如美国（Timme et al., 2010）。有趣的是，与其他跨国公司或国内公司相比，在欧洲运营的美国跨国公司在信息和通信技术方面的投资显著提高了生产率，使用了更多的信息和通信技术
551 资本，这也是事实，其主要原因在于他们的管理实践（Bloom et al., 2012）。换句话说，在信息和通信技术的背景下，美国公司的吸收能力更大。

对劳动力和产品市场的限制性监管，以及在某些情况下，人力资本的短缺，解释了欧洲在信息和通信技术领域发展迟缓的原因（Cette and Lopez, 2012）。限制性产品市场监管直接阻止了对信息和通信技术资本的投资（Conway et al., 2006），在密集使用信息和通信技术的部门，提高成本的监管措施的间接影响相对显著。产品市场监管以及使用信息和通信技术的服务（特别是在分配方面）对整体生产率增长的贡献之间存在很强的相关性（Nicoletti and Scarpetta, 2005）。值得注意的是，就业保护已被证明会阻碍对信息和通信技术设备的投资（Gust and Marquez, 2004），因为它加重了重组工作的负担并提升了劳动力的成本，而这对激发信息通信技术的生产率潜力至关重要（Brynjolfsson and Hitt, 2003）。由于这些形式的监管随着时间的推移而减弱，所以问题并不在于欧洲的监管变得更加严格，而是在新技术时代的背景下，现有的监管变得更加昂贵（社会能力下降）。

意大利在信息和通信技术的迅速推广方面遇到了重大障碍，而意大利并没有很好地应对这些障碍。微观经济研究证实，与欧洲的信息和通信技术领先者相比，这种新技术的有效同化受到了公司规模小、压制性监管和人力资本不足的阻碍（Crafts and Magnani, 2013）。对英国来说，信息和通信技术的成功传播是撒切尔时期经济改革的一个意想不到的结果。20 世纪 80 年代，英国取消了对密集使用信息和通信技术的服务业（尤其是金融和零售业）的监管，从而降低了进入壁垒，并对劳资关系进行改革，英国对新技术作出的这些相对成功的反应是至关重要的。对战后共识的背离消除了任何保护就业的动力，高等教育的迅速扩张被证明是及时的（Crafts, 2015）。

供给侧政策

供给侧政策可能在两个方面对后黄金时代的经济放缓负有一定责任。改革可能对增长产生了不利影响，也可能未能提升政策以更好地维持追赶式增长。文献已经找到了这两个方面的例子。

欧洲追赶式经济增长的道路，带来了社会保障需求的日益增长。部分原因是收入水平的提高，但在更大程度上是因为随着欧洲一体化和全球化的推进，开放程度有所提高(Lindert, 2004)。1980 年，欧洲经济中位数在社会转移支付上的支出占国内生产总值的 21.1%，而 1960 年为 10.5%，1930 年为 1.2%。在不损害增长的情况下管理这些需求是一项重大挑战；只要这些需求的资金来自“扭曲性”税收，就会拖累增长。通过不同的税收组合来为这种政府支出的扩张提供资金，将会对经济增长产生巨大的积极影响(Johansson et al., 2008)。内勒等人(Kneller et al., 1999)的类似估计表明， 552
1965 年至 1995 年，直接税收在国内总产值中所占份额平均增加 10 个百分点，就可能导致增长率下降约 1 个百分点。在一些国家，整个动荡的 20 世纪 70 年代，就业保护水平也明显提高。高水平的就业保护减缓了创造性破坏的进程以及由此产生的劳动力调整。根据卡瓦莱罗等人(Caballero et al., 2004)的估计，法国和美国在就业保护方面的差异可以解释 20 世纪 80 年代和 90 年代劳动生产率增长每年 0.5%的年龄点差异。

从 20 世纪 70 年代到 90 年代，欧洲一体化对经济增长的推动作用继续存在，特别是 1995 年成员国扩大至 15 个，1992 年欧洲单一市场成立。根据一项综合的反事实法分析表明，加入欧盟对经济增长的影响在各国之间差别很大，但总体上是积极的，在某些情况下大大促进了增长(参看表 6.11)。然而，单一市场的影响令人失望，可能是因为非关税贸易壁垒的降低幅度低于预期。例如，伊尔兹科维奇等人(Ilzkovitz et al., 2007)估计，到 2006 年，国内生产总值增加了 2.2%，远低于欧盟委员会之前预计的 4.8%—6.4%。建立一个真正的服务业单一市场可能会通过减少进入壁垒使这种影响加倍，但政府有相当大的自由裁量权来维持这些壁垒(Badinger and Maydell, 2009)。最近的一项估计是，服务指令的实施使欧盟国内生产总值增长了约 0.8%，而全面实施则会使其增加两倍(Monteagudo et al., 2012)。

表 6.11　加入世贸组织后实际人均国内生产总值与人均综合国内生产总值水平之间的差异(%)

	5 年后	10 年后
丹　麦(1973 年)	10.3	14.3
爱尔兰(1973 年)	5.2	9.4
英　国(1973 年)	4.8	8.6
希　腊(1981 年)	−11.6	−17.3
葡萄牙(1986 年)	11.7	16.5
西班牙(1986 年)	9.3	13.7
奥地利(1995 年)	4.5	6.4
芬　兰(1995 年)	2.2	4
瑞　典(1995 年)	0.8	2.4

注:括号中表示的是加入世贸组织的时间。
资料来源:Campos et al., 2014。

这也与我们观察到的欧洲国家在向前沿移动升级方面所取得的进展有关,特别是阿吉翁和豪伊特(Aghion and Howitt, 2006)强调的教育和竞争领域。一项基于考试成绩的认知技能测量结果与增长表现出强烈相关关系(Hanushek and Woessmann, 2012),让人吃惊的是,根据 1960—2000 年的增长回归分析,20 世纪末欧盟 15 国的平均水平比日本和韩国低 40 个百分点,意味着经济增长每年降低了约 0.5 个百分点。①这意味着欧洲的教育质量有待提升。韦斯曼等人(Woessmann et al., 2007)指出,认知技能方面的结果差异很大程度上是由学校教育系统的组织方式而不是教育支出来解释的。

严格的产品市场监管的缓慢放松提高了价格,降低了进入率,从而减少了对投资和创新都有不利影响的经理人的竞争压力(Griffith and Harrison 2004; Griffith et al., 2010),同时根据尼科莱蒂和斯卡尔佩塔(Nicoletti and

① 有些国家的考试成绩提高得很快,特别是芬兰,而在其他地方,例如意大利,则出现了倒退。

Scarpetta，2005)的估计，20 世纪晚期，欧洲全要素生产率增长相对于美国平均降低了大约 0.75 个百分点。同样，在许多欧洲国家，竞争政策仍然比美国弱得多(表 6.12)。布奇罗西等人(Buccirossi et al.，2013)的计量经济学分析发现，这仍抑制了全要素生产率的增长；竞争政策得分从 0.69 降低到 0.36 (1995 年瑞典到西班牙)估计会使全要素生产率增长率每年减少约 0.3 个百分点。

表 6.12　竞争政策指标(0—1) 553

	1995 年	2005 年
法　国	0.38	0.42
德　国	0.49	0.52
意大利	0.41	0.44
荷　兰	0.42	0.53
西班牙	0.36	0.42
瑞　典	0.69	0.66
英　国	0.31	0.6
美　国	0.59	0.62

注：荷兰为 1998 年，西班牙为 2000 年。该指数考虑到竞争主管机构及其资源的独立性、调查权力和制裁的范围。

资料来源：Buccirossi et al.，2013。

凯尔特之虎

当然，在经济增长普遍令人失望的情况下，爱尔兰是一个显著的例外；从 20 世纪 80 年代末到 20 世纪末，其经济增长非但没有放缓，反而急剧加速。表 6.13 显示了 20 世纪 90 年代的增长数据。应当指出，国民生产总值是衡量爱尔兰经济表现的一个较好指标，它的增长速度低于国内生产总值，而劳动生产率的增长速度因为工作时间的大大延长而低于人均国民生产总值的增长速度。尽管如此，这是一个非常令人印象深刻的表现，让人想起其他欧洲国家在黄金时代的表现。

554 **表 6.13　1990—2000 年爱尔兰经济增长(%/年)**

实际国内生产总值	7.5	实际国内生产总值/工作时间	4.7
实际国民生产总值	6.8	实际国民生产总值/工作时间	4
人　　口	0.8	全要素生产率	2.5
工作时间	2.8	人均国民生产总值	6

注:全要素生产率是基于国民生产总值计算所得。
资料来源:Crafts, 2014。

在成为“凯尔特之虎”初期,爱尔兰有相当大的增长追赶空间。1987 年,爱尔兰的劳动生产率为美国的 48%,仅略高于 50%的欧洲领先国家;失业率为17.2%。爱尔兰在黄金时代表现不佳,部分原因是它在放弃保护主义方面的速度较慢,导致劳动力市场失灵,并经历了一段宏观经济的混乱时期,直到 20 世纪 80 年代后期才成功地实现稳定。正如我们可能预期的那样,20 世纪 90 年代的快速增长依赖于有利的供给侧政策和良好的制度。这也是以 20 世纪后期特有的持续全球化为基础的。

在某种程度上,“凯尔特之虎”只是一个基于更好的政策和更高的社会能力而迟到的追赶故事,但与此同时,有一些关键特征使爱尔兰的增长成为一个特例。在这一时期,按照欧洲的标准,爱尔兰拥有相对较低的直接税和就业保护,以及高质量的教育,同时作为欧盟的成员,爱尔兰已经成为一个非常开放的经济体(Crafts, 2005)。这些特点使爱尔兰成为对外国直接投资(FDI)极具吸引力的地区,而外国直接投资是爱尔兰发展战略的核心。外国直接投资的主要结果是促进了一个非常大的信息和通信技术生产部门的产生,其在总产出中所占的份额远远高于包括芬兰在内的任何其他欧盟国家,在 20 世纪 90 年代对全要素生产率的贡献每年超过了 2 个百分点(van Ark et al., 2003)。

爱尔兰在吸引外国直接投资方面的成功主要是基于其独特的企业税收制度。从文献中可以清楚地看出,外国直接投资相对于企业税率的半弹性相当高,可能达到－2.5 甚至－3.5(OECD, 2007)。在成为“凯尔特之虎”初期,爱尔兰对制造业外商直接投资征收的税率无疑是欧洲最低的,格罗普和科斯蒂亚尔(Gropp and Kostial, 2000)的一项研究表明,假设爱尔兰的税率相当于税率第二低的欧盟国家,那么美国在这样一个爱尔兰的制造业投资存量要比真实情况低 70%左右。随着贸易成本的下降，低税率对外国直接投资的影响似乎显著加强，与邻近需求相比，它们相对地理位置的重要性增加了(Romalis，2007)。

20 世纪 90 年代爱尔兰就业的迅速增长来自失业率的大幅下降以及劳动参与率尤其是女性参与率的提高，到 2000 年，失业率降至 4.6%；在 1987 年至 2000 年期间，净移民流量的变化使传统的外迁转变为净流入，达到 67 000 人。在社会伙伴关系的支持下，由于工资调节(Baccaro and Simoni，2007)以及人均人力资本的增加(Bergin and Kearney，2004)，国家劳动就业机会大幅减少。在劳动力需求受到有利冲击的背景下，不同寻常的弹性劳 555
动力供应延长了繁荣(Barry，2002)。

尽管人们通常不会从这个角度来看，但爱尔兰的成功故事与更广泛的黄金时代文献的主题相呼应。这里有三个要点值得注意。首先，正如 20 世纪 50 年代的联邦德国一样，经济快速增长的基础是将未使用的资源重新投入工作——在这种情况下，就意味着就业率大幅度提高。其次，有弹性的劳动力供应，其基础是国内劳动力市场运行的改善和移民从净流出到净流入的历史性转变。这鼓励了工资调节，有利于维持投资(Barry and Devereux，2006)，可以看出，这与金德尔伯格青睐的刘易斯型模型有一些相似之处。最后，工资限制也是在一项社会契约的支持下实现的，在这种契约中，交换条件是削减个人所得税。从 20 世纪 80 年代末至 90 年代末，所得税的标准税率和最高税率下降了约 10 个百分点，在此期间，减税的影响占实际税后工资增长的三分之一左右(Barry，2002)。在这里我们看到了艾肯格林合作平衡的一个变体。

黄金时代的洞察

这项关于经济放缓时期的研究，凸显了有利于黄金时代经济快速增长的因素的潜在重要性。关于黄金时代的计量史学研究尚未取得显著成就，至少部分原因是很难对战后早期这些因素进行量化。其中包括以下几点：第一，应该强调教育质量和认知能力发展而不是受教育年限对人力资本积累的重要性。第二，正如信息和通信技术革命所强调的那样，企业的吸收能力是一个新技术扩散速度的关键因素。反过来，这可能受到管理质量的强烈影响。第三,竞争影响生产率的表现,这不仅仅是竞争政策,而且可能是欧洲经济一体化影响的一个重要方面。

结 语

本章考虑了两个问题,即“如何解释西欧在黄金时代的快速经济增长?”以及“为什么在黄金时代之后,西欧的经济增长会如此明显地放缓?”本章主要集中讨论了第一个问题,在这个问题上,计量史学家作出了重要贡献。

许多(并非相互排斥的)假设得到了计量史学文献的支持。它们为理解繁荣年代的快速增长奠定了基础,但具体情况因国家而异。正如杰诺西假说所指出的,重建对一些国家的经济增长作出了巨大贡献,尤其是在 20 世纪 50 年代,但尽管重建对联邦德国产生了巨大影响,但对瑞士却无关紧要。根据金德尔伯格的分析,在可行的情况下,劳动力向农业以外的地区转移对
556 经济增长产生了重大影响。对于意大利这样的国家来说,这是黄金时代经济增长的关键组成部分,但对荷兰来说却没什么影响。也有证据支持艾肯格林的合作均衡模型,该模型基于相当一部分国家的协调工资谈判,以工资限制作为高投资的回报,但这种做法对瑞典有利,在爱尔兰却并没有实施。经济一体化对收入水平产生了重大影响,特别是对那些签署了《罗马条约》的国家而言。英国是一个增长相对缓慢的经济体,没有从任何一种上述增长刺激措施中受益。

正如阿布拉莫维茨所预期的那样,“社会能力”的概念在定量研究中被证明有些难以捉摸。奥尔森的制度僵化对一些快速增长国家有积极作用的假设遭到了人们的怀疑,但可以肯定的是,供给侧政策确实发挥了作用,爱尔兰和英国在黄金时代的例子似乎有力地证明了这一点,在那个时期,两国均经历了严重的政策失误,从而导致表现不佳。最近的研究又回到了吸收能力问题,将其作为技术转让的一个关键方面,这似乎是今后研究的一个优先领域。

尽管所有人都同意,没有经历金融危机或萧条是经济快速增长的一大优势,但是由波尔索(Boltho)提出的宏观经济稳定是黄金时代背后的一个关键

条件的凯恩斯假说在计量学研究中被忽视了。在这方面，一项潜在的重要发展是最近对衡量作为投资重要影响的不确定性及对衡量不确定性的改进方法的兴趣。这种基于文本分析的方法可能是重新考虑宏观经济环境和政策框架的作用的一个有用的方法，似乎也是一个很好的研究对象。

思考后黄金时代增长放缓的出发点是，它不只是反映了暂时性因素的枯竭，尽管这很重要。关键的教训是，经济政策确实很重要，许多欧洲国家在进行必要的改革方面行动迟缓。爱尔兰是这种普遍现象中的一个特例，它在 20 世纪晚期凭借成功的政策改革创造了一个独特的、迟到的黄金时代版本，实现了经济的快速增长。

参考文献

Abramovitz, M. (1986) "Catching up, Forging ahead, and Falling behind", *J Econ Hist*, 46, pp.385—406.

Abramovitz, M. and David, P. A. (1996) "Convergence and Delayed Catch-up: Productivity Leadership and the Waning of American Exceptionalism", in Landau, R., Taylor, T. and Wright, G. (eds) *The Mosaic of Economic Growth*. Stanford: Stanford University Press, pp.21—62.

Acemoglu, D., Aghion, P. and Zilibotti, F. (2006) "Distance to Frontier, Selection, and Economic Growth", *J Eur Econ Assoc*, 4, pp.37—74.

Aghion, P. and Howitt, P. (1992) "A Model of Growth through Creative Destruction", *Econometrica*, 60, pp.323—351.

Aghion, P. and Howitt, P. (2006) "Appropriate Growth Theory: a Unifying Framework", *J Eur Econ Assoc*, 4, pp.269—314.

Aghion, P. and Saint-Paul, G. (1998) "On the Virtue of Bad Times: an Analysis of the Interaction between Economic Fluctuations and Productivity Growth", *Macroecon Dyn*, 2, pp.322—344.

Baccaro, L. and Simoni, M. (2007) "Centralized Wage Bargaining and the 'Celtic Tiger' Phenomenon", *Ind Relat*, 46, pp.426—469.

Bacha, E.L. (1990) "A Three-gap Model of Foreign Transfers and the GDP Growth Rate in Developing Countries", *J Dev Econ*, 32, pp.279—296.

Badinger, H. (2005) "Growth Effects of Economic Integration: Evidence from the EU Member States", *Rev World Econ*, 141, pp.50—78.

Badinger, H. and Maydell, N. (2009) "Legal and Economic Issues in Completing the EU Internal Market for Services: an Interdisciplinary 557 Perspective", *J Common Mark Stud*, 47, pp.693—717.

Barro, R.J. (1991) "Economic Growth in a Cross-section of Countries", *Q J Econ*, 106, pp.407—443.

Barry, F. (2002) "The Celtic Tiger Era: Delayed Convergence or Regional Boom?" *Q Econ Commentary*, 21, pp.84—91.

Barry, F. and Devereux, M.B. (2006) "A Theoretical Growth Model for Ireland", *Econ Soc Rev*, 37, pp.245—262.

Baumol, W. J. (1986) "Productivity Growth, Convergence and Welfare: What the Long-run Data Show", *Am Econ Rev*, 76, pp.1072—1085.

Bayoumi, T. and Eichengreen, B. (1995) "Is Regionalism Simply a Diversion? Evidence from the

Evolution of the EC and EFTA", NBER working paper no.5283.

Bean, C. and Crafts, N. (1996) "British Economic Growth since 1945: Relative Economic Decline ... and Renaissance?" in Crafts, N. and Toniolo, G.(eds.) *Economic Rrowth in Europe since 1945*. Cambridge: Cambridge University Press, pp.131—172.

Bergin, A. and Kearney, I.(2004) "Human Capital, the Labour Market and Productivity Growth in Ireland", ESRI working paper no.158.

Bloom, N.(2014) "Fluctuations in Uncertainty", *J Econ Perspect*, 28(2), pp.153—176.

558 Bloom, N. and Van Reenen, J.(2007) "Measuring and Explaining Management Practices across Firms and Countries", *Q J Econ*, 122, pp.1351—1408.

Bloom, N., Sadun, R. and Van Reenen, J. (2012) "Americans Do IT Better: US Multinationals and the Productivity Miracle", *Am Econ Rev*, 102, pp.167—201.

Boltho, A.(1982) "Introduction", in Boltho, A.(ed.) *The European Economy: Growth and Crisis*. Oxford: Oxford University Press, pp. 9—37.

Bordo, M.(1993) "The Bretton Woods International Monetary System: a Historical Overview", in Bordo, M. and Eichengreen, B.(eds.) *A Retrospective on the Bretton Woods System: Lessons for International Monetary Reform*. Chicago: University of Chicago Press, pp.3—108.

Bosworth, B.P. and Collins, S.M.(2003) "The Empirics of Growth: an Update", *Brook Pap Econ Act*, 2, pp.113—206.

Broadberry, S.N.(1998) "How did the United States and Germany Overtake Britain? A Sectoral Analysis of Comparative Productivity Levels, 1870—1990", *J Econ Hist*, 58, pp.375—407.

Brynjolfsson, E. and Hitt, L. (2003) "Computing Productivity: Firm-level Evidence", *Rev Econ Stat*, 85, pp.793—808.

Buccirossi, P., Clari, L., Duso, T., Spagnolo, G. and Vitale, C.(2013) "Competition Policy and Economic Growth: an Empirical Assessment", *Rev Econ Stat*, 95, pp.1324—1336.

Caballero, R.J. and Lyons, R.K.(1990) "Internal versus External Economies in European Industry", *Eur Econ Rev*, 34, pp.805—830.

Caballero, R., Cowan, K., Engel, E. and Micco, A.(2004) "Effective Labor Regulation and Microeconomic Flexibility", NBER working paper no.10744.

Cameron, G. and Wallace, C. (2002) "Macroeconomic Performance in the Bretton Woods Era and after", *Oxf Rev Econ Policy*, 18, pp.479—494.

Campos, N.F., Coricelli, F. and Moretti, L.(2014) "Economic Growth and Political Integration: Estimating the Benefits from Membership of the European Union Using the Synthetic Counterfactuals Method", CEPR discussion paper no.9968.

Cette, G. and Lopez, J.(2012) "ICT Demand Behaviour: an International Comparison", *Econ Innov New Technol*, 21, pp.397—410.

Comin, D. and Hobijn, B.(2010) "An Exploration of Technology Diffusion", *Am Econ Rev*, 100, pp.2031—2059.

Comin, D. and Hobijn, B.(2011) "Technology Diffusion and Postwar Growth", NBER Macroecon Annu 2010, 25, pp.209—259.

Conway, P., de Rosa, D., Nicoletti, G. and Steiner, F.(2006) "Regulation, Competition and Productivity Convergence", OECD economics department working paper no.509.

Crafts, N.(2005) "Interpreting Ireland's Economic Growth", Background paper for UNIDO industrial development report 2005.

Crafts, N.(2012) "British Relative Economic Decline Revisited: the Role of Competition", *Explor Econ Hist*, 49, pp.17—29.

Crafts, N.(2013) "The Marshall Plan. in Parker, R. and Whaples, R.(eds.) *Routledge Handbook of Major Events in Economic History*. London: Routledge, pp.203—213.

Crafts, N.(2014) "Ireland's Medium Term Growth Prospects: a Phoenix Rising?" *Econ*

Soc Rev, 45, pp.87—112.

Crafts, N.(2015) "Economic Growth: onwards and upwards?" *Oxf Rev Econ Policy*, 31, pp.217—241.

Crafts, N. and Magnani, M.(2013) "The Golden Age and the Second Globalization in Italy", in Toniolo, G.(ed) *The Oxford Handbook of the Italian Economy since Unification*. Oxford: Oxford University Press, pp.69—107.

Crafts, N. and Mills, T.C.(1996) "Europe's Golden Age: an Econometric Investigation of Changing Trend Rates of Growth", in Van Ark, B. and Crafts, N.(eds.) *Quantitative Aspects of Postwar European Economic Growth*. Cambridge: Cambridge University Press, pp.415—431.

Crafts, N. and Mills, T.C.(2005) "TFP Growth in British and German Manufacturing, 1950—1996", *Econ J*, 115, pp.649—670.

Crafts, N. and Toniolo, G.(2008) "European Economic Growth, 1950—2005: an Overview", CEPR discussion paper no.6863.

Cubel, A. and Sanchis, M.T.(2009) "Investment and Growth in Europe during the Golden Age", *Eur Rev Econ Hist*, 13, pp.219—249.

De Haan, J. and Sturm, J-E.(2000) "On the Relationship between Economic Freedom and Economic Growth", *Eur J Polit Econ*, 16, pp.215—241.

De Long, J. B. (1988) "Productivity Growth, Convergence and Welfare: Comment", *Am Econ Rev*, 78, pp.1138—1154.

De Long, J.B. and Eichengreen, B.(1993) "The Marshall Plan: History's most Successful Adjustment Program", in Dornbusch, R., Nolling, W. and Layard, R.(eds.) *Postwar Economic Reconstruction and Lessons for the East Today*. Cambridge, MA: MIT Press, pp.189—230.

Di Nino, V., Eichengreen, B. and Sbracia, M.(2013) "Real Exchange Rates, Trade, and Growth", in Toniolo, G.(ed.) *The Oxford Handbook of the Italian Economy since Unification*. Oxford: Oxford University Press, pp.351—377.

Dumke, R. H.(1990) "Reassessing the Wirtschaftswunder: Reconstruction and Postwar Growth in West Germany in an International Context", *Oxf Bull Econ Stat*, 52, pp.451—492.

Eichengreen, B.(1993) *Reconstructing Europe's Trade and Payments*. Manchester: Manchester University Press.

Eichengreen, B.(1996) "Institutions and Economic Growth: Europe after World War II", in Crafts, N. and Toniolo, G.(eds) *Economic Growth in Europe since 1945*. Cambridge: Cambridge University Press, pp. 38—72.

Eichengreen, B.(2007) *The European Economy since 1945*. Princeton: Princeton University Press.

Eichengreen, B. and Boltho, A.(2008) "The Economic Impact of European Integration", CEPR discussion paper no.6820.

Eichengreen, B. and Ritschl, A.(2009) "Understanding West German Economic Growth in the 1950s", *Cliometrica*, 3, pp.191—219.

Eichengreen, B. and Uzan, M.(1992) 559
"The Marshall Plan: Economic Effects and Implications for Eastern Europe and the Former USSR", *Econ Policy*, 7(14), pp.13—75.

Ergas, H.(1987) "Does Technology Policy Matter?" in Guile, B.R. and Brooks, H.(eds.) *Technology and Global Industry*. Washington, DC: National Academy Press, pp.191—245.

Estevadeordal, A. and Taylor, A.(2013) "Is the Washington Consensus Dead? Growth, Openness and the Great Liberalization, 1970s—2000s", *Rev Econ Stat*, 95, pp.1669—1690.

Frankel, J.A. and Romer, D.(1999) "Does Trade Cause Growth?" Am Econ Rev, 89, pp.379—399.

Gilmore, O.(2009) "Corporatism and Growth: Testing the Eichengreen Hypothesis", MSc. Dissertation, University of Warwick.

Giorcelli, M.(2017) *The Long-term Effects of Management and Technology Transfers*. Mimeo: UCLA.

Greenaway, D. and Milner, C.(1994) "Determinants of the Inter-industry Structure of Protection in the UK", *Oxf Bull Econ Stat*, 53, pp.265—279.

Griffith, R. and Harrison, R.(2004) "The Link between Product Market Regulation and Macroeconomic Performance", European Commission economic papers no.209.

Griffith, R., Harrison, R. and Simpson, H.(2010) "Product Market Reform and Innovation in the EU", *Scand J Econ*, 112, pp.389—415.

Gropp, R. and Kostial, K. (2000) "The Disappearing Tax Base: Is FDI Eroding Corporate Income Taxes?" IMF working paper no.00/173.

Grossman, G. and Helpman, E. (1991) "Quality Ladders in the Theory of Growth", *Rev Econ Stud*, 58, pp.43—61.

Gust, C. and Marquez, J.(2004) "International Comparisons of Productivity Growth: the Role of Information Technology and Regulatory Practices", *Labour Econ*, 11, pp.33—58.

Hall, P.A. and Soskice, D.(2001) "An Introduction to Varieties of Capitalism", in Hall, P.A. and Soskice, D.(eds.) *Varieties of Capitalism*. Oxford: Oxford University Press, pp.1—68.

Hanushek, E. A. and Woessmann, L. (2012) "Do better Schools Lead to More Growth?: Cognitive Skills, Economic Outcomes, and Education", *J Econ Growth*, 17, pp.267—321.

Heckelman, J. C. (2007) "Explaining the Rain: the Rise and Decline of Nations after 25 Years", *South Econ J*, 74, pp.18—33.

Henriksen, E., Midelfart Knarvik, K. H. and Steen, F.(2001) "Economies of Scale in European Manufacturing Revisited", CEPR discussion paper no.2896.

Hickson, K.(2004) "The Postwar Consensus Revisited", *Political Q*, 75, pp.142—154.

Ilzkovitz, F., Dierx, A., Kovacs, V. and Sousa, N. (2007) "Steps towards a Deeper
560 Economic Integration: the Internal Market in the 21st Century", European Economy Economic Papers no.271.

Jacks, D.S., Meissner, C.M. and Novy, D. (2011) "Trade Booms, Trade Busts, and Trade Costs", *J Int Econ*, 83, pp.185—201.

Janossy, F.(1969) "The End of the Economic Miracle". IASP, White Plains.

Jerzmanowski, M. (2007) "Total Factor Productivity Differences: Appropriate Technology vs. Efficiency", *Eur Econ Rev*, 51, pp. 2080—2110.

Johansson, A., Heady, C., Arnold, J., Brys, B. and Vartia, L.(2008) "Taxation and Economic Growth", OECD Economics Department working paper no.620.

Kacprzyk, A.(2016) "Economic Freedom-growth Nexus in European Union Countries", *Appl Econ Lett*, 23, pp.494—497.

Kaldor, N.(1966) *Causes of the Slow Rate of Growth of the United Kingdom*. Cambridge: Cambridge University Press.

Kavanagh, D. and Morris, P.(1994) "The Rise and Fall of Consensus Politics", in Kavanagh, D. and Morris, P. (eds.) *Consensus Politics from Attlee to Major*. Oxford: Blackwell.

Kindleberger, C.P.(1967) *Europe's Postwar Growth: the Role of Labor Supply*. Cambridge, MA: Harvard University Press.

Kneller, R., Bleaney, M. and Gemmell, N.(1999) "Fiscal Policy and Growth: Evidence from OECD Countries", *J Public Econ*, 74, pp.171—190.

Lindert, P. H. (2004) *Growing Public*. Cambridge: Cambridge University Press.

Lucas, R.E.(1988) "On the Mechanics of Economic Development", *J Monet Econ*, 22, pp.3—42.

Machin, S. and Wadhwani, S.(1989) "The Effects of Unions on Organisational Change, Investment and Employment: Evidence from WIRS Data", London School of Economics Centre for Labour economics discussion paper no.355.

Maddison, A.(1982) *Phases of Capitalist Development*. Oxford: Oxford University Press.

Maddison, A.(1987) "Growth and Slowdown in Advanced Capitalist Economies: Techniques of Quantitative Assessment", *J Econ Lit*, 25, pp.649—698.

Madsen, J.B.(2007) "Technology Spillover through Trade and TFP Convergence: 135 Years of Evidence for the OECD Countries", *J Int Econ*, 72, pp.464—480.

Magacho, G. R. and McCombie, J. S. L. (2017) "Verdoorn's Law and Productivity Dynamics: an empirical Investigation into Demand and Supply Approaches", *J Post-Keynesian Econ*, 40, pp.600—621.

Miles, D., Yang, J. and Marcheggiano, G. (2013) "Optimal Bank Capital", *Econ J*, 123, pp.1—37.

Monteagudo, J., Rutkovski, A. and Lorenzani, D.(2012) "The Economic Impact of the Services Directive: a First Assessment Following Implementation", European Economy Economic Papers no.456.

Morrison, C. J. (1988) "Unraveling the Productivity Growth Slowdown in the US, Canada and Japan: the Effects of Sub-equilibrium, Scale Economies and Mark-ups", *Rev Econ Stat*, 74, pp.381—393.

Nelson, R.R. and Wright, G.(1992) "The Rise and Fall of American Technological Leadership: the Postwar Era in Historical Perspective", *J Econ Lit*, 30, pp.1931—1964.

Nickell, S.J., Nicolitsas, D. and Dryden, N.(1997) "What Makes Firms Perform Well?" *Eur Econ Rev*, 41, pp.783—796.

Nicoletti, G. and Scarpetta, S. (2005), "Regulation and Economic Performance: Product Market Reforms and Productivity in the OECD", OECD Economics Department working paper no.460.

Obstfeld, M. and Taylor, A. M. (2004) *Global Capital Markets: Integration, Crisis and Growth*. Cambridge: Cambridge University Press.

OECD(2007) *Tax Effects on Foreign Direct Investment*. Paris: OECD.

Olson, M.(1982) *The Rise and Decline of Nations*. New Haven: Yale University Press.

Oulton, N.(1976) "Effective Protection of British Industry", in Corden, W.M. and Fels, G.(eds.) *Public Assistance to Industry*. London: Macmillan, pp.46—90.

Prados de la Escosura, L.(2016) "Economic Freedom in the Long Run: Evidence from OECD Countries, 1850—2007", *Econ Hist Rev*, 69, pp.435—468.

Prados de la Escosura, L., Roses, J. and Sanz Villaroya, I.(2011) "Economic Reforms and Growth in Franco's Spain", *Rev Hist Econ*, 30, pp.45—89.

Rafferty, M.(2005) "The Effects of Expected and Unexpected Volatility on Long-run Growth: Evidence from 18 Developed Countries", *South Econ J*, 71, pp.582—591.

Ramey, G. and Ramey, V. A. (1995) "Cross-country Evidence on the Link between Volatility and Growth", *Am Econ Rev*, 85, pp.1138—1151.

Rodrik, D.(2000) "How far Will International Economic Integration Go?" *J Econ Perspect*, 14(1), pp.177—186.

Rodrik, D. (2008) "The Real Exchange Rate and Growth", *Brook Pap Econ Act*(Fall), pp.365—412.

Romalis, J.(2007) "Capital Taxes, Trade costs, and the Irish Miracle", *J Eur Econ Assoc*, 5, pp.459—469.

Romer, P.M.(1986) "Increasing Returns and Long-run Growth", *J Polit Econ*, 94, pp.1002—1037.

Rossi, N. and Toniolo, G.(1996) "Italy", in Crafts, N. and Toniolo, G.(eds.) *Economic Growth in Europe since 1945*. Cambridge: Cambridge University Press, pp.427—454.

Summers, R. and Heston, A.(1984) "Improved International Comparisons of Real Product and Its Composition, 1950—1980", *Rev Income Wealth*, 30, pp.207—262.

Sumner, M.(1999) "Long-run Effects of Investment Incentives", in Driver, C. and Temple, J.(eds.) *Investment, Growth and Employment: Perspectives for Policy*. London: Routledge, pp.292—300.

Tanzi, V.(1969) *The Individual Income Tax and Economic Growth*. Baltimore: Johns Hopkins University Press.

Temin, P.(2002) "The Golden Age of European Growth Reconsidered", *Eur Rev Econ Hist*, 6, pp.3—22.

The Conference Board(2016) "The Conference Board Total Economy Database", May 2016. http://www.conference-board.org/data/economydatabase/.

Timmer, M., Inklaar, R., O'Mahony, M. and van Ark, B.(2010) *Economic Growth in Europe: a Comparative Economic Industry Perspective*. Cambridge: Cambridge University Press.

561 Van Ark, B.(1996) "Sectoral Growth Accounting and Structural Change in Postwar Europe", in Van Ark, B. and Crafts, N.(eds.) *Quantitative Aspects of Postwar European Economic Growth*. Cambridge: Cambridge University Press, pp.84—164.

Van Ark, B., Melka, J., Mulder, N., Timmer, M. and Ypma, G.(2003) "ICT Investments and Growth Accounts for the European Union", Groningen Growth and Development Centre Research Memorandum GD-56.

Van der Wee, H.(1986) *Prosperity and Upheaval: the World Economy, 1945—1980*. Harmondsworth: Penguin Books.

Vonyo, T.(2008) "Post-war Reconstruction and the Golden Age of Economic Growth", *Eur Rev Econ Hist*, 12, pp.221—241.

Voth, H-J.(2003) "Convertibility, Currency Controls, and the Cost of Capital in Western Europe, 1950—1999", *Int J Financ Econ*, 8, pp.255—276.

Woessmann, L., Ludemann, E., Schutz, M. and West, M.R.(2007) "School Accountability, Autonomy, Choice and the Level of Student Achievement: International Evidence from PISA 2003", OECD education working paper no.13.

Wren, C.(1996) *Industrial Subsidies: the UK Experience*. London: Macmillan.

第七章

国内生产总值与当代“大合流”

埃马努埃莱·费利切

摘要

在本章中，我将讨论国家和地区两级国内生产总值的历史估计，以及它们在现代经济绩效评估中的应用。国内生产总值诞生于工业资本主义社会(也是为工业资本主义社会构想的)，在工业、服务业和市场交换占生产的绝大部分的情况下，它具有更强的信息力量。在现代，当我们进行不同国家可用数据系列的比较时，有三个主要的方法论问题需要承认和解决：数据系列和相关代理的不同、购买力平价引起的通货紧缩在时间上的不同，以及用于构建国内生产总值不变价值指数(Laspeyres)的基准年的差异(后一个问题可能没有得到广泛共识，却可能产生显著影响)。评估的构建方式也会影响我们用来解释这些数据的统计工具和模型；由于缺乏可靠的长期序列，横断面分析往往优于时间序列分析；如果我们有可靠的数据估计，增长核算——将国内生产总值增长分解为生产率和产业组合效应——可能为理论方法的选择提供重要线索；不仅仅是为了我们的数据质量，基于条件变量的跨国收敛模型应该始终由来自定性来源和案例研究的历史信息补充。更普遍地说，计量史学家应该证明自己有能力使他们的模型适应不同的历史背景，并将研究结果相对化到他们估计的极限。

关键词

国内生产总值　大合流　购买力平价　新古典学派　内生经济增长　新经济地理学

引　言 564

在某种程度上，经济学应该用事实来验证理论，历史是宝贵的，因为在实际工作中可以用到经验主义的信息。当然，信息必须可靠：潜在的错误和方法上的差异可能影响结果，以至于数据无法达到目的，在国际比较中更是如此。当我们处理历史国内生产总值估计数——任何宏观经济推理的主要指标——时，看起来不那么明显的是，为了评估其合理性，我们不仅必须依靠历史知识，而且必须依靠一些基本的定量技术专门知识：如果经济学家忽略了历史背景，他们可能会选择一个具有误导性的数据系列，而历史学家如果不擅长量化方式，则无法评估产生这些数据的方法的有效性，他们也可能接受错误的数据。

在这方面，定量经济历史学家——诚然，这是一种对计量史学家更为全面的定义——对经济学和更传统的历史学都至关重要。他们可以从其历史背景，为经济学者提供有用的贡献，因为他们警告不要对历史信息（和估算）进行肤浅的处理，这种处理基于对数据集使用的漫不经心和对过去的不符合事实的先验假设。他们甚至可以提供能有效解释历史变化的模型。利用他们的定量专业知识，计量史学家也可以帮助传统历史学家理解各种模型和估计为什么，以及在什么条件下，能对过去进行有效描述和对增长进行合理解释。简而言之，他们可以根据定量历史学和经济学得出的结果，修改既有的历史解释。完成这样的双重任务并不容易，因为它意味着一位好的定量经济历史学家必须精通经济学和历史学。然而，这些努力有其回报，因为它们可能为我们提供一些最强大的工具来理解过去。

国内生产总值在这些工具中脱颖而出。实际上，任何研究经济增长的人 565
都不可避免地使用国内生产总值估计值。因此，重要的是要理解这个数据系列是如何构建的，以及哪些假设支撑了最流行的增长模型。但是，同样重要的是要认识到，模型的选择和对其结果的解释受到产生这些数字的程序的影响。本章致力于解释和发展这些问题。本章回顾了大约从19世纪下半叶开始，在国家和区域一级的现代历史国内生产总值估计的程序和使用情况。在此过程中,我强调了不同估算之间在可比性方面可能出现的主要问题,并通过理解历史背景和国内生产总值估算程序,提出了改进解释模型的理由。

国内生产总值:概念、缺点和优点

生产法认为国内生产总值是一个经济体系(一个国家或地区)在一定时期内生产的所有可销售商品和服务的最终价值的总和。价值是按市场价格衡量的,它们是最终价值,是因为它们扣除了中间产品和投入的成本,以避免重复计算。根据支出法,国内生产总值是消费、投资、政府支出和净出口(出口减去进口)之和。最后,根据收入法,国内生产总值是该经济体系中所有收入的总和(如 Lequiller and Blades, 2006)[1]。如此多的维度,变成一个单一的数字:这可能是它成功的最终原因。例如,当国内生产总值总量除以居民人数时,就能得到平均收入[2];如果只除以就业人数时,就得出每个工人的平均生产率。生产与支出、收入与生产率:没有国内生产总值,任何经济话语的基本内容如今都无法解决。

较少为人所知的事实是,衡量经济表现的最重要指标是最近发明的,至少从历史的角度来看是这样。它诞生于大萧条时期的美国,旨在监测 1929 年经济危机的影响以及复苏的时间和速度(Carson, 1975)。随后,美国国家经济研究局(National Bureau of Economic Research)对此进行了阐述。国家经济研究局是一个由经验主义学者组成的私人机构,由制度经济学的领军人物之一韦斯利·克莱尔·米契尔(Wesley Clair Mitchell)(Schumpeter, 1950)领导。此外,这应该主要归功于西蒙·库兹涅茨(Simon Kuznets)的工
566 作:在他的名下,首次官方估算发表于 1934 年,涉及 1929 年至 1932 年的美国经济(Kuznets, 1934)。二战后,西方世界奉行凯恩斯主义政策(因此特别重视周期性波动),并受到美国经济和政治力量的强烈影响,国内生产总值

① 对于一个国家来说,国内生产总值包括非正式居住在该国的个人所赚取的收入。国民生产总值反而包括该国公民在国外赚取的收入。

② 为了与前一个脚注的定义保持一致,国内生产总值应除以实际人口(现有人口),国民生产总值除以常住人口。

(和国民生产总值)[①]变成了欧洲的官方统计数据[②],然后成为世界的官方统计数据(尽管计划经济体使用不同的国民经济核算体系)。然而,我们不应该忘记国内生产总值的起源,至少从计量史学家和经济史学家的角度是这样,因为要掌握我们正在讨论的衡量标准的三个基本特征,它们是必不可少的。第一,国内生产总值是在一个以经验为导向的环境下构想出来的,是解决如何监控经济这一复杂问题的一种实践捷径,具有很强的理论局限性,甚至存在一些方法论上的矛盾。第二,它诞生于对先进的工业经济的测量,在这类经济体中,相较于农业(采矿业),工业(制造业)和服务业占据了大部分国民收入,同时大部分的生产在市场上出售了。第三,它不仅是在现代世界被创造的,而且是在我们所知的工业资本主义的后期被创造的:它不存在于工业革命和第一次全球化时代或第一次世界大战时期,更不用说中世纪和古代。

关于国内生产总值的理论局限性,目前已有大量文献,不仅经济历史学家和经济学家感兴趣,而且社会科学家、(在一定程度上)政策制定者和公众也感兴趣(Felice, 2016)。然而,在这方面的一些疑惑应该加以整理。国内生产总值的一些局限性既不是理论上的,也不是方法论矛盾的结果。例如,国内生产总值既不是衡量福祉的尺度,也不是衡量生活水平的尺度:它排除了非货币的福祉(从清洁的空气到自由时间,再到情感生活的质量),却包括了不直接有助于福祉提升但能防止福祉下降的其他项目(例如国防开支或司法开支),而且它不考虑个人收入分配对公共事业的影响。但这一点并不矛盾:国内生产总值并不是为了这个目的而诞生的。国内生产总值不能作为衡量“人类发展”的标准——至少不能像森(Sen, 1985)在国内生产总值诞生半个世纪后提出的可行能力法所设想的那样——因为它不考虑人类发展的其他基本方面,即教育和寿命。[③]但是,国内生产总值从未被设计成衡量人

---

① 直到1991年,美国还使用国民生产总值代替国内生产总值。那个时候几乎所有其他国家都已经采用了国内生产总值。

② 第一次对英国的官方估计是在1941年由理查德·斯通和詹姆斯·米德做出的。前者也是1952年以来经合组织国家标准化制度的主要贡献者(Stone, 1956, 1961)。

③ 然而,许多其他因素同样也被排除在外,例如,政治和公民自由。努斯鲍姆(Nussbaum, 2000)增加了多达10个基本能力:(1)生命;(2)身体健康;(3)身体完整性;(4)感觉、想象和思考;(5)情感;(6)实际理性;(7)激励;(8)其他物种;(9)游戏;(10)控制环境。

567 类所能培养的所有期望目标的综合指标,因此在这一点上不存在矛盾或理论上的限制。更确切地说,那些将国内生产总值视为人类自我实现的终极标志的人是有局限性的。但即使如此,我们也必须承认,对于能够更好地监测非货币层面的国内生产总值替代指标,各方仍未达成共识。即使是在经济历史学家中获得共识的人类发展指数(Crafts, 1997, 2002; Prados de la Escosura, 2013, 2015),在其公式、权重和组成部分方面也远非无可争议(Prados de la Escosura, 2010; Ravallion, 2012a, b),更不用说它的理论基础了。这可能是国内生产总值虽然不是衡量福祉和人类发展的一个指标,但它在过去和现在仍然经常被认为是唯一一个或至少是一个衡量广义上的经济进步指标的根本原因。

人们也可以提出类似的论点来反驳另一个众所周知的对国内生产总值的指责:它不包括无报酬的工作(Waring, 1988)。这可能会产生矛盾,比如经常被教科书引用的观点:让老人照顾孩子,而不是雇用家政服务者,可能会导致国内生产总值下降。但我们需要记住,国内生产总值是在政策制定者需要对比官方失业率而非非官方就业率时产生的。不太为人所知但特别能说明问题的是采矿业的情况,这实际上反映了一个理论上的局限性(甚至是方法上的矛盾)。在国内生产总值诞生之时,美国人口普查并没有要求拥有矿山的公司申报其储量的价值(Fenoaltea, 2008)。因此,国内生产总值并不计算生产的净值或增加值(总采矿产量减去自然资源枯竭的估计值),而只是计算产出的价值。换句话说,你消耗的储备越多,国内生产总值(人为地)增长就越多。当然,采矿部门本身很重要,但也因为它是一个重大问题的一部分。国内生产总值在处理环境问题上有严重的理论局限性。它不仅不反映空气、水污染或土地污染,而且实际上所有这些污染活动甚至可以间接增加国内生产总值,只要它们在市场经济中催生了特定的反污染活动。这可能是最令人担忧的问题,未来可能会否定国内生产总值衡量经济发展的能力,至少在它被修改为考虑污染成本和地球资源的消耗之前是这样。①当然,在国内生产总值诞生的时候,对环境的关注在美国和其他任何地方几乎都是缺乏的。

---

① 在这方面,最近取得了一些进展,但迄今为止,国民账户体系计划没有注意到这些进展,见 Boyd and Banzhaf, 2007; Ferreira et al., 2008。

国内生产总值的第二和第三个特征应该受到计量史学家和经济史学家的特别关注。国内生产总值的诞生是为了监测发达的工业经济体，这些经济体的大部分生产来自工业和服务业。在这些部门中，有两种生产要素——劳动力(L)和资本(K)。这意味着标准增长模型从以下生产函数出发：$Y=$
$f(L,\ K)$。对这个函数的一种广泛接受的形式是柯布-道格拉斯形式： 568

$$Y=A\times L^{\alpha}\times K^{\beta} \tag{7.1}$$

特别是，当 $\alpha+\beta=1$(即，规模收益不变)

$$Y=A\times L^{\alpha}\times K^{1-\alpha} \tag{7.2}$$

在公式 7.1 和 7.2 中，α 和 β(或 $1-\alpha$)是劳动力和资本的产出弹性，在公式 7.2 中，假定完全竞争，那么 α 和 β(或 $1-\alpha$)也是他们各自的产出份额(Douglas, 1976)。A 代表全要素生产率，这是一个衡量资本和劳动力在生产中使用效率的因素：它既反映了资本中没有涉及的技术变化，也反映了由于活动从一个部门重新分配到另一个部门而在生产过程中获得的效率收益(Solow, 1957)。假设我们得到了 α 的值，或者 α 和 β 的值，且得到了劳动力的数量(工人的数量，或者更好的，工作的小时数)和资本的价值(由机器、基础设施和设备组成的有形资本存量，运输工具，非住宅建筑，住房)，国内生产总值(Y)的增长率可以分解为劳动力(L)和资本(K)增加以及两者组合改进的贡献(A)。通常 α 和 β 的历史估计是无可争议的，但即使我们没有 α 和 β 的值，这个公式也明确表明，资本深化(K)和全要素生产率的增长(A)带来了人均国内生产总值(Y/L)的增长。根据简单的方程 $Y/P=Y/L\times L/P$，每个劳动力的国内生产总值是决定人均国内生产总值的因素之一，另一个因素是劳动力在总人口中所占的百分比(L/P)。简而言之，这意味着技术进步(在更广泛的意义上)导致了人均劳动力国内生产总值和人均国内生产总值的上升。因此，在其他条件相同的情况下，国内生产总值越高的国家，技术越先进。

这些结论不一定适用于农业在总产出中占很大比例的前工业化社会。农业生产函数包括作为第三生产要素的土地。此外，与采矿业类似，国内生产总值并不将土地作为成本计算(同样，部分原因是土地创造的具体结果)：在农业中，当我们把可销售总量换算为增值时，用于表示生产农产品的土地的扩张量(figurative sum)的数字是不会减损的,就好像土地是一种取之不尽的资源。所有这些都意味着,无论是劳动力还是人均国内生产总值的增长,不仅可以归功于技术进步,还可以归功于耕地面积的扩大。反过来,这意味着在前工业化社会中,我们可以看到一些国内生产总值很高或生活水平很高的国家在技术上并不先进。它们之所以富裕,可能仅仅是因为土地和人口之间的良好关系(因为它们拥有很高的人均土地面积),但是这些土地使
569 用效率很低:每公顷国内生产总值(土地生产率)很低,但是由于它们拥有大量土地,因此人均国内生产总值相对较高。显然,在这种情况下,柯布-道格拉斯函数的标准系数是不成立的。此外,完全竞争的假设可能也是不正确的,因为至少相当大比例的前工业化社会根本不是市场经济。这些考虑使得在与我们的时代和背景截然不同的时代和背景使用国内生产总值,也就是说在工业革命之前的那些时代和背景使用国内生产总值,尤其成问题。至少,我们对这些国内生产总值数据的解释应该更加谨慎,而不仅仅是复制我们在人类历史最近阶段所假定的解释框架。由于这些限制,反过来,我将目前的研究限制在现代国内生产总值的使用上。

然而,即使如此,事情也远不简单。在这里,我们来看看国内生产总值的第三个特征,这是任何计量史学家或经济史学家(也包括任何精明的经济学家)都应该牢记在心的。如前所述,美国在 20 世纪 30 年代首次公布了国民收入的官方统计数据。直到第二次世界大战之后,它们才逐渐扩散到世界各地。在这之前,定量历史学家或应用统计学家——或者像麦迪森(Maddison, 1994)曾自称"拼图爱好者"那样——不得不充分利用几种不同的来源和假设,来重新构建他们自己的国内生产总值历史序列。①如果幸运的话,他们可以从生产、价格、劳动力和工资等数据中受益,但这些数据并不总是全面或详尽的,甚至通常无法获得。我们可以大致在 19 世纪中期画一条线。在此之前,可获得的资料来源很少,国内生产总值估计常常利用少数城市化和人口统计的数据,以及关于非农业部门所占比例的相关假设(就像麦迪森对 1820 年之前的大部分数据的估计),加上少数几个国家价格和工资的可靠数据,也许还包括一些公共收入和税收征管的信息。我们不得不

① 当然,他们可以利用收入和宏观经济估计的长期趋势,将数据追溯到 17 世纪(大纲见 Maddison, 2007:393—401)。

再次警告，不要过于随意地使用这些不稳健的数字。格雷戈里·克拉克（Clark，2009：1156）有效地将麦迪森对于1820年前的估计定义为"如同中世纪在欧洲各地兜售的遗迹一样真实"。[1]但是，对这些问题进行更深入的讨论将超出本章的范围。

19世纪中叶以后的时间，也是我们所关注的时期，历史数据更加丰富和可靠：它们通常包括完整的或几乎完整的生产系列，有时还包括延伸的价格系列，以及关于某些基准年份（官方人口普查年份）的工资和就业的可靠和非常详细的数据。至少在欧洲是这样，在启蒙运动和拿破仑战争之后的19 570
世纪，现代官僚国家取代了旧政权。对于世界上的其他国家，哪怕是殖民政府，但除非我们愿意使用间接数据（如进出口图表），往往我们也必须等到20世纪下半叶，才能得到这些国家国内生产总值的官方统计数据。

换句话说，重建国内生产总值的历史序列是个别学者个体努力的结果[2]，他们必须尽可能充分利用现有的资源。可获得的信息通常会随着国家的不同而变化，甚至在同一个国家内部，也会随着年份和经济部门的不同而变化（例如Prados de la Escosura，2016）。因此，即使在现代（国家和地区），国内生产总值序列往往也是不同方法和假设的产物，这些方法和假设对结果有重大影响。计量史学家需要了解他们所使用的国内生产总值系列背后的建构方法（和局限性）。接下来的部分旨在概述我们在处理和研究现代历史国内生产总值估算时所遇到的主要方法逻辑问题。

重构国内生产总值：方法与问题

为了能够评估国内生产总值数字的可靠性，透明度当然是一个初步条件：来源和方法必须始终得到充分的描述，理想的情况是直到结果必须可以复制为止。这可能看起来很显而易见，但实际上并非如此。例如，意大利的

① 然而，一些改进正在进行中（Bolt and van Zanden，2014）。

② 在现代，杰出的例子是范斯坦（Feinstein，1972）对英国的估计和德拉埃斯科苏拉（Prados de la Escosura，2003）对西班牙的估计。

官方国内生产总值历史系列(始于1861年)是世界上最早的尝试之一(Istat, 1957),这是一项开拓性的努力,却也因其来源和方法缺乏透明度而闻名,这无助于弥补后来的学者发现的缺陷(Federico, 2003; Fenoaltea, 2003; Felice and Carreras, 2012)。原来的系列,在它最初公布半个多世纪后,最终被一个几乎完全由经济史学家重建的新系列所取代(例如,Baffigi, 2013)。每个国家在这方面都有自己的问题,不可能对所有问题进行审查。好消息是,标准已经改变,现在科学界的一个既定规则是,国内生产总值估算必须是透明的,而且在很大程度上是可以复制的。麦迪森的代表作(Maddison, 1995, 2001, 2006)展示了大多数国家过去2000年的国内生产总值数据,也实现了这条规则:虽然他对19世纪的一些假设是有问题的——或者可能只是看上
571 去太过粗糙①——但测算的过程通常提供了其使用到的原始的和二手的参考资料;这些文献的新贡献也经常被讨论,有时还会得到适当的整合②。麦迪森项目成立于2010年③,同年麦迪森去世。该项目的目的是根据新出现的信息修正和改进麦迪森的原始数据集。第一个结果已经产生了,它们包

① 举几个例子:就瑞士而言,1820年至1951年的人均国内生产总值增长被假定等于法国和德国的平均水平(Maddison, 2006:409);就意大利而言,1820年的人均国内生产总值增长速度被假定与1861—1890年间相同,1820年的"估计"就此产生(Maddison, 1991:234; Maddison, 2006:408);但对于这个国家,请参阅马拉尼马的论著(Malanima, 2006, 2011),他2011年的成果已经被纳入了麦迪森数据库的更新版本(Bolt and van Zanden, 2014)。对阿尔巴尼亚来说,从1870—1950年的人均国内生产总值被假定与保加利亚、罗马尼亚、南斯拉夫、匈牙利(!)、捷克斯洛伐克(!)和波兰(!)的平均速度相同;但更令人担忧的是,同样的平均值也适用于1820年至1870年的整个俄罗斯帝国(原苏联范围),以及1820年至1913年的希腊(Maddison, 2006:407、469—471)。

② 例如,参见古德和马(Good and Ma, 1999)关于6个东欧国家(保加利亚、捷克斯洛伐克、匈牙利、波兰、罗马尼亚、南斯拉夫)加上奥地利的人均国内生产总值代用计量方法的审查,这些数据是使用三个指标(人均邮寄件数、粗略的出生率和非农业就业人口占总人口的份额)和倒推得到的。由于缺乏其他任何信息,只有一些国家(保加利亚、波兰、罗马尼亚)的数据被麦迪森接受了(Maddison, 2006:403—404、471—472)。要全面了解麦迪森对其以前(Maddison, 2001)估计的修正,请参阅Maddison, 2006:624。

③ 该项目包括一个由四位著名经济史学家组成的小型工作组和一个由来自世界各地22位学者组成的大型咨询委员会。项目网站参见:http://www.ggdc.net/maddison/maddison-project/home.htm。

含了大量新的统计证据和在此期间可得的历史估计(Bolt and van Zanden, 2014)①。其他学者正在研究较短时间内或以部门为重点的比较估计,产生的数据可以有效地补充和整合进麦迪森的数据。就范围和精度而言,值得引用威廉姆森(Wilianmson, 2011)“关于贫穷边缘地区工业化的项目”(Project on Industrialication in the Poor Periphery),该项目在审查和协调了若干一手和二手资料的来源之后,估计了1870—1939年以不变价格计算的东欧和南欧边缘地区(12个国家)、拉丁美洲(7个国家)、亚洲(7个国家)、中东(埃及和奥斯曼帝国)和非洲(南非),再加上三个领先国家(德国、英国和美国)的工业产出。随着这些工作的推进,可以想象在未来,我们可能能够获得可资利用的国际国内生产总值数据集,其可靠性和可比性的问题将逐步减少,甚至可能变得可以忽略不计。

然而,实现这一目标并非易事,客观地说,我们离这一目标还很遥远:信息缺乏,不仅对小国,而且对数据看起来更可靠的重要国家的研究也很匮
乏。此外,即使我们有可靠的估计数字,也不能保证这些数字在国家之间是 572
可比较的。

事实上,可比性可能是最大的挑战。至少需要认识到三个问题:一个是数量问题,另两个是关于价格的问题。然而,在这一点上,在进一步讨论细节之前,最好事先概述一下国内生产总值系列通常是如何产生的。作为一般规则,因为通常无法得到整个时期的价格数据,而只能得到某些参考年份的,因此国内生产总值系列通常按不变价格估算:以某一个年份(其中有根据当年价格计算的国内生产总值估计数)为基准年,以当年价格基准成为不变价格系列。为了做到这一点,对于部门 i 和 t 年,假设:

$$GDP^{ti}/Q^{ti}=GDP^{(t+1)i}/Q^{(t+1)i} \tag{7.3}$$

在这里,Q 是基本物理序列(elementary physical series)。换句话说,假设对于每个初等级数,相对于基准年的单位国内生产总值,国内生产总值与数量的关系,即单位国内生产总值,在整个级数的年份中都不发生变化。由公式

① 尽管文章的标题是“重新估计1820年以前的增长”,但是最近两个世纪的最新估计也包括在内。

7.3，我们得到用于产生常数（基准年）-价格估计值的公式如下：

$$GDP^{ti}=(Q^{ti}/Q^{yi})\times GDP^{yi} \tag{7.4}$$

在这里，y 是基准年停留的位置。

从这个公式可以看出，数量的问题几乎是不言而喻的。理想情况下，每个国家的基本物理序列必须在相似的分解水平上得到。这个数值应尽可能高，因为在每个国家内，物理序列应该是同质的。例如，我们不应以生产的纺织品总数来估计纺织品，相反，我们必须至少分别包括每一种主要纤维（丝、棉、毛、麻），实际上，即使在同一种主要纤维中，至少也要分解主要的生产过程（纺纱、织布）。那么，在纺织品的基础上，人们可以认为，对于每个国家来说，使用官方序列（生产和贸易）就足够了，这将产生最好的可比较的国家序列。但其他行业呢，比如对国内生产总值有着不可忽视且日益增长影响的机械行业呢？从长远来看，产品已经发生了巨大的变化；即使在单一的分部门和单一的产品（例如汽车）中，也有不同的类型，它们的价格从一种模式到另一种模式产生了很大的差别。甚至模型也会发生变化：一些模型消失了，我们发现它们被另一些模型所取代，无论是过去还是将来，都会如此。因此，在实践中，对于每一个国家，我们必须依靠不同的方法来归纳基本物理序列：不仅分解程度各有不同，而且我们也往往需要根据不同假设在同一部门或同一系列（比如原棉而不是纱棉）采取不同的代理，以覆盖未知产品（比如，衡量棉花或其他纺织品与所选代理之间的不同弹性）。即使在每个国家内部，不同时期的数据之间也可能存在可比性的问题。例如，在自由主
573 义时期，意大利工业已经达到了显著的分解程度，大约 200 个初级序列已经被归纳出来（Fenoaltea，2003）。但在两次世界大战之间的年份里，维持相同的分解水平是不可能的，当时“只有”90 个工业序列可以获得（Felice and Carreras，2012）。此外，如何将意大利与只能对主要工业部门进行估计的其他国家进行比较？

程序也有所不同，因为没有统一的规则来坚定地指导我们。一项规则可以是“尽可能地分散”，但这不可避免地催生出许多特定化的国家序列，原因是各国统计制度以及偶然获得补充资料各有不同。或者，也可以这么认为，如果我们的目标是比较各国的表现，我们应该从分解规则（它来自一种以国

家为中心的估计方法)转变为适用于多个国家的“最小公分母”方法。例如,我们可以将工业分解为几个主要部门,每个部门通过其总产量(以数量,例如吨,用价格加权)或其最重要的产品来估计。然而,即使这样也不能解决问题,因为最具代表性的产品也会因国而异,可能出现扭曲。总之,我们必须接受这样一个事实:在涵盖很长一段时间的基本序列中,获得完美的跨国可比性几乎是一种幻想。一旦接受了这种限制,我们可以更宽容地看待用于计算可用的历史国内生产总值估计数的基本序列,也就是说,不同学者可以集中于他们自己的资料来源和问题,对不同的国家构建以几十年为跨度的不同集合,而不必费心去构建一个统一的汇总方法。

但是,在处理不变价格序列时,价格的可比性甚至可能是一个更严重的问题。在选择基本价格数据时,我们或多或少会遇到上文简要讨论的有关物理序列的问题(尽管这些问题通常受到的限制来自几个基准的使用而不是来自长序列的使用)。然而,由于相对价格随时间变化的方式,还存在着进一步的严重扭曲。从公式 7.4 可以看出,事实上对于部门 $i(=1 \cdots n)$的产品来说,国内生产总值(GDP^{N})如下:

$$GDP^{tN} = \sum_{i=1}^{n}\left(\frac{Q^{ti}}{Q^{yi}}\right)\times GDP^{yi} \tag{7.5}$$

在公式 7.5 中,我们可以看到,对于每一个物理序列,都指定了一个国内生产总值权重,它随着时间的推移是不变的,与基准年单一产品的国内生产总值权重相对应:这取决于基准年的单一国内生产总值和生产数量。正如费诺阿尔泰亚(Fenoaltea, 2010:91)有效地指出的,这样一个大胆的假设“已经完成……虽然问心有愧,但有良好的先例:同样受到限制的各种各样的学 574
者,都做了同样的事”。简而言之,公式 7.5 是一个 Laspeyres 数量指数,它使用一个基准(固定)年的国内生产总值权重将组成数转换为可比值,同时对他们进行加权。实际上,大部分可用的国内生产总值序列都是 Laspeyres 数量指数。①当然,单一国内生产总值是使用当年价格体系的结果,即单一产品与其他产品相比的相对价格。问题在于,相对价格(以及单位国内生产总

① 对 Laspeyres 数量指数及其性质以及时间序列中使用的其他主要指数的详细讨论,参见 Feinstein and Thomas, 2002:507—525。

值)不会随着时间的推移而保持不变。众所周知,无论是在需求侧还是在供给侧,价格和数量通常呈现负相关,特别是在技术进步的情况下,这种情况降低了单位生产成本。事实上,在几十年的过程中,由于技术进步,一些部门和产品(例如,19 世纪末到 20 世纪之间西方的化学品和机械)比其他部门和产品增长得更快。因此,早期加权价格序列,即那些基于时间较早的价格系统的数据序列(如 1870—1913 年国内生产总值序列中 1870 年的数据)赋予增长较快的部门更高的权重(其数量增加而相对价格下降),因此,从长远来看,这些部门增长更快。出于同样的原因,后期加权指数(比如 1913 年的价格序列)增长较少。这种现象被称为"格申克伦效应"(Gerschenkron effect),因为二战后不久,亚历山大·格申克伦在分析苏联工业生产指数时推断了这种现象。今天,它也被简单地称为"指数问题"(Feinstein and Thomas, 2002:513)。

当然,两次世界大战之间的苏联是重工业部门加速增长的一个极端例子,因此"格申克伦效应"造成的扭曲是根本性的。然而,值得强调的是,在现代化步伐较慢的国家,指数问题也很严重。例如,1911 年至 1951 年,意大利在经合组织国家中排名大约处于中间位置。[①]对于意大利来说,现在有三个不同价格基础的工业生产指数,它们都是由同一基本物理序列组成的(只有单一国内生产总值中的相对权重,即 1911 年、1938 年或 1951 年的变化)。从 1911 年到 1951 年,1911 年的工业增加值价格指数增加了三倍以上,从 100 增加到 362;1938 年的价格指数从 100 增加到 264;1951 年的价格指数增加了一倍,从 100 增加到 210(Felice and Carreras, 2012:447)。显然,在进行国际比较时,不能忽视这种严重的扭曲。如果在同一序列(即用相同的方法和代理构成的序列)中发现很大差异,而这些差异只是在其基准年中有所不同,那么在比较属于不同国家的不同序列时,最低要求是其基准年相同或至少相对接近。

575 尽管如此,这样的情况很少。事实上,麦迪森的国内生产总值估算包含了大量不同的价格基础,并结合了各个国家的国民核算体系和不同学者的

① 从意大利统一(1861 年)到 2011 年,意大利与世界其他国家国内生产总值的最新国际比较以十年为单位的数据,见 Felice and Vecchi, 2013:28。

研究成果。即使对麦迪森报告中为编制不变价格国内生产总值序列而使用的价格基础作一个简单的审查，就能发现令人不安的结论：奥地利，1913年（1851—1913年序列）和1937年（1913—1950年序列）；比利时，1913年（1913—1950年序列）；丹麦，1929年（1820—1947年序列）；法国，1870年（1820—1870年序列）；葡萄牙，1910年（1851—1910年序列）；瑞士，1913年（1913—1950年序列）；澳大利亚，1910/1911年（1861—1938/1939年序列）；美国，1929年（1890—1929年序列）和1987年（1929—1950年序列）；苏联，1913年（1870—1928年序列）和1937年（1928—1950年序列）。这是一个不完整的列表（Maddison, 2006：403—409、450—457、471）①。这意味着，例如，1913—1951年，瑞士与奥地利几乎没有可比性，比利时与丹麦、苏联和美国等也是如此。

值得注意的是，“格申克伦效应”不仅对国际比较产生扭曲，而且对同一国家内部部门间比较也产生扭曲：按不变价格计算的一系列国内生产总值部门份额往往与基准年份的份额非常接近，原因显而易见（只是数量不同）。如果我们能够像今天这样按照该序列中每一年的当前价格估计国内生产总值，那么这两种扭曲（国家之间和国家内部之间的扭曲）就不会出现。为了得到“实际”国内生产总值数据，可以使用单一的通用平减指数而不是使用公式7.5的那种特定部门的平减指数，例如工资（Fenoaltea, 1976）。这样，我们就可以得到不变价格序列，这种序列对基准年的国内生产总值没有构成偏见，并且可以在国家之间进行比较。然而，这一过程对数据的要求过高，最终也可能被证明是一种幻想，不仅仅是因为选择平减体系并非没有争议（例如，工资将忽略用于资本收益的国内生产总值份额，而消费者价格指数将忽略投资商品的价格）。我们可以合理地为每个国家估计尽可能多的当前价格基准年。由此，可以创建短期的不变价格序列。最后，通过链指数将较短的序列连接起来，从而产生一个长期的不变价格序列：理想情况下，每年都可以创建一个链指数（一个Divisia指数）。或者，可以编制Fisher理想指数：根据公式，可以通过几何平均数将年初和年末的指数合并起来，权

① 为了进一步了解详情和更多国家，必须参考麦迪森的前一版本（Maddison, 1995：126—139）和作者引用的国别资料来源。

重与序列年份和价格基础之间的距离成反比：

$$y_{i\, ini_{\min} prices}^{\frac{i_{\max}-i}{i_{\max}-i_{\min}}} \times y_{i\, ini_{\max} prices}^{\frac{i-i_{\min}}{i_{\max}-i_{\min}}} \tag{7.6}$$

576 在这里，i 是序列 y 的年份，$i_{\min}$ 是早期的基准年份，$i_{\max}$ 是后期的基准年份。①

在比较国际国内生产总值序列时会遇到的第三个问题与购买力平价(PPP)有关，这根本不是一个小问题(事实上，它可能比格申克伦效应更容易识别)。为了实现不仅要比较收入和生产，还要比较生活水平的宏伟目标，麦迪森将所有的国家估算数据全部换算成 1990 年以国际元衡量的吉尔里-哈米斯(Geary-Khamis)购买力平价。不用说，任何购买力转换率都不同于官方汇率，因为它考虑到了生活成本的差异。程序很简单：(1)将本国货币不变价格表示的每一国家国内生产总值序列转换成一个指数；(2)与此同时，以 1990 年为基准年，将以本国货币和现行价格表示的各国国内总产值，用吉尔里-哈米斯购买力平价平减指数换算成 1990 年国际元②；(3)根据(1)中的指数，编制一个以 1990 年国际元计算的吉尔里-哈米斯购买力平价的新的国家序列。利用该方法，可以在不改变各国家序列增长率的情况下，将所有序列转换为一个可比较的计量单位。为了估计购买力平价转换率，可以使用不同的多边措施(方法)，但必须承认，吉尔里-哈米斯法是一个合适的方法，因为它分别根据每个国家的国内生产总值的大小给每个国家分配一个权重，并将美国视为最重要的经济体(例如，1990 年吉尔里-哈米斯美元与

① 关于 Divisia 和 Fisher 理想指数的应用，参考英格兰的 Crafts，1985、西班牙的 Prados de la Escosura，2003(Fisher 理想指数)和意大利的 Felice and Carreras，2012(Fisher 理想指数)。在普拉多斯·德拉埃斯科苏拉的著作(Prados de la Escosura，2003：46—47)中，也可以找到 Paasche 指数的应用：Paasche 指数(它使用一组变化的价格对数量进行估计)用于编制价格序列，然后结合 Laspeyres 数量指数，以当前价格估计国内生产总值。

② 大多数国家的吉尔里-哈米斯购买力转换器可参见麦迪森著作(Maddison，2006)，第 189 页(经合组织国家)、第 190 页(东欧 5 个国家和苏联)、第 199 页(拉丁美洲国家)、第 219—220 页(亚洲国家)、第 228 页(非洲国家)。只有经合组织国家、东欧国家、苏联、日本和中国的参考年份一直是 1990 年，其他国家的参考年份则在 1975 年至 1993 年之间变动。

1990 年美国的美元具有相同的购买力)①,然而,当然,国家权重和购买力差异都是 1990 年测量的。事实上,麦迪森的整个宏伟的大厦是以 1990 年的情况为基础的,就像货币的相对购买力(国内和国际)是固定的,而不是随着时间的推移而改变的,特别是从长远来看,因为支配价格变动的基本力量(即国内及国际商品和服务的流动)以及用于构建购买力平价的一篮子货物
和服务都在变化。如果我们进一步推断,这个问题会变得更加严重,从而使 577
我们的结果与基准年出现偏差。正如普拉多斯·德拉埃斯科苏拉(Prados de la Escosura, 2007:18)所写:

> 随着时间的推移,产出、消费和相对价格的构成都发生了变化,基于遥远的购买力平价来比较人均实际产品的经济意义变得非常令人怀疑。因此,使用单一的购买力平价基准来进行长期比较意味着一种几乎不现实的假设,即随着时间的推移,相对价格不会发生变化(因此也不会发生技术变化)。

即使在四十年的时间里,使用基准时间距离的扭曲程度也很大,“超过 5%,而且往往更高,同时显示出很高的离散度”(Prados de la Escosura, 2000:4)。由于这些原因,在不同的时间点,至少在主要的历史时期之后,使用一些购买力平价转换器是可取的;但是,构建购买力平价转换器从时间和资源角度看是一项高度苛刻的任务(Ahmad, 1988),从可行性(和可靠性)角度看,也因第二次世界大战之前数据匮乏而受到影响。由于缺乏长期可靠的购买力平价转换器,实际上由贝罗奇(Bairoch, 1976)开创的麦迪森方法仍然有一个可行的替代方案,尽管可能不是最佳方案。例如,有人认为,根据长期购买力平价计算比较实际产品所造成的扭曲可能大于使用当前名义汇率所造成的扭曲(Eichengreen, 1986),因此,即使是使用简单的汇率,也可能

① 其他方法或者给予所有国家同样的权重(如欧洲统计局出于政治原因使用的 EKS 系统),或者使用一种基于减少信息的快捷方法(例如联合国西亚经济社会委员会使用的西亚 8 个国家的计量单位),再或者用不同的美元计量单位(例如联合国亚太社会委员会使用的 14 个东亚国家的计量单位,以港元为参考),参见 Maddison, 2006:172。

成为更实际的捷径。

然而,确实有一个更好的捷径,它基于一个合理的假设,即一个国家与世界其他地区之间的价格水平根据一些基本的经济特征(例如国际贸易、收入或人口所占的比例)而变动。通过进一步发展最初由克拉维斯等人(Kravis et al., 1978)提出的方法,普拉多斯·德拉埃斯科苏拉(Prados de la Escosura, 2000)通过面板回归测算出了23个国家的8个可用购买力平价基准(1950—1990年间)的一些变量。因此,他首先提出了每个国家的价格水平(定义为购买力平价和汇率之间的比率)与其人均名义国内生产总值之间的结构性关系(y,因变量),以及人均名义国内生产总值和一组额外的解释变量(商品出口和进口占国内生产总值的比率、人口、面积、用来表明如果一个国家的名义收入只有美国一半或更少的外围虚拟变量),以及其他解释变量($x_{1,2,3,4}$和其他独立虚拟变量)[①]。然后第二步,将估计参数应用于同一国家过去记录(如果有的话)的独立变量,普拉多斯·德拉埃斯科苏拉可以计算1820—1938年的其他购买力平价基准(以及1990年以前未发现的一些国家),然后提出按当前历史购买力平价计算实际人均国内总产值的比
578 较。作者意识到他的方法的局限性,即"即使对于同一个国家集团",也是基于"将来自西方发达经济体过去50年的结构性关系应用到更早的历史背景中"的思路(Prados de la Escosura, 2000:19)。然而,与麦迪森方法相比,潜在的错误是微不足道的[②]。麦迪森方法在没有任何调整的情况下逆向推算购买力平价;在普拉多斯·德拉埃斯科苏拉的方法中,我们依然采取逆向推算,但是基于经验检验的关系对潜在的经济结构变化进行了调整。迄今为止,普拉多斯·德拉埃斯科苏拉的方法只适用于只有少数几个国家。这可能是麦迪森的数据能够继续得到如此广泛使用的主要原因,甚至在顶尖经

---

① 这篇文章还提供了有关这些问题和不同快捷方法的文献的卓越的讨论。

② 结果证实了这一点。举几个例子:根据麦迪森的数据,1860年希腊人均国内生产总值比法国高(0.855 vs. 0.850),而根据普拉多斯·德拉埃斯科苏拉的数据,1860年、1870年和1880年法国的人均国内生产总值要比希腊高得多(0.821 vs. 0.405)。根据麦迪森的数据,奥地利(在第一次世界大战前)要高于法国、德国和加拿大,而根据普拉多斯·德拉埃斯科苏拉的数据,更有可能的是,它将低于这些国家(Prados de la Escosura, 2000:24—25)。

济学期刊上发表的论文中也是如此：尽管它们并不可靠，但它们是许多国家（或者在许多情况下，那些更容易获得的国家）唯一可以使用的长期国内生产总值序列。虽问心有愧，但已有先例。为了净化我们的良心，或者让他们感到更加内疚，我们需要警惕这种习惯。

合流还是分流？测量与模型

如果我们有相对可靠的估计，那么我们就可以研究现代的国内生产总值增长模式。国家是否会随着时间的推移而趋于一致？有许多方法可用于测量收敛性，也有各种基础理论可用于解释结果。基于时间序列的方法使我们能够发现趋势周期的差异，并确定具体国家的断裂点。不幸的是，它们需要更多的数据：任何用户都应该经常审视这样一个事实，即当前的序列不是某种外推法或插值法的结果，而通常是历史估计的结果。横断面分析使我们能够在只估算几个基准（可能是按当前价格计算的基准）的情况下测度收敛性，因此可能导致更具吸引力的长期比较。当然，它们只考虑趋势，因此可能会错过两个基准之间的相关信息。

收敛的两个概念（Barro and Sala-i-Martin, 1991）被普遍接受，并在基准数据中使用最多——尤其是第二个。σ收敛是衡量不同国家人均国内生产总值差异的一种尺度。σ这一前缀来自标准偏差，用来对其进行量化。图 7.1 给出了简单的σ收敛检验。这组图显示了从 1880 年至 1990 年 20 个国家按选定基准计算的实际人均国内总产值对数的标准差；基于麦迪森法（上图）和普拉多斯·德拉埃斯科苏拉的方法（下图）对至少 20 个不变国家的估计。①

① 这些国家是阿根廷、澳大利亚、奥地利、比利时、加拿大、丹麦、芬兰、法国、德国、希腊、意大利、日本、荷兰、新西兰、挪威、葡萄牙、西班牙、瑞典、英国和美国。基准年是 1880 年、1890 年、1900 年、1913 年、1929 年、1939 年、1950 年、1960 年、1975 年、1980 年、1985 年和 1990 年。人均国内生产总值是以 1990 年国际元表示的，但是在普拉多斯·德拉埃斯科苏拉的方法下，这些数字与它们当前的价格购买力平价得到了重新调整（Prados de la Escosura, 2000：24—31）。

579

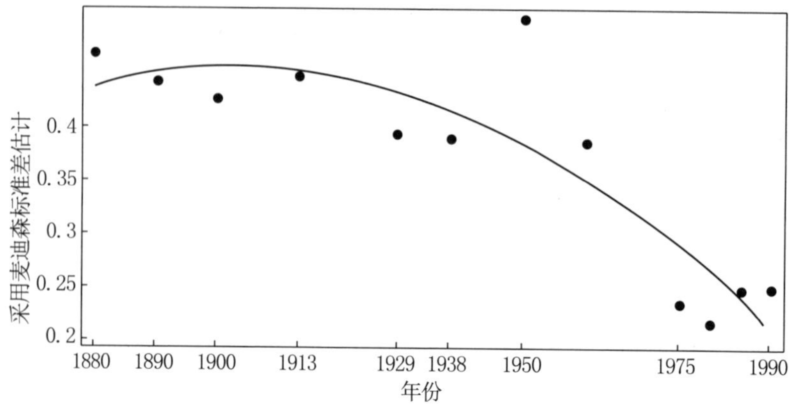

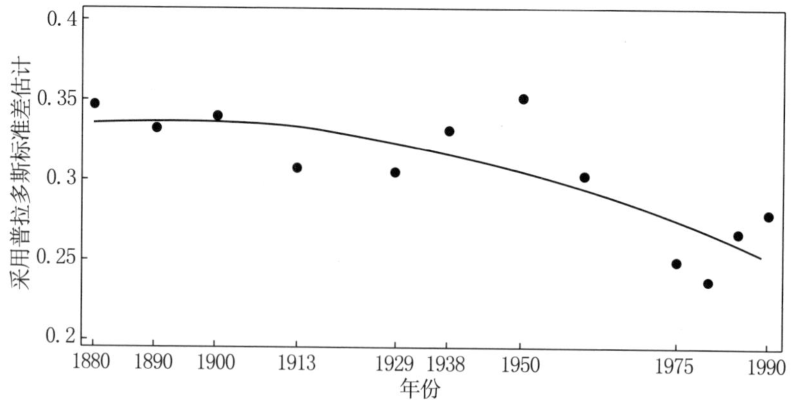

图 7.1　按不同国内生产总值估算法下的 1880—1990 年的 σ 收敛值

580　可以看出，结果会有很大的不同。对于同样的国家，使用麦迪森的估计比使用普拉多斯·德拉埃斯科苏拉的估计的 σ-收敛性要强得多。考虑到名义国内生产总值的差异和购买力平价的差异通常是正相关的，这样的结果并不令人意外。这两位研究者都记录了人均国内生产总值的趋同，这意味着该变量在后期的差异会更低；正是由于这个原因，当重新调整后，麦迪森关于购买力平价的差异（1990 年的），也可能低于真实的（历史的）差异（比如 19 世纪的）。后者是由普拉多斯·德拉埃斯科苏拉估计和使用的数据，采用了早期购买力平价的较高差异。这意味着，在早期，贫穷国家的生活成本比麦迪森设想的要低，因此贫穷国家当时的实际国内生产总值应该更高；因此，它们的收敛程度降低了。①然而，同样值得注意的是，这两位研究者得出了类似的趋势：大部分的收敛发生在 1950 年至 1975 年，但之后就停止了，甚至发生了逆转。

贫穷国家比富裕国家增长更快，这一事实通常被认为是减少分散的先决条件。从技术上讲，这被称为 β 收敛，它可以是有条件的，也可以是无条件的。这里的前缀来自用于度量它的回归模型的系数（公式 7.8）。β 收敛可以通过回归人均收入增长率与其初始水平来检验；如果存在负相关关系，则人均国内生产总值较高的国家增长速度较慢。然而，值得注意的是，当我们发现了无条件（或绝对）β 收敛时，我们不一定也能发现 σ 收敛。例如，一个国家的初始国内生产总值可能会从 0.6 到 1.6（平均值为 1），这意味着 β 收敛，但也意味着分散性（σ 发散）的增加。反之就不成立了，也就是说，如果我们发现 σ 收敛，我们就总会发现 β 收敛。如果一个国家的初始国内生产总值从 1.6 到 0.6，我们可以同时得到 σ 收敛和 β 收敛。对于图 7.1 所示的相同国家，图 7.2 检验了 β 收敛，图 7.2 将 1880 年至 1990 年的实际人均国内生产总值增长率按初始收入的对数回归。

正如预期的那样，麦迪森方法的 β 收敛比普拉多斯・德拉埃斯科苏拉方法更强：在前者，R^2 要高得多，因此标准化的 β 系数也更高（−0.738，而后者是−0.869）。图 7.2 还提供了个别国家的相对表现的信息，即考虑到初始收

581

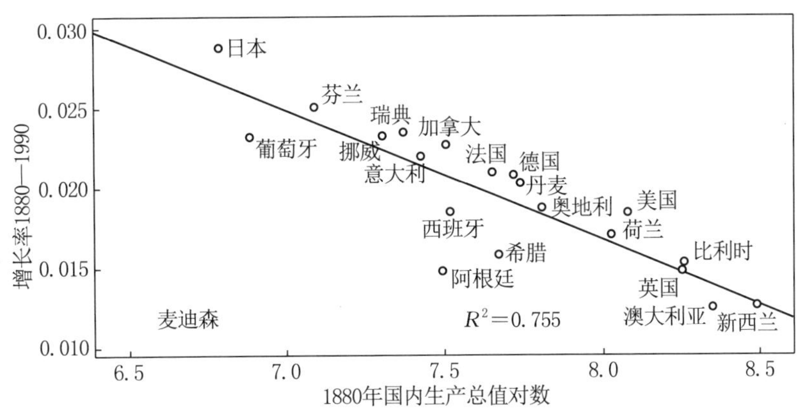

① 需要提醒大家的是，所有这些数据都是用对数表示的。按绝对值计算，麦迪森和普拉多斯・德拉埃斯科苏拉估计的实际人均国内生产总值的标准差都增加了，普拉多斯・德拉埃斯科苏拉增加的更多。

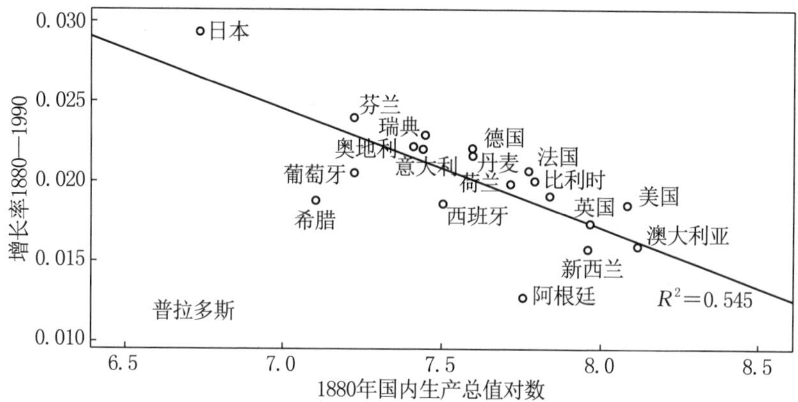

资料来源和注释：见正文。

图 7.2　1880—1990 年按不同国内生产总值估算的人均国内生产总值的收敛情况

入，增长高于平均水平的国家和增长低于平均水平的国家；前者位于拟合线之上，而后者位于拟合线之下。例如，在这两种情况下，阿根廷的表现都令人失望，而日本是大赢家。整个欧洲北部边缘地区（瑞典、芬兰、挪威、丹麦）的经济增长一直都高于平均水平，使其如今已不再是边缘地带。相反，欧洲南部边缘国家（葡萄牙、西班牙、希腊），除了意大利，都低于平均水平。

582 为什么有些国家比其他国家更加收敛？经济学理论中充满了用来解释现象的复杂模型。在几页纸的篇幅内，我们不可能全面地回顾所有的内容，但是我们可以提供一些最重要的（也是最受欢迎的）内容。条件收敛和无条件收敛都可以很容易地融入新古典主义方法。这基于资本报酬递减，或者换句话说，储蓄曲线向下倾斜的假设。根据索洛（Solow，1956）和斯旺（Swan，1956）的观点，在一个封闭的经济中，储蓄等于投资，资本存量的增长率将是：

$$\gamma_k = s^* Af(k)/k - (\delta + n) \tag{7.7}$$

其中，s 是不变储蓄率，从 0 到 1；k 是人均资本存量；$Af(k)$ 是人均生产函数，δ 是资本存量的贬值率，n 是人口增长的外生率。因此，$\delta+n$ 是一条水平的折旧曲线，$s^* Af(k)/k$ 是一条向下倾斜的储蓄曲线。收敛的观点认为，由于资本报酬递减，当资本存量较小时，资本存量的每一次增加都会产生更好的回报。当然，资本存量通过生产率决定人均国内生产总值或收入。因此，在资本较少的国家或地区，即收入较少的国家或地区，产出和收入应该增长更快。然而，值得强调的是，为了满足这个条件，新古典主义模型需要很多附加条件：最重要的是，所有国家必须拥有类似的技术（从广义上考虑，包括税收、产权和其他制度因素）以及类似的储蓄率和人口增长率。这些假设在长期的跨国比较中根本不现实。这本身并不是一个问题，只要我们总是提醒自己按照应然的方式使用模型：不是作为一个待证实的理论，而是把它们作为一种有助于以简化的方式描述事实的分析工具。换句话说，我们必须时刻提醒自己，理论是由事实而不是模型来证实的，而使用模型的目标恰恰是为我们勾勒出最相关事实的轮廓。

按照巴罗（Barro，1991）的理论，使用生产函数的柯布-道格拉斯形式，跨国增长回归可以表示为：

$$\gamma_i = \beta \log y_{i,0} + \psi X_i + \pi Z_i + \varepsilon_i \tag{7.8}$$

其中，γ_i 是国家 i 的增长率，$y_{i,0}$是其人均国内生产总值的初始水平，X_i 代表除了初始收入水平之外由索洛模型包含的其他增长决定因素，Z_i 代表那些未被索洛模型考虑的决定因素。

我们会得到无条件的 β 收敛，当

$$\gamma_i = \beta \log y_{i,0} + \varepsilon_i \tag{7.9}$$

其中，系数 β 为负。

否则，我们就无法得到无条件收敛。然而，如果在公式 7.8 中加入其他 583
变量，β 系数变为负，我们仍然可以得到有条件收敛（Barro and Sala-i-Martin，1992）。有条件收敛背后的基本思想是，人均收入的差异并不是永久性的，而仅仅是因为跨国结构的异质性，也就是说，这个模型不能满足附带条件。这可能是由不同的资源禀赋、制度、移民率，以及人力和社会资本的差异等原因造成的。在增长回归中，所有这些因素都可以归结为一个条件变量，要么是来自在索洛模型变量组 X_i（即人力资本、制度或社会资本，如果我们从广义上考虑技术的话），要么是来自索洛模型之外的 Z_i 变量组（例如气候，通常这些变量在文献中并不常见，但却跨越了一系列令人印象深刻的类别）。一旦我们检查了结构异质性的影响，仍然可以有收敛；但是，这并不会收敛到单一的共同稳定状态，而是每个国家在其自身的条件变量下趋同于

其自己的稳定状态（即有条件收敛）。它被称为收敛，但实际上这个模型并不能衡量地区或国家之间的收敛程度，因为不同的地区或国家可能有不同的稳定状态。

这个框架的一个主要问题是回归变量可能存在多样性，因为可以运行的条件变量实际上有无数个。杜尔劳夫等人（Durlauf et al.，2005）（在近300篇文献中）归纳出大约150个用于增长回归的自变量以及大约100个工具变量。简而言之，可能的回归因子数超过了案例数，因此“使全包含的回归在计算上变得不可能”（Sala-i-Martin et al.，2004：814）。多重性问题的一个原因可能在于柯布-道格拉斯函数在分析和理论上的局限性，该函数只有在存在大量假设的情况下才有效，并且只在有限的情况下能得到验证（如两次世界大战之间的美国）。解决多重性问题有两种方法：一种是利用来自定性研究和案例研究的信息，而另一种选择是诉诸计量经济学，以便自动筛选无关的回归因子。贝叶斯模型为每个回归因子附加概率，是第二种方法中对多重性问题的安全答案。其中，经典估计贝叶斯平均（BACE）模型利用经典的普通最小二乘（OLS）估计，可能是最吸引人的方法。然而，这一模型的结果远不能令人信服。迄今为止，萨拉-伊-马丁等人（Sala-i-Martin et al.，2004）进行的研究可能是最全面的，他们提出了一种经典估计贝叶斯平均方法，以便对跨国回归中的67个解释变量进行排序，其中一些发现看起来是合理的：例如，他们发现小学入学率是1960—1990年国内生产总值增长率的第二大解释变量。然而，其他的却不是如此。根据他们的模型，最显著的解释变量对东亚国家而言是虚拟变量。只有当我们认识到这些回归表明了一种简单的相关性时，这个结果才能被接受；但如果我们要寻找一个解释（即因
584 果关系），这个模型就会告诉我们，韩国的增长是因为……它是韩国。经典估计贝叶斯平均模型的结果存在更多的问题。例如，社会主义这一虚拟变量与（负）增长不相关。由于作者并没有注意到东亚虚拟变量存在重复设置的问题，故而他们在社会主义虚拟变量下讨论了没有说服力的结论，并明确指出，“可能是因为其他变量捕捉到了大部分的政治或经济的不稳定，如投资商铺的相对价格、实际汇率的扭曲、经济开放的时间，以及预期寿命或区域虚拟变量”（Sala-i-Martin et al.，2004：829）。然而，这些变量的最终决定因素，以及这些国家的特殊政治和经济特征，是社会主义制度和相关的经济

制度：这个计量经济学模型隐藏这些证据可能导致对历史和经济增长决定因素的扭曲解释。举出这些例子是为了说明，第一种方法不容忽视，而且往往是可取的。历史知识、对案例研究的敏感性以及具体国家的特点应当成为帮助研究者在条件变量中作出选择的指南针，并应被视为任何计量经济学分析不可或缺的一部分。

由于初始条件决定了长期不同的结果，有些国家仍然有可能不收敛，即假设资本收益不会减少，如生产函数不是柯布-道格拉斯形式。用一种简单的线性技术 AK 代替新古典技术 $Af(k)$，将公式 7.7 转化为：

$$\gamma_k = s^* A - (\delta + n) \tag{7.10}$$

其中，储蓄曲线不再向下倾斜，而是一条水平线，就像折旧曲线一样。因此，即使在所有其他条件相同的情况下，两个具有不同初始资本存量的经济体也不会收敛。如果技术或其他参数也存在差异，这些经济体仍可能趋同，但实际上它们也可能进一步分化。如果 A 或 s 在较贫穷的经济体中系统性地更高，或折旧曲线系统性地更低，又或者模型中未包括的其他增长决定因素系统性地较高，那么它们将会收敛；然而，引用萨拉·伊·马丁（Sala-i-Martin, 1996：1344）的话：“没有一个先验的理由来解释为什么会出现这种情况。”相反，有证据表明，储蓄曲线甚至不是水平的，而是向上倾斜的。例如，由于规模经济的原因，资本回报率增长在解释美国在 19 世纪下半叶的崛起或中国在近几十年的崛起中经常受到质疑。

随着资本回报递增假说的提出，我们进入了累积方法的领域。在默达尔（Myrdal, 1957）之后，采用这种方法的学者声称增长是一个空间累积的过程，需要最低限度的资源才能开始，因此可能确实会增加跨国差异。其中值得一提的是内生增长模型（Romer, 1986），它仍然可以被视为新古典主义方法的衍生，并将经济增长与人力资本水平联系起来。同样重要的是新经济 585
地理学（NEG）（Krugman, 1991），其中的关键决定因素要么是集聚（分散）的经济效应，要么是拥挤（收敛）的成本，因此市场的规模起着核心作用。

在实践中，要区分内生增长模型的收益递增与传统（外生）新古典模型附带条件的缺失并不容易。当不存在收敛性时，断定传统的新古典模型是否在满足一定条件的情况下仍然有效，还是应该认为积累内生增长模型更为合适,或许也是不容易的。此外,在历史分析中,关键的数据,如资本估计,往往是缺乏或不可靠的。况且,收益递增模型可以很容易地扩展到预测收敛的用途,如公式 7.10,通过将储蓄率内生化,并假设储蓄率会随着资本水平的提高而下降(Sala-i-Martin, 1996)。这样的假设并非毫无道理:再想想中国和美国的相反情况(后者资本更高,但储蓄率更低)。因此,在收敛的情况下,一个基于收益递增的统一长期生产函数仍然可能是合理的。另一方面,一些条件变量,如人力(甚至社会)资本存量,也可以被视为外生增长模型中的初始条件,如将 K 分解为物质资本和人力资本(Mankiw et al., 1992)。

有别于新经济地理学的方法和两种新古典经济学的方法,可能是一种更有成效的方法。事实上,就影响力而言,这也是更有吸引力的。一般来说,新经济地理模型侧重于需求面,认为造成人均国内生产总值差异的原因在于规模经济导致的"部门内"生产率差异。另外两种模型,包括外生增长模型和内生增长模型,都是建立在供给面的,即要素禀赋失衡的基础上。收敛应当指的是"产业组合"效应,即各个经济部门之间劳动力分配的差异,通过简单的代数计算,将人均国内生产总值分解为人均劳动力国内生产总值(生产率)和人均劳动力(就业率)之间的乘积,然后依次将生产率增长分解为"部门内"生产率和"产业组合"效应,可以为我们提供一个(近似的)答案。这在解释方面是很有吸引力的,因为按理说,新经济地理学可以用超出人类控制的力量(位置、人口密度和影响运输成本的基础设施,尽管他们至少有一部分是人类决策的结果)来解释增长,其比例大于外生或内生的新古典增长,后者通常包括人类资本、社会资本或文化,以及作为条件变量的制度。采用这种解释必须尤为谨慎,因为结果的很大一部分可能不仅取决于估计数的可靠性,而且取决于部门分解的程度:单一工业生产之间可能存在部门内生产率的差异,但在总水平上却不明显。

586 除了这些实践上的困难,这三种方法似乎都有理论上的局限性。虽然从分化到收敛的转变通常是允许并且被广泛接受的,但经济学文献大多忽略了未来命运逆转的可能性,即分化之后再次出现收敛。这是所有三种模型的共同之处:由于条件外生变量或者内生的要素禀赋差异,或者是规模经济,可能一开始就存在分化,但在某一点之后开始收敛。由于条件变量的差异已经被消除，要素禀赋已经趋同，或者拥挤成本已经超过了规模经济。一旦进程开始，就应该继续下去，直到实现收敛。罗伯特·卢卡斯（Lucas，2000）的一篇著名论文可以作为这种思维框架的范例。卢卡斯认为，一个国家迟早会开始工业发展，然后走向收敛。问题只是确定什么时候开始，而不是是否会开始。然而，一旦一个地区开始经济增长，（从长期来看）收敛的过程就不可能逆转。然而，这个论点在多大程度上站得住脚呢？许多例子表明，收敛可能会被阻止，甚至被推翻。以过去 20 年里西欧和日本（向美国靠拢）或近年来南欧（向北欧靠拢）为例。理论模型不充分的原因可以用这样一个事实来解释：最广义的意义上说，它们都是静态的，因为它们都基于一个单一的生产函数，而这个生产函数被认为在整个分析期间都是有效的。然而，实际上——特别是长期的——生产函数的形式可能随着诸如技术进步而改变。以人力资本为例。在工业革命的初期阶段，初等教育无疑是经济增长的一个基本要素，而高等教育在后来的阶段可能起到了重要作用。其他的条件变量也可能发生变化：自然资源在第一次工业革命中可能仍然很重要，正如 19 世纪欧洲工业的地理分布所证明的那样。然而，社会资本在当前的后福特时代可能变得更加重要，因为它有助于减少众多小公司之间的交易成本。一些机构（即权力机构）可能在早期阶段能够有效地促进增长，但在更高级的阶段则不然。一般来说，动态经济学似乎比静态经济学能更好地与历史协调一致，因为历史本质上也是动态的。但在对国内生产总值收敛性的长期分析中，研究者很少或根本没有使用动态模型。

更进一步：从国家到地区的估计（和模型）

近年来，国内生产总值的重建已从国家层面扩展到地区和省级层面。在这些情况下，国民核算中存在的问题在此同样适用，而由于缺乏国家以下一级的数据，方法上的问题（和差异）往往更加严重。目前研究者已经提出了一个共同的方法逻辑框架，并将其应用于欧洲可比较的地区国内生产总值
数据（Rosés and Wolf，2014）。该方法阐述了最初由吉尔里和斯塔克（Geary 587
and Stark，2002）提出的一个观点：在部门层面，甚至是次部门层面，全国的

国民生产总值会按地区就业分配;然后,通过地区名义工资对初步结果进行修正,地区名义工资应该能近似反映人均劳动力生产率的差异;那么,为了得到实际国内生产总值估计数,名义数据最终应该根据生活成本的差异进行调整。这个过程是基于这样一个假设:资本收益是按劳动收入分配的,也就是说,资本和劳动之间的替代弹性等于1。而且,部门分解程度越高,该方法越有效。基于前几节所揭示的原因(即格申克伦效应),国家的国内生产总值应该以当前价格而不是不变价格分配。另一个问题是,关于二战前地区就业的详细数据只能从官方人口普查中获得,而官方人口普查通常每10年进行一次。因此,区域国内生产总值序列的生成几乎是不可能的。即便如此,对一些重要部门来说,人口普查数据仍可能会产生误导。例如,农业生产每年都可能有很大的变化,特别是在地方一级,而官方劳动力数据没有显著变化。至少在初级部门,直接估计数(尽管在次国家一级也不是不可能找到)应该是可取的。①

分析工具也类似于前一节简要介绍的那些,只有一些不同之处。首先,在次国家一级,基于基准的估计方法事实上是唯一可用的方法,至少在国际比较中是这样。由于第二次世界大战以前各时期的次国家国内生产总值序列往往是插值的产物②,除了部门一级的一些可能例外③,时间序列计量经济学应该避免。其次,当我们测量 σ 收敛时,它可能对于为区域与人口加权非常有用。④只要我们有兴趣讨论国家经济政策的落实情况,我们就可以把不同国家的权重视为相同(因此对每个国家政策给予同样的重视),同时,给

---

① 参见费德里科(Federico, 2003)对意大利的研究。

② 例如,参见达尼埃莱和马拉尼马(Daniele and Malanima, 2007)估算的意大利地区序列,该序列是通过现有的区域基准,对农业、工业和服务业的国家周期进行插值而得出的。

③ 例如,自由时代意大利的工业生产(1861—1913年)(例如,Ciccarelli and Fenoaltea, 2009, 2014)。事实上,时间序列技术已经被应用于自由时代的意大利地区建设活动(Ciccarelli et al., 2010)。然而,即使在这种情况下,必须指出的是,尽管奇卡雷利和费诺阿尔泰亚从1861年到1913年的地区序列确实非常准确,但它们是按1911年的不变价格估算的,因此在最初几年的地区间比较中可能存在扭曲。

④ 从Williamson指数(Williamson, 1965)到Theil指数(Theil, 1967),不同的人口加权标准差方法都是可用的。

予一个国家内不同地区以不同的实际权重(从而测量国家政策范围内的总体收入分散情况)。

此外,我们可以使用国家间比较模型的扩展来比较各地区,只需要一些 588
限制条件。从新古典主义的角度来看,国家内部寻求收敛点的过程应该被简化,因为通常在共同的宏观经济和制度背景下,结构异质性所发挥的作用微不足道。事实上,新古典主义学者对地区收敛的看法往往比对国家收敛的看法更为乐观。例如,萨拉-伊-马丁(Sala-i-Martin, 1996)利用索洛-斯旺增长模型研究了五大欧洲国家(德国、英国、法国、意大利、西班牙)和加拿大、日本、美国(大部分是在1950—1990年期间[1])的无条件β收敛,发现了类似的收敛速度,每年约为2%。当然,情况并非总是如此:一方面有时候结构异质性很难克服,即使在一个国家内部也是如此。正如意大利的情况一样,长期来看(1871—2001年)其地区β收敛率较低,仅为1%(Felice, 2014)[2];另一方面,如果没有制度上的障碍,新经济地理学的力量应该能更好地发挥作用。通过对地区人均国内生产总值在生产率和产业组合效应方面的历史估计(1860—1930年)的分解,新古典经济学方法的要素禀赋均衡和新经济地理学的受益递增方法在西班牙各地区得到了检验和比较。结果表明,它们在某种程度上互相加强,并遵循埃皮法尼(Epifani, 2005)的模型,该模型将两者结合起来:从1860年到1930年,部门之间的部分占主导地位,但一旦工业化在相当数量的地区实现,新经济地理学力量在后期就会获得势头(Rosés et al., 2010)。更进一步,应该考虑到在国家内部可能有地区发展政策在发挥作用。由于有相同的制度框架,这些政策比在国际层面执行的政策更加有效,至少在特定时期,这些政策可能大大改变收敛的速度。[3]

威廉姆森(Williamson, 1965)提出的模型可以用来描述在地区层面上观

---

① 美国的数据从1880年到1990年,加拿大的数据从1961年到1991年,西班牙的数据从1955年到1987年,日本的数据从1955年开始。

② 1891—2001年间的面板模型结果甚至更低:0.5%(随机影响GLS回归,Felice, 2011)。只有在考虑固定效应的情况下,即从无条件收敛过渡到有条件收敛时,收敛速度才会增长到2%(Felice, 2012)。

③ 对于意大利,这个西方国家实施了最令人印象深刻的地区政策(就支出占国内生产总值的比例而言,参见Felice, 2010)。

察到的模式。这是对库兹涅茨模型(Kuznets, 1955)的扩展,库兹涅茨模型研究了国家内部个人收入的演变。就个人收入分配而言,国民收入和不平等呈倒U形关系,随后出现双重运动:在第一阶段,即工业化开始时,呈上升趋势,这往往集中在最强的地区,然后随着工业化向该国其他地区蔓延而下
589 降。威廉姆森主要关注工业化和结构变化,因此他的模型侧重于供给方面,而且更容易与新古典主义方法相调和(条件变量的差异会阻止工业化扩散,直到它们被消除)。然而,从新经济地理学的角度来看,这种模式是相似的(由于规模经济而不断加剧的不平等,然后由于拥堵成本而减少不平等)。美国的证据表明威廉姆森曲线呈倒U形。这些估计表明了在19世纪晚期和20世纪早期之间的分化,工业化在美国东北地区增加,并主要向北部和中部地区扩散。在20世纪下半叶,南部和西部各州也实现了工业化,从而实现了收敛(Kim, 1998)。在欧洲,我们证实了西班牙的情况,1860年至1920年出现了分化,1920年至1980年出现了收敛(Martinez-Galarraga et al., 2014)。然而,对意大利来说,倒U形的现象出现在中北部,但不包括南部地区(Felice, 2014)。此外,在许多情况下,地区收敛在近几十年似乎已经停止。这一发现表明,地区不平等的长期演化可能遵循一个N字形趋势(分化,然后收敛,然后再分化)(Amos, 1988),但在这个问题上,实证研究和理论模型都刚刚开始。

结　语

本章回顾了在国家和地区两级编制国内生产总值历史估计所采用的最常用方法,以及利用国内生产总值数据比较长期经济表现的方法。需要强调的第一点是,国内生产总值估计值(即使是在相对稳健和信息充分的情况下的估计值)更适合衡量工业革命以来的经济表现。在一个以经验为导向的背景下,国内生产总值概念诞生于1929年经济危机之后的美国。这是专为发达工业经济体设计的,可能无法正确地估计前工业化社会的物质生活标准,因为前工业化社会的大部分生产来自农业(土地的数量是国内生产总值没有考虑的一个基本要素),而且交换中一个不容忽视的比例甚至没有发

生在市场上(因此没有纳入国内生产总值核算)。此外,对于前工业化社会,我们往往缺乏产生可靠的国民核算所需的最低限度的信息。

在现代,在进行跨国比较时,我们应该始终确保我们采用的不同估算方法不会对结果产生显著影响。根据现有资料,国家估计本身是可靠的,但这不是问题的关键。对于跨国家(和跨地区)的国内生产总值比较,满足三个基本条件是至关重要的。首先,数据系列的分解水平必须在各国间是相对均匀的。其次,更重要的是,不变价格系列的基准年必须相对接近,这一点不太为人所知。第三,在考虑实际国内生产总值数据时,用于比较的购买力平价必须尽可能地接近关注的时期,因此,国际上著名的麦迪森法估计用 590
1990 年的美元购买力平价对第二次世界大战前几年的估计是不可靠的,这在普拉多斯·德拉埃斯科苏拉(Prados de la Escosura, 2000)提出的替代性购买力平价的对比中得到了印证。

收敛性检验可能会受到这些扭曲的累积效应的显著影响。估算方式也会影响用于解释和描述结果的模型。例如,在国际比较和地区间比较中,横断面分析比时间序列分析更可取,因为前者要求的数据较少,即使它们可能资料较少。如果我们有可靠的估计,将国内生产总值增长分解为生产率和产业组合效应,可能会为区分要素禀赋和结构异质性的作用,以及市场准入的作用提供重要线索。但是,处理这些线索时应该小心谨慎,例如,通过在个别国家或地区的模式中搜索确认。还需要强调的是,考虑到数据的质量,基于条件变量的收敛模型以及更精确的统计模型(如经典估计贝叶斯平均技术),只能在某一点上取得可信度。它们应该总是得到可靠的历史信息的补充,包括定性的来源和案例研究,这应该也有助于在考虑到可能的预测因素的多样性的情况下,对最佳条件变量进行分类排序。

简而言之,计量史学家在寻找增长的决定因素时,应该尽力不要完全依赖统计数据,而是用历史经验来补充这些工具。他们也应该采用一个广泛的可用的模型,无论是外生增长模型,还是内生增长模型,抑或是新经济地理模型(以及其他可能会也可能不会结合我们所概述的三种模式的想法的模型),并且在不同的历史环境和数据质量下,能够灵活调整模型和统计方法。

参考文献

Ahmad, S. (1988) "International Real Income Comparisons with Reduced Information", in Salazar-Carrillo, J. and Prasada Rao, D.S. (eds.) *World Comparisons of Incomes, Prices, and Product*. Amsterdam: North-Holland, pp.75—92.

Amos, O.M. Jr. (1988) "Unbalanced Regional Growth and Regional Income Inequality in the Latter Stages of Development", *Reg Sci Urban Econ*, 18(4), pp.549—566.

Baffigi, A. (2013) "National Accounts, 1861—2011", in Toniolo, G. (Ed.) *The Oxford Handbook of the Italian Economy since Unification*. Oxford: Oxford University Press, pp.157—186.

Bairoch, P. (1976) "Europe's Gross National Product: 1800—1975", *J Eur Econ Hist*, 5(2): 273—340.

Barro, R.J. (1991) "Economic Growth in a Cross Section of Countries", *Q J Econ*, 106(2), pp.407—443.

Barro, R.J. and Sala-i-Martin, X. (1991) "Convergence across States and Regions", *Brook Pap Econ Act*, 1, pp.107—182.

Barro, R.J. and Sala-i-Martin, X. (1992) "Convergence", *J Polit Econ*, 100(2), pp.223—251.

Bolt, J. and van Zanden, J.L. (2014) "The Maddison Project: Collaborative Research on Historical National Accounts", *Econ Hist Rev*, 67, pp. 627—651. https://doi. org/10. 1111/1468-0289.12032.

Boyd, J. and Banzhaf, S. (2007) "What are Ecosystem Services? The Need for Standardized Environmental Accounting Units", *Ecol Econ*, 63(2—3), pp.616—626.

591 Carson, C.S. (1975) "The History of the United States National Income and Product Accounts: the Development of an Analytical Tool", *J Income Wealth*, 21(2), pp.153—181.

Ciccarelli, C. and Fenoaltea, S. (2009) *La Produzione Industriale delle Regioni d'Italia, 1861—1913: una Ricostruzione Quantitativa. 1, Le Industrie non Manifatturiere*. Roma: Banca d'Italia.

Ciccarelli, C. and Fenoaltea, S. (2014) *La Produzione Industriale delle Regioni d'Italia, 1861—1913: una Ricostruzione Quantitativa. 2, Le Industrie Estrattivo-manifatturiere*. Roma; Banca d'Italia.

Ciccarelli, C., Fenoaltea, S. and Proietti, T. (2010) "The Effects of Unification: Markets, Policy, and Cyclical Convergence in Italy, 1861—1913", *Cliometrica*, 4(3), pp. 269—292.

Clark, G. (2009) "Review Essay: Angus Maddison, Contours of the World Economy, 1-2030 AD: Essays in Macro-economic History", *J Econ Hist*, 69(4), pp.1156—1161.

Crafts, N.F.R. (1985) *British Economic Growth during the Industrial Revolution*, Cambridge, UK: Cambridge University Press.

Crafts, N.F.R. (1997) "The Human Development Index and Changes in Standards of Living: some Historical Comparisons", *Eur Rev Econ Hist*, 1(3), pp.299—322.

Crafts, N.F.R. (2002) "The Human Development Index, 1870—1999: some Revised Estimates", *Eur Rev Econ Hist*, 6(3), pp.395—405.

Daniele, V. and Malanima, P. (2007) "Il Prodotto delle Regioni e il Divario Nord-Sud in Italia(1861—2004)", *Riv Polit Econ*, 67(3—4), pp.267—315.

Douglas, P.H. (1976) "The Cobb-Douglas Production Function once again: Its History, Its Testing, and some New Empirical Values", *J Polit Econ*, 84(5), pp.903—916.

Durlauf, S.N., Johnson, P.A. and Temple, J.R.W. (2005) "Growth Econometrics", in Aghion, P. and Durlauf, S.N. (eds.) *Handbook of Economic Growth*, Vol. 1A. Amsterdam: Elsevier, pp.555—677.

Eichengreen, B. (1986) "What have We Learned from Historical Comparisons of Income and Productivity?" in O'Brien, P. (ed.) *Inter-*

national Productivity Comparisons and Problems of Measurement, 1750—1939. 9th international economic history congress, Session B8, Bern, pp.26—35.

Epifani, P. (2005) "Heckscher-Ohlin and Agglomeration", *Reg Sci Urban Econ*, 35(6), pp.645—657.

Federico, G. (2003) "Le Nuove Stime della Produzione Agricola Italiana, 1860—1910: Primi Risultati e Implicazioni", *Riv Storia Econ*, 19(3), pp.359—381.

Feinstein, C.H. (1972) *National Income, Expenditure and Output for the United Kingdom, 1855—1965*. Cambridge, UK: Cambridge University Press.

Feinstein, C.H. and Thomas, M. (2002) *Making History Count. A Primer in Quantitative Methods for Historians*. Cambridge, UK: Cambridge University Press.

Felice, E. (2010) "Regional Development: Reviewing the Italian Mosaic", *J Mod Ital Stud*, 15(1), pp.64—80.

Felice, E. (2011) "Regional Value Added in Italy, 1891—2001, and the Foundation of a Long-term Picture", *Econ Hist Rev*, 64(3), pp.929—950.

Felice, E. (2012) "Regional Convergence in Italy(1891—2001): Testing Human and Social Capital", *Cliometrica*, 6(3), pp.267—306.

Felice, E. (2014) "Regional Income Inequality in Italy over the Long-run(1871—2001). Patterns and Determinants", in Rosés, J.R. and Wolf, N. (eds.) *Europe's Regions, 1900—2010. A New Quantitative History of the Economic Development of Europe*. New York: Routledge.

Felice, E. (2016) "The Misty Grail: the Search for a Comprehensive Measure of Development and the Reasons of GDP Primacy", *Dev Chang*, 47(5), pp.967—994.

Felice, E. and Carreras, A. (2012) "When did Modernization Begin? Italy's Industrial Growth Reconsidered in Light of New Value-added Series, 1911—1951", *Explor Econ Hist*, 49(4), pp.443—460.

Felice, E. and Vecchi, G. (2013) "Italy's Growth and Decline, 1861—2011", *CEIS Tor Vergata. Res Pap Ser*, 11(13), p.293

Fenoaltea, S. (1976) "Real Value Added and the Measurement of Industrial Production", *Ann Econ Soc Meas*, 5(1), pp.113—139.

Fenoaltea, S. (2003) "Notes on the Rate of Industrial Growth in Italy, 1861—1913", *J Econ Hist*, 63(3), pp.695—735.

Fenoaltea, S. (2008) "A Proposito del PIL", *Italianieuropei*, 8(1), pp.165—169.

Fenoaltea, S. (2010) "The Reconstruction of Historical National Accounts: the Case of Italy", *PSL Q Rev*, 63(252), pp.77—96.

Ferreira, S., Hamilton, K. and Vincent, J. 592
(2008) "Comprehensive Wealth and Future Consumption: Accounting for Population Growth", *World Bank Econ Rev*, 22(2), pp.233—248.

Geary, F. and Stark, T. (2002) "Examining Ireland's Post-famine Economic Growth Performance", *Econ J*, 112, pp.919—935.

Gerschenkron, A. (1947) "The Soviet Indices of Industrial Production", *Rev Econ Stat*, 29(4), pp.217—226.

Good, D. and Ma, T. (1999) "The Economic Growth of Central and Eastern Europe in Comparative Perspective, 1870—1989", *Eur Rev Econ Hist*, 3(2), pp.103—137.

Istat(1957) "Indagine Statistica sullo Sviluppo del Reddito Nazionale dell'Italia dal 1861 al 1956", *Ann Stat*, 8(9), pp.1—271.

Kim, S. (1998) "Economic Integration and Convergence: U.S. Regions, 1840—1987", *J Econ Hist*, 58(3), pp.659—683.

Kravis, I.B., Heston, A. and Summers, R. (1978) "Real per capita Income for more than One Hundred Countries", *Econ J*, 88, pp.215—242.

Krugman, P. (1991) "Increasing Returns and Economic Geography", *J Polit Econ*, 99(3), pp.483—499.

Kuznets, S. (1934) "National Income 1929—1932", National Bureau of Economic Research, New York.

Kuznets, S. (1955) "Economic Growth and

Income Inequality", *Am Econ Rev*, 45(1), pp.1—28.

Lequiller, F. and Blades, D. (2006) *Understanding National Accounts*. Paris: OECD.

Lucas, R. (2000) "Some Macroeconomics for the 21st Century", *J Econ Perspect*, 14(1), pp.159—168.

Maddison, A. (1991) "A Revised Estimate of Italian Economic Growth, 1861—1989", *Banca Nazionale Lav Q Rev*, 44(177), pp.225—241.

Maddison, A. (1994) "Confessions of a Chiffrephile", *Banca Nazionale Lav Q Rev*, 47(189), pp.123—165.

Maddison, A. (1995) "Monitoring the World Economy 1820—1992", Development Centre Studies, Paris: OECD.

Maddison, A. (2001) "The World Economy: a Millennial Perspective", Development Centre Studies, Paris: OECD.

Maddison, A. (2006) "The World Economy", A millennial perspective and volume II: historical statistics, Development Centre Studies, vol I. Paris: OECD.

Maddison, A. (2007) *Contours of the World Economy I-2030 AD*. Oxford: Oxford University Press.

593 Malanima, P. (2006) "Alle Origini della Crescita in Italia 1820—1913", *Riv Storia Econ*, 22(3), pp.306—330.

Malanima, P. (2011) "The Long Decline of a Leading Economy: GDP in Central and Northern Italy, 1300—1913", *Eur Rev Econ Hist*, 15(2), pp.169—219.

Mankiw, N.G., Romer, D. and Weil, D.N. (1992) "A Contribution to the Empirics of Economic Growth", *Q J Econ*, 107(2), pp.407—437.

Martínez-Galarraga, J., Rosés, J. R. and Tirado, D. (2014) "The Evolution of Regional Income Inequality in Spain, 1860—2000", in Rosés, J.R. and Wolf, N. (eds.) *Europe's Regions, 1900—2010. A New Quantitative History of the Economic Development of Europe*. New York: Routledge.

Myrdal, G. (1957) *Economic Theory and Underdeveloped Regions*. London: Hutchinson.

Nussbaum, M. (2000) *Women and Human Development: the Capabilities Approach*. Cambridge, UK: Cambridge University Press.

Prados de la Escosura, L. (2000) "International Comparisons of Real Product, 1820—1990: an Alternative Data Set", *Explor Econ Hist*, 37(1), pp.1—41.

Prados de la Escosura, L. (2003) "El Progreso Económico de España (1850—2000)", Fundación BBVA, Bilbao.

Prados de la Escosura, L. (2007) "When did Latin America Fall behind?" in Edwards, S., Esquivel, G. and Márquez, G. (eds.) *The Decline of Latin American Economies: Growth, Institutions, and Crises*. Chicago: University of Chicago Press.

Prados de la Escosura, L. (2010) "Improving Human Development: a Long-run View", *J Econ Surv*, 24(5), pp.841—894.

Prados de la Escosura, L. (2013) "Human Development in Africa: a Long-run Perspective", *Explor Econ Hist*, 50(2), pp.179—204.

Prados de la Escosura, L. (2015) "World Human Development, 1870—2007", *Rev Income Wealth*, 61(2), pp.220—247.

Prados de la Escosura, L. (2016) "Mismeasuring Long-run Growth: the Bias from Splicing National Accounts—the Case of Spain", *Cliometrica*, 10(3), pp.251—275.

Ravallion, M. (2012a) "Mashup Indices of Development", *World Bank Res Obs*, 27(1), pp.1—32.

Ravallion, M. (2012b) "Troubling Tradeoffs in the Human Development Index", *J Dev Econ*, 99(2), pp.201—209.

Romer, P. (1986) "Increasing Returns and Long Run Growth", *J Polit Econ*, 94(5), pp.1002—1037.

Rosés, J. R. and Wolf, N. (eds.) (2014) *Europe's regions, 1900—2010. A new Quantitative History of the Economic Development of Europe*. New York: Routledge.

Rosés, J. R., Martínez-Galarraga, J. and

Tirado, D.A. (2010) “The Upswing of Regional Income Inequality in Spain(1860—1930)”, *Explor Econ Hist*, 47(2), pp.244—257.

Sala-i-Martin, X. (1996) “Regional Cohesion: Evidence and Theories of Regional Growth and Convergence”, *Eur Econ Rev*, 40(6), pp.1325—1352.

Sala-i-Martin, X., Doppelhofer, G. and Miller, R. I. (2004) “Determinants of Long Term Growth: a Bayesian Averaging of Classical Estimates(BACE) Approach”, *Am Econ Rev*, 94(4), pp.813—835.

Schumpeter, J. A. (1950) “Wesley Clair Mitchell(1874—1948)”, *Q J Econ*, 64(1): 139—155.

Sen, A.K. (1985) *Commodities and Capabilities*. Oxford: Oxford University Press.

Solow, R.M. (1956) “A contribution to the Theory of Economic Growth”, *Q J Econ*, 70(1), pp.65—94.

Solow, R. M. (1957) “Technical Change and the Aggregate Production Function”, *Rev Econ Stat*, 39(3), pp.312—320.

Stone, R. (1956) *Quantity and Price Indexes in National Accounts*. Paris: OEEC.

Stone, R. (1961) *Input-output and National Accounts*. Paris: OEEC.

Swan, T. (1956) “Economic Growth and Capital Accumulation”, *Econ Rec*, 32(2), pp.334—361.

Theil, H. (1967) *Economics and Information Theory*. Amsterdam: North Holland.

Waring, M. (1988) *If women Counted. A New Feminist Economics*. London: Macmillan.

Williamson, J. G. (1965) “Regional Inequality and the Process of National Development: a Description of the Pattern”, *Econ Dev Cult Chang*, 13(4), pp.3—84.

Williamson, J.G. (2011) “Industrial Catching up in the Poor Periphery 1870—1975”, CEPR discussion paper no.8335.

第八章

国际贸易的计量史学方法

马库斯·兰普　保罗·夏普

摘要

本章对国际贸易和市场一体化的计量史学文献进行了概述。首先,我们要从经济理论中汲取教训,特别是通过研究贸易、开放和贸易政策对经济增长的影响,来推动这一进程。这里的理论以及实证结果,它们之间没有表现出明确的关系,却表明了历史经验的丰富。然后我们转向如何量化贸易和市场一体化的问题。前者通常依赖海关记录,后者则依赖不同市场上价格的可得性。接下来,我们回过头看贸易的决定因素,这些因素通常在引力方程的框架内加以检验,并讨论在贸易增加和减少以及市场一体化和解体背后的因素。最后,为了研究贸易最重要的决定因素之一,或许也是最相关的因素——政策,我们加入了一个关于贸易政策的单独章节:我们考察了建立一个简单的量化衡量手段及其解释方面的困难。

关键词

计量史学　国际贸易　市场一体化　关税

为什么要考虑贸易？ 596

国际贸易可以被认为是从国民经济中脱颖而出并延伸到国外的“带有偏见的”冰山。作为经济史上的一个话题，它催生了大量的文献，这是有充分理由的。亚当·斯密（Smith, 1776）认为贸易将增加“市场的范围”，可以增加专业化并导致经济增长。大卫·李嘉图（Ricardo, 1817）受到葡萄牙和英国之间的《梅图恩条约》（Methuen Treaty）的启发，该条约导致了葡萄牙和英国在波特酒和纺织品方面的专业化发展，从而发展了比较优势的概念。他利用经济理论中的第一个数学模型证明，由于生产商品的机会成本在不同国家不同，他们可以根据自己的比较优势通过贸易和专业化获得收益。基于19世纪的贸易模式——我们将在下一节更详细地研究——赫克歇尔（Heckscher, 1919）和俄林（Ohlin, 1933）在19世纪贸易模式的基础上，详细阐述了比较优势的概念，认为它是建立在不同生产要素的相对禀赋的基础上的。最近，新贸易理论，特别是与保罗·克鲁格曼的著作（Krugman, 1979）相关的新贸易理论，展示了现代贸易如何导致了类似但有区别的商品的贸易，这对热爱多样性的消费者来说是一种收益，尽管洪格兰（Hungerland, 2017）最近对德国的案例所做的研究表明，在第一次世界大战之前，增加产品多样性所带来的福利收益实际上比今天更大。最后，尽可能的贸易开放导致国家间知识的传播，还带来经济增长的永久收益，而不是在从自给自足走向自由贸易的过程中，利用比较优势获得的一次性收益。

然而，经济史也允许我们认识到经济理论家成果的细微差别。有人指出，英国和美国都是在保护主义体制下发展起来的，最近也有人对所谓的“东南亚四小虎”经济体的出现提出类似的看法。因此，即使是“华盛顿共识”之父约翰·威廉姆森（Williamson, 1990b），也得出结论，认为作为一般规则的自由贸易有一个例外——幼稚产业保护，即向新兴产业提供临时保护，以便它们能够享受所谓的动态比较优势，而这种优势在产业的初始阶段是不存在的。如果这些产业比传统产业有更快的生产率增长，并对其他经济部门产生溢出效应，那么从长远来看，这种临时保护应该会增加收入。

因此，虽然没有合理的经济理论得出自给自足比开放经济更可取的结论，但有些研究认为，基于“幼稚产业”和类似理由对特定部门进行选择性临时保护可能会带来积极的结果（见 Rodríguez and Rodrik，2000：267—272；O'Rourke，2000：overviews）。这种论点强调，对“非动态”（如农业）商品的生
597 产进行专门化，尽管会产生静态的福利最大化，但会导致发展可能性的缺乏。扩大国内产业基础和帮助非传统生产活动的自我发现，可以导致新的、更有活力的比较优势的演变，而这些优势在世界市场的直接压力下无法得到有效的发展。按照传统的“新”内生增长理论，如果由此产生的经济活动导致更高的经济增长并同时伴随具有溢出效应的国内知识发展，那么为了长期增长和发展提供临时性保护是合理的。然而，正如上文已经强调的那样，对外贸易也可以成为知识转移的渠道，因此，贸易壁垒将成为世界技术壁垒，从而延缓国内生产率的增长，所以，成功的“幼稚产业”保护需要更加刺激经济增长的宏观经济环境和贸易政策扭曲最小化。

因此，经济理论是由历史发展而形成的，而贸易一直是经济在时间和空间上发展的中心，因此也是值得计量史学家关注的一个焦点。在接下来的研究中，我们调查了 2008 年至 2017 年的论文，以及特别相关的较早的论文，尽管这绝不是一项全面的研究，但我们尽可能依赖现有的调查。

关于国际贸易的计量史学，我们从评估贸易的后果开始，根据标准理论，这与理解贸易的来源直接相关，因为根据标准教科书对“自给自足”和“自由贸易一体化”的比较，可以预测，福利的调整、生产活动、要素报酬等概念将反映这些根本来源。因此，除了其他“国内”因素，还有研究试图评估在要素流动（外国投资、移民）和贸易之间的相互作用之外，贸易通过对经济绩效的决定因素（技术进步、技术转让、制度和政治）所产生的间接作用以及自身带来的变化（如资本积累、人口自然增长和生产要素的相对报酬）对经济绩效产生的影响。在下文中，我们进行了一个相对简明的调查，重点更多地放在方法论上，而不是调查结果上，因为迈斯纳（Meissner，2014）在《经济增长手册》的最新研究中对“全球化带来的增长”作了全面的论述，唐纳森（Donaldson，2015）对“市场一体化带来的收益”作了类似的调查。

回到国际一体化的影响这个大问题上，经济史学家在尝试用定量方式诠释 19 世纪末和 20 世纪初的过程中凸显了两大问题：贸易是否导致了经济增

长？贸易和要素流动是替代品还是互补品？

关于第一个问题，欧文和特尔维约（Irwin and Terviö，2002）使用了弗兰克尔和罗默（Frankel and Romer，1999）提出的识别策略，通过贸易促进效应引致的增长净额，来评估贸易开放对经济增长的影响。该方法在第一阶段使用标准引力变量（距离、人口、面积、边界、内陆国——见下文）创建“外生” 598
交易份额（汇总每个国家的双边贸易），并使其回归到收入水平。欧文和特尔维约发现，在1913年、1928年和1938年的第二阶段回归结果中，贸易份额系数总是正的，但只在少数回归中显著，部分原因可能是因为观察值的样本只有23—41个。

至于第二个问题，柯林斯等人（Collins et al.，1999）发现，在1870年至1940年这一期间，很难评估贸易、资本流动和国际移徙之间是替代关系还是补充关系；虽然他们十分明确地否认了贸易和劳动力流动是替代关系，但是对于资本流动而言，难以在互补性和可替代性之间得出明确结论。他们还强调，贸易和移民政策都可能影响了实际的历史结果。因此，两篇论文都暗示，历史比标准理论所预测的更丰富、更复杂。

然而，奥罗克与威廉姆森的那部影响深远的专著《全球化与历史》（*Globalization and History*）的背后，是用赫克歇尔-俄林理论中作为商品市场一体化结果（见下文）的相对要素价格和要素价格趋同来解释19世纪全球化的那个取得了重大成功的研究项目。他们的成果（O'Rourke and Williamson，1994，1995，1997；O'Rourke et al.，1997；O'Rourke，1997）表明，商品市场一体化伴随着要素价格均等化，特别是工资与土地租金的比率，这一比率在劳动力丰富、土地稀缺的欧洲上升，但在土地丰富、劳动力稀缺的新世界下降，这要归功于国际移民、贸易和投资。尽管有一些批评，例如瑞典案例的基本数据和解释（Bohlin and Larsson，2007；Prado，2010），但这一叙述已成为19世纪全球化研究和教学的标准参考。

另一条研究的主线集中在早期现代大西洋经济的演变，认为贸易不一定对福利和发展是积极的：纳恩（Nunn，2008；另参见Nunn and Puga，2012）发现，奴隶贸易对受影响最严重的非洲区域的经济表现为明显的负面影响，其原因与其说是传统的“直接”分配效应，不如说是通过两个不一定具有排他性的渠道的间接影响——促进民族分裂和削弱国家能力的形成。当然，这暗示了贸易与国内制度和政治之间的相互作用，这是近来实证增长经济学的一个核心主题。阿西莫格鲁等人(Acemoglu et al., 2005)发现，在西欧，大西洋三角的“中心角”(central corner)，相关贸易并不足以通过资本积累或贸易的静态收益直接推动经济增长，但是它增加了商人在政治演进过程中的分量，从而有助于使政治天平倾向有利于贸易的制度安排，并形成诺思与托马斯(North and Thomas, 1973:1)所称的由产权和“包容性制度”构成的“有效经济组织”。

这些文献为旧有的文献增添了新的层次，这些文献一方面是关于和“西欧的崛起”相伴生的“大分流”中贸易的作用，而另一方面是关于非洲、亚洲和拉丁美洲的“倒退”。对欧洲方面来说，这种贸易的相对较小重要性一直
599 被奥布莱恩(O'Brien, 1982)所强调，也反映在阿西莫格鲁等人(Acemoglu et al., 2005)、奥罗克和威廉姆森(O'Rourke and Williamson, 2002b)评估早期现代贸易增长的来源以及最近对英国工业革命起源的讨论中。对后者的讨论往往忽视了贸易的重要初始作用(Harley, 2004; Mokyr, 2009; McCloskey, 2010)，尽管关于三角贸易的数量和工作(Inikori, 2002)、与英国某些港口的福利和经济活动的某些联系(Draper, 2008 关于伦敦造船业的讨论；Richardson, 2005 关于布里斯托港口的讨论)，以及某些行业的发明和生产率(Zahedieh, 2013 关于英国铜产业的讨论)的相关研究层出不穷。

克拉克等人(Clark et al., 2014)试图量化英国进入国际市场的机会大幅减少而可能造成的福利损失，在静态标准可计算一般均衡模型的背景下，他们指出，在 1760 年，福利的损失相对较小，在 3%—4%，同时对外贸依赖的增加，特别是纺织业的快速增长，如果获得外国资源和市场的机会大幅减少，将意味着在 1850 年社会福利的静态损失达到 25%—30%。除了强调贸易对工业革命的重要性，艾伦(Allen, 2003, 2011)还强调，英国在早期现代国际贸易中的中心地位，对发展能源密集、节省劳动力的创新发挥着重要的直接作用，这些创新通过提高实际工资和使英国的劳动力相对昂贵，成为工业革命的一个核心特征。

不仅仅是研究英国工业革命的计量学家致力于研究贸易和经济绩效之间的因果关系，以及国际供求相对于国内力量的作用。在关于 19 世纪和 20 世纪初新兴的国际经济的研究中，也出现了采用各种不同方法针对“边缘”

参与者进行研究的成果。对于意大利，皮斯托雷西和里纳尔迪(Pistoresi and Rinaldi, 2012)使用协整分析来评估进口、出口和国内生产总值之间的因果关系。巴霍·鲁维奥(Bajo Rubio, 2012)和格雷罗·德利萨尔迪(Guerrero de Lizardi, 2006)进行了类似的分析，明确检验西班牙和墨西哥经济增长是否存在国际收支制约因素，即进行必要进口以实现平衡经济增长的结构性制约因素。使用协整分析法来探索贸易对国内经济活动的影响的其他研究包括：格里斯利和奥克斯利(Greasley and Oxley, 2009)关于长途冷藏运输的发明对新西兰牧业繁荣的研究；博肖夫和福里(Boshoff and Fourie, 2010)关于为南好望角周围的船舶交通提供保障以及为前往东印度群岛的早期旅游者提供中途驻留服务，对于开普殖民地的农业活动的重要性的研究。赫夫和安杰利斯(Huff and Angeles, 2011)的观点与艾伦的观点有一定的联系，他们认为全球化在第一次世界大战之前对东南亚的城市化产生了因果影响，但并没有导致工业化，只是增加了世界经济中心的工业化市场的需求，刺激了商业生产和基础设施投资，以及行政和商业中心的日常管理服务。

其他作者使用了不同的投入产出分析方法来评估结构模型中国内外需
求和供给力量的相对重要性：博林(Bohlin, 2007)研究了一战前的瑞典和大 600
萧条时期的芬兰，考皮拉(Kauppila, 2009)、泰勒等人(Taylor et al., 2011)使用列昂惕夫最初编定的1947年投入产出表进行分析，显示战后不久(1946—1948年)对欧洲的出口(主要是美国资助的)在从战争导向型经济向民用导向型经济转型期间避免了美国失业率的上升(Leontieff, 1953)。永贝里和舍恩(Ljungberg and Schön, 2013)对北欧五国工业化驱动力的比较评估采用了类似的分析框架，但使用了偏移-份额分析。

回到国际比较研究和贸易与经济增长之间的关系，刘和迈斯纳(Liu and Meissner, 2015)推导出一种新的、符合理论的市场潜力测量方法，并评估国内和国外市场的差异是否有助于解释第一次世界大战前夕美国和其他国家之间的生产率差异。他们发现，生产率/人均国内生产总值与市场准入显著相关，但与其他因素相比，其实质性意义相对较小。马德森(Madsen, 2007)的研究表明，在1870年至2004年的135年中，双边贸易是技术转让的决定性渠道，目前经合组织国家的全要素生产率由此增长和趋同，从而将科和赫尔普曼(Coe and Helpman, 1995)的研究结果延伸到最近。洛佩斯-科尔多瓦和迈斯纳(López-córdova and Meissner, 2008)研究了贸易与民主之间的联系,休伯曼和迈斯纳(Huberman and Meissner, 2010)表明,双边贸易是一个传播渠道,特别是对于基本的劳动保护立法而言,如工厂监管和儿童最低工作年龄。比斯卡拉(Vizcarra, 2009)证明了秘鲁的鸟粪繁荣如何在国内政治不稳定和存在违约历史的情况下帮助该国重返国际资本市场。这一调查结果似乎表明,至少有一些由外国客户和投资者控制的贸易形式可以取代"真正的"政治和体制改革,这是关于现代初级商品繁荣和发展中国家"资源诅咒"的文献中经常出现的主题。制度的重要性[①]也被帕斯卡利(Pascali, 2017)强调了,他发现 1870 年至 1913 年的全球化只使少数几个国家受益,这些国家拥有更具有"包容性"的制度,因此这种制度是当时富国和穷国之间经济差距的主要驱动因素之一。他通过测量蒸汽机的引进所带来的贸易距离的变化来确定这种影响,发现蒸汽机的引进对全球贸易模式产生了巨大的影响。

在这方面,有关国际贸易产生的专门化的最后一部分文献值得注意:关于初级商品专门化对发展中国家增长前景的作用的辩论。例如,杰弗里·威廉姆森及其合著者在其 2011 年出版的《贸易与贫困》(*Trade and Poverty*)(Williamson, 2011)一书中提出了这一主题,该主题分为三个方面:第一,普雷维什-辛格(Prebisch-Singer)最初发现初级商品贸易长期条件不断下降,从
601 结构上损害了初级商品生产者的购买力。在这里,哈维等人(Harvey et al., 2010)最近的一篇综合性文章强调,在过去四个世纪中,其所研究的 25 种商品中,有 11 种商品的相对价格趋势显著为负,而没有一种商品的相对价格趋势显著为正,并强调普雷维什-辛格效应正在发挥作用(Prebisch, 1950; Singer, 1950)。第二,着重分析了专业化带来的去工业化和动态发展可能性的损失,这种专业化是由"荷兰病"效应或由诸如松山(Matsuyama, 1992)和其他学者关于新兴工业的研究文献所建模的效应引发的。哈达斯和威廉姆森(Hadass and Williamson, 2003)的著作和威廉姆森后来的研究(Williamson, 2008)对第一次世界大战前贸易条件对经济表现的影响进行了综合评估。第三,最近的文献特别表明,除相对价格的长期趋势外,初级产品价格相对于工

① 参见纳恩和特雷夫莱的调查(Nunn and Trefler, 2014)。

业制成品价格的较高波动性损害了发展中国家的经济表现、投资等(Blattman et al., 2007; Williamson, 2008; Jacks et al., 2011b)。由威廉姆森及其合作者[例如,多巴多·冈萨雷斯等人(Dobado Gonzaléz et al., 2008)对墨西哥的研究;克林金史密斯和威廉姆森(Clingingsmith and Williamson, 2008)对印度的研究;帕穆克和威廉姆森(Pamuk and Williamson, 2011)对奥斯曼帝国的研究]和其他人[费德里科和瓦斯塔(Federico and Vasta, 2012)对意大利的研究,贝蒂(Beatty, 2000)对墨西哥的研究]所完成的国别研究,通过对渠道、机制的历史案例及其与国内力量相关的重要性的研究,补充了这些比较计量经济学的发现。关于中国,米奇纳和颜(音译)(Mitchener and Yan, 2014)发现,随着中国在20世纪早期开放贸易,其非技术密集型产品出口越来越多,技术密集型产品进口越来越多,第一次世界大战的外部冲击证实了这种影响,这种冲击导致了对中国非技术工业的特别大的需求和贸易条件的改善。这也许可以解释这一时期中国工资不平等程度的下降,与最近针对全球化进程中的发展中国家的调查结果形成对比。

贸易政策对经济的影响(我们在最后一节回到这个问题)已经在不同的框架中得到了研究。首先要讨论的是重力方程与关税和其他贸易政策组成部分是否影响(减少或转移)进口或出口的问题,上文已经提到,下文将更详细地讨论这个话题。同样,研究人员曾经探索这样一个问题,即贸易政策是否会影响相对价格和要素收入,并且正如奥罗克(O'Rourke, 1997)关于粮食入侵的研究所示,他们发现通常情况下是这样的。这些结论意味着,通过贸易政策实行的贸易限制通常是有效的,但由于国际商品和进口竞争性商品之间的需求弹性和替代弹性不同,国内供应商和国内消费者的偏好不同,贸易政策可能无法完全取得预期效果。

在经济史上,自1972年贝洛赫(Bairoch, 1972)作出的影响深远而又极富争议的贡献以来,已有多项研究运用增长回归来估计"平均关税"对经济增长的影响。在奥罗克(O'Rourke, 2000)以及瓦姆瓦基迪斯(Vamvakidis, 2002)、克莱门斯和威廉姆森(Clemens and Williamson, 2004)以及杰克斯(Jacks, 2006b)的被广泛引用的论文问世后,"关税增长悖论"被发现了。不过这些研究结果的稳健性受到了不同方法的质疑,包括福尔曼-佩克(Foreman-Peck, 1995)、欧文(Irwin, 2002)、阿图科拉拉和钱德(Athukorala

602 and Chand，2007)、马德森(Madsen，2009)、特纳-洪吉托(Tena-Junguito，2010a)、舒拉里克和索洛莫(Schularick and Solomou，2011)等人的论文，以及我们在2013年发表的论文(Lampe and Sharp，2013)。[①]最近的研究朝着更清晰地识别是否存在关税增长悖论的方向发展：莱曼和奥罗克(Lehmann and O'Rourke，2011)发现，在1914年之前，针对工业制成品的关税能促进增长，而针对农产品的关税则可能是有害的，对奢侈品和"新奇产品"的关税对增长没有影响。特纳-洪吉托(Tena-Junguito，2010a)发现，关税的技能歧视与1914年之前的增长显著相关，关税的技能歧视是为评估关税结构而不是关税的平均水平而制定的措施之一。2013年，我们(Lampe and Sharp，2013)曾强调指出，潜在的逆向因果循环的另一面也很有意义，因为在许多国家，关税自由化随着收入水平提高而发生("格兰杰因果关系")，大概是由于这些收入水平提高能增加财政能力以产生非关税收入(例如，见Aidt and Jensen，2009)。

毛雷尔等人(Maurer，2018)利用史前数据进行的一项新的调查表明，地中海上那些在腓尼基时期联系更紧密的地点与铁器时代考古遗址的位置有关，这表明这些地区由于贸易而得到了更多的开发。腓尼基人是最早有组织地穿越开放海域的人之一。另外，在国家层面上，阿图科拉拉和钱德(Athukorala and Chand，2007)研究了澳大利亚100多年来的关税-增长关系。布罗德贝里和克拉夫茨(Broadberry and Crafts，2010)调查了1870年以来英国贸易开放度、劳动生产率和结构变化之间的相互作用。普洛克(Ploeckl，2013)表明，巴登在1836年加入德意志关税同盟(Zollverein)，既通过增加市场准入对经济绩效产生了"传统"影响，也导致瑞士企业家在巴登投资，因为新的关税地区会给瑞士的出口商带来更高的外部关税。考皮拉(Kauppila，2008)研究了两次世界大战之间，关税对芬兰工业活动和价格的影响。蒂拉多等人(Tirado et al.，2013)在研究西班牙1914年至1930年逐渐封闭的经济对区域工资结构演变的影响时，将新的经济地理学和关税评估结合

① 我们研究了大量单个国家级ECMs的平均关税和增长数据，确定了不同国家和不同时期的多种不同关系。费德里科等人(Federico et al.，2017)最近采用了一个类似的框架来研究贸易与增长之间的关系，得出了类似但不同的结果。

起来。以西班牙为例，后内战时期（1936—1939 年）弗朗哥将军的独裁统治是一个特别有趣的研究领域，因为它试图在自给自足的基础上治理国家。普拉多斯·德拉埃斯科苏拉等人（Prados de la Escosura et al.，2012）巧妙地研究了这一政策和 20 世纪 50 年代逐步改革的宏观经济后果；马丁内斯·鲁伊斯（Martínez Ruiz，2008）通过国内资源成本指标（domestic resource cost，DRC）研究了自给自足政策对产业效率的影响（1958 年）；德乌和利翁奇（Deu and Llonch，2013）着重研究了西班牙纺织业因技术转让渠道的封闭而导致的技术落后。一个相关的主题是拉丁美洲的进口替代工业化（import substituting industrialization，ISI），泰勒（Taylor，1998）对其战略和结果进行了系统的研究。德博维茨和西格尔（Debowicz and Segal，2014）在阿根廷的动态可计算一般均衡模型中，进一步阐明了进口替代工业化战略在结构改革和 603
工业化方面的作用。

最后，一些研究使用计量历史学方法研究了特定关税对个别新生行业的影响。这一方面的经典研究包括黑德（Head，1994）关于美国钢轨保护的研究和欧文（Irwin，2000）对美国马口铁工业的评估。最近，因伍德和凯伊（Inwood and Keay，2013）通过综合的设计和全新的识别策略，研究了贸易政策在加拿大钢铁工业现代化和扩张中的作用。尤哈斯（Juhász，2018）发现，拿破仑战争期间，在对英贸易中实施了保护措施的法兰西帝国地区，棉纺工业取得了进展。最后，亨里克森等人（Henriksen et al.，2012）论证了在 1880 年后丹麦乳制品工业最终起飞之前，奶酪关税对其盈利能力的重要性。

在确立了贸易在历史中重要性之后，我们将本章进一步划分为三节，这三节可能被认为遵循了相反的因果结构。因此，在下一节中，我们将考虑贸易在时间和空间上的范围。我们如何衡量它？历史上有哪些不同的贸易制度？当然，随着时间和截面的不同会有所不同，可以从贸易量和市场一体化两个方面来考虑，市场一体化是通过观察不同市场的价格来衡量的。它也与关于"全球化"历史范围的文献联系在一起。"什么决定了贸易？"这一节进一步追溯这些不同制度背后是什么，例如机制、技术和贸易政策。贸易政策尤其值得一提，因为它对贸易形式和范围十分重要，并且它在经济辩论中，特别是在历史上扮演核心作用。特别是在 19 世纪，政治家们相信通过管理贸易，他们可以管理整个经济。因此，我们将用"那么贸易政策的影响呢?”这一节专门来讨论如何衡量贸易政策及其决定因素。

衡量贸易和市场一体化的程度

在我们能够像上面的讨论那样探寻贸易的影响之前,我们需要能够衡量它。①显然,衡量贸易规模的最直接方法是查看贸易流量的历史记录,这些记录往往是由海关当局汇编的。另外,作为补充,计量史学家通常依赖价格信息衡量市场一体化的程度。

604 用非常笼统的术语来说,计量史学家认为,市场一体化的程度应该按照单一价格法则(交易成本调整)来衡量②,即,一体化市场应该享有套利引起的均衡,其中价格的变化不能超过它们之间交易的交易成本。因为交易成本较低,市场一体化应伴随着更多的贸易,进而它还应导致上一节所概述的效果。

关于全球化的相关论著——市场一体化文献的一个主要部分——特别是受到20世纪后期新的全球化的启发,计量史学家的兴趣很快集中在19世纪后期,他们称之为“第一个全球化时代”[许多早期文献是由奥罗克和威廉姆森总结的(O'Rourke and Williamson, 1999)]。究竟如何定义全球化,过去是,现在也是,一个有争议的问题。显然,它至少应当涉及洲际贸易,但导言中引用的奥罗克和威廉姆森的著作特别强调,贸易量的增加不足以作为暗示全球化存在的标准——毕竟,洲际贸易在以前已经扩大,特别是也许随着欧洲的“发现”美洲。它不应该被定义为小批量、高价格产品的贸易,比如已经交易了几个世纪的东方著名香料。相反,它应该是重要但基本的大宗商品(如谷物)的市场一体化。因此,在这一文献中,市场一体化被视为市场日益相互依存的一个指标,进而也是市场“全球化”的一个指标,因此,全球化就是全球范围的市场一体化。③

① 在这里,我们忽略了大量关于国内市场一体化的文献,尽管这些文献显然对国际贸易有影响,而且这些文献对方法论辩论有很大贡献。

② 参见佩尔松著作(Persson, 2004)中关于这个问题的讨论。

③ 这个定义并非没有争议。德弗里斯(de Vries, 2010)区分了软全球化和硬全球化,前者包含许多内容,很可能适用于1500年后发生变化的贸易世界,后者,或称“作为结果的全球化”,则包含例如市场的一体化。

为了衡量市场一体化的程度，我们只需要看不同市场的价格。贸易和市场一体化的程度显然是相互关联的，尽管即使没有贸易，市场也可能看起来是一体化的，而且正如我们在下文讨论的那样，在市场一体化程度较低的情况下，也可能会有大量的贸易。重要的是，贸易制度并不是简单地随着时间变化而变化，例如，在两次世界大战之间的年代，贸易保护主义更为严重，贸易水平较低，市场一体化程度低于19世纪末。它们也因空间的不同而不同，例如，英国和丹麦的自由贸易特征在19世纪晚期比法国、美国和瑞典更加明显，因此更加国际一体化。市场一体化的文献严重偏向于对时间维度的理解，因为许多研究着眼于两个国家，或者几个国家的平均数，并考察市场一体化是随着时间的推移而增加还是减少。

首先来谈谈贸易的测量，许多历史计量都集中在分析贸易流动及其后果的前置任务上，即建立数据库并审查关于跨国贸易的主要数据来源的可靠 605
性和有用性。已经有学者开始着手于最复杂的任务，衡量在诸如联合国、国际货币基金组织和世界银行等国际统计机构出现之前世界贸易的增长和地理构成，以及它们的分类（如国际贸易标准分类），最新的估计来自克拉辛和米廖尼斯（Klasing and Milionis, 2014）、费德里科和特纳-洪吉托（Federico and Tena-Junguito, 2016）以及富坎和于戈（Fouquin and Hugot, 2016）。

克拉辛和米廖尼斯（Klasing and Milionis, 2014）计算了1870—1949年的世界开放程度（进口和/或出口占国内生产总值的比例），使学者可以将其与诸如佩恩表等其他来源数据系列连接起来。它们对理解贸易量的演变贡献不大，因为它们是从政治科学家建立的战争相关数据库（Correlates of War database）中收集的可用数据（Barbieri et al., 2009; Barbieri and Keshk, 2012）。尽管如此，它们仍有一定价值，因为它们的目的是得出未按购买力平价调整的国内生产总值估计数，可与它们所使用的非按购买力平价计价的美元计价的贸易流量相比较；也就是说，它们的意义在于取消了麦迪森（Maddison, 2001）的购买力平价调整，而这种调整的基础是得出一种快捷方法，以便从受普拉多斯·德拉埃斯科苏拉（Prados de la Escosura, 2000）启发的结构方程中推导出国家与美元价格水平差异的关系。

另一方面，费德里科和特纳-洪吉托（Federico and Tena-Junguito, 2016）实际上从一开始就修正了关于国际贸易流动的全部文献，并且在大量使用计量史学文献并更全面地利用历史统计资料的基础上，成功地编制了至少从 1850 年至 1938 年的可比系列。他们还利用国家出口价格指数对贸易数据进行平减，使其能与麦迪森的国内生产总值数据进行比较，从而估算出世界（出口）开放水平。他们的工作还更详细地概述了既有的估计，并计算了 1815 年至 1938 年主要区域的贸易估计数和贸易年增长率。此外，他们还提供了各种各样的价格序列和根据到岸价差异（CIF-FOB difference）得出的平均交易成本估计数，他们的数据表明，随着时间的推移，平均交易成本是相当稳定的（约占商品价值的 7%），这显然是由于特定距离的运输成本下降造成平均运输距离的增加。

这种努力建立在两个相互关联的传统基础上：一个是汇总国家统计数据（Bairoch，1973，1974，1976；Maddison，1962；Lewis，1981），另一个与当前背景下更相关，是理解贸易统计数据的缺点和异常——经济学家往往忽略这些数据来源，而历史学家可能相反地夸大了这些资料（Platt，1971；Don，1968）。在对 19 世纪和 20 世纪初的荷兰（Lindblad and van Zanden，1989）、比利时（Horlings，2002）、西班牙（Tena-Junguito，1995）、意大利（Tena-Junguito，1989；Federico et al.，2012）、中国（Keller et al.，2011）和阿根廷（Tena-Junguito and Willebald，2013）的国别案例进行的调查中，出现了各种各样的异常，其中最引人瞩目的是（Lampe，2008），由于走私或诸如免税进出口业务等法律不要求报关的事项导致的记录遗漏，此外还包括定义上的差异，尤其是国内产品的保留（“特殊”）进出口与转运和再出口的定义差异；
606 收集数值做法或将收集的信息转化为数据的过程的不可靠；记录发运国和目的国的不同做法，这项工作通常是由最后一个陆地边境或托运港代理；以及涉及港口城市转口的问题，如德国的汉堡或中国的香港。旨在建立发运地和目的地国际可比性的开创性研究是 20 世纪上半叶由摩根斯顿（Morgenstern，1963）进行的，后来由费德里科和特纳（Federico and Tena，1991）以及卡雷拉斯-马林（Carreras-Marín，2012）、福尔奇和鲁维奥（Folchi and Rubio，2012）以及卡雷拉斯-马林和巴迪亚-米罗（Carreras-Marín and Badia-Miró，2008）对同一时期的国家和商品进行了重新的检验。兰普（Lampe，2008）在 19 世纪 50 年代至 19 世纪 70 年代对六个欧洲国家和美国进行了类似的研究。

对于19世纪以前的时期，问题更加严重，因为在许多情况下，关于港口入境、货物清单、关税收入等的数据并没有在国家一级汇总。因此，它们往往很难被解释和整合到有意义的图景中。尽管基于各国的经验和研究人员的耐心，我们能获得不同状态的知识①，但这通常会比计量史学的描述更定性。最近，通过对意大利（Vasta，2010；Federico and Wolf，2013）和中国（Keller et al.，2011）的研究，学者对国际贸易流动和个别国家比较优势转移的复杂描述投入了新的精力，一项研究还评估了随着时间的推移，集约和广泛边际（可用产品数量和产品品种）的变化。对于维多利亚后期的英国，瓦里安（Varian，2016）得出了一个可能令人惊讶的结论，即该国在许多制造业中处于显著的比较劣势。

最后，计量史学家们也发现了1945年后，国际统计数据更容易收集，国家和部门的比较计算也更容易构建。这方面的例子包括塞拉诺和皮尼利亚（Serrano and Pinilla，2011）以及奥拉（Hora，2012）的作品。

现在转向市场一体化，关于可用价格序列的一般准确性和可用性的文章相关较少。虽然这个问题有时会在个别研究中讨论，但更多的时候，计量史学家会“尽其所有”地进行研究。然而，布伦特和坎农（Brunt and Cannon，2013，2014）的一些有价值的研究却采取了更为批判性的立场。在第一份报告中，他们对英国谷物的所谓公报（Gazette）价格进行了仔细的评估，该价格已被用于大量研究中。他们发现，作为衡量价格水平的一般指标，它们的质量普遍较高，但他们也指出了一些限制因素，这些因素包括质量的波动、国内谷物消费份额的变化以及观察单位定义的变化。在他们的第二项研究中，布伦特和坎农在此基础上探究了在不考虑统计数据缺陷的情况下被引入市场一体化研究的偏差。特别是，这个问题产生于使用不常见的数据来 607
衡量价格冲击的半衰期这一做法，我们将在下面的讨论中谈到这一点。

关于市场一体化及其衡量方法的文献非常多，但费德里科（Federico，2012a）的优秀调查几成不刊之论。下面的论述主要就是基于他的文章。他

① 例如，参见昆卡-埃斯特万（Cuenca-Esteban，2008）对外贸总额的一个子集——西班牙和英国殖民地贸易的来源和知识的比较说明、汤姆森（Thomson，2008）关于18世纪西班牙棉花进口的情况、曼考尔等人（Mancall et al.，2008，2013）重建的英国美洲殖民地的出口数据序列。

的调查包括了在2009年12月31日之前写的所有关于市场一体化的文章及其工作论文，读者可以参考这个日期之前的作品以完成更完整的文献调查。因此，我们现在总结这篇文献和它的结论，并用最近5年的数据为其更新。

在市场一体化的文献中，有大量的方法可被用来衡量市场一体化的程度。同样，关于市场一体化程度的结论也存在差异，一个长期存在的问题涉及“全球化何时开始”。我们从方法论的辩论开始。费德里科对此的主要观点之一是，为了理解市场一体化，必须有一个清晰的理论框架。特别是，我们应该把它理解成两个可分离的方面：第一，均衡价格水平应该是一定的（单一价格定律）；第二，价格应该在受到冲击后迅速回到这种均衡状态（他称之为“效率”）（参见 Cournot, 1838）。

验证第一个条件会导致一个明显的问题，即由于市场的不完善以及运输和其他交易成本的存在，它在实践中很少能够得到满足。奥罗克和威廉姆森（O'Rourke and Williamson, 2004）认为，最好的方法是观察趋势，看看价格是否会随着时间的推移而趋于一致。然而，尽管这种方法在两个市场都行之有效，但随着市场数量的增加，情况就变得更加复杂，因此，大多数计量史学家都专注于两个市场之间的价格趋同问题。因此，佩尔松（Persson, 2004）、梅茨勒（Metzler, 1974），奥罗克和威廉姆森（O'Rourke and Williamson, 1994）等人制作了简单的图表，或者对价格差距或相对价格趋势进行了简单回归。

费德里科采用的首选方法是计算变化系数，因为它可以同时汇总来自若干市场的价格信息，并根据趋势将其回归：负的显著系数意味着一体化（σ收敛）。市场群体对离散度变化的贡献可以通过简单的方差分析计算（Federico, 2011; Sharp and Weisdorf, 2013）。然而，费德里科（Federico, 2012a）指出，仅根据价格推断市场一体化程度是有风险的，除非添加其他信息，特别是关于贸易存在的信息。这是因为价格差距的缩小可能反映了两个地点之间交易成本的下降，但它也可能反映了信息效率或可用性的提高（或者相反），或者它可能揭示了通过交易成本下降的其他市场进行的间接套利的情况。

另一方面，对“效率”的检验，即套利力量的强度，有很多方法，每一种方
608 法都有它特定的弱点。首先，协整意味着价格差异将在套利冲击后回归均衡。使用向量误差修正机制（vector error correction mechanism, VECM），可以同时检验协积分关系的存在和估计冲击的半衰期（例如，参见 Ejrnæs et

al., 2008)。然而,正如泰勒(Taylor, 2001)所解释的那样,只要交易成本为正,这就会导致修正规模的高估。因此,他提出了一些替代性的方法,如阈值自回归模型(threshold autoregnessive, TAR),这意味着价格只收敛到“商品点”(commodity point),即价格差异,超过这一差异,在支付交易成本后套利就会变得有利可图(例如,参见 Obstfeld and Taylor, 1997; Jacks, 2005, 2006a, b)。

第二种方法是共同波动,这意味着价格的共同波动是由套利行为引起的。在最简单的形式中,这相当于计算两个价格之间的相关系数或它们之间的 OLS 回归。为了避免偏差,如果这些价格有共同的趋势,数据可以去趋势化,例如通过一次差分(例如,参见 Chartres, 1995; Ljungberg, 1996; Peña and Sánchez-Albornoz, 1984)。最近,贝叶斯方法也被应用(Uebele, 2011)。第三,方差检验可以揭示,套利减少了局部冲击的影响,从而降低了价格的波动性(例如,参见 Shiue and Keller, 2007; Persson, 1999; Bateman, 2011),尽管费德里科指出,这种波动性的下降也可能是天气或技术等变化的结果。

除了上面讨论的缺点之外,费德里科对所有这些效率措施都持悲观态度,因为它们无法确定市场一体化的相对强度(例如,在我们声称“强”一体化之前,价格之间的相关性应该有多高)。此外,成功的推断要求区分交易地点和非交易地点的可能性,因此我们必须确定与套利无关的共同冲击不会使一体化向上偏置,而且假定参数为常数的模型(通常在很长一段时间内)是很具体的。此外,还不清楚对多个国家的结果,例如它们价格的相关系数,如何能够聚合成一个更普遍和连贯的图像。费德里科指出的其他困难在于现有数据,这些数据往往太少,无法令人满意地衡量调整的速度,而且只适用于某些可能不具代表性的大宗商品(通常是谷物)。最近布伦特和坎农(Brunt and Cannon, 2014)再次提出了这一观点,并用英国的数据衡量了偏差的程度。

接下来,我们将从关于如何衡量市场一体化以及它的确切含义的偏技术性的争论中抽象出来,并从文献中总结出一些最重要的结果。费德里科(Federico, 2012a)指出,大多数衡量市场一体化的论文所覆盖的时间相对较短,而且其中大多数关注的是漫长的 19 世纪(即从拿破仑战争到第一次世界大

609 战）。他解释说，结果总结起来很简单。首先，在近代早期之前，欧洲内部和各大洲之间都出现了一体化和解体的浪潮。其次，一体化在 19 世纪上半叶有所增加，但在 19 世纪末，由于保护主义日益加剧，这一进程放缓了，最后导致在两次世界大战之间出现了众所周知的市场解体。费德里科（Federico, 2012a）也指出，关于两次世界大战之间的市场一体化的文献可能出奇地少。①

不幸的是，这种概括掩盖了一些争论。例如，尽管奥罗克和威廉姆森（O'Rourke and Williamson, 2002a）认为，在近代早期没有跨大西洋一体化，但勒恩贝克（Rönnbäck, 2009）看到了一波一体化和解体的浪潮，根据所研究的路线和商品的不同，差异很大。杰克斯（Jacks, 2005）是第一个提出市场在 19 世纪中期之前就开始一体化的人。夏普和魏斯多夫（Sharp and Weisdorf, 2013）提供了北美和英国之间贸易的典型例子，证明了从美国进口小麦到英国的重要性，这些小麦进口的证据早在 18 世纪中期就已经存在，但是随着市场一体化不断受到破坏，尤其受法国和拿破仑战争的影响。②同样，多巴多-冈萨雷斯等人（Dobado-González et al., 2012）使用一种新的方法③来检验 18 世纪和 19 世纪欧洲和美洲之间的谷物市场一体化，发现逐步一体化的进程也伴随着一些倒退。再往前追溯，奥罗克与威廉姆森（O'Rourke and Williamson, 2009）的最新研究表明，15 世纪和 16 世纪的欧洲航海发现导致了欧洲香料市场融入了亚洲香料市场（尽管试图垄断香料市场）和欧洲内部香料市场的一体化。当然，他们不会把这归类为全球化的证据。德茨沃特（de Zwart, 2016）发现，荷兰东印度公司（VOC）交易的商品在欧洲和亚洲之间出现了价格趋同现象，尽管这在很大程度上是由于荷兰东印度公司能够控制商品市场。费德里科和特纳-洪吉托（Federico and Tena-Junguito, 2017）描述了 1800—2010 年的贸易和开放趋势，发现第一次全球化始于 1820 年

① 参见海因斯等人最近的论文（Hynes et al., 2012）。

② 杰克斯（Jacks, 2011）也研究了战争的影响，他研究了对法战争期间的英国，以检验战争对市场一体化的影响，发现影响市场一体化的因素主要是通过国际贸易联系的中断和战时事件新闻的到来发挥作用。布伦特和坎农（Brunt and Cannon, 2014）支持了这一发现。

③ 他们的方法利用了市场之间相对价格变量模型残值的离散度。

左右，结束于1870年，贸易继续增长（除了大萧条期间），但开放（和贸易收益）程度波动很大。直到1970年以后，对外开放才再次恢复了稳步上升的趋势。最后，富坎和于戈（Fouquin and Hugot，2016）使用了一个新的1827—2014年历史贸易数据库和一种基于理论的衡量方法来评估双边贸易成本（贸易变化的反向衡量方法），然后将这些成本作为贸易路线的指数加以汇总。他们发现有证据表明，全球化在1840年左右已经开始（尽管它主要与贸易模式的更大区域化有关），并且质疑19世纪后期运输技术和自由贸易政策改进所起的作用。

关于欧洲内部的市场一体化也存在类似的争论，厄兹库莫尔和帕慕克 610
（Özcumur and Pamuk，2007）反对19世纪之前存在一体化的观点，而佩尔松（Persson，1999）则主张整个欧洲的粮食市场一体化早在18世纪就已经开始了。贝特曼（Bateman，2011）最近的研究工作表明，市场一体化程度在16世纪早期和18世纪后期是一样的，但在这两段时期之间出现了严重的萎缩，而齐洛斯等人（Chilosi et al.，2013）使用了100个欧洲城市粮食价格的大型数据库证明了，在1620年到第一次世界大战这段时期，市场一体化是循序渐进的，而不是突然的。①

什么决定了贸易？

如上所述，贸易理论提供了一个框架，在这个框架内，经济学家和计量史学家可以理解他们观察到的贸易模式的原因。然而，对贸易理论的直接检验并不多见，而且往往没有定论，不仅从历史的角度来看如此，在较近的时期也是如此。埃斯特瓦德奥尔达尔和泰勒（Estevadeordal and Taylor，2002）对赫克歇尔-俄林-巴涅克（Heckscher-Ohlin-Vanek）贸易理论进行了一系列的检验，即验证在1913年，按工业分类的18个国家的贸易，预测的和观察的要素含量是否相关。对于标准的生产要素、资本要素和劳动要素，预

① 对欧洲以外市场的分析通常被忽视了，但参见潘扎（Panza，2013）最近的研究。她特别关注棉花工业，研究表明近东在19世纪末融入全球经济。

测的和观察到的要素含量之间的相关性很低，而对于（特别是不可再生的）自然资源，他们的研究结果表明，要素丰度和观察到的贸易模式似乎非常吻合。

一个类似的文献从价格的角度考察了要素禀赋理论是否成立，即生产使用相对丰富的要素的商品，其“自给自足价格”是否相对便宜。通常情况下，自给自足的价格是无法观察到的，因此，根据赫克歇尔-俄林的论点，文献关注的是市场一体化，即贸易壁垒的减少，是否会导致商品和要素价格的收敛。这类观点的主要倡导者是奥罗克和威廉姆森（O'Rourke and Williamson, 1999）关于全球化和历史及其背景的论文。然而，贝恩霍芬和布朗（Bernhofen and Brown, 2004, 2005, 2011）使用日本封闭经济在 1853 年/1857 年开放这一案例及其丰富的可用数据，直接评估了开放后因出口而显现的自给自足产品价格，发现赫克歇尔-俄林模型不能被拒绝或被这一自然实验所证实。

除了这些可以说是严格以赫克歇尔-俄林模型为导向的文献之外，研究人员试图使用经验限制较少的设计解释贸易的增长，主要是以引力模型为基础，既用来解释特定时期的世界贸易增长，又用通过比较跨部门双边贸易
611 流量或面板数据得出的巨大差异来推断贸易增长的决定因素。引力模型是从牛顿物理学中的一个简单但微观的学术理念引申而来的：两国间贸易流量（对数）与各自经济体的规模以及两国之间的经济（地理、制度、文化）距离成正比。然而，理论动机和计量经济学应用已经表明，黑德和迈耶（Head and Mayer, 2014：Eq.4, 138）所提出的简单、“朴素”的重力方程有重要缺陷。

$$X_{ni}=GY_i^aY_n^b\phi_{ni} \tag{8.1}$$

其中，Y 是进口商和出口商的国内生产总值，ϕ 是距离，G 是引力（跨部门）常数。基于安德森和范温库普（Anderson and van Wincoop, 2003）首先提出的显著观点表明，经验主义贸易经济学家建议引入代表所谓“多边阻力”的指标，也就是说将与国别特征相关的“本土偏好”纳入模型，这种偏好使得它们或多或少不愿意进行国际贸易。由于通常假定这些是随时间变化的，因此，典型的方法是纳入国家-年的固定效应，但是这种方法排除了回归中每年在国家一级确定的任何其他变量，例如国内生产总值、人均国内生产总

值等。

因此，埃斯特瓦德奥尔达尔等人(Estevadeordal et al., 2003)使用引力方程来评估“世界贸易的兴衰”背后的驱动因素，首先估计引力模型，其中包括运输成本、关税和金本位的货币制度安排，然后使用这一估计校准1870年、1900年、1929年和1938年的反事实情况，这些变量中均取其1913年的值。他们发现，1870年的世界贸易将是实际价值的五倍，世界开放程度(贸易/国内生产总值)将是实际价值的两倍。相对于实际开放程度，反事实情况下的开放程度更高的主要原因是金本位制的普及、运输成本的降低以及收入的趋同，尤其是在1900年之前，而关税的变化没有起到任何作用。根据埃斯特瓦德奥尔达尔等人的估计，如果能避免两次世界大战期间运输成本的增长，将金本位维持在1913年的水平，并避免随之而来的，特别是1929年之后的关税增长，那么1939年的反事实情况下的贸易价值将提高近60%，同样情况下的开放程度将提高141%。其中一些结果已在随后的侧重于个别贸易决定因素的研究中得到了重新的审视，如下文提到的杰克斯和彭达库尔的研究成果(Jacks and Pendakur, 2010)。

奥罗克和威廉姆森(O'Rourke and Williamson, 2002b)对1500年至1800年之间欧洲洲际贸易年增长率为1.1%的驱动因素进行了类似的评估，但他们依赖的是更稀缺的数据，并结合了数量和价格差距的信息。他们的结论是，后哥伦布时期贸易繁荣的一半到三分之二不是由于运输成本的下降——他们发现由于“垄断、国际冲突、海盗和政府限制”，运输成本不稳定且微不足道(O'Rourke and Williamson, 2002b:426)——而是由于欧洲用于“外来”商品的剩余额外收入(即地租的增长)的增加。这引发了更多关于“全球化是何时开始”的讨论，下面我们将在以价格为基础的市场一体化文献背景下进行考察。

对于大约1850年到1940年这整个时期，以及由各项研究的研究问题所 612
决定的细节时间段，研究人员在引力模型的前提下使用了贸易量的数据，来调查决定贸易流动的不同因素的意义和重要性。下面对这些问题先进行一个简短的概述。除埃斯特瓦德奥尔达尔等人之外，尽管所有的引力模型都包含了一些国家规模(国内生产总值)或生产率/购买力(人均国内生产总值)的替代指标，但基于引力模型的文献重点并不是直接将收入增长或趋同作为双边贸易绩效的主要决定因素。

相比之下，距离吸引了相当多的注意，特别是自对19世纪后期全球化的经典描述以来。奥罗克和威廉姆森(O'Rourke and Williamson, 1999)认为运输技术的(外生的)创新，如铁路和蒸汽船，是这一时期市场整合的主要驱动力。正如埃斯特瓦德奥尔达尔等人所做的，将地理距离与运输成本因子相乘来计算“有效距离”，传统上采用伊赛利(Isserlis, 1938)的海运费率指数，并经穆罕默德和威廉姆森(Mohammed and Williamson, 2004)改进。然而，这是假设贸易成本的变化与贸易线路的变迁或实际运输方式上的发展具有一致性的基础上。①杰克斯和彭达库尔(Jacks and Pendakur, 2010)使用不同路线运输成本的更精确的数据和可信的工具变量，认为导致贸易增长的不是运输成本的降低，而是1870年和1913年之间双边贸易的增加导致的运输服务需求增加降低了运输成本。然后，他们重新计算了这一时期贸易增长的来源，将其中76%归因于收入增长，18%归因于收入收敛，并将相对较小的份额归因于金本位制(6%)和汇率波动下降(2%)，而同这一时期平均关税的轻微增加产生了负面影响(-1.4%)。

然而，在随后的研究中，杰克斯和他的合作者(Jacks et al., 2008, 2010, 2011a)推导出了基于引力模型的贸易成本衡量方法，该方法理论上包括了与国内贸易相比的国际贸易的所有成本，即双边贸易的所有决定因素的增长并不对应于收入增长。它们表明，这些成本在不同国家各有不同，个别贸易伙伴国家的平均费用波动很大，且随着时间的推移也有很大差异；这些费用也显著高于现有的相应从价运费估计值。1870—1913年，它们平均下降了33%，从1921年至1939年上升了13%(有相当大的波动)，从1950年至2000年下降了16%(Jacks et al., 2011a:190—192)。

估计这些贸易成本的决定因素时，距离、关税、金本位、大英帝国和合资铁路密度(Jack et al., 2010:135)以及广泛的固定汇率制度、共同语言、帝国
613 成员、三个时期的共享边界(Jack et al., 2011a:194)是1870—1913年贸易增

① 最近，皮尼利亚和拉耶斯(Pinilla and Rayes, 2017)对“美好时代”(Belle Epoque)的阿根廷采取了类似的方法，他们发现运输成本对阿根廷出口的成功起着重要作用，但关税的作用不那么重要。

长的重要决定因素。从1870年到1913年，世界贸易增长了486%，其中290%可以用贸易成本的下降来解释，其余的大部分主要是由于产出的增加。他们发现1921—1939年世界贸易增长为0%，贸易成本的增加本来会导致贸易下降87%，而收入增长几乎以相等的贡献抵消了这一影响（Jacks et al., 2011a:195；参见 Jacks et al., 2008:534）。杰克斯-迈斯纳-诺维交易成本测度不能作为引力方程中经济距离的测度，因为它是基于引力方程本身计算的。因此，评估其组成部分对贸易系统变化的重要性，意味着首先要预测贸易成本方法及其对贸易的数量重要性，然后估计贸易成本的决定因素，并从那里间接确定它们对贸易的影响。到目前为止，在这个方向上的文献还没有超出这里描述的最初发现。

然而，研究人员在引力模型框架内估计了双边贸易流动的各种与贸易成本有关的决定因素的影响。关于运输和交易成本，这包括物理运输基础设施（铁路英里/密度，例如，Lew and Cater, 2006; Mitchener and Weidenmier, 2008）和促进信息流动和航运协调的通信基础设施［在刘和卡特（Lew and Cater, 2006）的研究中，以双边电报总量作为衡量电报的指标］。尽管从杰克斯和彭达库尔（Jacks and Pendakur, 2010）的意义上，这两者都可能是贸易流的内生因素，但迄今为止，没有人将信息传输成本或国际交通或信息流的实际数量包括在内。

汇率制度，特别是金本位制，也一直是辩论的核心，因为它在第一次世界大战前的全球化以及第一次世界大战后的不稳定和大萧条中都占据了突出地位。于前一个时期，洛佩斯-科尔多瓦和迈斯纳（López-Córdova and Meissner, 2003）发现，金本位制对贸易有明显的促进效应：实行金本位制的国家之间的贸易额比"不实行金本位制的国家高出30%"，因此，如果不是金本位制的广泛传播，1913年的世界贸易额将比实际水平低20%左右。弗朗德罗的论文（Flandreau, 2000，这似乎已经被认为是第一篇计量经济学引力模型论文）以及他和莫雷尔的论文（Flandreau and Morel, 2005）以类似的方式，评估了斯堪的纳维亚和拉丁货币联盟以及奥匈货币联盟对贸易流动的影响，结果发现拉丁货币联盟对贸易流动的影响不大，但奥匈帝国和斯堪的纳维亚的货币联盟显然更加协调且对贸易流动有显著的正面影响。蒂米尼（Timini, 2018）将目光投向拉丁货币联盟，证实其总体上缺乏对贸易的重大影响,但表明在最早期(1865—1874年),该联盟确实产生了影响,但这些影响主要是集中在作为其“枢纽”的法国和作为其“轮辐”的其他成员国之间的贸易上,但在后者之间的影响微不足道。

学者们对两次世界大战期间贸易和货币集团的形成进行了特别的分析。艾肯格林和欧文(Eichengreen and Irwin, 1995)发现,英联邦成员国(1932年“渥太华协定”签约国)和帝国马克集团(Reichsmark bloc)成员国之间在1928
614 年(也就是说,在它们因大萧条而形成“集团”之前)就已经开展了很多贸易。里奇尔和沃尔夫(Ritschl and Wolf, 2011)更正式地重新评估了这一问题,基于最优货币区论点建立了内生性模型。他们基本上证实了,如果考虑到各国自行选择进入这些集团时,对不同集团成员之间的贸易创造的粗略估计就会消失。政治学家戈瓦和希克斯(Gowa and Hicks, 2013)最近用一个更大的数据集重新审视了这个问题。他们证实,没有任何一个成员国之间的贸易增加了整个集团的贸易,并强调了大国(以及20世纪30年代集团的“支柱”)之间的政治冲突与合作,是解释两次世界大战之间贸易模式的一个重要组成部分。

最近,艾肯格林和欧文(Eichengreen and Irwin, 2010)已经表明,至少在20世纪30年代,灵活的货币政策和贸易限制可相互替代,如果货币政策(例如金本位的“束缚”下)在解决国内问题时被限制使用,贸易限制就被用作替代品。这就引出了对外贸易的下一个经典决定因素:贸易政策。研究调查了两个方面——关税(通常以下文讨论的从价平均关税为代表)和贸易协定的影响,以虚拟变量来表示。对于前者的研究是有限的,尽管兰普(Lampe, 2008)、弗朗德罗和莫雷尔(Flandreau and Maurel, 2005)以及埃斯特瓦德奥尔达尔等人(Estevadeordal et al., 2003)研究发现的迹象表明,在第一次世界大战之前,关税水平和变化与国际收入呈显著的负相关(占国内生产总值比例),但杰克斯(Jacks, 2006b)则以为二者呈正相关,而马德森(Madsen, 2001)发现关税对两次世界大战之间的贸易有显著的负向影响。关于贸易协定,19世纪中后期的良性双边主义和两次世界大战之间的恶性双边主义都曾用引力模型加以评价。

就19世纪的最惠国条款的贸易协定而言,无论是阿科米诺特和弗朗德罗(Accominotti and Flandreau, 2008:1850—1880年)还是利(Ly, 2003:

1870—1913 年),均认为系数微不足道,前者认为将 1860 年的《科布登-舍瓦利耶条约》视为 19 世纪全球化的基石是不合理的。兰普(Lampe, 2009)重新检验商品层面的证据,认为 19 世纪世界贸易双边主义实际上并不是出于增加世界贸易的目的,而是要交换各自偏好的特定商品,他确实发现了欧洲科布登-舍瓦利耶网络(1860—1875 年)的第一波贸易促进效应。

对于在两次世界大战之间的时期,除上述引用的文献外,德布罗姆德等人(de Bromhead et al., 2019)通过 1931 年的《进口关税法案》和 1932 年的《渥太华协定》评估了英国自 1932 年以来提高关税税率和数量限制以及转向帝国特惠制的影响。他们提供了一个详细的商品数据库,这个数据库显示保护主义的增加可以解释 20 世纪 30 年代英国进口下降了四分之一,但超过 70%的进口转向大英帝国生产。在这种情况下,保护主义确实对贸易总量有影响,但对其地理构成影响更大。同样,戈瓦和希克斯(Gowa and Hicks, 2013)在一项关于总贸易流量的研究中发现,尽管帝国特惠制度似乎
没有显著增加或调整成员之间的贸易,但英国在该制度影响下的贸易似乎 615
已转向特惠集团。相比之下,杰克斯(Jacks, 2014)关于 1932 年《渥太华协定》对加拿大商品以及贸易模式影响的研究,使用了一种按季度频率计算贸易流动的双重差分方法,表明帝国经济会议将对加拿大与其他签约国之间的贸易产生了重大影响,但一旦协定成立,其直接影响非常不明确,因此他得出结论认为,"从加拿大的角度来看,这次会议是失败的"。

另一个可能降低交易成本的军事-政治-经济制度与上面讨论的两次世界大战之间的贸易集团和帝国特惠制度有关,那就是殖民主义,由于共同的经济和法律框架、行政实践、优惠的市场准入以及潜在的移民、定居和文化同化,可能会促进贸易。米奇纳和魏登米尔(Mitchener and Weidenmier, 2008)使用 1870—1913 年的大型双边贸易流数据集(超过 2 万个观察数据)研究了殖民关系对贸易的促进作用,发现成为帝国成员对贸易有显著的积极影响,帝国成员之间的贸易比非成员增加了一倍以上。这一效应对于美国和西班牙这些相对较小的帝国来说显然是最大的,但对于英国、法国和德国这些殖民帝国来说也是相当大的。其次,他们用一组交易成本(共同语言、加入帝国的时间长短、帝国货币联盟)和贸易政策相关变量(帝国关税联盟和优惠市场准入指标)对模型进行了重新估计,并表明所有这些都是贸易

的重要决定因素，证实了帝国贸易成本函数的下降。黑德等人（Head et al.，2010）的研究表明，即使在独立后，这些趋势也持续存在，但随着时间的推移会减弱，可能是因为“交易资本”的贬值。

改变政治关系的另一种形式是重新划定国家边界。第一次世界大战后的《凡尔赛和约》提供了一个准自然的实验，尤其是对于部分战前德国地区，哈布斯堡帝国的解体，捷克斯洛伐克、匈牙利和波兰的独立，以及南斯拉夫的形成。边界效应通常是由价格数据来估计的，但是在一系列的文献中，舒尔策、沃尔夫和其合作者（Trenkler and Wolf，2005；Wolf，2005，2009；Heinemeyer，2007；Schulze and Wolf，2009，2012；Schulze et al.，2008，2011）利用地区间和新旧边境之间的铁路运输贸易统计数据，估计了新旧边境对新旧政治实体的影响。两个核心发现是，首先边界往往是内生的，其影响会随着时间的推移而持续，同时，在这里，民族语言构成，即文化联系，似乎在解释贸易流动方面发挥了重要作用（Schulze and Wolf，2009；参见 Lameli et al.，2015）。

冲突和军事联盟也被证明是阻碍贸易流动的重要决定因素。戈瓦和希克斯（Gowa and Hicks，2013）强调了某些军事联盟在两次世界大战之间的重要性，而拉赫曼（Rahman，2010）评估了 1710 年至 1938 年间与核心海军力量结盟的影响。格利克和泰勒（Glick and Taylor，2010）对贸易与战争的关系进行了研究，表明战争对贸易有显著的负面影响，而且这种影响可以一直持续到战后的第 8 年，不仅影响对立两派之间的贸易，而且影响其与第三
616 方国家之间的贸易。他们用这一结果来量化一战和二战造成的贸易损失占世界国内生产总值的比例，分别为战前国内生产总值的 10%和 17.6%，与贸易相关的国内生产总值损失分别为 4.4%和 4.2%。

与此相关，一些研究也表明，民主国家之间的贸易更多（Gowa and Hicks，2013）。各种文件还通过不同于引力方程的方法强调了国家体制因素对贸易方向的重要性：桑切斯等人（Sánchez et al.，2010）表明，19 世纪和 20 世纪初哥伦比亚的土地冲突减少，土地产权更加安全，有助于增加由出口导致的咖啡种植和咖啡生产的投资。列伊（Rei，2011）研究了制度选择的决定因素，研究了哪些制度选择决定了早期现代商业帝国的长期表现。

市场一体化研究对这类文献有什么贡献？显然，许多被确定为贸易决定

因素的因素，例如贸易政策和战争，也将影响市场一体化。继哈利（Harley，1980）之后，奥罗克和威廉姆森（O'Rourke and Williamson，1999）认为正是跨大西洋运输成本的下降导致了19世纪后期的全球化，尽管佩尔松（Persson，2004）与后来他和费德里科合著的研究成果（Federico and Persson，2007）都认为下降的主要是美国国内的运输成本，而不是跨大西洋的运输成本，特别是在铁路网扩展的影响下。他们观点的基础是对“运费因素”的计算，即运输一单位货物的成本除以该货物的价格。这可被视为航运成本的从价计量，相当于关税的从价计量（见下文），也是比实际运费标准指标更准确地反映航运成本对市场一体化的影响的指标。

除了运输成本，市场一体化文献主要集中于证明市场整合和解体的事实，而不是测试和估计这背后的因素，尽管通常也会给出理由。例如，奥罗克（O'Rourke，2006）论证了重商主义冲突限制了18世纪大宗商品市场的一体化，夏普和魏斯多夫（Sharp and Weisdorf，2013）认为贸易政策、战争和政治是18世纪和19世纪英美市场一体化波动事实背后的原因，而运输技术的革命性变革在很大程度上启发了19世纪的全球化。对于欧洲，特别是波罗的海地区，安德松和永贝里（Andersson and Ljungberg，2015）已经证明，随着小麦和黑麦（尽管不是燕麦和大麦）融入大西洋经济，距离对市场一体化的作用消失了。在第一个全球化时代的另一端，海因斯等人（Hynes et al.，2012）指出，1929年后的解体是由贸易壁垒、金本位的崩溃和信贷困难造成的。

杰克斯（Jacks，2006a）对这一争论作出了特别显著的贡献，他直接关注是什么推动了19世纪商品市场一体化。通过大量的谷物价格的面板数据，他发现了计量经济学证据，证明了运输技术、地理、货币制度、商业网络/政
策的重要性，以及在跨部门和时间维度上的冲突。在最近的研究中，艾尔奈 617
斯和佩尔松（Ejrnæs and Persson，2010）证明了在跨大西洋电报建立后，由于更快的套利（效率），芝加哥和利物浦之间的市场效率得到了改善，并从减少无谓损失的角度量化了收益。施泰因文德（Steinwender，2018）进一步采用了这一方法，发现电报普及之后的信息摩擦越小，由于对需求冲击的反应越有效，贸易流量就越大，但也越不稳定。

最后，根据跨大西洋奴隶贸易的数据，勒恩贝克（Rönnbäck，2012）表明，

近代早期一些市场一体化是由于船舶运输速度的提高，这一发现得到了索拉尔和亨斯(Solar and Hens, 2015)的支持，他们发现，英国东印度公司船舶前往亚洲的航行时间在17世纪70年代至19世纪20年代减少了四分之一至三分之一，这主要是由于采用了覆铜船壳，其速度提高了大约11%，而且无需在开普敦停留。同样，凯利和奥格拉达(Kelly and ÓGráda, 2018)使用一个大型的日志数据库来估算1750年至1850年的日航行速度，结果发现，与西班牙和荷兰船只相比，英国船只的日航行速度有了稳定的提高。

那么贸易政策的影响呢？

正如本章第一节所述，经济史和现代经济学中贸易的一个关键特征是存在政策性贸易壁垒。原则上，贸易政策是任何影响进出口数量和价值的政策。它可以通过征收关税和其他商品专用税来实现，如果这些税收不能完全等同于国内税收，就会引起进口商品和国内生产商品之间的相对价格的变化，也可能引起不同种类商品之间的相对价格的变化，这取决于这些关税的税率和需求、供应和替代的弹性。理想的情况是，为了研究贸易政策，我们希望对各种形式的关税以及相关贸易成本的立法，如垄断、港口关税、河流和海峡通行费、禁令、规章等，制定一个综合衡量标准。然而，从现有的历史数据来看，这在理论上是困难的，实际上也是不可能的。

因此，大多数研究是以所谓的平均从价等值关税率(average ad valorem equivalent tariff rate, AVE)代理贸易限制因素，如其名称所示，这一税率应当代表广泛的重量或体积的平均从价关税，以及进口商或出口商必须在收费公司或海关缴纳的其他关税。在实践中，这通常用海关收入与进口总额的比率来估计，并在可能的情况下将进口和出口关税收入分开。在经济史学家中，这一措施在几个方面受到了广泛的批评。第一，它没有考虑非关税壁垒，即贸易限制，如阻碍了贸易的配额或繁文缛节要求。第二，它有效地按每种商品在进口中所占的份额对税率进行加权，这将受到关税结构的影响，
618 响，如果这不是完全平衡的非扭曲(Estevadeordal, 1997:91—93)。第三，它没有区分保护性关税和所谓的财政关税，前者有效地扭曲了国内市场与世

界市场的价格关系，后者是对无需求商品（通常是那些不是国内生产的商品）征收的关税，作为对“奢侈品”消费征收间接税的一种简单方式。最后这一点在19世纪尤为重要，因为很多国家的部分政府收入来自这种进口关税（Tena-Junguito，2006a，2010），尽管解决方案并不明显，因为以这种方式征税的“财政商品”本应有一些国内生产的替代品，因此财政关税会扭曲价格，有利于这些替代品的生产者。

在实践中，从价等值关税率的广泛使用通常有几个原因（见Eichengreen and Irwin，2010：881—882；Lampe and Sharp，2013）。其一，由于数据的限制，很难想象如何计算出更好的度量。其二，不仅在一个国家[在19世纪至20世纪中期的美国（Irwin，2010）]，而且在目前许多国家中（Kee et al.，2008），从价等值关税率都被证明与更加符合理论的方法存在显著关联。对于有兴趣使用从价等值关税率的研究人员来说，克莱门斯和威廉姆森（Clemens and Williamson，2004）、舒拉里克和索洛莫（Schularick and Solomou，2011）以及我们构建的（Lampe and Sharp，2013）基础数据库可供使用。

然而，替代方法确实存在。它们被构造得与理论更加一致，并且已经在计算某些国家和某些时期时得到运用。它们包括所谓的有效保护率（Balassa，1965）、贸易限制性指数（Anderson and Neary，2005）、名义援助率（Anderson et al.，2008）和利默尔（Leamer，1988）的贸易密度比率。

有效保护率将关于个别货物关税的信息与投入产出表结合起来，以评估最终产品、初级材料和中间投入之间的保护结构，并在总体指数中相应权衡这些保护率。费德里科和特纳（Federico and Tena，1998，1999）以及特纳-洪吉托（Tena-Junguito，2006b，2010b）根据400—500种商品的单项关税率和不同的投入产出表，计算了19世纪70年代至20世纪30年代选定年份中意大利和西班牙的有效保护率。博林（Bohlin，2005、2009）也对瑞典进行了类似的工作。

由芬斯特拉（Feenstra，1995）和基等人（Kee et al.，2005）简化的安德森与内亚里（Anderson and Neary，2005）的贸易限制性指数（trade restrictiveness index，TRI），是在可计算的一般均衡框架和关于个别商品关税和进口需求弹性的数据的共同推动下提出的，由此建立了一个统一的从价关税率计算方法，这相当于现有不同关税率结构的福利水平；它可以直接转化为与国内生产总值份额等值的静态无谓损失(deadweight loss, DWL)。欧文(Irwin, 2010)以及博利厄和切尔尼夫琴(Beaulieu and Cherniwchan, 2014)计算了自19世纪中期以来美国和加拿大的贸易限制性指数和无谓损失。欧文(Irwin, 2005, 2007)根据价格数据设计了一个类似的方法,以评估1807—1809年杰弗逊贸易禁运的无谓损失(约占1807年美国国内生产总值的5%)和19世纪后期美国高关税造成的部门间转移,例如,由进口替代商品价格上涨而引发的从消费者向生产者的经典转移。

619 “名义援助率”背后也有类似的考虑因素,它主要是为了评估农业保护的程度,即“相较于在没有政府干预的情况,政府政策提高(或降低)生产者总回报率的百分比”(Swinnen, 2009:1501),方法是将个别商品的国内市场价格与国际市场价格进行比较,如有必要,在计算中加入国内补贴。斯温宁(Swinnen, 2009)计算了比利时、芬兰、法国、德国、荷兰和英国从1870年到1970年的各种农业和畜牧业产品的名义援助率。

最后,埃斯特瓦德奥尔达尔(Estevadeordal, 1997)提出了1913年18个国家“贸易强度比”的结果。该方法估计了基于赫克歇尔-俄林的贸易流动结构方程,并将预测双边贸易流动的总和与每个国家的实际贸易进行比较,将剩余部分解释为对每个国家市场的保护(或开放)措施。

最近的研究也关注评估不同商品市场群里的相对税率,而不是总体平均保护措施,比如在特纳-洪吉托的论文和他与合作者发表的论文中(Tena-Junguito, 2010a; Tena-Junguito et al., 2012),都比较了19世纪大量样本国家的制造业关税和潜在的技能偏差。奥罗克和莱曼(O'Rourke and Lehmann, 2011)区分了农业、工业和收入关税。

另一种与此相关的文献关注的是个别商品的关税,有时仅限于一个国家。其选取的主要例子是英国《谷物法》及其浮动标准(Williamson, 1990a; Sharp, 2010),费德里科(Federico, 2012b)也从比较的角度进行了讨论;还有美国的棉花关税(Irwin and Temin, 2001)以及美国原棉出口可能的最优出口关税(Irwin, 2003),这个话题也适用于两次世界大战期间的埃及(Yousef, 2000)。劳埃德(Lloyd, 2008)指出,从长期来看,为单个关税费率构建全面的、可比较的时间序列是一项耗时且往往复杂的任务。他估算了1901—1902年至2004—2005年间澳大利亚对道路机动车辆、毛毯和啤酒的关税。

其他非关税贸易壁垒,如禁令、配额、许可证和资本限制、进口和生产垄断、营销委员会等,通常只包括在代理回归设计中。至少在从 19 世纪早期的重商主义政策的废除到 20 世纪 30 年代采用各种贸易保护措施的这段时期,非关税壁垒一般来说是很小的,至少在除一小部分商品如活动物和肉类之外是这样的,在这些商品中,公共健康问题有时会导致贸易限制。对于禁令,研究人员有时会设置特设性调整假设,例如在开始允许进口时,将税率调整为两倍(Tena-Junguito et al., 2012)或其他国家最高税率的 1.5 倍(Lampe, 2011)。关于 20 世纪 30 年代的非关税壁垒,艾肯格林和欧文(Eichengreen and Irwin, 2010)对作为贸易和支付体系一部分的配额和外汇控制的稀缺数据进行了总结。最后,叶(Ye, 2010)考察了 1922 年至 1962 年美国对环太平洋国家贸易政策的政治经济学。贸易政策的其他措施,如贸易集团或贸易协定的成员资格和最惠国地位,通常用虚拟变量来代表。

尽管很难用简单的数字估算来定义贸易政策的程度,但我们可能想要回 620
答的是如何解释它。人们的共识似乎是,它的出现主要是政治利益集团对贸易在国家、地方和特定行业"初始条件"下带来的变化所作出的反应。因此,解释贸易政策需要理清这些因素的相对重要性。这通常是通过仅考虑受影响最严重的一个部门或一个行业的相关样本来进行的,以便评估对这些行业和部门的具体影响及其反应,同时评估影响国家决策的可能性。从这个意义上说,政治学家罗戈夫斯基(Rogowski, 1989)和计量史学家奥罗克(O'Rourke, 1997)对欧洲 19 世纪末期粮食入侵的反应的研究是综合贸易政策研究的突出例子,该研究报告了最初的要素禀赋、由于廉价粮食的流入而导致的相对价格和要素收入的变化、策略联盟的形成和贸易政策结果。正如莱曼和沃尔卡特(Lehmann and Volckart, 2011:29)总结的那样,"凯文·奥罗克……认为,就农业而言,政府的政治选择一方面与粮食入侵影响土地租金有关,另一方面与农业利益在国内政治的重要性有关"。

因此,[在斯温宁(Swinnen, 2009)之后]描述农业贸易政策的关键变量是农业在经济中的权重、农业的相对收入、政治机构以及包括各个民主层次和农业利益集团的组织。奥罗克和罗戈夫斯基在他们的比较框架中讨论和评价了所有这些问题；费德里科(Federico, 2012b)总结了农业贸易政策早期核心事件背后的相关力量，包括英国《谷物法》的废除，以及随后在欧洲大陆实行的农业市场准入自由化，从而概述了大量对计量学作出重要贡献的文献(Kindleberger, 1975; Bairoch, 1989; Schonhardt-Bailey, 2006; Montañés Primicia, 2006; van Dijck and Truyts, 2011)。最近，莱曼的论文及其与沃尔卡特合著的论文(Lehmann, 2010; Lehmann and Volckart, 2011)研究了19世纪70年代德意志帝国和19世纪80年代瑞典关键选举中的投票行为，发现至少在德意志帝国，"农业人口"，包括小农户、农民、农业工人，投票支持"整体"保护，暗示大部分农村人口认为经济中部门间流动的可能性很低("特定要素模型")，与可能从自由贸易和结构变化中获得机会的工人正好相反。对瑞典来说，结果就不那么清楚了，显然至少部分原因是由于其更严格的特许经营权限制。

评估多个部门的贸易政策时，这个问题就变得复杂多了，因为在这种情况下不仅要考虑到保护程度(例如，对农业)，还必须考虑与其他部门(例如贸易政策结构)的保护程度相比，对特定部门的保护程度是否缺乏。因此，政治舞台要复杂得多。帕雷(Pahre, 2008)就这一问题撰写了一本书，提出了关税设定的综合理论，引出了关于价格、利益集团影响和补偿、国家大
621 小和运输成本、关税和价格波动的两个推论，以及关于财政收入约束内生性和外生性、它们对关税的依赖、民主与关税水平之间的相互作用等若干研究结果。该理论的第二步是关于双边贸易政策谈判，我们将在下面进行讨论。

布拉特曼等人(Blattman et al., 2002)、威廉姆森(Williamson, 2006)、克莱门斯和威廉姆森(Clemens and Williamson, 2012)提供了一系列广泛的变量与用平均从价等值关税率测量的"平均关税"之间相关性的系统评估，他们发现人口规模(与相对较低的对外贸易依赖有关)、铁路渗透、城市化、其他国家的关税和关税自主(即政治相对独立于正式或非正式的外国贸易政策)与关税水平具有显著的、实质性的相关性。

奥罗克和泰勒(O'Rourke and Taylor, 2007)调查了关税和民主之间的联系，表明这种关系取决于国家经济的相对要素禀赋。在19世纪全球化的情况下，土地—劳动力比率是最适合用于操作的。欧文(Irwin, 2008)强调，利

用关税收入来提供基础设施，对美国西部在19世纪20年代和30年代与北方因高关税而结成联盟，以及后来转向更自由的贸易政策起了决定性作用。艾肯格林和欧文（Eichengreen and Irwin，1995，2010）已经证明，如果没有其他解决结构性国际收支赤字的机会，保护性关税和其他限制政策也会出现，在他们讨论的情况下，20世纪30年代的两次世界大战之间的金本位不愿意或不可能贬值。另一个反复出现的，特别是在政治学中反复出现的，是“霸权”的重要性（McKeown 1983；Nye，1991；Coutain，2009）或“意识形态”的传播（Kindleberger，1975；Federico，2012b）。后者尤其难以衡量。最后，陈（Chan，2008）阐述并间接测试了一个制度经济学模型，从经济效率（税收和贸易）和政治权威之间的权衡来解释中国宋明时期的贸易政策选择，这个问题的研究动机来自著名的李约瑟难题：为什么现代经济增长没有在中国开始（Lin，1995）？

改变贸易政策的双边或多边谈判很少成为计量史学研究的主题，如果有，主要就是上文所讨论的谈判对贸易流动的影响。帕雷（Pahre，2008）在他关于1815—1914年海关的书中提出了九个假设、三个推论、两个评论和一个关于个别国家在双边贸易条约中进行合作的可能性的猜想，他发现，除其他因素外，较大的国家和关税较低的国家更有可能进行合作，由于财政能力低而造成的“实际”外来收入限制使合作的可能性降低，而内生收入限制（即政治选择的收入限制）则增加了合作的范围。根据帕雷的理论以及经济学家贝尔和伯格斯特兰（Baier and Bergstrand，2004），鲍德温（Baldwin，1995），政治学家拉泽（Lazer，1999）以及我和夏普（Lampe and Sharp，2011）等人最近的贡献，我利用双边主义的成本-收益分析方法对19世纪60年代和19世纪70年代双边最惠国条约的科布登-舍瓦利耶网络的政治和经济决定因素进行了评估，我们还针对丹麦进行了分析（Lampe and Sharp，2011），尽管丹麦在古典经济学上是一个自由贸易国家，但是在19世纪60年代到
19世纪70年代没有签订任何实质性的贸易条约。关于20世纪30年代贸 622
易集团形成的影响，里奇尔（Ritschl and Wolf，2011）等人在评估这些集团的内生性及其带来的经济计量挑战的背景下讨论了其起源。

结 语

在本章中，我们论证了贸易在经济史上的重要性，特别是通过它对增长的影响。如今，国内增长的来源发挥着重要得多的作用，但贸易可能仍然扮演着很重要的角色——通过设立限制、增加竞争、影响联盟和制度等。

在讨论了如何衡量贸易及其相关的市场一体化概念之后，我们进一步讨论了贸易增长和下降以及市场一体化和分解等不同实例背后的因素。最后，我们将贸易政策视为贸易最重要的决定因素之一，或许也是与政策最相关的因素。

相关文献很多，但重要的问题仍然存在。此外，在收集贸易数据库和改进我们的贸易成本衡量方法方面仍有许多工作要做。①未来的计量史学家肯定会有很多机会作出重要贡献，不仅对经济史，而且对整个经济学都是如此。

参考文献

Accominotti, O. and Flandreau, M. (2008) "Bilateral Treaties and the Most-favored-nation Clause: the Myth of Trade Liberalization in the Nineteenth Century", *World Polit*, 60(2), pp.147—188.

Acemoglu, D., Johnson, S. and Robinson, J.A. (2005) "The Rise of Europe: Atlantic Trade, Institutional Change and Economic Growth", *Am Econ Rev*, 95(3), pp.546—579.

Aidt, T. and Jensen, P.S. (2009) "Tax Structure, Size of Government, and the Extension of the Voting Franchise in Western Europe, 1860—1938", *Int Tax Public Finan*, 16(3), pp.362—394.

Allen, R.C. (2003) "Poverty and Progress in Early Modern Europe", *Econ Hist Rev*, 56, pp.403—443.

Allen, R.C. (2011) "Why the Industrial Revolution was British: Commerce, Induced Invention, and the Scientific Revolution", *Econ Hist Rev*, 64(2), pp.357—384.

Anderson, J.E. and Neary, J.P. (2005) *Measuring the Restrictiveness of International Trade Policy*. Cambridge, MA: MIT Press.

Anderson, J.E. and van Wincoop, E. (2003) "Gravity with Gravitas: a Solution to the Border Puzzle", *Am Econ Rev*, 93(1), pp.170—192.

Anderson, K., Kurzweil, M., Martin, W., Sandri, D. and Valenzuela, E. (2008)

① 关于后者，请参阅齐洛斯和费德里科(Chilosi and Federico, 2016)最近的工作论文。

"Measuring Distortions to Agricultural Incentives, Revisited", *World Trade Rev*, 7, p.4.

Andersson, F. N. G. and Ljungberg, J. (2015) "Grain Market Integration in the Baltic Sea Region in the Nineteenth Century", *J Econ Hist*, 75, pp.749—790.

Athukorala, P.C. and Chand, S. (2007) "Tariff-growth Nexus in the Australian Economy, 1870—2002: Is there a Paradox?" Australian National University, Arndt-Corden Department of Economics working papers 2007—2008.

Baier, S.L. and Bergstrand, J.H. (2004) "Economic Determinants of Free Trade Agreements", *J Int Econ*, 64(1), pp.29—63.

Bairoch, P. (1972) "Free Trade and European Economic Development in the 19th Century", *Eur Econ Rev*, 3, pp.211—245.

Bairoch, P. (1973) "European Foreign Trade in the XIX Century: the Development of the Value and Volume of Exports (Preliminary Results)", *J Eur Econ Hist*, 2, pp.5—36.

Bairoch, P. (1974) "Geographical Structure and Trade Balance of European Foreign Trade from 1800 to 1970", *J Eur Econ Hist*, 3, pp.557—608.

Bairoch, P. (1976) *Commerce Extérieur et Développement Économique de l'Europe au XIXe Siècle*. Paris-La Haye: Mouton.

Bairoch, P. (1989) "European Trade Policy, 1815—1914", in Peter, M. and Pollard, S. (eds.) *The Industrial Economies: the Development of Economic and Social Policies*, *The Cambridge Economic History of Europe*, Vol. VIII. Cambridge: Cambridge University Press, pp.1—60.

Bajo Rubio, O. (2012) "The Balance-of-payments Constraint on Economic Growth in a Long-term Perspective: Spain, 1850—2000", *Explor Econ Hist*, 49(1), pp.105—117.

Balassa, B. (1965) "Tariff Protection in Industrial Countries: an Evaluation", *J Polit Econ*, 73, pp.573—594.

Baldwin, R.E. (1995) "A Domino Theory of Regionalism", in Baldwin, R.E., Haaparanta, P. and Kiander, J. (eds.) *Expanding Membership of the European Union*. Cambridge: Cambridge University Press, pp.25—48.

Barbieri, K and Keshk, O (2012) "Correlates of War Project Trade Data Set Codebook, Version 3.0", http://correlatesofwar.org.

Barbieri, K., Keshk, O. and Pollins, B. (2009) "Trading Data: Evaluating Our Assumptions and Coding Rules", *Confl Manag Peace Sci*, 26(5), pp.471—495.

Bateman, V.N. (2011) "The Evolution of Markets in Early Modern Europe, 1350—1800: 623
a Study of Wheat Prices", *Econ Hist Rev*, 64(2), pp.447—471.

Beatty, E.N. (2000) "The Impact of Foreign Trade on the Mexican Economy: Terms of Trade and the Rise of Industry, 1880—1923", *J Latin Am Stud*, 32(2), pp.399—433.

Beaulieu, E. and Cherniwchan, J. (2014) "Tariff Structure, Trade Expansion, and Canadian Protectionism, 1870—1910", *Can J Econ*, 47(1), pp.144—172.

Bernhofen, D.M. and Brown, J.C. (2004) "A Direct Test of the Theory of Comparative Advantage: the Case of Japan", *J Polit Econ*, 112, pp.48—67.

Bernhofen, D.M. and Brown, J.C. (2005) "An Empirical Assessment of the Comparative Advantage Gains from Trade: Evidence from Japan", *Am Econ Rev*, 95, pp.208—225.

Bernhofen, D.M. and Brown, J.C. (2011) "Testing the General Validity of the Heckscher-Ohlin Theorem: the Natural Experiment of Japan", CESifo working paper 3586.

Bessler, D.A. (1990) "A Note on Chinese Rice Prices: Interior Markets, 1928—1931", *Explor Econ Hist*, 27, pp.287—298.

Blattman, C., Clemens, M. A. and Williamson, J. G. (2002) "Who Protected and Why? Tariffs around the World around 1870—1913", Paper presented the conference on the political economy of globalization. Trinity College Dublin, August 2002. http://scholar.harvard.edu/jwilliamson/publications/whoprotected-and-why-tariffs-world-around-1870-1938.

Blattman, C., Hwang, J. and Williamson, J.G. (2007) "The Impact of the Terms of Trade on Economic Development in the Periphery, 1870—1939", *J Dev Econ*, 82, pp.156—179.

Bohlin, J. (2005) "Tariff Protection in Sweden, 1885—1914", Scand Econ Hist Rev, 53(2), pp.7—29.

Bohlin, J. (2007) "Structural Change in the Swedish Economy in the Late Nineteenth and Early Twentieth Century—the Role of Import Substitution and Export Demand", *Gohlin J Papers in Economic History*, 8.

Bohlin, J. (2009) "The Income Distributional Consequences of Agrarian Tariffs in Sweden on the Eve of World War I", *Eur Rev Econ Hist*, 14, pp.1—45.

Bohlin, J. and Larsson, S. (2007) "The Swedish Wage-rental Ratio and Its Determinants, 1877—1926", *Aust Econ Hist Rev*, 47(1), pp.49—72.

Boshoff, W.H. and Fourie, J. (2010) "The Significance of the Cape Trade Route to Economic Activity in the Cape Colony: a Medium-term Business Cycle Analysis", *Eur Rev Econ Hist*, 14, pp.469—503.

Broadberry, S. and Crafts, N. (2010) "Openness, Protectionism and Britain's Productivity Performance over the Long-run", Centre for Competitive Advantage in the Global Economy working paper, 36.

624 Brunt, L. and Cannon, E. (2013) "The Truth, the Whole truth, and Nothing but the Truth: the English Corn Returns as a Data Source in Economic History, 1770—1914", *Eur Rev Econ Hist*, 17(3), pp.318—339.

Brunt, L. and Cannon, E. (2014) "Measuring Integration in the English Wheat Market, 1770—1820: New Methods, New Answers", *Explor Econ Hist*, 52, pp.111—130.

Carreras-Marín, A. (2012) "The International Textile Trade in 1913: the Role of Intra-European Flows", *Rev Hist Ind*, 49(2), pp.55—76.

Carreras-Marín, A. and Badia-Miró, M. (2008) "La Fiabilidad de La Asignación Geográfica en las Estadísticas de Comercio Exterior: América Latina y el Caribe(1908—1930)", *Rev Hist Econ*, 26(3), pp.355—374.

Chan, K.S. (2008) "Foreign trade, Commercial Policies and the Political Economy of the Song and Ming Dynasties of China", *Aust Econ Hist Rev*, 48(1), pp.68—90.

Chartres, J.A. (1995) "Market Integration and Agricultural Output in Seventeenth-, Eighteenth- and Early Nineteenth-century England", *Agric Hist Rev*, 43, pp.117—138.

Chilosi, D. and Federico, G. (2016) "The Effects of Market Integration: Trade and Welfare during the First Globalization, 1815—1913", LSE Department of Economic History working paper no.238.

Chilosi, D., Murphy, T.E., Studer, R. and Tuncer, A.C. (2013) "Europe's Many Integrations: Geography and Grain Markets, 1620—1913", *Explor Econ Hist*, 50, pp.46—68.

Clark, G., O'Rourke, K.H. and Taylor, A.M. (2014) "The Growing Dependence of Britain on Trade during the Industrial Revolution", *Scand Econ Hist Rev*, 62(2), pp.109—136.

Clemens, M.A. and Williamson, J.G. (2004) "Why did the Tariff-growth Correlation Reverse after 1950?" *J Econ Growth*, 9, pp.5—46.

Clemens, M.A. and Williamson, J.G. (2012) "Why were Latin American Tariffs so much Higher than Asia's before 1950?" *Rev Hist Econ*, 30(1), pp.11—44.

Clingingsmith, D. and Williamson, J.G. (2008) "De-industrialization in 18th and 19th Century India: Mughal Decline, Climate Shocks and British Industrial Ascent", *Explor Econ Hist*, 45(3), pp.209—234.

Coe, D.T. and Helpman, E. (1995) "International R&D Spillovers", *Eur Econ Rev*, 39(5), pp.859—887.

Collins, W.J., O'Rourke, K.H. and Williamson, J.G. (1999) "Were Trade and Factor Mobility Substitutes in History?" in Faini, R., de Melo, J. and Zimmermann, K. (eds.) *Migration: the Controversies and the Evidence*. Cambridge: Cambridge University Press, pp.227—260.

Cournot, A. (1838) *Recherches Sur les Principles Mathematiques de la Theorie des Richessesses*. Paris: L. Hachette.

Coutain, B. (2009) "The Unconditional Most-favored-nation Clause and the Maintenance of the Liberal Trade Regime in the Postwar 1870s", *Int Organ*, 63(1), pp.139—175.

Cuenca-Esteban, J. (2008) "Statistics of Spain's Colonial Trade, 1747—1820: New Estimates and Comparisons with Great Britain", *Rev Hist Econ*, 26(3), pp.323—354.

de Bromhead, A., Fernihough, A., Lampe, M. and O'Rourke, K.H. (2019) "When Britain Turned inward: the Impact of Interwar British Protection", *Am Econ Rev*, 109(2), pp.325—352.

de Vries, J. (2010) "The Limits of Globalization in the Early Modern World", *Econ Hist Rev*, 63(3), pp.710—733.

de Zwart, P. (2016) "Globalization in the Early Modern Era: New Evidence from the Dutch-Asiatic Trade, c. 1600—1800", J Econ Hist, 76, pp.520—558.

Debowicz, D. and Segal, P. (2014) "Structural Change in Argentina, 1935—1960: the Role of Import Substitution and Factor Endowments", *J Econ Hist*, 74(1), pp.230—258.

Deu, E. and Llonch, M. (2013) "Autarqull y Atraso Tecnolltecn en la Industria Textil Espaal e, 1939—1959", *Invest Hist Econ*, 9, pp.11—21.

Dobado González, R., Gómez Galvarriato, A. and Williamson, J.G. (2008) "Mexican Exceptionalism: Globalization and De-industrialization, 1750—1877", *J Econ Hist*, 68(3), pp.758—811.

Dobado-González, R., García-Hiernaux, A. and Guerrero, D.E. (2012) "The Integration of Grain Markets in the Eighteenth Century: Early Rise of Globalization in the West", *J Econ Hist*, 72(3), pp.671—707.

Don, Y. (1968) "Comparability of International Trade Statistics: Great Britain and Austria-Hungary before World War I", *Econ Hist Rev*, 21, pp.78—92.

Donaldson, D. (2015) "The Gains from Market Integration", *Annu Rev Econ*, 7, pp.619—647.

Draper, N. (2008) "The City of London and Slavery: Evidence from the First Dock Companies, 1795—1800", *Econ Hist Rev*, 61(2), pp.432—466.

Eichengreen, B. and Irwin, D.A. (1995) 625
"Trade Blocs, Currency Blocs, and the Reorientation of World Trade in the 1930s", *J Int Econ*, 38, pp.1—24.

Eichengreen, B. and Irwin, D.A. (2010) "The Slide to Protectionism in the Great Depression: Who Succumbed and Why?" *J Econ Hist*, 70(4), pp.871—897.

Ejrnæs, M. and Persson, K.G. (2010) "The Gains from Improved Market Efficiency: Trade before and after the Transatlantic Telegraph", *Eur Rev Econ Hist*, 14, pp.361—381.

Ejrnæs, M., Persson, K.G. and Rich, S. (2008) "Feeding the British: Convergence and Market Efficiency in the Nineteenth-century Grain Trade", *Econ Hist Rev*, 61(S1), pp.140—171.

Estevadeordal, A. (1997) "Measuring Protection in the Early Twentieth Century", *Eur Rev Econ Hist*, 1, pp.89—125.

Estevadeordal, A. and Taylor, A.M. (2002) "A Century of Missing Trade?" *Am Econ Rev*, 92(1), pp.383—393.

Estevadeordal, A., Frantz, B. and Taylor, A.M. (2003) "The Rise and Fall of World Trade, 1870—1939", *Q J Econ*, 118(2), pp.359—407.

Federico, G. (2011) "When did European Markets Integrate?" *Eur Rev Econ Hist*, 15, pp.93—126.

Federico, G. (2012a) "How much do We Know about Market Integration in Europe?" *Econ Hist Rev*, 65(2), pp.470—497.

Federico, G. (2012b) "The Corn Laws in

Continental Perspective", *Eur Rev Econ Hist*, 16, pp.166—187.

Federico, G. and Persson, K.G. (2007) "Market Integration and Convergence in the World Wheat Market, 1800—2000", in Hatton, T.J., O'Rourke, K.H. and Taylor, A.M. (eds.) *The New Comparative Economic History: Essays in Honor of Jeffrey G. Williamson*. Cambridge, MA: MIT Press, pp.87—113.

Federico, G. and Tena, A. (1991) "On the Accuracy of Foreign Trade Statistics (1909—1935): Morgenstern Revisited", *Explor Econ Hist*, 28, pp.259—273.

Federico, G. and Tena, A. (1998) "Was Italy a Protectionist Country?" *Eur Rev Econ Hist*, 2, pp.73—97.

Federico, G. and Tena, A. (1999) "Did Trade Policy Foster Italian Industrialization? Evidence from Effective Protection Rates 1870—1913", *Res Econ Hist*, 19, pp. 111—138.

Federico, G. and Tena-Junguito, A. (2016) "World Trade 1800—1938: a New Data-set", EHES working paper no.93.

Federico, G. and Tena-Junguito, A. (2017) "A Tale of Two Globalizations: Gains from Trade and Openness 1800—2010", *Rev World Econ*, 153, pp.601—626.

Federico, G. and Vasta, M. (2012) "Was Industrialization an Escape from the Commodity Lottery? Evidence from Italy, 1861—1939", *Explor Econ Hist*, 47, pp.228—243.

Federico, G. and Wolf, N. (2013) "A
626 Long-run Perspective on Comparative Advantage", in Toniolo, G. (ed.) *The Oxford Handbook of the Italian Economy since Unification*. Oxford: Oxford University Press, pp.327—350.

Federico, G., Natoli, S., Tattara, G. and Vasta, M. (2012) "Il Commercio Estero Italiano 1861—1939", Laterza, Bari.

Federico, G., Sharp, P. and Tena, A. (2017) "Openness and Growth in a Historical Perspective: a VECM Approach", EHES working paper no.118.

Feenstra, R.C. (1995) "Estimating the Effects of Trade Policy", in Grossman, G.M. and Rogoff, K. (eds.) *Handbook of International Economics*, Vol.3. Amsterdam: Elsevier, pp.1553—1595.

Flandreau, M. (2000) "The Economics and Politics of Monetary Unions: a Reassessment of the Latin Monetary Union, 1865—1871", *Financ Hist Rev*, 7, pp.25—43.

Flandreau, M. and Morel, M. (2005) "Monetary Union, Trade Integration, and Business Cycles in 19th Century Europe", *Open Econ Rev*, 16, pp.135—152.

Folchi, M. and Del Mar Rubio, M. (2012) "On the Accuracy of Latin American Trade Statistics: a Non-parametric Test for 1925", in Yalch, C. and Carreras, A. (eds.) *The Economies of Latin America: New Cliometric Data, Perspectives*. London: Pickering & Chatto, pp.67—89.

Foreman-Peck, J. (1995) "A Model of Later Nineteenth-century European Economic Development", *Rev Hist Econ*, 13, pp.441—471.

Fouquin, M. and Hugot, J. (2016) "Back to the Future: International Trade Costs and the Two Globalizations", CEPII working paper no.2016—13.

Frankel, J. and Romer, D. (1999) "Does Trade Cause Growth?" Am Econ Rev, 89, pp.379—399.

Glick, R. and Taylor, A.M. (2010) "Collateral Damage: Trade Disruption and the Economic Impact of War", *Rev Econ Stat*, 92(1), pp.102—127.

Gowa, J. and Hicks, R. (2013) "Politics, Institutions and Trade: Lessons of the Interwar Era", *Int Organ*, 67(3), pp.439—467.

Greasley, D. and Oxley, L. (2009) "The Pastoral Boom, the Rural Land Market, and Long Swings in New Zealand Economic Growth, 1873—1979", *Econ Hist Rev*, 62(2), pp.324—349.

Guerrero de Lizardi, C. (2006) "Thirwall's Law with an Emphasis on the Ratio of Export/Income Elasticities in Latin American Economies during the Twentieth Centuries", *Estudios*

Econ, 26:23—44.

Hadass, Y.S. and Williamson, J.G. (2003) "Terms-of-trade Shocks and Economic Performance, 1870—1940: Prebisch and Singer Revisited", *Econ Dev Cult Change*, 51(3), pp.629—656.

Harley, C.K. (1980) "Transportation, the World Wheat Trade, and the Kuznets Cycle, 1850—1913", *Explor Econ Hist*, 17, pp.218—250.

Harley, C.K. (2004) "Trade: Discovery, Mercantilism and Technology", in Roderick, F. and Paul, J. (eds.) *Industrialisation, 1700—1860, The Cambridge Economic History of Modern Britain*, Vol.I. Cambridge: Cambridge University Press, pp.175—203.

Harvey, D.I., Kellard, N.M., Madsen, J. B. and Wohar, M.E. (2010) "The Prebisch-Singer Hypothesis: Four Centuries of Evidence", *Rev Econ Stat*, 92(2), pp.367—377.

Head, K. (1994) "Infant Industry Protection in the Steel Rail Industry", *J Int Econ*, 37, pp.141—165.

Head, K. and Mayer, T. (2014) "Gravity Equations: Workhorse, Toolkit, and Cookbook", in Gopinath, G., Helpman, E. and Rogoff, K. (eds.) *Handbook of International Economics*, Vol.4. Amsterdam: Elsevier, pp.131—195.

Head, K., Mayer, T. and Ries, J. (2010) "The Erosion of Colonial Linkages after Independence", *J Int Econ*, 81, pp.1—14.

Heckscher, E. (1919) "The Effects of Foreign Trade on the Distribution of Income", *Ekonomisk Tidskrift*, 21, pp.497—512.

Heinemeyer, H.C. (2007) "The Treatment Effect of Borders on Trade. The Great War and the Disintegration of Central Europe", *Cliometrica*, 1, pp.177—210.

Henriksen, I., Lampe, M. and Sharp, P. (2012) "The Strange Birth of Liberal Denmark: Danish Trade Protection and the Growth of the Dairy Industry since the Mid-nineteenth Century", *Econ Hist Rev*, 65(2), pp.770—788.

Hora, R. (2012) "La Evolución del Sector Agroexportador Argentino en el Largo Plazo, 1880—2010", *Hist Agraria*, 58, pp.145—181.

Horlings, E. (2002) "The International Trade of a Small and Open economy. Revised Estimates of the Imports and Exports of Belgium, 1835—1990", *NEHA-Jaarboek*, 65, pp.110—142.

Huberman, M. and Meissner, C.M. (2010) "Riding the Wave of Trade: the Rise of Labor Regulation in the Golden Age of Globalization", *J Econ Hist*, 70(3), pp.657—685.

Huff, G. and Angeles, L. (2011) "Globalization, Industrialization and Urbanization in Pre-World-War II Southeast Asia", *Explor Econ Hist*, 48, pp.20—36.

Hungerland, W. (2017) "The Gains from Import Variety in Two Globalisations: Evidence from Germany", EHES working paper no.120.

Hynes, W., Jacks, D.S. and O'Rourke, K. H. (2012) "Commodity Market Disintegration in the Interwar Period", *Eur Rev Econ Hist*, 16, pp.119—143.

Inikori, J.E. (2002) *Africans and the Industrial Revolution in England: a Study in International Trade and Economic Development*. Cambridge: Cambridge University Press.

Inwood, K. and Keay, I. (2013) "Trade Policy and Industrial Development: Iron and Steel in a Small Open Economy, 1870—1913", *Can J Econ*, 46(4), pp.1265—1294.

Irwin, D.A. (2000) "Did Late Nineteenth Century U.S. Tariffs Promote Infant Industries? Evidence from the Tinplate Industry", *J Econ Hist*, 60, pp.335—360.

Irwin, D.A. (2002) "Interpreting the Tariff-growth Correlation of the Late Nineteenth Century", *Am Econ Rev(P&P)*, 91(2), pp.165—169.

Irwin, D.A. (2003) "The Optimal Tax on Antebellum Cotton Exports", *J Int Econ*, 60: 275—291.

Irwin, D.A. (2005) "The Welfare Cost of Autarky: Evidence from the Jeffersonian Trade Embargo, 1807—09", *Rev Int Econ*, 13(4), pp.631—645.

Irwin, D. A. (2007) "Tariff Incidence in America's Gilded Age", *J Econ Hist*, 67(3), pp.582—607.

627 Irwin, D. A. (2008) "Antebellum Tariff Politics: Regional Coalitions and Shifting Economic Interests", *J Law Econ*, 51(4), pp.715—741.

Irwin, D.A. (2010) "Trade Restrictiveness and Deadweight Losses from US Tariffs", *Am Econ J Econ Policy*, 2, pp.111—133.

Irwin, D.A. and Temin, P. (2001) "The Antebellum Tariff on Cotton Textiles Revisited", *J Econ Hist*, 61, pp.777—798.

Irwin, D.A. and Terviö, P. (2002) "Does Trade Raise Income? Evidence from the twentieth century", *J Int Econ*, 58, pp.1—18.

Isserlis, L. (1938) "Tramp Shipping Cargoes and Freights", *J Royal Stat Soc*, 101(1), pp.53—146.

Jacks, D.S. (2005) "Intra- and International Commodity Market Integration in the Atlantic Economy, 1800—1913", *Explor Econ Hist*, 42, pp.381—413.

Jacks, D. S. (2006a) "What Drove 19th Century Commodity Market Integration?" *Explor Econ Hist*, 43, pp.383—412.

Jacks, D.S. (2006b) "New Results on the Tariff-growth Paradox", *Eur Rev Econ Hist*, 10(2), pp.205—230.

Jacks, D. S. (2011) "Foreign Wars, Domestic Markets: England, 1793—1815", *Eur Rev Econ Hist*, 15, pp.277—311.

Jacks, D.S. (2014) "Defying Gravity: the 1932 Imperial Economic Conference and the Reorientation of Canadian Trade", *Explor Econ Hist*, 53, pp.19—39.

Jacks, D. S. and Pendakur, K. (2010) "Global Trade and the Maritime Transport Revolution", *Rev Econ Stat*, 92(4), pp.745—755.

Jacks, D.S., Meissner, C.M. and Novy, D. (2008) "Trade Costs, 1870—2000", *Am Econ Rev(P&P)*, 98(2), pp.529—534.

Jacks, D.S., Meissner, C.M. and Novy, D. (2010) "Trade Costs in the First Wave of Globalization", *Explor Econ Hist*, 47(2), pp.127—141.

Jacks, D.S., Meissner, C.M. and Novy, D. (2011a) "Trade Booms, Trade Busts, and Trade Costs", *J Int Econ*, 83(2), pp.185—201.

Jacks, D.S., O'Rourke, K.H. and Williamson, J.G. (2011b) "Commodity Price Volatility and World Market Integration since 1700", *Rev Econ Stat*, 93(3), pp.800—813.

Juhász, R. (2018) "Temporary Protection and Technology Adoption: Evidence from the Napoleonic Blockade", *Am Econ Rev*, 108(11), pp.3339—3376.

Kauppila, J. (2008) "Impact of Tariffs on Industries and Prices in Finland during the Interwar Period", *Scand Econ Hist Rev*, 56(3), pp.176—191.

Kauppila, J. (2009) "Quantifying the Relative Importance of Export Industries in a Small Open Economy during the Great Depression of the 1930s: an Input-output Approach", *Cliometrica*, 3, pp.245—273.

Kee, H.L., Nicita, A. and Olarreaga, M. (2008) "Import Demand Elasticities and Trade Distortions", *Rev Econ Stat*, 90(4), pp.666—682.

Kee, H.L., Nicita, A. and Olarreaga, M. (2009) "Estimating Trade Restrictiveness Indices", *Econ J*, 119, pp.172—199.

Keller, W., Li, B. and Shiue, C.H. (2011) "China's Foreign Trade: Perspectives from the past 150 Years", *World Econ*, 34(6), pp.853—892.

Kelly, M. and Ó Gráda, C. (2018) "Speed under Sail during the Early Industrial Revolution", *Econ Hist Rev*, https://doi.org/10.1111/ehr.12696.

Kindleberger, C.P. (1975) "The Rise of Free trade in Western Europe, 1820—1875", *J Econ Hist*, 45(1), pp.20—55.

Klasing, M. and Milionis, P. (2014) "Quantifying the Evolution of World Trade, 1870—1949", *J Int Econ*, 92(1), pp.185—197.

Krugman, P. R. (1979) "Increasing Returns, Monopolistic Competition, and International Trade", *J Int Econ*, 9(4), pp.469—479.

Lameli, A., Nitsch, V., Südekum, J. and Wolf, N. (2015) "Same but Different: Dialects and Trade", *German Econ Rev*, 16(3), pp.255—389.

Lampe, M. (2008) "Bilateral Trade Flows in Europe, 1857—1875: a New Dataset", *Res Econ Hist*, 26, pp.81—155.

Lampe, M. (2009) "Effects of Bilateralism and the MFN Clause on International Trade: Evidence for the Cobden-Chevalier Network, 1860—1875", *J Econ Hist*, 69(4), pp.1012—1040.

Lampe, M. (2011) "Explaining Nineteenth-century Bilateralism: Economic and Political Determinants of the Cobden-Chevalier Network", *Econ Hist Rev*, 64(2), pp.644—668.

Lampe, M. and Sharp, P. (2011) "Something Rational in the State of Denmark? The Case of an Outsider in the Cobden-Chevalier Network, 1860—1875", *Scand Econ Hist Rev*, 59(2), pp.128—148.

Lampe, M. and Sharp, P. (2013) "Tariffs and Income: a Time Series Analysis for 24 Countries", *Cliometrica*, 7, pp.207—235.

Lazer, D. (1999) "The Free Trade Epidemic of the 1860s and other Outbreaks of Economic Discrimination", *World Polit*, 51(4), pp.447—483.

Leamer, E.E. (1988) "Measures of Openness", in Baldwin, R.E. (ed) *Trade Policy Issues and Empirical Analysis*. Chicago: Chicago University Press, pp.147—204.

Lehmann, S. H. (2010) "The German Elections in the 1870s: Why Germany Turned from Liberalism to Protectionism", *J Econ Hist*, 70(1), pp.146—178.

Lehmann, S. H. and O'Rourke, K. H. (2011) "The Structure of Protection and Growth in the Late Nineteenth Century", *Rev Econ Stat*, 93(2), pp.606—616.

Lehmann, S. and Volckart, O. (2011) "The Political Economy of Agricultural Protection: Sweden 1887", *Eur Rev Econ Hist*, 15(1), pp.29—59.

Leontieff, W. W. (1953) "Domestic Production and Foreign Trade: the American Capital Position Re-examined", *Proc Am Philos Soc*, 97(4), pp.332—349.

Lew, B. and Cater, B. (2006) "The Telegraph, Co-ordination of Tramp Shipping, and Growth in World Trade, 1870—1910", *Eur Rev Econ Hist*, 10(2), pp.147—173.

Lewis, A. (1981) "The Rate of Growth of World Trade", in Grassman, S. and Lundberg, E. (eds.) *The World Economic Order. Past and Prospects*. London: Macmillan.

Lin, J. (1995) "The Needham Puzzle: 628
Why the Industrial Revolution did not Originate in China", *Econ Dev Cult Change*, 43(2), pp.269—292.

Lindblad, J. T. and van Zanden, J. L. (1989) "De Buitenlandse Handel van Nederland, 1872—1913", *Econ Soc Hist Jaarboek*, 52, pp.231—269.

Liu, D. and Meissner, C.M. (2015) "Market Potential and the Rise of US Productivity Leadership", *J Int Econ*, 96, pp.72—87.

Ljungberg, J. (1996) "European Market Integration and the Behaviour of Prices, 1850—1914", Lund papers in economic history, 54.

Ljungberg, J. and Schön, L. (2013) "Domestic Markets and International Integration: Paths to Industrialization in the Nordic Countries", *Scand Econ Hist Rev*, 61(2), pp.101—121.

Lloyd, P. (2008) "100 Years of Tariff Protection in Australia", *Aust Econ Hist Rev*, 48(2), pp.99—145.

López-Córdova, J. E. and Meissner, C. M. (2003) "Exchange-rate Regimes and International Trade: Evidence from the Classical Gold Standard Era", *Am Econ Rev*, 93(1), pp.344—353.

López-Córdova, J. E. and Meissner, C. M. (2008) "The Impact of International Trade on Democracy. A Longrun Perspective", *World Polit*, 60, pp.539—575.

Maddison, A. (1962) "Growth and Fluctuation in the World Economy 1870—1960", *Banca Nazionale del Lavoro Q Rev*, 15(61), pp.127—195.

Maddison, A. (2001) *The World Economy I: a Millennial Perspective*. Paris: OECD.

Madsen, J.B. (2001) "Trade Barriers and the Collapse of World Trade during the Great Depression", *Southern Econ J*, 67(4), pp.848—868.

Madsen, J.B. (2007) "Technology Spillover through Trade and TFP Convergence: 135 Years of Evidence from OECD Countries", *J Int Econ*, 72, pp.464—480.

Madsen, J. B. (2009) "Trade Barriers, Openness, and Economic Growth", *Southern Econ J*, 76, pp.397—418.

Mancall, P. C., Rosenbloom, J. L. and Weiss, T. (2008) "Exports and the Economy of the Lower South Region, 1720—1772", *Res Econ Hist*, 25, pp.1—68.

Mancall, P. C., Rosenbloom, J. L. and Weiss, T. (2013) "Exports from the Colonies and States of the Middle Atlantic Region 1720—1800", *Res Econ Hist*, 29, pp.257—305.

Martínez Ruiz, E. (2008) "Autarkic Policy and Efficiency in the Spanish Industrial Sector. An Estimate of Domestic Resource Costs in 1958", *Rev Hist Econ*, 26(3), pp.439—470.

Matsuyama, K. (1992) "Agricultural Productivity, Comparative Advantage, and Economic Growth", *J Econ Theory*, 58, pp.317—334.

Maurer, S., Pischke, J. and Rauch, F. (2018) "Of Mice and Merchants: Trade and Growth in the Iron Age", NBER Working Papers 24825.

629 McCloskey, D.N. (2010) *Bourgeois Dignity. Why Economics can't Explain the Modern World*. Chicago: Chicago University Press.

McKeown, T.J. (1983) "Hegemonic Stability Theory and 19th Century Tariff Levels in Europe", *Int Organ*, 37(1), pp.73—91.

Meissner, C. M. (2014) "Growth from Globalization? A View from the Very Long Run", in Aghion, P. and Durlauf, S.N. (eds.) *Handbook of Economic Growth*, Vol.2. Elsevier, Amsterdam, pp.1033—1069.

Metzler, J. (1974) "Railroad Development and Market Integration: the Case of Tsarist Russia", *J Econ Hist XXXIV*, pp.529—549.

Mitchener, K. J. and Weidenmier, M. (2008) "Trade and Empire", *Econ J*, 118, pp.1805—1834.

Mitchener, K.J. and Yan, S. (2014) "Globalization, Trade, and Wages: What does History Tell Us about China?" *Int Ec Rev*, 55, pp.131—168.

Mohammed, S.I.S. and Williamson, J.G. (2004) "Freight Rates and Productivity Gains in British Tramp Shipping, 1869—1950", *Explor Econ Hist*, 41(2), pp.172—203.

Mokyr, J. (2009) *The Enlightened Economy: an Economic History of Britain, 1700—1850*. New Haven/London: Yale University Press.

Montañés Primicia, E. (2006) "Reformas Arancelarias y Comercio Exterior de Trigo en España: El fin de la Prohibición de Importar Trigo(1849—1869)", *Invest Hist Econ*, 6, pp.73—104.

Morgenstern, O. (1963) *On the Accuracy of Economic Observations*, 2nd edn. Princeton: Princeton University Press.

North, D.C. and Thomas, R.P. (1973) *The Rise of the Western World. A New Economic History*. Cambridge: Cambridge University Press.

Nunn, N. (2008) "The long-term Effects of Africa's Slave Trades", *Q J Econ*, 123(1), pp.139—176.

Nunn, N. and Puga, D. (2012) "Ruggedness: the Blessing of Bad Geography in Africa", *Rev Econ Stat*, 94(1), pp.20—36.

Nunn, N. and Trefler, D. (2014) "Domestic Institutions as a Source of Comparative Advantage", in *Handbook of International Economics*. Amsterdam: Elsevier, Vol. 4, ch. 5, pp.263—315.

Nye, J. V. C. (1991) "Revisionist Tariff

History and the Theory of Hegemonic Stability", *Polit Soc*, 19(2), pp.209—232.

O'Brien, P. (1982) "European Economic Development: the Contribution of the Periphery", *Econ Hist Rev New Series*, 35(1), pp.1—18.

Obstfeld, M. and Taylor, A. M. (1997) "Nonlinear Aspects of Goods-market Arbitrage and Adjustment: Heckscher's Commodity Points Revisited", *J Jpn Int Econ*, 11, pp.441—479.

Ohlin, B. (1933) *Interregional and International Trade*. Cambridge MA: Harvard University Press.

O'Rourke, K. H. (1997) "The European Grain Invasion, 1870—1913", *J Econ Hist*, 57(4), pp.775—801.

O'Rourke, K. H. (2000) "Tariffs and Growth in the Late 19th Century", *Econ J*, 110, pp.456—483.

O'Rourke, K. H. (2006) "The Worldwide Economic Impact of the French Revolutionary and Napoleonic Wars, 1793—1815", *J Global Hist*, 1, pp.123—149.

O'Rourke, K.H. and Lehmann, S. (2011) "The Structure of Protection and Growth in the Late Nineteenth Century", *Rev Econ Stat*, 93(2), pp.606—616.

O'Rourke, K.H. and Taylor, A.M. (2007) "Democracy and Protectionism", in Hatton, T. J., O'Rourke, K. H. and Taylor, A. M. (eds.) *The New Comparative Economic History: Essays in Honor of Jeffrey G. Williamson*. Cambridge, MA: MIT Press, pp.193—216.

O'Rourke, K.H., Taylor, A.M. and Williamson, J. G. (1997) "Factor Price Convergence in the Late 19th Century", *Int Econ Rev*, 37(3), pp.499—530.

O'Rourke, K. H. and Williamson, J. G. (1994) "Late 19th Century Anglo-American Factor Price Convergence: Were Heckscher and Ohlin Right?" *J Econ Hist*, 54, pp.892—916.

O'Rourke, K. H. and Williamson, J. G. (1995) "Open Economy Forces and Late 19th Century Swedish Catchup: a Quantitative Accounting", *Scand Econ Hist Rev*, 43, pp.171—203.

O'Rourke, K. H. and Williamson, J. G. (1997) "Around the European Periphery 1870—1913: Globalization, Schooling and Growth", *Eur Rev Econ Hist*, 1, pp.153—190.

O'Rourke, K. H. and Williamson, J. G. (1999) *Globalization and History: the Evolution of a Nineteenth Century Atlantic Economy*. Cambridge, MA: MIT Press.

O'Rourke, K. H. and Williamson, J. G. (2002A) "When did Globalisation Begin?" *Eur Rev Econ Hist*, 6(1), pp.23—50.

O'Rourke, K. H. and Williamson, J. G. 630
(2002B) "After Columbus: Explaining Europe's Overseas Trade Boom, 1500—1900", *J Econ Hist*, 62(2), pp.417—456.

O'Rourke, K. H. and Williamson, J. G. (2004) "Once More: When did Globalization Begin?" *Eur Rev Econ Hist*, 8, pp.109—117.

O'Rourke, K. H. and Williamson, J. G. (2009) "Did Vasco da Gama Matter for European Markets?" *Econ Hist Rev*, 62(3), pp.655—684.

Özmucur, S. and Pamuk, Ş. (2007) "Did European Commodity Prices Converge during 1500—1800?" in Hatton, T. J., O'Rourke, K. H. and Taylor, A.M. (eds.) *The New Comparative Economic History: Essays in Honour of Jeffrey G. Williamson*. Cambridge MA: MIT Press, pp.59—86.

Pahre, R. (2008) *Politics and Trade Cooperation in the Nineteenth Century. The "Agreeable Customs" of 1815—1914*. Cambridge: Cambridge University Press.

Pamuk, Ş., Williamson, J.G. (2011) "Ottoman De-industrialization, 1800—1913: Assessing the Magnitude, Impact, and Response", *Econ Hist Rev*, 64(S1), pp. 159—184.

Panza, L. (2013) "Globalization and the Near East: a Study of Cotton Market Integration in Egypt and Western Anatolia", *J Econ Hist*, 73(3), pp.847—872.

Pascali, L. (2017) "The Wind of Change: Maritime Technology, Trade and Economic Development", *Am Ec Rev*, 107, pp.2821—2854.

Peña, D. and Sánchez-Albornoz, N. (1984) "Wheat Prices in Spain, 1857—1890: an Application of the Box-Jenkins Methodology", *J Eur Econ Hist*, 13, pp.353—373.

Persson, K.G. (1999) *Grain Markets in Europe, 1500—1900*. Cambridge: Cambridge University Press.

Persson, K.G. (2004) "Mind the Gap! Transport Costs and Price Convergence in the Nineteenth Century Atlantic Economy", *Eur Rev Econ Hist*, 8, pp.125—147.

Pinilla, V. and Rayes, A. (2017) "Why did Argentina become a Super-exporter of Agricultural and Food Products during the Belle Époque (1880—1929)?" EHES working paper no.107.

Pistoresi, B. and Rinaldi, A. (2012) "Exports, Imports, and Growth. New Evidence on Italy: 1863—2004", *Explor Econ Hist*, 49, pp.241—254.

Platt, D.C.M. (1971) "Problems in the Interpretation of Foreign Trade Statistics before 1914", *J Latin Am Stud*, 3, pp.119—130.

Ploeckl, F. (2013) "The Internal Impact of a Customs Union; Baden and the Zollverein", *Explor Econ Hist*, 50, pp.387—404.

Prado, S. (2010) "Fallacious Convergence? Williamson's Real Wage Comparisons under Scrutiny", *Cliometrica*, 4, pp.171—205.

Prados de la Escosura, L. (2000) "International Comparisons of Real Product, 1820—1990: an Alternative Data Set", *Explor Econ Hist*, 37(1), pp.1—41.

Prados de la Escosura, L., Rosés, J.R. and Sanz-Villarroya, I. (2012) "Economic Reforms and Growth in Franco's Spain", *Rev Hist Econ*, 30(1), pp.45—89.

Prebisch, R. (1950) "The Economic Development of Latin America and Its Principle Problems", United Nations Department of Economic Affairs, Lake Success.

Rahman, A.S. (2010) "Fighting the Forces of Gravity—Seapower and Maritime Trade between the 18th and the 20th Centuries", *Explor Econ Hist*, 47, pp.28—48.

Rei, C. (2011) "The Organization of Eastern Merchant Empires", Explor Econ Hist, 48, pp.116—135.

Ricardo, D. (1817) *On the Principles of Political Economy and Taxation*. London: John Murray.

Richardson, D. (2005) "Slavery and Bristol's 'Golden Age'", *Slavery Abolition*, 26, pp.35—54.

Ritschl, A.O. and Wolf, N. (2011) "Endogeneity of Currency Areas and Trade Blocs: Evidence from a Natural Experiment", *Kyklos*, 64(2), pp.291—312.

Rodríguez, F. and Rodrik, D. (2000) "Trade Policy and Economic Growth: a Sceptic's Guide to the Crossnational Evidence", NBER Macroecon Ann 15, pp.261—325.

Rogowski, R. (1989) *Commerce and Coalitions. How Trade Affects Domestic Political Alignments*. Princeton: Princeton University Press.

Rönnbäck, K. (2009) "Integration of Global Commodity Markets in the Early Modern Era", *Eur Rev Econ Hist*, 13(1), pp.95—120.

Rönnbäck, K (2012) "The Speed of Ships and Shipping Productivity in the Age of Sail", *Eur Rev Econ Hist*, 16, pp.469—489.

Sánchez, F., López-Uribe, M. and Fazio, 631
A. (2010) "Land Conflicts, Property Rights, and the Rise of the Export Economy in Colombia, 1850—1925", *J Econ Hist*, 70(2), pp. 378—399.

Schonhardt-Bailey, C. (2006) *From the Corn Laws to Free Trade. Interests, Ideas and Institutions in Historical Perspective*. Cambridge, MA: MIT Press.

Schularick, M. and Solomou, S. (2011) "Tariffs and Economic Growth in the First Era of Globalization", *J Econ Growth*, 16(1), pp.33—70.

Schulze, M-S. and Wolf, N. (2009) "On the Origins of Border Effects: Insights from the Habsburg Empire", *J Econ Geogr*, 9(1), pp.117—136.

Schulze, M-S. and Wolf, N. (2012) "Economic Nationalism and Economic Integration: the Austro-Hungarian Empire in the Late Nineteenth Century", *Econ Hist Rev*, 62(2), pp.652—673.

Schulze, M. S., Heinemeyer, H. C. and Wolf, N. (2008) "Endogenous Borders? Exploring a Natural Experiment on Border Effects", Center for Economic Policy Research working paper 6909.

Schulze, M-S., Heinemeyer, H. C. and Wolf, N. (2011) "On the Economic Consequences of the Peace: Trade and Borders after Versailles", *J Econ Hist*, 71(4), pp.915—949.

Serrano, R. and Pinilla, V. (2011) "The Evolution and Changing Geographical Structure of World Agri-food Trade, 1951—2000", *Rev Hist Ind*, 46(2), pp.97—125.

Sharp, P. (2010) "'1846 and all that': the Rise and Fall of British Wheat Protection in the Nineteenth Century", *Agric Hist Rev*, 58(1), pp.79—94.

Sharp, P. and Weisdorf, J. (2013) "Globalization Revisited: Market Integration and the Wheat Trade between North America and Britain from the Eighteenth Century", *Explor Econ Hist*, 50, pp.88—98.

Shiue, C.H. and Keller, W. (2007) "Markets in China and Europe on the Eve of the Industrial Revolution", *Am Econ Rev*, 97, pp.1189—1216.

Singer, H. (1950) "The Distributions of Gains between Investing and Borrowing Countries", *Am Econ Rev Paper Proc*, 40, pp.473—485.

Smith, A. (1776) *An Inquiry into the Nature and Causes of the Wealth of Nations*. London: W. Strahan and T. Cadell.

Solar, P.M. and Hens, L. (2015) "Ship Speeds during the Industrial Revolution: East India Company Ships, 1770—1828", *Eur Rev Econ Hist*, 20, pp.66—78.

Steinwender, C. (2018) "The Real Effects of Information Frictions: When the States and the Kingdom Became United", *Am Econ Rev*, 108(3), pp.657—696.

Swinnen, J.F.M. (2009) "The Growth of Agricultural Protectionism in Europe in the 19th and 20th Centuries", *World Econ*, 32(11), pp.1499—1537.

Taylor, A.M. (1998) "Peopling the Pampa: on the Impact of Mass Migration to the River Plate, 1870—1914", *Explor Econ Hist*, 34, pp.100—132.

Taylor, A.M. (2001) "Potential Pitfalls for the Purchasing-power-parity Puzzle? Sampling and Specification Biases in Mean-reversion Tests of the Law of One Price", *Econometrica*, 69, pp.473—498.

Taylor, J. E., Basu, B. and McLean, S. (2011) "Net Exports and the Avoidance of High Unemployment during Reconversion, 1945—1947", *J Econ Hist*, 71(2), pp.444—454.

Tena-Junguito, A. (1989) "On the Accuracy of Foreign Trade Statistics: Italy 1890—1938", *Rivista di Storia Economica*, 6(1), pp.87—112.

Tena-Junguito, A. (1995) "Una Reconstrucción del Comercio Exterior Español, 1914—1935: La Rectificación de las Estadísticas Oficiales", *Rev Hist Econ*, 3(1), pp.77—119.

Tena-Junguito, A. (2006a) "Assessing the Protectionist Intensity of Tariffs in Nineteenth-century European trade Policy", in Dormois, J. P. and Lains, P. (eds.) *Classical Trade Protectionism, 1815—1914*. London: Routledge, pp.99—120.

Tena-Junguito, A. (2006b) "Por Qué fue España un país con alta Protección Industrial? Evidencias desde la Protección Efectiva 1870—1930", in Dobado, R., Gómez Galvarriato, A. and Márquez, G. (eds.) *España y México. ¿Historias Económicas Paralelas?* México: Fondo de Cultura Económica.

Tena-Junguito, A. (2010a) "Bairoch Revisited: Tariff Structure and Growth in the Late Nineteenth Century", *Eur Rev Econ Hist*, 14, pp.111—143.

Tena-Junguito, A. (2010b) "Tariff History Lessons from the European Periphery. Protection Intensity and the Infant Industry Argument in Spain and Italy 1870—1930", *Hist Soc*

Res, 35(1), pp.340—362.

632 Tena-Junguito, A. and Willebald, H. (2013) "On the Accuracy of Export Growth in Argentina, 1870—1913", *Econ Hist Dev Region*, 28(1), pp.28—68.

Tena-Junguito, A., Lampe, M. and Tena-J.Fernandez, F. (2012) "How much Trade Liberalization was there in the World before and after Cobden-Chevalier?" *J Econ Hist*, 72(3), pp.708—740.

Thomson, J. K. J. (2008) "The Spanish Trade in American Cotton: Atlantic Synergies in the Age of Enlightenment", *Rev Hist Econ*, 26(2), pp.277—314.

Timini, J. (2018) "Currency Unions and Heterogeneous Trade Effects: the Case of the Latin Monetary Union", Eur Rev Econ Hist. https://doi.org/10.1093/ereh/hex027.

Tirado, D. A., Pons, J., Paluzie, E. and Martínez-Galarraga, J. (2013) "Trade Policy and Wage Gradients: Evidence from a Protectionist Turn", *Cliometrica*, 7, pp.295—318.

Trenkler, C. and Wolf, N. (2005) "Economic Integration across Borders: the Polish Interwar Economy 1921—1937", *Eur Rev Econ Hist*, 9(2), pp.199—231.

Uebele, M. (2011) "National and International Market Integration in the 19th Century: Evidence from Comovement", *Explor Econ Hist*, 48, pp.226—242.

Vamvakidis, A. (2002) "How Robust is the Growth-openness Connection? Historical Evidence", *J Econ Growth*, 7, pp.57—80.

Van Dijck, M. and Truyts, T. (2011) "Ideas, Interests, and Politics in the Case of the Belgian Corn Law Repeal, 1834—1873", *J Econ Hist*, 71(1), pp.185—210.

Varian, B.D. (2016) "The Revealed Comparative Advantage of Late-Victorian Britain", EHES working paper no.97.

Vasta, M. (2010) "Italian Export Capacity in the Long Run Perspective (1861—2009): a Tortuous Path to Keep the Position", *J Modern Italian Stud*, 15(1), pp.133—156.

Vizcarra, C. (2009) "Guano, Credible Commitments, and Sovereign Debt in Nineteenth-century Peru", *J Econ Hist*, 69(2), pp.358—387.

Williamson, J.G. (1990a) "The Impact of the Corn Laws just Prior to Repeal", *Explor Econ Hist*, 27(2), pp.123—156.

Williamson, J. (1990b) "Latin American Adjustment: How much has Happened?" Peterson Institute for International Economics, Washington, DC.

Williamson, J. G. (2006) "Explaining World Tariffs, 1870—1938: Stolper-Samuelson, Strategic Tariffs, and State Revenues", in Findlay, R., Henriksson, R. G. H., Lindgren, H. and Lundahl, M. (eds.) *Eli Heckscher, International Trade, and Economic History*. Cambridge, MA: MIT Press, pp.199—228.

Williamson, J. G. (2008) "Globalization and the Great Divergence: Terms of Trade Booms, Volatility and the Poor Periphery, 1782—1913", *Eur Rev Econ Hist*, 12, pp.355—391.

Williamson, J.G. (2011) *Trade and Poverty. When the Third World Fell behind*. Cambridge, MA: MIT Press.

Wolf, N. (2005) "Path Dependent Border Effects: the Case of Poland's Reunification (1918—1939)", *Explor Econ Hist*, 42(3), pp.414—438.

Wolf, N. (2009) "Was Germany ever United? Evidence from Intra- and International Trade, 1885—1933", *J Econ Hist*, 69(3), pp.846—881.

Ye, L. (2010) "U.S. Trade Policy and the Pacific Rim, from Fordney-McCumber to the Trade Expansion Act of 1962: a Political-economic Analysis", *Res Econ Hist*, 27, pp.201—253.

Yousef, T.M. (2000) "The Political Economy of Interwar Egyptian Cotton Policy", *Explor Econ Hist*, 37, pp.301—325.

Zahedieh, N. (2013) "Colonies, Copper, and the Market for Inventive Activity in England and Wales, 1680—1730", *Econ Hist Rev*, 66(3), pp.805—825.

第九章

市场一体化

乔瓦尼·费德里科

摘要

本章概述了过去5—10年关于市场一体化的主要研究进展。在简要回顾了市场一体化的定义和衡量市场一体化的主要统计工具之后，下面三个小节分别讨论了一个主要问题。第三节“第一次浪潮：测量”探讨了一体化的度量，同时更新和扩展了本人(Federico，2012)关于非欧洲国家一体化和跨洋一体化的早期评论。第四节“第二次浪潮：一体化的原因”回顾了关于一体化原因的问题，认为变化主要取决于有关贸易壁垒的政治决定，并认为19世纪和20世纪的技术进步对此作出了重大贡献。最后，第五节“第三次浪潮：一体化的影响”探讨了一体化的部分影响。大多数论文在谈到选择这一问题的动机时引述了一体化的好处，但很少有人试图去衡量一体化的好处，或者衡量得非常片面。结语部分对主要发现进行了简短的总结，强调了近期关于空间整合和跨期套利的相关性的研究。

关键词

市场一体化　市场效率　斯密型经济增长　贸易获利

引　言 C34

至少从亚当·斯密以来，经济学家就一直认为，市场和贸易对于经济体系的平稳运行和发展至关重要，因此，经济史学家对市场和贸易的发展表现出浓厚兴趣也就不足为奇了。一个全面的研究计划应该解决三个主要问题：(1)过程的衡量(何时以及市场发展到了什么程度?)；(2)原因(市场为什么发展?)；(3)市场发展如何影响福利和增长。用贸易数据从历史角度解决这些问题几乎是不可能的。可靠的国际贸易数据序列在19世纪(Federico and Tena, 2016)以后才有，而且在20世纪末以前，国内贸易流动的数据极为稀少，德国是一个例外(Wolf, 2009)。因此，经济史学家转向了价格。欧洲自中世纪以来就有价格序列，特别是谷物的价格，国际价格史委员会自20世纪30年代便开始收集这些价格数据。亚洲的资源，一旦被系统地开发，已经被证明和欧洲的资源一样丰富，至少从18世纪开始便已如此。这一章将调查以价格为基础的市场一体化相关文献，关于贸易增长的以数量为基础的相关文献留给其他章节。

一些先驱学者早在20世纪60年代就开始用价格来研究市场一体化，但这个问题在20世纪90年代后期才迅速成为经济史上的一个热门话题。第一波研究的重点是欧洲和整个大西洋经济一体化的程度和趋势，即问题(1)。我(Federico, 2012)的一项调查引用了2009年12月前出版的61部作品。从那时起，研究人员开始这方面的研究，但最近他们开始研究一体化的起因和影响，即问题(2)和问题(3)，只是后者的研究规模小得多。尽管他们作出了努力，但从长远来看，我们仍远未对一体化有一个全面的看法。有些文献同时研究了度量和原因，也有较少部分文献研究涉及度量和效果，但显而易见，只有贝特曼(Bateman, 2012)在她关于早期现代欧洲的著作中用统计工具同时解决了这三个问题。

本章将讨论定量研究，而不是关于市场机制及其变化原因的文献，如爱泼斯坦和范巴维尔的成果(Epstein, 2000; van Bavel, 2016)。这些研究为解释定量结果提供了重要的见解，但他们的讨论将超出本调查的范围。此外，

635 由于篇幅所限，本章作出了三个明确但有些痛苦的选择。首先，它侧重于商品市场的一体化，而忽略了要素市场的一体化。关于移民的文献中对工资趋同进行了研究，但研究的范围并不广泛，而近年来，早期欧洲资本市场的一体化吸引了很多研究者的兴趣(Volckart and Wolf, 2006; Chilosi and Volckart, 2011; Li, 2017; Chilosi et al., 2018)。其次，本章尽可能地依赖于我(Federico, 2012)关于欧洲一体化测度的文献，并在必要时进行更新。相比之下，它将更详细地分析其他大陆(尤其是亚洲)和大陆间一体化的度量，以及更重要的关于一体化原因[问题(2)]和影响[问题(3)]的文献。在适当的时候，我们还将考虑来自贸易收益的相关文献(Donaldson, 2015)。最后，但并非最不重要的一点，与我之前的文章(Federico, 2012)不同的是，本章并不以系统化为目标。相反，它将侧重于那些添加了新颖的方法论或带来重大新成果的文献。

下一节将讨论市场一体化的理论。它回顾了一体化的基本概念，概述了主要的统计方法，集成了我之前的研究(Federico, 2012)，并讨论了最近方法论的发展。再接下来的三个部分都各自涉及其中一个问题——一体化的度量(第一次浪潮：测量)、原因分析(第二次浪潮：一体化的原因)，以及对其影响的估计(第三次浪潮：一体化的影响)。结语部分总结了主要的研究成果，并对未来的研究议程作了一些一般性的评论。

一般框架：市场一体化的定义以及相关性

市场一体化的定义最早是由法国数学家古诺(Cournot)在大约200年前提出的。他将一体化市场描述为“一个整体的区域，其各部分通过不受限制的商业关系如此紧密地联系在一起，以至于价格可以轻松而迅速地达到同一水平”(Cournot, 1971:51—52)。换句话说，(1)价格均衡水平必须相等(单一价格定律)且(2)价格必须在任何冲击之后轻松迅速地返回到这一水平。这两个条件显然是可以分开的，因为价格可以慢慢地回到同一水平，也可以很快回到不同的水平。对于一个完全一体化的市场来说，这两个条件都是必要的，但不是充分的，必须用不同的统计工具来检验每一个条件。不幸的是，正如我们将在“第一次浪潮：测量”部分中讨论的那样，这种良好的实践并不总是得到遵循。许多作者只关注一个条件，并由此将他们自己的结果标记为市场一体化。因此，在深入研究历史结果之前，有必要简要回顾一下有关市场效率基本理论的现有统计检验的主要特征（详情请参阅 Federico，2012）。

测试单一价格定律显然很简单：有什么比在两个不同地点比较同一种商品在同一时间的价格更容易呢？唉，结果很可能具有严重的误导性。如果 636
在两个地方进行贸易，即使是完全同质的货物，也几乎总是会违反这一定律。在任何给定的时间内，价格差异至少等于交易成本（或商品点），并可能在重新吸收特定地点冲击时出现临时不平衡的情况下超过交易成本（或商品点）。另一方面，如果两个地点没有交易，差价可能在商品点之间随机变动或通过与第三方市场的交易决定（Coleman，2007；Federico，2012）。有人可能会认为，如果没有严重违背这一定律，或者如一些学者（例如，Stigler and Sherwin，1985；Ejrnæs et al.，2008）所建议的，如果价格差距等于交易成本，则不应该从字面上理解这一定律，而应将待研究的市场认定为一体化市场。两种解决方案都不是很吸引人。任何区分未严重违背和严重违背的标准都不可避免地存在随意性，同时，计算所有交易成本和隐含的风险至少可以说是一项具有挑战性的任务，这一点可以从奥菲瑟对 19 世纪跨大西洋货币市场的黄金点进行的极其仔细的估计中看出（Officer，1996）。即使这种计算是可行的，也会把存在巨大价格差异的市场（如 1%、100%甚至 1 000%）标记为（相同的）一体化市场。

显然，静态比较的替代方法是动态方法，即关注趋势而不是水平。如果两个地点之间的价格差距缩小（价格趋同），那么这个市场就正在一体化（而不是已经一体化），反之亦然。然而，如果地点的数量以及可能的贸易伙伴的数量超过了一个量（这个量往往很小），那么对结果的解释就会变得很麻烦。一些学者建议选择一些有代表性的地点或把重点放在一些外围市场向中心市场的价格倾斜上（Ravaillon，1987）。最简单的解决方法是通过计算每年所有地点的变异系数来度量 σ 收敛性，这在文献中已成为一种标准方法。如果特征改变，结果可能不精确，但不一定有系统性偏差（Federico，2011）。变异系数作为一种无量纲的测度，在时间和空间上都具有可比性，可以通过时间序列分析寻找不连续点，估计长期趋势。累积变化占初始离散度的百分比是对一体化程度（或缺乏一体化程度）的简单衡量，而检测到的不连续性可能与特定事件有关，如贸易政策或运输基础设施的变化。

古诺模型的第二个条件可以用现代术语重新表述为对市场效率的检验。众所周知，如果定价考虑了所有可用的信息，那么在空间或时间上没有套利的机会，市场就是有效的。两个交易地点之间的价差必须等于交易成本以及当前和未来（预期）价格与仓储成本之间的差额。市场一体化文献中的标准框架假设经销商知道其他地方的当地情况和商品的价格，并据此设定价格。如果冲击导致价格差异超过其均衡水平，利润最大化交易者的套利将把差距推回到均衡水平。这个过程越快，市场的效率就越高。早期的研究通过观察价格的协动间接检验了古诺模型的第二个条件：对外源性冲击的
637 调整越快，价格走势就越接近。测量早期的“一体化”（或者更准确地说是效率）的主要工具就是不同地点价格对之间的相关系数。一些学者更倾向于OLS回归，可能会通过添加分布式滞后来捕捉调整的动态成分（最近的一个例子便是Panza，2013）。后一种方法引入了另一个附加假设，即两个市场之间存在等级差异，一个是价格确定的中心市场，另一个是价格通过套利机制传递的市场（Ravaillón，1987）。

协动检测有两个缺点。首先，因其结构，它们必须用最少的观测次数来进行估计，并产生单个系数。因此，它们隐含地假定交易成本在这一时期是固定的，这与关于市场一体化的整个研究议程形成了对比。无论作者如何谨慎地选择估算期限，都存在交易成本变化导致估算无效的风险。周期越短，数据的频率越高，这种风险就越小。不幸的是，在很多情况下，由于资料的可用性，作者被迫使用低频数据。其次，如果序列具有共同的趋势或受到相同的冲击（如天气），那么结果将会偏向上升。学者们使用了不同的策略来解决这个问题，例如计算一阶差分的相关性（如Li，2000；Studer，2008），或去除价格趋势序列（如Dobado et al.，2012；Chilosi et al.，2013）。此外，对结果的解释需要对一体化市场的最小系数作出某种武断的决定。相关系数为0.6，够吗？简而言之，多大才算大？

自20世纪90年代以来，这种通过协动来测量效率的传统间接方法已被时间序列计量经济学的进步所边缘化。协整检验为市场是否被整合这个普

遍问题提供了一个简单的答案。通过运行一个简单的 AR(1)模型,可以计算出古诺模型的第二个条件(调整速度)的关键参数,如下:

$$\Delta(P_{it}-P_{jt})=\rho(P_{it-1}-P_{jt-1})+\varepsilon_t \tag{9.1}$$

调整的速度通常定义为冲击的半衰期,或 $\lambda=[\ln 0.5/\ln(1+\rho)]$。这个参数作为相关系数,可以很容易地进行跨时间和空间比较,尽管没有一个公认的标准来区分快速调整和缓慢调整。

公式 9.1 有许多变体。通常的做法是为特定的冲击(如战争)添加虚拟变量,而贝恩霍芬等人(Bernhofen et al., 2016)则将不同地点的平均价格变化作为常见冲击的度量。利用矢量误差修正模型或称矢量误差修正机制(VECM)(Lampe and Sharp, 2015)也可以探索冲击扩散模式和市场层次结构。另一方面,以 AR 框架作为效率测度有一个相当严重的缺陷。它隐含地假设,即使价差小于交易成本,套利也会收敛到价格,届时套利将无利可图。 638
这个逻辑上的缺点可以通过运行所谓的阈值自回归模型来解决。他们认为,只有当价格差距超过商品点时,价格才会趋同,当差距等于交易成本时,这一过程就停止。在商品点内,价格随机波动。除此之外,阈值自回归软件使用网格搜索程序来估计最有可能的商品点,这可以用于进一步的分析。

协整革命标志着效率分析的一个大跃进,但它并非没有问题。首先,协整检验作为一种协动度量方法,需要最少的观测次数,这些观测次数与数据的频率成反比(240 次观察次数与 20 年的月度数据相对应,与 4.5 年的周度数据相对应,与少于一年的日度数据相对应)。它们返回一个系数,这个系数只有当交易成本在观察期间没有变化时才会是无偏的。其次,估计速度取决于数据的频率(Brunt and Cannon, 2014)。如果数据的频率低于实际的调整速度,那么结果就会偏向上升——例如,如果数据是月度的,调整就需要一周时间(Taylor, 2001)。它们将根据数据的性质而不同——也就是说,它们是否涉及具体的时间点及其具体的冲击,或者更确切地说,它们是否获得平均价格,从而缓和冲击。最后但并非最不重要的一点是,阈值自回归假设它对商品点的估计与实际交易成本相一致。如果价格差距小于商品点,这个假设就站不住脚,因为这两个地点不进行交易,但如果它们的价差系统地超过商品点,这一假设也站不住脚,因为市场没有效率或只有弱效率。这种情况并非难以置信。如果交易者认为风险(例如汇率波动)大于套利带来的潜在收益,他们可能会理性地决定忽视交易机会。在这两种情况下,相对于实际交易成本,采用阈值自回归的估计将分别有偏差:向下或向上。此外,我们应该注意到,整个协整方法隐含地排除了这样一种可能性,即一个地点的经销商拥有除价格以外的其他地点的信息(即市场是“比较”有效的)。这一限制有点难以置信,但却很宽松,这意味着一个完全不同的定价过程。贸易商可能对影响价格的事件(战争、歉收)的相同信息作出类似的反应,因此价格差距不会改变。在一个完全有效的市场中,只要交易成本保持稳定,市场之间的价差就会保持不变。

测量单一市场价格方差的整合的文献中,或者如恩格尔和罗杰斯(Engel and Rogers, 1996)所建议的,测量两个地点的价格比率的文献中,存在着类似的张力。这种方法假设,相对于封闭经济体,一体化可以减少价格波动,因为封闭经济体的价格与国内生产量成反比,价格波动越大,消费的弹性越小。这一假设得到了克拉克(Clark, 2015)和斯蒂德(Studer, 2015)的支持,前者研究的是中世纪的英国,后者研究的是近代早期的瑞士。他们构建了一个非常简单的模型,用当地供应条件(以产量或天气波动衡量)来确定价
639 格,并发现增加全国价格或其他市场的价格,降低了当地供应变量的系数。然而,这些结果可能并不足以作为以方差为基础的效率测量的证据。它们指的是非常具体的情况,一般来说,价格波动取决于很多因素,最显著的是与其他商品的替代弹性、与它们的价格的协方差,以及储存或跨期套利的程度(Foldvari and van Leeuwen, 2011)。此外,任何对以方差下降为效率提高证据的解释,都假设潜在冲击的规模是恒定的。这一点也不确定(参见 Brunt and Cannon, 2014)。例如,灌溉或其他现代技术可能会减少天气对作物产量的影响,从而减少与天气有关的价格波动的幅度。

最近的文献已经提出了一些重要的——虽然不是惊天动地的——改进这些传统的效率措施。多巴多等人(Dobado et al., 2012, 2015)建议使用价格比率的 AR(1)模型的价格比的方差残差而不是序列的方差,来强调冲击。同样地,布伦特和坎农(Brunt and Cannon, 2014)用两市场矢量误差修正模型区分了价格变动的暂时性和永久性,并将前者分解为特定地点冲击、共同冲击和调整。其他人则通过使用基线 AR 模型的时变规则(Craig and Holt,

2017)或滚存法(例如,Hynes et al., 2012; Bernhofen et al., 2016; Federico et al., 2018)引入了参数变化的可能性。最相关的统计工具包是动态因素分析(Uebele, 2011; Anderson and Ljunberg, 2015; Federico et al., 2018)。它可以被解释为一个传统的协动法的复杂版本。该方法不是计算价格序列之间的成对相关性并以某种方式求平均值,而是提取一个单一的序列或公共因子,用它捕捉所有协动。其方差与特定地点序列的总体方差之比衡量了协动的程度,从而衡量了市场的效率。此外,公共因素可以用作该地区参考价格的替代,作为中央市场先验选择的内生替代(Ravaillon, 1987)。

最合理的方法改进可以说是在空间套利建模中的跨期套利一体化。根据定义,只有当商品能够储存起来供未来消费时,跨期套利才是可能的。诸如乳制品等易腐食品的长期保存技术是最近才出现的,但储存的历史就像农业一样悠久,谷物和其他一些一年生作物必须被储存以供全年消费。从理论上讲,空间套利和跨期套利可彼此替代:如果代理商预期未来价格超过当前价格的储存成本,他们可以决定从市场上扣留产品。在这种情况下,储存将减少市场供应,导致目前的价格回到它们的跨期均衡水平。如果市场是有效的,预期价格只有在获得新信息时才会改变。施泰因文德(Steinwender, 2018)在她关于电报对跨大西洋棉花贸易影响的分析中将存储作为一种期货平滑机制。在她的模型中,棉花只储存在目的市场(英国),库存的 640
销售满足了额外的需求,抑制了价格的上涨,直到美国的额外供应到来。涨价抑制效应取决于从英国向美国传递过剩需求信息和实际运输棉花的时间之和。电报缩短了传输时间,从而减少了存储的需要。在另一篇最近的论文中,克雷格和霍尔特(Craig and Holt, 2017)将19世纪晚期美国鸡蛋价格调整速度的下降归因于冰箱(冷库)的引入。如果没有存储空间,不管对未来价格的预期如何,交易员都不得不立即抛售。制冷技术使贸易商有可能从市场上撤回产品,只要他们认为价格高于存储成本,从而减少当地的套利的供应。

薛华(Shiue, 2002)首先提出了一种不同的、更激进的方法,然后由科尔曼(Coleman, 2009)正式阐述。与施泰因文德不同,他对价格进行了完全信息假设,并着重研究了有库存和没有库存的均衡条件之间的差异。在他的模型中,在任何给定时间,原产地市场(在他的例子中是芝加哥)的价格等于到达时目的地市场(纽约)的预期价格，即 $t+n$。后者等于 t 时刻纽约的价格加上存储成本。在均衡状态下，芝加哥的价格等于纽约现货价格减去运输成本(空间套利的标准条件)加上存储成本——也就是说，价格的差距等于交易成本减去存储成本。因此，时空商品点要比纯空间商品点狭窄。在这种情况下，只要目的地市场的需求可以通过减少库存来满足，空间套利就无利可图。当货物抵达目的地时，库存将会减少的信息导致目的地市场的价格上涨，从而价格差距超过交易成本，引发套利。因此，从理论上讲，该模型意味着价格缺口的有规律的峰值可以通过高频数据检测到。在实践中，如果周期 n 足够短，有存储和没有存储的商品点之间的差异可能很小，因此空间加跨期套利模型的结果与标准的空间模型的结果相差不大。

第一次浪潮：测量

我(Federico, 2012)总结过近 40 年关于欧洲市场一体化的研究结果，指出了从滑铁卢到第一次世界大战的近代早期和“漫长”的 19 世纪之间的差异。人们对古诺模式下的大规模一体化进程、价格趋同以及后期不断提升的市场效率等问题达成了广泛的共识，而对于法国大革命前的运动的认识则存在着巨大的分歧。最近的研究证实了 19 世纪是一体化时期的观点，并对以前的趋势(或缺乏趋势)提供了一些启示。首先，齐洛斯等人(Chilosi et
641 al., 2013)利用主成分分析对欧洲 100 个地区从 1620 年至 1913 年的一体化地理格局进行了研究。区域的大小和价格收敛模式主要取决于地理因素。得益于便捷廉价的海上交通，北海周边地区在早期就已经很好地一体化了，而内陆地区规模较小，一体化程度较低。从长远来看，除了西班牙一直孤立到 19 世纪，内陆地区也加入了欧洲市场。我们(Federico et al., 2018)将时间追溯至 14 世纪早期，将数据库的规模扩大到近 600 个地区，收录的 18 世纪中期价格数据最高可达 300 个。不幸的是，这些序列中的大多数很短，因此我们依赖 15 个城市的核心样本进行了长期的分析，这些城市大多来自欧洲西北部，还有法国南部和意大利北部的一些城市。在早期近代时期(一体化的近代早期)，核心样本的价格波动很大：在 15 世纪和 16 世纪相当低，在

17 世纪早期迅速增长，从大约 1650 年到法国大革命再次下降（Chilosi et al.，2013 所涵盖的时期），并在拿破仑战争期间飙升。其次，动态因素分析表明，在近代早期，效率的变化远远小于价格差异，并在 18 世纪后期开始上升。滑铁卢战役之后，价格开始趋同，效率继续增长，因此在 1870 年左右，欧洲小麦市场在这两个层面上实现了前所未有的一体化。我们（Federico et al.，2018）通过建立一个 80 年周期的更大样本来补充了这一分析，并使用网格程序从数据库中选择城市，使其在地理上尽可能代表整个欧洲大陆。这些新增数据证实了 15 个城市样本的结果，但表明，核心地区以外的收敛速度较慢，而且并不完全。最后但并非最不重要的是，我们（Federico et al.，2018）的研究表明，考虑到距离，英格兰和荷兰的一体化程度在 16 世纪和 17 世纪早期并不是特别高，之后呈上升趋势。这两篇论文为欧洲一体化的长期发展提供了一个大体一致的故事。不幸的是，这个故事相当复杂，在地区和时期之间，以及在价格差异和效率趋势之间存在着实质性的差异。这些差异可以解释为什么早期的文献，对不同时期不同位置的城市的小样本，使用不同的统计工具，会得出非常不同的结论。

关于洲际一体化的传统看法深受奥罗克和威廉姆森研究的影响。他们在不同的论文中提出：

（1）16 世纪初，一条通往亚洲的新航线的开通，导致欧洲香料的实际价格小幅下降，而欧洲市场之间的相关性略有增加（O' Rourke and Williamson，2009）。

（2）在 17 世纪和 18 世纪，欧洲和东南亚之间的价格差距仍然很大，远远超过运输成本，即使考虑到旅行的风险（O'Rourke and Williamson，2002）。

（3）19 世纪期间，大西洋经济一体化，对事实上的收入和分配产生了深 642
远的影响（O'Rourke and Williamson，1994）。

（4）两次世界大战之间的那几年，价格走势复杂、喜忧参半，但没有重大的效率损失（Hynes et al.，2012）。

最近的研究对现代早期的洲际一体化的看法更为乐观。多巴多等人（Dobado et al.，2012）、夏普和魏斯多夫（Sharp and Weisdorf，2013）的研究表明，大西洋小麦市场在 18 世纪就已经相当有效了。罗恩巴克（Ronnback，2009）和德茨沃特（de Zwart，2016）都批评奥罗克和威廉姆森的结论是基于有限时期内的少量序列。他们发现,不同路线之间以及同一路线上的产品之间的分散程度和趋同趋势存在显著差异。特别是,德茨沃特(de Zwart, 2016)指出,欧洲和东南亚之间一些商品(如丁香)的价格差距在17世纪就已经开始下降,到18世纪这些商品进一步扩展到大多数商品,但肉豆蔻干皮和肉豆蔻除外。19世纪10年代早期,亚洲产品在欧洲的加价仍然很大,从70%到220%不等,远远大于美国产品的价格差距(Chilosi and Federico 2015)。在19世纪上半叶,印度洋的相应速度和深度比大西洋的更快,更深。

大多数关于市场一体化的早期文献涉及欧洲,但也有一些关于20世纪70年代和80年代亚洲市场一体化的开创性研究(Hurd, 1975; Latham and Neal, 1983; Brandt, 1985; Bessler, 1990)。2015年,这类研究的数量大幅增加。多巴多等人(Dobado et al., 2015)利用他们偏爱的基于方差的方法论证了,日本国内的大米市场在18世纪就已经相当有效了。相比之下,公认的大得多的印度市场在19世纪下半叶之前既没有价格趋同,也没有效率提高(Studer, 2015)。中国国内市场的一体化作为18世纪有关中国经济状况的广泛辩论的一部分,引起了人们的广泛关注。所谓的加利福尼亚学派认为,根据几乎所有指标,包括市场的发展,中国在18世纪与西欧一样先进,只有在19世纪才出现分流(Pomeranz, 2000)。这种乐观的观点并不符合1738年至1911年河北(包括北京)小麦和谷子市场的解体(Li, 2000)。另一方面,彭慕兰的乐观主义得到了薛华和凯勒(Shiue and Keller, 2007)一篇非常有影响力的论文的支持,他们根据三种不同的静态效率衡量标准(价格波动、平均相关系数和价格对回归残差平稳性的 t 统计)对18世纪的中国和欧洲进行了比较。他们认为,整体而言,中国的效率并不比西欧低,尽管中国最发达的长江下游地区的一体化程度不如英国。中国和欧洲在19世纪走上了不同的道路,当时欧洲的大规模一体化与中国的进程并不相符。进一
643 步的研究得出了好坏参半的结果,可能是因为使用了不同的效率衡量标准。多巴多等人(Dobado et al., 2015)利用基于残差的方差测度表明,在"先进"的中国,三个地区的大米市场与英国市场一样有效,而且直到19世纪40年代,这种效率一直在增长。相比之下,贝恩霍芬等人(Bernhofen et al., 2016)利用AR模型证实了李明珠(Li, 2000)对华北地区(80个城市)的小麦市场和华南地区(131个城市)的水稻市场的研究结果。价格冲击的半衰期直到

19 世纪中叶危机出现前的 18 世纪末都是增长的(即市场变得不那么有效),而且与薛华和凯勒(Shiue and Keller, 2007)形成鲜明对比的是,就一系列可比频率而言,价格冲击的平均时间比(诚然规模较小的)欧洲“国家”市场长 6 倍左右。

整合时间和空间套利(跨期套利),虽然在理论上听起来不错,但由于缺乏数据,在经验上已被证明会遭到挑战。经济史文献在很大程度上忽略了科尔曼(Coleman, 2009)关于存储调整商品点的呼吁,尽管一些作者试图从价格数据中评估存储的相关性。薛华(Shiue, 2002)认为,储存粮食可以从天气变量(低雨指数)对当地物价的影响中推断出来。系数为正且具有显著性差异,但随时间的推移呈下降趋势。因此,她得出结论,在 18 世纪,中国通过储存进行的跨期平滑虽不完美,但正在改善。然而,这一推论并不可靠,因为她的说明没有通过包括其他地点的价格来控制空间一体化对价格的影响。她只是指出,与沿海地区相比,天气的影响对空间一体化程度更低的内陆地区更为强烈。克拉克(Clark, 2015)认为,在中世纪的英格兰,储存是普遍存在的,因为价格在不同年份之间是相关的(而产出是随机波动的),且跨期套利是有效的,因为作物年的价格上涨与储存成本是一致的。

第二次浪潮:一体化的原因

如果说经济史学家如此痴迷于衡量一体化程度,以致完全忽视一体化的原因,那是不公平的。几乎所有的研究者都讨论了这个问题,但大多数研究是在没有任何正式检验的情况下,结合测量结果和关于贸易成本变化的传闻证据来推断出一体化的原因。所有的研究者都用贸易自由化和运输技术创新的共同作用来解释 19 世纪的价格趋同:蒸汽船和铁路。一些作者试图用一些简单的统计检验来支持他们关于一体化的可能原因的结论。其中不少国家根据距离将市场进行分组(成对),以显示运输成本如何影响国内一体化。例如,斯蒂德(Studer, 2015)发现,在 1830 年之前的印度,小麦价格第一级差之间的平均相关系数在距离近的市场(距离小于 35 千米)非常高,但超过 70 千米后就几乎为零。1860 年以后,1 500 千米范围内的相关系数

644 为0.46——与前一个时期的35—70千米一级的相关系数相当,但仍远低于西欧在同一时间段的相应数字。这种方法需要设置阈值来对市场进行分类,并且只适用于分析那些只取决于运输成本的国内一体化。我和佩尔松(Federico and Persson, 2007)曾建议用方差分析(一体化原因,方差分析方法)来区分国内和国际价格离散变化这两个组成部分。从18世纪50年代初到1870年,这两个组成部分在欧洲小麦价格的长期趋同中几乎占有相同的份额,但所有短期变化都是由国际部分推动的,这清楚地反映了政治冲击,如拿破仑战争的爆发或英国废除《谷物法》(Federico, 2011)。最后但并非最不重要的是,多巴多和马雷罗(Dobado and Marrero, 2005)通过比较铁路建设前后的调整速度,探讨了19世纪墨西哥铁路对国内一体化的影响。

所有这些计算,虽然明显优于目测推断,但仍然需要选择合理的原因和/或阈值。因此,近年来,学者们开始使用一种广泛受到国际贸易引力模型启发的面板回归方法(一体化的原因,面板回归方法)来正式检验贸易成本变化的影响。安德森和范温库普(Anderson and van Wincoop, 2004:691)在他们关于这一问题的经典论文中,将贸易成本定义为除生产商品本身的边际成本外,将商品送到最终用户所产生的所有成本:运输成本(包括运费成本和时间成本)、政策壁垒(关税和非关税壁垒)、信息成本、合同执行成本、与使用不同货币相关的成本、法律和监管成本,以及当地分销成本(批发和零售)。这个定义意味着一个通用模型,例如:

$$MI = f(Tc, B, I, E, X) \tag{9.2}$$

其中,MI 既可以表示价格收敛,也可以表示效率;Tc 衡量运输成本,B 表示贸易壁垒,I 代表信息流,X 表示所有其他贸易成本;E 是一组用来捕捉异常大的冲击(如战争)的虚拟变量。在此设置中,明确变量的预期符号根据因变量而变化:如果因变量是关于离散度的度量(例如,两个市场之间的价格差距),正符号对应较少的一体化;如果因变量是一种效率的度量(例如,调整速度或相关系数),则正符号对应较多的一体化。此外,相同的原因可能会导致两个古诺条件(均衡价格差距和调整速度)不同,结果可能会出现一定程度的差异。

到目前为止,在正式检验中最常见的收敛度量方法是不同市场之间的价格比率。我(Federico, 2007)也使用变异系数作为因变量,但主要的替代方法是从阈值自回归模型中获得的交易成本估计。正如前面所提到的,每个阈值自回归估计都会产生一组点,但是可以通过对重叠的时间段运行模型得到几组点(Jacks, 2006)。相比之下,有针对效率的成对度量措施,如相关系数(Shiue, 2002)、相对价格的方差(Enge and Rogers, 1996),当然还有调 645
整速度(Jacks, 2006)。布伦特和坎农(Brunt and Cannon, 2014)在迄今最详细的分析中,将相邻市场价格之间的差距的标准差(即恩格尔-罗杰斯测量)和四种不同的地点冲击测量(调整速度、大小、成对比率,或冲击在两个位置之间的相关性)作为因变量。

事实证明,衡量贸易成本具有挑战性。只有少数作者能够找到一系列的实际运输费用或关税,而且没有一个作者有关于信息费用的实际数据。尽管如此,经济史学家们还是富有想象力地以代理数据取而代之,取得了不同程度的成功。

在引力贸易模型中,衡量运输成本的标准是直线距离,这在市场一体化的文献中也是相当常见的。比斯特等人(Buyst et al., 2006)用距离、距离的平方和是否临水(河流或海洋)的虚拟变量来衡量 18 世纪南部低地国家运输成本的影响。距离对商品点而不是调整速度的影响显著,且不是线性的。就其本质而言,诸如对距离和位置虚拟变量等定时测度可以解释一体化水平,但不能解释它们在时间上的变化。事实上,大多数作者试图用虚拟变量来描述基础设施禀赋的变化,比如两个城市之间是否存在铁路或公路连接,或者更普遍地说,是否存在网络接入。研究结果证实了人们有关基础设施对一体化的积极影响的预期,但也有很多变化提供了重要的见解。例如,比斯特等人(Buyst et al., 2006)发现,如果在估算期开始时(1765 年)就存在一条铺好的道路,这极有可能通过改善信息流通而使得调整速度显著加快,但它并不影响商品点。上述结果可能反映的是遗漏了 1765 年以后修建道路的情况,其本身是估算结构(单一系数,没有面板)的结果,或者仅仅反映了道路通行费的存在。布伦特和坎农(Brunt and Cannon, 2014)发现,在 18 世纪末期的英格兰,由较高的道路铺设密度和运河密度所表征的更好的交通运输状况降低了价格的波动性和冲击的大小,并增强了它们之间的相关性,但对调整速度的影响是复杂的。在 19 世纪中叶,铺设(免费)公路缩小了威斯特伐利亚地区的黑麦价格的差距，而水路的影响是好坏参半的，铁路几乎没有什么影响，可能是因为网络还没有完全发展(Uebele and Gallardo-Albarran, 2015)。作为国内市场一体化的主要因素，铁路在这类文献中占有非常特殊的地位。凯勒和薛华(Keller and Shiue, 2008)估计，在19世纪的德国，铁路建设的影响约占价格收敛的五分之四。意大利的情况略有不同(Federico, 2007)：铁路建设大大缩小了北方内陆市场之间的价格差距，但对该国其他地区的影响很小，因为沿海贸易超过了铁路运输。对于整个非洲大陆，杰克斯(Jacks, 2006)证实，两个地点之间只要存在铁路连接，价格差距就会减少5%，而对效率的影响是复杂的：调整速度与连接的存在正相关，但与连接的长度负相关。在关于英国统治的经济利益的争论中，铁路对印
646 度市场一体化的影响引起了特别的关注。赫德(Hurd, 1975)通过比较有铁路和没有铁路的县的变异系数趋势，认为铁路是一体化的主要驱动力。斯蒂德(Studer, 2015)也同意这一观点，尽管没有进行正式的验证。这种传统观点受到安德拉比和库尔韦因(Andrabi and Kuelhwein, 2010)的质疑，他们发现谷物价格的趋同开始于铁路建设之前，并估计铁路的影响仅占价格差距总体下降的五分之一。他们推断，大多数的收敛可以用其他的一体化力量来解释，比如共同的货币、语言和管理，但也可以提出另一种解释。他们使用的是谷物的零售价格，因此，(可能)稳定的批发价格加价已经抑制了贸易成本下降对批发价格的影响。事实上，这种解释似乎与唐纳森(Donaldson, 2018)的估计不一致，他最近估计了同一个发运地通过不同方式向印度各地运输食盐的成本。他估计，贸易成本对距离的弹性约为0.25，公路和河流运输(有点令人惊讶)都比铁路运输贵，分别是铁路运输的8倍和略低于4倍。

计量经济分析基本上证实了贸易壁垒的改变会有助于或不利于商品市场的一体化。1849年，唯一合理的关税——皮埃蒙特税的废除，其影响占了1860年意大利统一之前意大利各州价格趋同的五分之一左右(Federico, 2007)。凯勒和薛华(Keller and Shiue, 2014)估计，一个国家进入关税同盟后，与其他关税同盟城市的小麦价格差距平均缩小了28%，尽管这种下降不能完全被解释为取消贸易壁垒的结果，因为在加入之前没有关于小麦关税的数据。齐洛斯和我(Chilosi and Federico, 2015)发现《谷物法》对英美两国

的价格差距有显著影响。最后，对于整个欧洲来说，杰克斯（Jacks, 2006）发现，完全禁止或保护进口加剧了小麦价格的离散性，减缓了冲击后的调整。

另一个贸易壁垒的影响——欧洲贸易公司的垄断，如荷兰东印度公司和英国东印度公司共享的亚洲地区贸易，在最近一段时间引起了很多关注和一些非常有趣的争议。奥罗克和威廉姆森（O'Rourke and Williamson, 2002）认为，只有这些限制才能解释17世纪和18世纪亚洲和欧洲香料价格的巨大差距。他们的假设与16世纪早期欧洲香料市场的情况相吻合，当时葡萄牙人和威尼斯人之间的竞争增加了欧洲香料价格的相关性，导致实际价格下降（O'Rourke and Williamson, 2009）。同样，德茨沃特（de Zwart, 2016）解释了南亚和欧洲之间不同产品价格趋同的差异是不同市场条件的结果。包括胡椒在内的竞争性商品价格更早、更快地趋同，而丁香和肉豆蔻等贸易公司成功实施垄断的产品，价格差距仍然很大。对福利的影响最终取决于这些 647
商品对总消费的相对重要性。齐洛斯和我（Chilosi and Federico, 2015）展示了贸易垄断在19世纪上半叶仍然很重要。法国的竞争已经消失了，英国东印度公司在1815年之前一直保持着对印度的贸易垄断，而荷兰在19世纪20年代通过荷兰贸易公司（Nederlandsche Handel-Maatschappij, NHM）取代失败的荷兰东印度公司从而重新建立了垄断。这些公司的虚拟变量与英格兰和荷兰之间的大量商品的价格差距有着积极且显著的相关关系。相比之下，在两次世界大战之间，大多数针对特定商品的市场干预措施，如《农业调整法案》（1933年）或荷兰食糖营销委员会（VSP和后来的NIVAS），对价格差距几乎没有影响。

信息成本在一体化中起着至关重要的作用，尤其是在效率方面，但事实证明，要衡量它们极其困难。布伦特和坎农（Brunt and Cannon, 2014）测量了在18世纪晚期到19世纪早期的英格兰，至少有一家地方报纸作为新闻传播代理的城市的比例。该变量对调整速度没有影响，但与相对价格波动负相关，与冲击的相关性正相关。换句话说，不同地区的价格对一般新闻的反应是一样的。齐洛斯和我（Chilosi and Federico, 2015）通过一个简单的虚拟变量来捕捉电报对跨大西洋价格差距的影响，这个影响是负面的（电报减少了差距）且显著的。施泰因文德（Steinwendder, 2018）详细探讨了信息传递时间的减少（从之前10天左右减少到不到1天）对纽约和利物浦棉花每日价格的影响。正如预期的那样,她发现电报缩小了信息调整后的价差(即纽约的价格和最新已知的利物浦价格之间的差距)。她还发现,信息传递的速度越快,每日出货量的平均水平和波动性就越高,但几乎没有证据支持电报影响存储的假设。

控制集 X 包括可能影响集成的无限因素列表,在面板回归中,这些因素在估计周期内没有变化的隐含假设下,被归结为固定效应。一些作者试图更具体地添加额外的变量(或者,更频繁地添加代理和虚拟变量),这些变量可以分为四个主要类别:

(1) 货币因素。货币波动增加了套利风险,因此,在固定汇率下,如果其他条件相同,人们预期一体化程度会更高。一些作者通过包括汇率波动等货币变量(Jacks, 2006),或货币联盟的虚拟变量(Keller and Shiue, 2008; Jacks, 2006),或金本位(Jacks, 2006)来检验这一点。通常,结果与预期相符。

(2) 种族。共同的种族被期望有助于增加贸易商之间的信任进而促进一体化。通常,这是以共同语言为标准的,事实上,语言分割主义增加了奥匈帝国的价格分散(Schulze and Wolf, 2009),共同语言减少了欧洲城市对之间的价格差距,提高了调整速度(Jacks, 2006)。

648 (3) 制度质量的衡量。高效率和普遍公平的法律制度极有可能促进一体化,但只有贝特曼(Bateman, 2012)试图在现代早期的欧洲检验这一假设。她用财政集权或(传统)议会活动的指标来代表质量,但这两个变量都不重要。这个结果不应该被认为是决定性的,因为这些变量可以说是衡量法律制度效率的糟糕指标。

(4) 政治边界的存在。恩格尔和罗杰斯(Engel and Rogers, 1996)通过为美国和加拿大的一对市场增加一个虚拟市场的方法,以突出体制和其他未计入的差异对相对价格波动的影响。杰克斯(Jacks, 2009)在对大量市场的研究中复制了他们的简化模型,只增加了汇率的波动性,正如预期的那样,发现在漫长的 19 世纪,边界系数长期下降。此外,安德拉比和库尔韦因(Andrabi and Kuelwhein, 2010)也发现英属印度和土邦之间的边界对价格差距有显著影响。根据其残差的性质,人们可以期望边界虚拟变量在最基本的规范中更相关。事实上,在我(Federico, 2007)对意大利市场一体化的分析中,这个数字被认为是无关紧要的,而且是错误定义的,它是运输成本和关税年度系列的解释变量之一。因此，在杰克斯（Jacks, 2006）的文章中，边界虚拟变量仍然具有重要意义，这有点令人困惑，该文章为其他贸易成本提供了一组丰富的代理。此外，这个变量在两个回归中都是正的——也就是说，在其他条件相同的情况下，边界如预期的那样增加了价格差异，但是出人意料地降低了效率。

从本质上讲，贸易成本对一体化具有潜在的永久性影响，而战争从定义上讲即使不是例外，也是暂时的事件。战争对价格差距的影响无疑是负面的，而战争对效率的影响则有一定的不确定性。战争扰乱了市场的有序运行，但在某些情况下，特别是在落后的社会，战争可以增加信息的流通，对效率产生积极的影响。在没有战争的默认前提下，杰克斯（Jacks, 2006）测试了六种不同的国内和国外战争案例的影响。在所有这些组合中，除了“中立”（定义为一个中立国家的市场和另一个处于战争中的国家的市场的组合）之外，“战争虚拟变量”是非常重要的：战争加剧了分散，更明显的是减缓了调整速度。齐洛斯和我（Chilosi and Federico, 2015）系统地测试了一些政治事件对洲际价格差距的影响，结果是好坏参半。一些事件确实破坏了贸易（19 世纪 30 年代的反奴隶制运动、第一次世界大战在印度和印度尼西亚的航线上的作战行动），而另一些事件（19 世纪 20 年代的爪哇战争、印度兵变、美国内战以及横跨大西洋的第一次世界大战）则没有产生重大影响。最后的结果并不一定意味着这些事件没有影响价格差距。事实上，回归包括了年度贸易成本数据序列，所以虚拟变量捕获了额外的影响，例如在第一次世界大战期间用于亚洲贸易的船只短缺。

这篇简短的回顾突出了两点。首先，同一变量在解释收敛性或效率时产生不同的结果。这并不奇怪，并且与测量结果完全一致（参考 Dobado et al.,
2012; Hynes et al., 2012; Federico et al., 2018）。一方面，在一个有效的市 649
场中，由于运输费用的下降或贸易壁垒的取消而造成的商品点的缩小会导致趋同，但并不一定会加快冲击后调整的速度。①另一方面，信息流的改善

① 请注意，商品差距的缩小在其他条件不变的情况下会增加协动的可能性，因为它缩小了独立运动的范围。然而，这仅仅是因为协动的度量措施是不完美的效率度量措施，所以这看起来似乎是效率的提高。

(成本的减少或传输速度的提高)或制度的改善可能会加快调整的速度,但并不一定会影响均衡价格差距。它们对所衡量的价格差距的影响可能达到这样的程度:价格差距是作为实际价格(包括不平衡时期)的平均值计算的。即使潜在的均衡缺口保持不变,但由于套利更有效和/或风险更低,即使不均衡时期变得更短,平均缺口也会缩小。①

其次,如果不了解重要变量之间的相关性,一个重要变量列表并不能充分回答问题(2)。有必要知道多大才算大,或者借用杰克斯(Jacks, 2006)的一篇论文的标题"什么推动了市场一体化?"。只有把所有主要的一体化驱动因素包括在回归度量或代理中,才能适当地解决这个问题。从以前的调查中可以清楚地看出,杰克斯(Jacks, 2006)的工作是迄今为止最全面的,因为他测试了不少于 19 个变量对收敛性和效率的影响。在他论文的表 5 中,他分别对连续变量(通过标准差对因变量的影响衡量)和虚拟变量(通过它们的系数衡量)的影响进行了排名,进而总结出了他的研究结果。这种划分使得两类变量之间的比较变得困难。尽管如此,作者还是得出结论,"交易成本似乎对货币制度选择的变化比对基本运输技术的变化更为敏感",而"价格调整的速度呈现了一个更加平衡的账户,因为交通、货币和商业变量似乎都发挥了作用"(Jacks, 2006:405)。我与齐洛斯一起(Federico, 2007; Chilosi and Federico, 2015)估计了每个解释变量对总价格收敛的贡献,方法是将 log-log 规范的系数乘以基础变量的实际变化(忽略不显著的变化)。这些结果突出了 19 世纪上半叶("早期全球化")和 1870 年至第一次世界大战("全球化的全盛时期")之间的一个重大差别。早期的趋同主要是由贸易壁垒的改变决定的,如废除了西方公司的贸易垄断(1815—1816 年英国东印度公司对印度和 1850 年左右荷兰贸易公司),以及 1842 年英国小麦进口自由化。1870 年之后,由于电报线路和海上运输技术的进步,价格继续趋同,但政治决策更重要,因为大多数趋同的时间发生在 1870 年之前。

650 要从这项仍在进行的工作中得出任何结论可能还为时过早,但迄今为止

① 如前所述,原则上,阈值自回归模型应通过内生选择"正常"观测值来估计均衡商品点的方法解决这一问题。然而,这些结果可以被解释为在有效市场和不变交易成本的双重假设下的有效均衡交易成本。

的结果指向了对早期现代时期和“漫长的”19世纪之间的区别的一种解释。后者之所以成为一体化的黄金时代，是因为贸易自由化和技术突飞猛进的巧合。技术进步降低了运输成本，特别是陆路运输成本，并提高了信息传输速度和可用信息的数量，这首先通过增加共同冲击(由共同信息决定)的比例来提高效率，后来，在电报出现之后，也通过加速调整来提高效率。①但纵观历史，一体化/解体的浪潮主要取决于政治决定，如贸易壁垒，以及政治事件，尤其是战争。

在过去的10年里，对原因的分析已经取得了令人印象深刻的进步，但对其结果仍需持保留态度。首先也是最重要的是，在大多数情况下，缺乏数据使我们无法考虑潜在的相关原因。一个主要的例子是清朝在17世纪下半叶建立的中国国家粮仓网络。一些学者将其归因于18世纪中国国内市场的高度“一体化”(或效率)，以及19世纪早期中国市场的衰落和解体。这种推断是合理的，因为该系统旨在减少当地收成对当地供应的影响，从而减少价格波动。这个推论也可以通过关于粮仓的位置和活动的信息进行检验。不幸的是，这些还不存在，或者至少到目前为止还没有被利用。

最后，有三个具体的计量经济学问题，关于内生性、市场对的选择和贸易成本的计量。

其一，内生性是现代计量经济学中一个被普遍关注的问题，也影响了市场一体化的相关文献。相当多的作者已经使用工具变量来处理两个潜在的逆向因果关系。现有的贸易流动可能决定了要修建的铁路或公路的选择，以及进入关税同盟等政治决定(Keller and Shiue, 2008, 2014)。此外，运输成本可以由贸易量内生决定(Jacks and Pendakur, 2010)。在这些情况下，简单的OLS回归可能夸大新的基础设施或贸易自由化对一体化的贡献。这些

① 让我们假设一场战争，它始于——比如说——德国。在阿姆斯特丹和伦敦，报纸会在大致相同的时间传播消息，而经销商可能会作出同样的反应，即提高价格。这一运动将作为常见冲击出现在布伦特和坎农(Brunt and Cannon, 2014)的框架中，并将增加动态因子分析法(DFA)中解释方差的份额(Federico et al., 2018)。在这种情况下，就不会出现需要调整的特定市场冲击。报纸并没有缩短对这种特定市场冲击的反应时间，在电报出现之前的日子里，消息仍然依赖纸质媒介的实物传播。

担忧可能有些过分。总的贸易会影响铁路规划的说法当然是可信的，但单一商品（最常见的是谷物）的贸易如此重要以至于决定铁路规划的可能性较小。在竞争激烈的世界航运市场上，任何特定的商品/航线流量大到足以影响货运水平的可能性更小。

651 其二，与对内生性的关注相反，大多数作者似乎并不担心每对地点之间的贸易流动的存在，即使如前面所讨论的，这是使价格差距成为有意义的一体化衡量标准的必要条件。但也有例外。例如，布伦特和坎农（Brunt and Cannon，2014）明确表示，他们更倾向于只在相邻的国家中运行矢量误差修正模型，这些国家比遥远的国家更有可能进行贸易。它们可以承受如此严格的限制，因为他们的数据库包含了大量可以彼此合作的邻近国家。可以肯定的是，关于特定城市之间贸易流动的数据通常是无法获得的，但传闻信息是丰富的，因此作者应该为他们选择的市场对进行辩护，而不是那些显而易见的市场对（例如，没有人会怀疑阿姆斯特丹和柯尼斯堡在17世纪进行过贸易）。

其三，频繁使用贸易成本的替代指标（在引力模型中很常见），可能会导致估计上的偏差。例如，如果关税在不同市场之间是相似的，并且在时间上是常数，那么使用一个通用的保护模型将产生不精确的系数，如果关税在不同国家之间有很大差异或在时间上发生变化，则会产生有偏差的估计。这是19世纪的常态：意大利于1887年首次对小麦征收关税，当时的关税约为世界价格的10%，在19世纪90年代中期达到峰值，约为50%，在第一次世界大战前夕回落至30%—35%。这个问题在运输成本上更为严重。从定义上讲，距离是不变的，因此，对于衡量成本下降对一体化的贡献来说，距离是一个不好的指标。不幸的是，精确计算运输成本，尤其是陆路运输成本，是很困难的。水运的任务相对比较容易：距离是固定的（虽然蜿蜒的河流的长度可能超过直线距离），海运货物的数据也很容易获得，尽管不一定有具体路线和具体商品的数据。相比之下，陆地运输的距离取决于网络的形状（开辟一条新的道路或新的铁路线可以缩短距离）。关于单位成本的数据要么很少，如对于公路运输；要么非常丰富，但往往很难收集且难以管理，如铁路。有证据表明，在20世纪内燃机普及之前，公路运输的成本并没有多大变化，但公路的使用依赖于铁路的竞争。铁路的生产率正在增长，因此，如果市场竞争激烈,人们可以预期,铁路费率将稳步下降。在大多数国家,情况并非如此,因此收益并未转移给消费者,而是转移给铁路所有者,在相当多的情况下转移给了国家。因此,我们应该看看实际的运费,它因产品、路线、运输规模等不同而不同。铁路运输网络和单位运费的变化组合在一起,导致铁路运输的总成本有相当大的差异。以意大利主要港口热那亚和罗马之间的铁路运输为例。二者之间直线距离大约是400千米。第一条途经佛罗伦萨、博洛尼亚和都灵的铁路(905千米)建于1866年,自1875年海岸新线路开通后,连接的长度减少了40%(553千米)。铁路距离的缩短和单位运费的降低共同作用,使铁路运输的总成本在1890年降至1866年水平的22%(Federico, 2007)。1866—1890年的铁路连接模型只测量了铁路的初始影响,而忽略了随后的下降,因此低估了铁路对一体化的整体影响。大多 652
数作者只是简单地忽略这个问题,而其他人则使用了简单的解决方案,比如,与时间趋势相互作用的虚拟变量(或铁路距离)(Jacks, 2006, 2009)、分段观察以获得不同的虚拟变量系数(Uebele and Gallardo-Albarran, 2015),或使用强度(ruggedness)作为铁路的固定代理成本(Keller and Shiue, 2016)。目前还不清楚这些解决方案能否解决这个问题。

人们可能会认为,缺乏测量的因变量和大量使用不那么精确的代理的综合效应将产生糟糕的结果。从这篇综述中可以明显看出,事实并非如此:大多数作者从他们不完善的度量中得到了显著的系数。要么是他们非常幸运,要么是潜在的影响非常大。

第三次浪潮:一体化的影响

在市场一体化的文献中,研究者们经常提醒自己,劳动分工是过去("斯密型")经济增长的主要驱动力,从而激发他们对该领域的兴趣。因此,人们可以期望会有大量的成果来估计一体化带来的好处。事实上,在计量革命的早期,铁路带来的社会节省起到了如此重要的作用,而标准贸易理论提供了多种估算技术。价格差距取决于贸易壁垒,加上运输成本的影响是显而易见的。然而,有些矛盾的是,关于一体化的好处的估计很少,而且在某种程度上处于文献的边缘。

埃亚内斯和佩尔松(Ejarnes and Persson，2010)、施泰因文德(Steinwender，2018)在大体上类似的框架下，关注了1866年7月欧洲和美国之间的电报电缆布局带来的效率提高。在其他条件不变的情况下，贸易额与信息传递的速度呈正相关，因为目的地价格的不确定性导致了出货量的减少。信息传递时间的减少降低了这种不确定性，从而增加了美国对英国的出口。作者对不同的商品(小麦和棉花)使用了不同的规则和不同的数据(每月和每天)，但结果惊人地相似——相对于电报出现之前的水平，出口增长了3%—8%。这个数字似乎令人印象深刻，但这相当于19世纪60年代美国国内生产总值的0.10%—0.20%的增长。①

价格趋同收益的估计，可以通过将贸易自由化对福利影响的标准局部均衡分析，调整为部分削减而不是彻底废除来进行(Hufbauer et al.，2002)。这意味着在著名的哈伯格(Harberger)三角理论的基础上再加上另一个项，
653 即对某一特定产品的一体化收益与该产品在该国消费和产出中所占份额的绝对差差额成正比。因此，产品越相关、越专业化，一体化带来的好处就越大。我和夏普(Federico and Sharp，2013)估计了美国铁路运费管制造成的损失，这阻止了生产率收益向消费者的全面转移，也阻止了大萧条期间农产品价格暴跌的调整。在20世纪30年代，这一指标占国内生产总值的比例从0.6%到3.1%不等，具体取决于专业化水平、需求和供应弹性。齐洛斯和我(Chilosi and Federico，2016)研究了19世纪跨大西洋价格趋同带来的好处。英国(1913年占国内生产总值的1%—3%)、印度(1.2%—1.7%)和印度尼西亚(0.6%—2.2%)的增长与此类似，而美国的增幅要低得多(只有0.10%—0.3%)。

有人可能会说，低于3%的收益是微不足道的，因此市场一体化在经济上的重要性不如假设的那么大。然而，这个结论似乎过于草率，原因有三。

首先，这一估计仅涉及少数(尽管重要)产品，贸易成本的变化虽然相当大(成本下降了三分之一)，但远小于其他历史成本，如铁路引入后国内价格

① 这个数字是基于如下假设而得出的：增加值占棉花和小麦出口价格的90%，小麦和棉花占美国出口的一半，出口/国内生产总值约为0.05。

的趋同。包含更多个别产品可能会扩大总效益的规模，尽管机械地将具体产品的估计扩大到所有产品是草率的。一方面，运输成本的单位变动对价格差距的影响取决于许多因素，特别是产品的膨胀性。因此，制造业的收益可能小于小麦等大宗商品。另一方面，制造业的贸易壁垒往往更高。

其次，所有的估计采用的都是部分均衡的静态模型，忽略了静态的一般均衡效应和斯密型增长的动态收益。唐纳森提出了两种不同的方法来估计市场一体化的一般均衡效应（一体化收益，一般均衡估计），这两种策略都对新贸易理论有着广泛的启发。科斯蒂诺特和唐纳森（Costinot and Donaldson, 2016）使用线性规划方法估计了 1887 年至 1997 年基准年份美国每个县的最大潜在产量和实际产量以及当地和纽约价格之间的差异。然后，他们通过比较实际产出和反事实产出来衡量市场一体化（技术进步）带来的收益。他们将实际产出计算为当年的价格（收益率）乘以下一个基准的收益率（价格）。结果令人印象深刻：市场一体化使美国的农业产量从 1887 年到 1920 年增加了 62%，从 1954 年到 1997 年增加了 55%，大约与技术进步相当（分别为 30%和 70%）。第一个数据意味着，在 1920 年前，市场一体化的贡献约占美国国内生产总值增长总额的十分之一。①之前唐纳森（Donaldson, 2018）使用了三步回归方法估计了 1870 年到 1939 年印度铁路对农业产出的影响 654
（是当地国内生产总值的一个很好的代表）。他的估计表明，贸易成本的价格决定了贸易流量；被铁路连接的地区的农业收入增加了 16%；其中 85%的增长来自铁路贸易的增加。

最后，由于经济学家还没有找到一种方法来获得国家层面的估计数据，因此缺乏对经济增长一体化收益（一体化收益，动态估计）的估计也就不足为奇了。市场一体化文献面临的另一个问题是缺乏衡量地方国内生产总值的方法。然而，至少有两位作者尝试在标准增长回归方法中使用不同的国内生产总值替代指标来进行市场一体化研究。凯勒和薛华（Keller and Shiue, 2016）使用人口总数作为 19 世纪德国每个城市发展水平的代表，发现人口总数与样本中所有其他城市的平均价格差距大小呈负相关。贝特曼

① 1890 年，农业产出约占国内生产总值的 27%，而额外的总产出相当于国内生产总值的 18%（假设国内生产总值/产出比率约为 0.90）。

(Bateman, 2012)估计了价格差距和波动对现代早期欧洲实际工资和城市化率水平和趋势的影响。在她的案例中，由于一体化变量不显著，结果很差。考虑到国内生产总值的衡量标准的不足以及增长回归法众所周知的缺点，这两个结果都不具有决定性意义。

结　语

我(Federico, 2012)曾以“不太乐观”的语气总结了自己对欧洲一体化文献的调查。我发现这些文献几乎完全集中于测量[引言中的问题(1)]，研究谷物(相对于其他商品，尤其是制成品)的比例很高，样本数量有限，追求最先进的计量经济学技术，并且相比之下，对套利经济学的关注不够(正如古诺的两个条件之间的混淆所表明的那样)。我还认为，价格趋同可能比提高效率更重要。一个有效率的市场通过对外部冲击作出更快、更容易的调整而增加福利，但不会对要素和消费的分配产生很大影响(除非起点是一个完全无效率的市场，使价格无法根据贸易成本的变化作出调整)。相比之下，长期而言，趋同将影响相对价格，对经销商的选择以及最终对经济产生潜在的巨大影响。最后但并非最不重要的是，我曾提出了一个理想(或许过于雄心勃勃)的一体化衡量研究议程。

七年过去了，这些缺点仍然很明显，但我们有理由抱有希望。通过存储将时间与空间套利结合起来，有可能形成一个更全面的理论框架。最近关于一体化的测量工作依赖更大的、持续时间更长的城市样本，并扩展了商品的范围，最明显的是将这一范围扩大到香料，即使它们可能不具有代表性
655 (Solar, 2013; de Zwart, 2016)。关于一体化原因的文献通过一个共同的(尽管仍有一些问题)框架正在蓬勃发展，一些作者已经开始衡量效果。我们比以前知道得更多，而新的研究表明了一个更复杂和微妙的故事，尽管没有那么不同。

从长远来看，市场一体化程度有所提高，但这一过程远非稳定。在工业化前的欧洲，由于各地的巨大差异，价格差异和效率波动都很大，虽然后者程度略低，很难找到任何明确的共同趋势。有一些证据表明，18 世纪晚期，

亚洲贸易的价格趋同，而其市场效率与欧洲和大西洋市场一样在不断提高，这些都可以弥补中国国内市场的分化。但19世纪的特征却是，除了中国大陆，几乎所有地方都在进行大规模的一体化。一体化很可能在1860年至第一次世界大战期间达到顶峰，并在大萧条之前一直在顶峰附近徘徊。从定量的角度看，大萧条期间市场的瓦解对价格的破坏性似乎要小一些，这可能是因为保护主义反弹，大宗商品受到的影响要小于制成品受到的影响。

人们普遍认为，在运输和信息传递方面的技术进步对于漫长的19世纪的价格趋同，以及自18世纪后期以来效率的提高具有重要意义。相比之下，技术变化似乎没有在决定现代早期的一体化方面起主要作用，尽管这种说法更多地是基于间接证据而不是定量检验。因此，大多数作者将现代早期整体一体化水平的波动，特别是分散程度的波动，解释为贸易壁垒的变化。此外，贸易自由化对于突飞猛进的19世纪来说，十有八九同技术进步一样重要。因此，从长远来看，政治决策可能是一体化的驱动力。

关于市场一体化收益的研究仍处于起步阶段。很少有人估算，得出的数字相当小。由于一些方法上和经验上的原因，它们很可能代表一个下限。

一体化收益的度量可以说是最困难的，但也是该领域中最有价值的话题。局部均衡静态模型作为一种初步近似是有用的，但它们的结果低估了一体化的真正好处。一方面，将所有一体化区域的空间维度添加到经典的可计算一般均衡(CGE)模型中似乎非常困难。来自新贸易理论的模型是有希望的，但现在说它们会有多大帮助还为时过早。更重要的是，这一结论适用于一体化的动态效应。增长回归方法，即使有完美的数据可用，也被共线性和太多潜在的解释变量这双重问题所困扰。另一方面，似乎也没有简单的替代方法。

第二个主要任务似乎是改进数据库。按产品和地区分类的数据库进展很大，但仍然不够，而关于解释变量方面的工作相当落后（这个问题也困扰着关于贸易的宏观经济文献）。测量不佳的解释变量可能还在大行其道，并 656
仍然给出关于一体化不同因素的重要性的误导结果。

更普遍地说，尽管迄今为止取得了很大进展，但我（Federico, 2012）提出的雄心勃勃的议程远未实现。我们还有很多事情要做。

参考文献

Anderson, J. and van Wincoop, E.(2004) "Trade Costs", *J Econ Lit*, 42, pp.691—751.

Andersson, F. and Ljungberg, J.(2015) "Grain Market Integration in the Baltic Sea Region in the Nineteenth Century", *J Econ Hist*, 75, pp.749—790.

Andrabi, T. and Kuehlwein, M.(2010) "Railways and Price Convergence in British India", *J Econ Hist*, 70, pp.351—377.

Bateman, V.(2012) *Markets and Growth in Early Modern Europe*. London: Pickering and Chatto.

Bernhofen, D., Eberhard, M., Li, J. and Morgan, S.(2016) "Assessing Market(Dis) integration in Early Modern China and Europe", CEPR DP 11288.

Bessler, D.(1990) "A Note on Chinese Rice Prices: Interior Markets, 1928—1931", *Explor Econ Hist*, 27, pp.287—298.

Brandt, L.(1985) "Chinese Agriculture and the International Economy 1870—1930: a Reassessment", *Explor Econ Hist*, 22, pp.163—198.

Brunt, L. and Cannon, E.(2014) "Measuring Integration in the English Wheat Market, 1770—1820: New Methods, New Answers", *Explor Econ Hist*, 52, pp.111—130.

Buyst, E., Dercon, S. and von Campenhout, B.(2006) "Road Expansion and Market Integration in the Austrian Low Countries during the Second Half of the 18th Century", *Hist Mes*, 21, pp.185—219.

657

Chilosi, D. and Federico, G.(2015) "Early Globalizations: the Integration of Asia in the World Economy, 1800—1938", *Explor Econ Hist*, 57, pp.1—18.

Chilosi, D. and Federico, G.(2016) "The Effects of Market Integration: Trade and Welfare during the First Globalization, 1815—1913", LSE Economic History WP 238/2016.

Chilosi, D. and Volckart, O.(2011) "Money, States, and Empire: Financial Integration and Institutional Change in Central Europe, 1400—1520", *J Econ Hist*, 71, pp.762—791.

Chilosi, D., Murphy, T., Studer, R. and Tuncer, C.(2013) "Europe's many Integrations: Geography and Grain Markets", *Explor Econ Hist*, 50, pp.46—68.

Chilosi, D., Schulze, M.S. and Volckart, O.(2018) "Benefits of Empire? Capital Market Integration North and South of the Alps, 1350—1800", *J Econ Hist*, 78, pp.637—672.

Clark, G.(2015) "Markets before Economic Growth: the Grain Market of Medieval England", *Cliometrica*, 9, pp.265—287.

Coleman, A.(2007) "The Pitfalls of Estimating Transaction Costs from Price Data. Evidence from Trans-Atlantic Gold-point Arbitrage, 1886—1905", *Explor Econ Hist*, 44, pp.387—410.

Coleman, A.(2009) "Storage, Slow Transport and the Law of One Price: Theory with Evidence from 19th Century US Corn Markets", *Review Economics and Statistics*, 91, pp.332—350.

Costinot, A. and Donaldson, D.(2016) "How Large are the Gains from Economic Integration? Theory and Evidence from US Agriculture, 1880—1997", NBER WP 22496.

Cournot, A.(1971, English edition, New York) *Recherches sur les Principles Mathematiques de la Theorie des Richessesses* (Original date of publication 1838).

Craig, L. and Holt, M.(2017) "The Impact of Mechanical Refrigeration on Market Integration: the US Egg Market, 1890—1911", *Explor Econ Hist*, 66, pp.85—105.

De Zwart, P.(2016) "Globalization in the Early Modern Era: New Evidence from the Dutch-Asian Trade, c 1600—1800", *J Econ Hist*, 76, pp.520—558.

Dobado, R. and Marrero, G. A.(2005) "Corn Market Integration in Porfirian Mexico", *J Econ Hist*, 65, pp.103—128.

Dobado, R., Garcia-Hiernaux, A. and Guerrero, D.(2012) "The Integration of Western Hemisphere Grain Markets in the Eighteenth Century: Early Rise of Globalization in the West", *J Econ Hist*, 72, pp.671—707.

Dobado, R., Garcia-Hiernaux, A. and Guerrero, D.(2015) "West versus Far East: Early Globalization and the Great Divergence", *Cliometrica*, 9, pp.235—264.

Donaldson, D.(2015) "The Gains from Market Integration", *Annual review of economics*, 7, pp.619—647.

Donaldson, D.(2018) "Railroads of the Raj: Estimating the Impact of Transportation Infrastructure", *Am Econ Rev*, 108, pp.899—934.

Engel, C. and Rogers, J.H.(1996) "How Wide is the Border?" *Am Econ Rev*, 86, pp.1112—1125.

Ejrnæs, M., Persson, K.G. and Rich, S.(2008) "Feeding the British: Convergence and Market Efficiency in the Nineteenth Century Grain Trade", *Economic History Review*, 61 S1, pp.140—171.

Ejrnæs, M. and Persson, K.G.(2010) "The Gains from Improved Market Efficiency: Trade before and after the Transatlantic Telegraph", *Eur Rev Econ Hist*, 2010, pp.361—381.

Epstein, S.R.(2000) *Freedom and Growth. The Rise of States and Markets in Europe*. London: Routledge, pp.1300—1750.

Federico, G.(2007) "Market Integration and Market Efficiency. The Case of 19th Century Italy", *Explor Econ Hist*, 44, pp.293—316.

Federico, G.(2011) "When did the European Market Integrate?" *Eur Rev Econ Hist*, 15, pp.93—126.

Federico, G.(2012) "How much do We Know about Market Integration in Europe?" *Economic History Review*, 65, pp.470—497.

Federico, G. and Persson, K.G.(2007) "Market Integration and Convergence in the World Wheat Market, 1800—2000", in Hatton, T., O'Rourke, K. and Taylor, A.M.(eds.) *The New Comparative Economic History: Essays in Honour of J. Williamson*. Cambridge, MA: MIT Press, pp.87—114.

Federico, G. and Sharp, P.(2013) "The Cost of Railroad Regulation: the Disintegration of American Agricultural Markets in the Interwar Period", *Economic History Review*, 66, pp.1017—1038.

Federico, G. and Tena-Junguito, A.(2016) "World Trade, 1800—1938: a New Data-set", EHES Working paper no.93.

Federico, G., Schulze, M. and Volckart, O.(2018) "European Goods Market Integration in the Very Long Run: from the Black Death to the First World War", LSE Economic History Working papers 277/2018.

Foldvari, P. and van Leuuwen, B.(2011) "What can Price Volatility Tell Us about Market Efficiency? Conditional Heteroscedasticity in Historical Commodity Prices Series", *Cliometrica*, 5, pp.165—186.

Hufbauer, G., Wada, E. and Warren, T.(2002) "The Benefits of Price Convergence: Speculative Computations", Institute for International Economics, Washington, DC.

Hurd, J.(1975) "Railways and the Expansion of Markets in India, 1861—1921", *Explor Econ Hist*, 12, pp.263—288.

Hynes, W., Jacks, D. and O'Rourke, K.(2012) "Commodity Market Disintegration in the Interwar Period", *European Review Economic History*, 16, pp.119—143.

Jacks, D.S.(2006) "What Drove 19th Century Commodity Market Integration", *Explor Econ Hist*, 43, pp.383—412.

Jacks, D.(2009) "On the Death of Distance and Borders: Evidence from the 19th Century", *Econ Lett*, 105, pp.230—233.

Jacks, D.S. and Pendakur, K.(2010) "Global Trade and the Maritime Transport Revolution", *Review Economics and Statistics*, 92, pp.745—755.

Keller, W. and Shiue, C.(2008) "Tariffs, 658
Trains and Trade: the Role of Institutions versus Technology in the Expansion of Markets", NBER WP 13913, April 2008.

Keller, W. and Shiue, C.(2014) "Endogenous Formation of Free Trade Agreements: Evidence from the Zollverein's Impact on Market Integrations", *J Econ Hist*, 74, pp. 1168—1204.

Keller, W. and Shiue, C. (2016) "Market Integration as a Mechanism of Growth", CEPR DP 11627.

Lampe, M. and Sharp, P. (2015) "How the Danes Discovered Britain: the International Integration of the Danish Dairy before 1880", *Eur Rev Econ Hist*, 19, pp.432—453.

Latham, A.H.J. and Neal, L. (1983) "The International Market in Rice and Wheat, 1868—1914", *Economic History Review*, 36, pp.260—280.

Li, L. (2000) "Integration and Disintegration in North China's Grain Markets, 1738—1911", *J Econ Hist*, 60, pp.665—699.

Li, L-F. (2017) "Arbitrage, Communication, and Market Integration at the Time of Datini", *Eur Rev Econ Hist*, 21, pp.414—433.

Officer, L. (1996) *Between the Gold-sterling Gold Points*. Cambridge: Cambridge University Press.

O'Rourke, K. and Williamson, J.G. (1994) "Late Nineteenth-century Anglo-american Factor Price Convergence: were Heckscher and Ohlin right?" *J Econ Hist*, 54, pp.892—916.

O'Rourke, K. and Williamson, J.G. (2002) "When did Globalization Begin?" *Eur Rev Econ Hist*, 6, pp.23—50.

O'Rourke, K. and Williamson, J.G. (2009) "Did Vasco de Gama Matter for European Markets?" *Economic History Review*, 62, pp.655—684.

Panza, L. (2013) "Globalization and the Near East: a Study of Cotton Market Integration in Egypt and Western Anatolia", *J Econ Hist*, 73, pp.847—872.

Pomeranz, K. (2000) *The Great Divergence*. Princeton: Princeton University Press.

Ravaillon, M. (1987) *Markets and Famines*. Oxford: Oxford University Press.

Ronnback, K. (2009) "Integration of Global Commodity Markets in the Early Modern Era", *Eur Rev Econ Hist*, 13, pp.95—120.

Schulze, M-S. and Wolf, N. (2009) "On the Origins of Border Effects: Insights from the Habsburg Empire", *J Econ Geogr*, 9, pp. 117—136.

Sharp, P. and Weisdorf, J. (2013) "Globalization Revisited: Market Integration and the Wheat Trade between North America and Britain from the 18th Century", *Explor Econ Hist*, 50, pp.88—98.

Shiue, C. (2002) "Transport Costs and the Geography of Arbitrage in 18th Century China", *Am Econ Rev*, 92(5), pp.1406—1419.

Shiue, C.H. and Keller, W. (2007) "Markets in China and Europe on the Eve of the Industrial Revolution", *Am Econ Rev*, 97, pp.1189—1216.

Solar, P. (2013) "Opening to the East: shipping between Europe and Asia, 1770—1830", *J Econ Hist*, 73, pp.625—661.

Steinwender, C. (2018) "Real Effects of Information Frictions: When the States and the Kingdom Became United American", *Economic Review*, 108, pp.657—696.

Stigler, G. and Sherwin, R.A. (1985) "The Extent of the Market", *J Law Econ*, 28, pp.555—585.

Studer, R. (2008) "India and the Great Divergence. Assessing the Efficiency of Grain Markets in 18th and 19th Century India", *J Econ Hist*, 68, pp.393—437.

Studer, R. (2015) *The Great Divergence Reconsidered. Europe, India and the Rise to Global Economic Power*. Cambridge: Cambridge University Press.

Taylor, A.M. (2001) "Potential Pitfalls for the Purchasing-power-parity Puzzle? Sampling and Specification Biases in Mean-reversion Tests of the Law of One Price", *Econometrica*, 69, pp.473—498.

Uebele, M. (2011) "National and International Market Integration in the 19th Century: Evidence from Co-movement", *Explor Econ Hist*, 48, pp.226—242.

Uebele, M. and Gallardo-Albarran, D.

(2015) "Paving the Way to Modernity. Prussian Roads and Grain Market Integration in Westphalia, 1821—1855", *Scand Econ Hist Rev*, 63, pp.69—92.

Van Bavel, B.(2016) *The Invisible Hand? How Market Economies have Emerged and Declined since AD 500*. Oxford: Oxford University Press.

Volckart, O. and Wolf, N.(2006) "Estimating Financial Integration in the Middle Ages: What can We Learn from a TAR Model?" *J Econ Hist*, 66, pp.122—139.

Wolf, N.(2009) "Was Germany ever United? Evidence from Intra- and International Trade 1885—1933", *J Econ Hist*, 69, pp.846—881.

索　引

本索引词条后面的页码，均为英文原著页码，即中译本的正文页边码。

P

Q

R

S

译后记

用计量方法研究历史是一种经济分析手段，本书是用计量方法解释经济增长问题的学术史论集。关于此书的学术份量，读者阅至此处，自有体会，译者无须赘言。

译稿编校过程中，格致出版社的编校人员为本书倾注了大量的精力；付梓之际，译者脑海里也会浮现出翻译此书过程中的种种辛苦——倘若有一位读者从此书中受益，我们共同的努力便是值得的。

在翻译过程中，译者收获颇多。所以，感谢给译者创造机会读到这本书那些人。尝闻昔时先贤译书，又编又译，堪称“再造”，其匠心可爱，其艰难亦可想。译者才疏难及，自愧弗如。故念及此，还要感谢在过往里曾费尽心力给译者储备学识，使译者能够破解翻译中诸难题的那些人。

“计量史学译丛”的其他译者都是在经济史与经济思想史领域有相当造诣的专家，本书译者忝列其中，确幸之余，心怀惴惴焉。

缪德刚

First published in English under the title
Handbook of Cliometrics
edited by Claude Diebolt and Michael Haupert, edition: 2

上海市版权局著作权合同登记号:图字 09-2023-0189 号